優秀広報紙
作品集

発刊のご挨拶

発刊にあたって

優秀広報紙は毎年行われている全国小・中学校PTA広報紙コンクールにおける各賞受賞校の広報紙が掲載されております。小学校・中学校における単位PTAの活動の様子を伝えていく貴重なツールであり、媒体である広報紙は毎年工夫された紙面で読み手を楽しませる程、豊富なアイデアと工夫に満ちています。各単位PTAの広報委員さんを中心としたPTA会員の皆様の創意工夫や熱意が紙面から伝わります。

近年、インターネットやSNS等の急速な普及はコミュニケーションツールとしてPTA活動の幅を広げている側面もあります。

その一方で、広報紙は旧来からの紙媒体の形式を変えず今日に至っておりますが、毎回手元に届く度、1枚1枚紙面をめくる楽しみもあり、気になる記事や写真をとって置いたりと活用の幅も広く様々です。記事についてはPTA活動を中心にし、学校行事も併せて掲載するなど、学校と家庭、地域と家庭を繋ぐ重要なツールとしても活用されています。単位PTAの活動や、お知らせを掲載していく事は、メッセージとして重要です。又、学校とPTAが協働しながら事業を行う事の重要性などを理論的に文章にして、各家庭に伝える「お便り」の側面も併せ持ちます。また時に応じた今日的な課題を記事にすることもあり、その意味でも広報紙の位置づけは大変重要です。広報紙を作成していくプロセスも重要で、作成に関わる皆様は、取材、文章校正などの活動が必要となり、活動を通じての学びやつながりもある事でしょう。全国から相当数の広報紙が毎年寄せられますが、実に様々な紙面があり、本書は選りすぐりの作品をひとつにまとめました。今後の単位PTAの活動の一助になることをご期待申し上げますとともに、今後も活性化されたPTA活動を行って頂きます事をお願い申し上げます。

公益社団法人　日本PTA全国協議会
会長　東川　勝哉

仲間同士の絆を深める広報紙作り

日ごろよりPTA活動に携わられている皆様のご活躍に対しまして、心より敬意を表します。

少子高齢化、グローバル化した社会など我が国を取り巻く環境が大きく変化する中、知識・技能だけでなく、思考力・判断力・表現力、主体的協働的に学ぶ態度など、いわゆる「学力の3要素」を重視した、新学習指導要領が始まります。

小学校は平成32年度、中学校は33年度からの全面実施ですが、円滑なスタートを切れるよう一部内容を先取りした「移行措置」は30年度から始まります。

時代の変化に対応し、教育内容が大きく変わろうとしていますが、子どもの世界では、スマホやインターネットが介在して、コミュニケーションの取り方そのものが大きく変わっています。「いじめ問題」が顕在化していることなどは象徴的です。

また、貧困だけでなく、家族が孤立しがちな現代は、家庭の再生も必要な時代と言われています。

子どもや学校、家庭などを取り巻く課題の解決に向け、PTA組織の存在や活動はその重要性を増しています。

PTA活動の一つでもある広報活動は仲間づくりや、さまざまな課題を解決するためのチャンネルとして重要な位置を占めています。広報紙づくりは、その一端でもあるわけです。

広報紙を製作するプロセスは、PTA活動そのものであり、その大変さのために、出来上がった時に達成感は大きく、より仲間同士の絆が深まるものです。

日本教育新聞社におきましては、PTAを含め学校の課題解決に向け応援できることはないかと、企業、地域社会とともに教育ネットワークづくりを目指し各地で教育セミナー「エデュコミュニケーション21」を展開しているところです。

日頃のPTA活動を活性化させ、活動に関わる人々を元気付ける今コンクールのような奨励事業はまさに時宜にかなったものであり、今後ともPTA活動、広報紙づくりの活動そのものが一層活性化することを祈念し、また日本教育新聞への常日頃からのご支援に感謝申し上げまして、ごあいさつといたします。

日本教育新聞社
代表取締役社長　小林　幹長

http://www.kyoiku-press.co.jp

CONTENTS

各賞受賞広報紙紹介

小学校の部

第39回　小学校の部

文部科学大臣賞

＜Tsunomine　津の峯＞ ……………………………宮崎県日南市立油津小学校ＰＴＡ

日本ＰＴＡ全国協議会 会長賞

＜こんにちは。＞ ……………………………………北海道帯広市立啓北小学校ＰＴＡ

＜トライアングル＞ …………………………富山県南砺市立福野小学校父母と教師の会

＜みどりの広場＞ ……………………………………鳥取県大山町立中山小学校ＰＴＡ

日本教育新聞社 社長賞

＜水目沢＞ ……………………………………青森県八戸市立桔梗野小学校父母と教師の会

＜にしかぜ＞ …………………………………………岐阜県岐阜市立長良西小学校ＰＴＡ

＜広報つるおか＞ ……………………………………大分県佐伯市立鶴岡小学校ＰＴＡ

教育家庭新聞社 社長賞

＜さんのまる＞ ………………………………………茨城県水戸市立三の丸小学校ＰＴＡ

＜ときわ＞ …………………………………………………さいたま市立常盤小学校ＰＴＡ

企画賞

＜えんざん＞ ……………………………………………福井県福井市円山小学校ＰＴＡ

写真賞

＜ほほえみ＞ …………………………………………山口県宇部市立上宇部小学校ＰＴＡ

レイアウト賞

＜やよい＞ ……………………………………………岡山県津山市立弥生小学校ＰＴＡ

佳作

＜ひろば＞ ……………………………………………秋田県男鹿市立船越小学校ＰＴＡ

＜つなぐーなかじまＰＴＡ＞ ……………………………さいたま市立中島小学校ＰＴＡ

＜公津小ＰＴＡだより＞ ……………………………千葉県成田市立公津小学校ＰＴＡ

＜やまた＞ ……………………………………………………横浜市立山田小学校ＰＴＡ

＜たまがわ＞ …………………………………………長野県茅野市立玉川小学校ＰＴＡ

＜いりえの里＞ ……………………………………静岡県静岡市立清水入江小学校ＰＴＡ

＜矢流＞ ………………………………………………富山県小矢部市立石動小学校ＰＴＡ

＜ＰＴＡだより　たいま＞ …………………………奈良県葛城市立當麻小学校ＰＴＡ

＜さくらばる＞ …………………………………………福岡県宇美町立桜原小学校ＰＴＡ

＜すぎな＞ ……………………………………………鹿児島県鹿児島市立紫原小学校ＰＴＡ

文部科学大臣賞　　宮崎県日南市立油津小学校

審査総評

「特集」記事が充実し、取り上げ方を含めて、紹介する切り口がユニークでした。そのほかに掲載する記事も、独自の視点があり、楽しんで読むことができます。

Tsunomine

AburatsuShô PTA Kôhô

［津の峯］

2016. Vol.1

発行日　平成28年７月22日（金）

児童数288名　男 159名　女 129名　世帯数207戸

特集 **給食**

Contents

MAKING of "Kyuu-shoku"

所長補佐：川添 利喜夫さん
RIKIO KAWASOE

たくさん質問しました

取材時の献立
チリコンカン

私たちが調理しています

栄養教諭：河野 美香先生
MIKA KAWANO

ナント2800食「給食で初めて出会う食材もある」

日南市中央共同調理場の概要や気をつけていることなど
本校の栄養教諭である河野美香先生と所長補佐である川添利喜夫さんに取材しました。

↑→力いっぱい両手を使って愛情込めて具材を混ぜる調理員

日南市中央共同調理場
- 何校分作るの？
—12校
- 何人分作るの？
—約2800人分（実数2600人）
- どんな人たちが働いているの？
—所長補佐1名　調理員（計33名）
ご飯の日26名、パンの日24名
栄養教諭2名　事務員1名
運転手8名（計16名）

調理場に入る前に行っていることは？
—衛生面でエアシャワーだけでは不安なので
①髪の毛を帽子にいれる
②テープで服についている異物をとる
③エアシャワーを浴びる
④入室
⑤手洗い・消毒
⑥配缶前に調理員お互いで体面チェック
⑦手袋をして配缶する
この手順を行い異物混入しないようにしています。

アレルギー食はどのように分けているのですか？
生食や汁が出ただけでもだめな子どももいるので一番症状が出る子どもに、合わせた調理をします。
揚げ油は通常3回使いますが、アレルギー対応では全部別の油で揚げます。卵がアレルゲンの子どもは除去食で対応しています。例えば卵抜き、ベーコン抜きの場合、ダシが出ないのでウィンナーなどでダシをとります。各家庭に計画書を出して食材のチェックをしてもらっています。給食当日は別の容器に入っているので各担任にチェックしてもらいます。アレルゲンが多い子どもで対応難の場合はお弁当を作ってもらっています。

苦労、大変なことは？
学校数が多いので学校に迷惑がかからないように機械で数を数えますが最終は人の目でチェックします。個数物のチェックもですが基本は安全面です。

休校時の手配は大変ではないですか？
ですね、2日前には判断してもらわないと無理ですね。例えばメニューによっては大根だと100Kg単位になるので、先々の献立と変更して対応します。行事などで日々分量も変わるので一クラス分の分量の計算に気をつけています。

調理の工夫は？
できるだけ季節や行事に合わせたものにします。給食で食材との初めての出会いとなるので工夫しています。見栄えや切り方、色々な味付けを工夫しています。例えば日々しょうゆ、ケチャップ、ソースと変えたり、生姜焼きは肉だけでなく野菜と合わせたりします。また、湯がいて苦味をとり塩で臭みをとるなど、調理員も子どもたちの事を考えて作りあげています。学校との連携で連絡表があり、献立についての感想や意見をもらい参考にしています。

日南市中央共同調理場で働く所長補佐の川添さん、栄養教諭の河野先生、宮田先生、事務職員黒木さん

5 Tsunomine 2016 Vol.1　　4

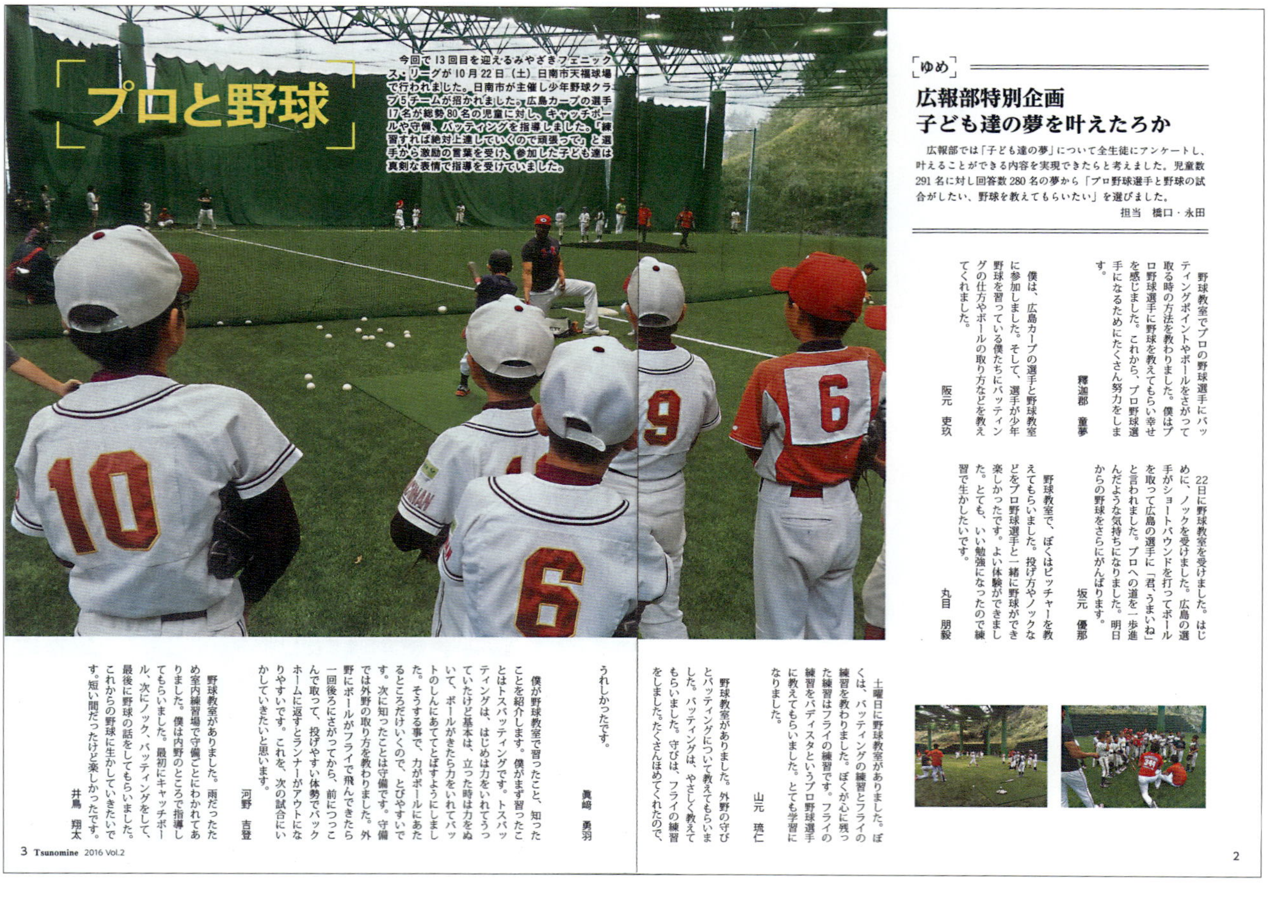

「プロと野球」

今回で13回目を迎えるみやざきフェニックス・リーグが10月22日（土）日南市天福球場で行われました。日南市が主催し少年野球クラブ5チームが招かれました。広島カープの選手17名が総勢80名の児童に対し、キャッチボールや守備、バッティングを指導しました。「練習すれば絶対上達していくので頑張って」と選手から激励の言葉を受け、参加した子ども達は真剣な表情で指導を受けていました。

「ゆめ」

広報部特別企画 子ども達の夢を叶えたろか

広報部では「子ども達の夢」について全生徒にアンケートし、叶えることができる内容を実現できたらと考えました。児童数291名に対し回答数280名の夢から「プロ野球選手と野球の試合がしたい、野球を教えてもらいたい」を選びました。

担当　橋口・永田

野球教室でプロの野球選手にバッティングポイントやボールをさがって取る時の方法を教わりました。僕はプロ野球選手に野球を教えてもらい幸せを感じました。これから、プロ野球選手になるためにたくさん努力をします。
釋迦郡　童夢

僕は、広島カープの選手と野球教室に参加しました。そして、選手が少年野球を習っている僕たちにバッティングの仕方やボールの取り方などを教えてくれました。
阪元　吏玖

22日に野球教室を受けました。はじめに、ノックを受けました。広島の選手がショートバウンドを打ってボールを取って広島の選手に「君、うまいね」と言われました。プロへの道を一歩進んだような気持ちになりました。明日からの野球をさらにがんばります。
坂元　優那

野球教室で、ぼくはピッチャーを教えてもらいました。投げ方やノックなどをプロ野球選手と一緒に野球ができ楽しかったです。よい体験ができました。とても、いい勉強になったので練習で生かしたいです。
丸目　朋毅

土曜日に野球教室がありました。ぼくは、バッティングの練習とフライの練習を教わりました。ぼくが心に残った練習はフライの練習です。フライの練習をバディスタというプロ野球選手に教えてもらいました。とても学習になりました。
山元　琉仁

野球教室がありました。外野の守びとバッティングについて教えてもらいました。バッティングは、やさしく教えてもらいました。守びは、フライの練習をしました。たくさんほめてくれたので、うれしかったです。
眞﨑　勇羽

僕が野球教室で習ったこと、知ったことを紹介します。僕がまず習ったことはトスバッティングです。トスバッティングは、はじめは力をいれてうっていたけど基本は、立った時は力をぬいて、ボールがきたら力をいれてバットのしんにあててとばすようにしました。そうする事で、力がボールにあたるところだけいくので、とびやすいです。次に知ったことは守備です。守備では外野の取り方を教わりました。外野にボールがフライで飛んできたら一回後ろにさがってから、前につっこんで取って、投げやすい体勢でバックホームに返すとランナーがアウトになりやすいです。これを、次の試合にいかしていきたいと思います。
河野　吉登

野球教室がありました。雨だったため室内練習場で守備ごとにわかれてありました。僕は内野のところで指導してもらいました。最初にキャッチボール、次にノック、バッティングをして、最後に野球の話をしてもらいました。これからの野球に生かしていきたいです。短い間だったけど楽しかったです。
井島　翔太

3 Tsunomine 2016 Vol.2　　2

子ども達へ 夢を叶えるためにメッセージ

25年ぶりのリーグ優勝をした広島カープはキャンプを毎年日南市で行っています。夢を現実にしたカープ選手から子どもたちへ夢を叶えるためのメッセージを頂きました。

[取材協力]
広島東洋カープ広報担当
小松 剛

45 桒原　樹選手

「挑戦することが大事です。小さい時から挑戦して成功も失敗も両方経験することが大事だと思います。恐れず何事も挑戦する気持ちをもちましょう！」

23 薮田　和樹投手

「まず、たくさん食べること、そしてたくさん寝る事が大事です。身体をしっかり作って夢に向かって頑張ってください！」

54 船越　涼太選手

「他の誰よりも好きだと思えることを見つけてください。それが夢ならば必ず叶う。『好きこそものの上手なれ』という言葉があるように好きなことは上達するのも早いです。夢に向かって頑張ってください。」

53 戸田　隆矢投手

「夢に向かってとにかくあきらめない事が大事。勉強、スポーツ、いろんなことを小さい時に経験し、夢や目標ができたらあきらめずとにかく頑張る！あきらめなければ夢は必ず叶う！」

「おせち」

おせち料理ご存知ですか？

♪もういくつ寝るとお正月♪ですね。皆さんのご家庭では、正月三が日はどのような食生活を送られていますか？

毎年、なんとなく、お節料理を食べたり作ったりしていませんか？

今回、広報部でお節料理の由来や料理に込められた思いなど調べてみました。

Osechi

おせち料理とは？

おせち料理は正月三が日に食べる特別な料理です。様々な種類の料理が、数段重ね塗りの重箱に入れられます。

おせち料理の由来は？

3月3日のひな祭りや5月5日の端午の節句など、1年間のうち、節目となる日を節句としてお祝いの行事が催されてきました。元日は新たな年を加える特にめでたい日として、格別な祝いの節句とされ、お正月に食べるものをおせち料理とさすようになりました。元日は年神様をお迎えし、1年の豊作と家族の安全を祈願します。三が日の間は、神様をお迎えしているため、炊事をしないという風習から日持ちのする料理を年末に作っておいて、三が日の間はそれを食べる慣わしがありました。

重箱に詰められているおせち料理はそれぞれに意味を持っています。一般的な5段重の場合を例にしてみます。

資料提供：スーパーとむら

◆壱の重（祝い肴、口取り）
お正月にふさわしい祝い肴を詰めます。中でも、三つ肴といわれるものは、かかせないものとされています。数の子、田作り、黒豆を三つ肴という。関西では、数の子、田作り、たたきごぼう。口取りは、かまぼこ、伊達巻、昆布巻き、栗きんとん、ちょろぎ、錦玉子など。

◆弐の重（焼き物）
縁起のいい海の幸が中心です。ブリ、鯛、海老など。

◆参の重（煮物）
山の幸を中心に家族が仲良く結ばれるように煮しめます。蓮根、里芋、八つ頭、くわい、ごぼうなど。

◆与の重（酢の物、和え物）
日持ちする酢の物などを詰めます。紅白なます、菊花かぶなど。

◆五の重（控えの重）
神様から授かった福を詰める場所として空っぽにしておくか、家族の好物や予備の料理などを入れます。

また、一つ一つの料理には、各々願いがこめられています。

★数の子…子宝に恵まれ子孫繁栄。
★田作り…イワシが畑の肥料だった事から田作りと呼ばれ、豊作祈願の料理。また、小さくても尾頭付き。
★紅白かまぼこ…半円形は日の出を表す。おめでたい紅白で紅は魔除け、白は清浄を表す。
★伊達巻…伊達とは、華やかという意味があり、巻き物が書物や掛け軸に通じる事から、知識や文化の発達を願う。
★昆布巻き…『喜ぶ』にかけて。
★栗きんとん…栗は『勝ち栗』と呼ばれる縁物。
★ちょろぎ…『長老木』と書き長寿を願う。
★錦玉子…黄身と白身の二色が金と銀にたとえられる。
★ブリ…大きさによって名前が変わる出世魚がブリで立身出世を願う。
★鯛…『めでたい』にかけて
★海老…腰が曲がるまで、長生きできるように。
★蓮根…穴があいていることから、将来の見通しがきくように。
★里芋…小芋がたくさんつくことから子孫繁栄。
★八つ頭…頭となって出世をするように。小芋がたくさんつくので、子孫繁栄。
★くわい…大きな芽が出て『めでたい』子球がたくさんつくので子孫繁栄。
★ごぼう…根を深く張り、代々続く。
★紅白なます…紅がめでたく、根菜のように根を張るように。
★菊花かぶ…菊は邪気払いと不老長寿の象徴。

日南ならではのおせちは、金柑の甘露煮など。

いつもおせち料理は作らない、手間がかかる、子供が食べてくれないなど、理由は様々、おせち料理から遠ざかっているご家庭も少ないのでは。今年こそは、少しばかり気合いを入れて、家族の健康や安全を祈願しながら、縁起ものを取り入れつつ、お子様の好きな料理をお重に詰めて、オリジナルおせちにチャレンジしてみてはいかがでしょうか？
担当　中村・上村

とっておきのお知らせ

編集後記

給食センターを取材しました。厳選された食材・食品事故を起こさないため徹底された安全管理・きちんと計算された栄養や量のバランス。安心安全な給食を提供するために、センターの皆様が日々努力され、毎日子どもたちが愛情いっぱいこもった給食を頂いていることを知りました。
戸村美百

今回の特集は給食。私も子どもの頃は家では食べない献立が出てくるのがとても楽しみで、お昼前の空腹時に学校中を漂ういい香りに惹きつけられる感覚を今も覚えています。取材の日の献立チリコンカンも子どもたちに人気で、食材の調理の仕方も勉強になりました。親子で給食について語ってみませんか？ 池田史枝

Tsunomine
Vol.1 2016

2016年７月22日発行
(年３回／
７月・12月・３月発行)

【発行・企画・編集】
日南市立油津小学校
ＰＴＡ広報部
〒887-0012
宮崎県日南市
園田2-11-1
TEL0987-23-5241

【印刷】
㈱新生社印刷 日南支店
〒887-0032
宮崎県日南市
大字益安 1040-1

＊「津の峯」について
のお問い合わせ・ご意見・ご感想は油津小学校ＰＴＡ広報部までお気軽にご連絡ください。

広報部ママさん 最近気になること

つい最近、熊本の方で大きな地震がありました。その後、私の住んでいる地域で地震が来た時、夜に着の身着のまま外に出て、寒そうにしている子どもを抱きしめ守るだけで精一杯でした。そんな時に『母親の私がしっかりしなきゃ、地震がきて、ただ立っているだけで、何も出来ないんじゃ意味がない』と思い初めて地震の準備をしました。今日、地震がこなかったからといって明日地震が来ないとは限りません。準備をする、それだけでこんなにも心強くなるんだと知りました。　長友恵美

最近、気になる事は、子どもの遊び場がないという事です。外で遊んでると思ったら、みんなでゲームを座り込んでしていたりと。何か他で遊んだら?と言うと、遊ぶ場所がない。ボールで遊んでいたら、ここでボールあそびをするなと怒られたとか、うるさいと怒られたとか。
考えてみると、地区によっては、公園がなかったりと、子どもたちの遊び場が少ないな。と思いました。地域の方が一緒に見守ってくれているという安心感。本当に助かります。周りの方皆さんに感謝しながら、子育てに奮闘していきたいです。　徳井美緒

熊本地震から早くも２ヶ月が過ぎ去った。私には兄が一人いる。その、兄夫婦と子どもが熊本に住んでいるため、地震速報が鳴る度に私は気が気でなかった。兄の家も半壊してしまい、住めず仮屋に引っ越したが、いまだに続く余震に安心感はないと言う。今まで地震速報が鳴ってもそこまで関心がなかったが、今回初めて身近なものに感じた。そして、もし、うちにも来たらと真剣に考えるようになった。それは、私だけに限らず子どもたちも速報が鳴る度に気にかけ、関心を持つようになった。まさか、九州でこんな身近に、あんな大きな被害のでる地震が起きるなんて予想しなかったが、今回の地震できっとみんなの中で地震に対しての危機感が増えたのではないかと感じた。この地震が無駄にならないためにも‥
坂元由起美

News

スズメさんどこにいった？ 救急隊員に子どもたちも感謝！

６月17日金曜日、瀬貝地区でダンス練習のあと手乗りの雀を持ってきた子どもがいて、みんなでみていたら誤って側溝に落ちてしまったそうです。みんなで側溝のブロックをあげようとしましたがビクともせず。ダメもとで参加していたお父さんが救急隊に電話したところ、隊員が２人きてくださいました。

マンホールを開けられましたが、側溝に雀が見当たらず海の方へ出た可能性もあるとの事。雀知きで来てくださり感謝でした。結局、雀は見つかりませんでしたが、隊員の方々の対応が素晴らしく、雀が見つからない事を子どもたちに詳しく説明されて本当に頭の下がる思いだったそうです。

News

夏まつり もうすぐだよ～

７月30日土曜日
17時開始

昨年の夏まつりより↓→

油津小学校において第22回夏祭りが開かれます。実行委員、子ども会を中心に準備が進められています。地区ごとの子どもたちによる出し物、模擬店など内容満載です。楽しい夜になるよう保護者の皆様ご協力どうぞよろしくお願い致します。

子どもたちは絵本のとりこ

挑戦しました！読み聞かせ

学年部の取り組みで読み聞かせを実施しています。各クラス２名の担当者が読み聞かせボランティア「そらまめ」と一緒に毎月１回朝８時20分から教室を訪れています。

子どもたちが真剣にきいてくれるから私たちの気持ちもこもる。

今年度の学年部の年間目標は
①子どもと話そう
②早寝、早起き朝ごはん
の二つです。

時代の流れとともにゲーム、スマホ等の登場で家族といても会話のない事が当たり前になっていませんか？子どもたちが社会に出たとき大切なことはコミュニケーション能力と基本的な生活習慣です。読み聞かせはスキルのひとつとしても一役かっていると思いませんか？

YOMIKIKASE

本年度第一回読み聞かせをされた方々

１年１組　木藤 香織さん
子どもの反応がかわいかったです。「しゅくだい」という本はほろっとくるお話です。幼稚園でみつけて選びました。本選びも楽しかったです。
「さつまのおいも」
「ちびゴリラのちびちび」
「しゅくだい」

１年２組　山倉 望美さん
緊張しましたが子どもたちの反応がよく安心しました。今回は人気の絵本を読んだので二学期は違う視点の絵本を選んでみます。
「ねこのピート」
「へんしんトンネル」

６年１組　渡邊 孝子さん
初めてでしたが静かに聞いてくれてホッとしました。６年生でしたので短編のものを選び時間を計りながら練習しました。次がまた楽しみです。
「読書の時間によむ本（６年生）」
「春に会う」

そらまめの方々

４年２組
甲斐 晴美さん
「パンダ銭湯」
「おばけのかんづめ」

３年１組
佐伯 里紗さん
「小学生のボクは鬼のようなお母さんにナスビを売らされました」

肥田 隆宏さん
（そらまめ）
「半人前」

平塚 希予さん
（そらまめ）
（学年部部長）
「津波～命を救った稲村の火」
「おさんぎつね」

ケムナ 陽子さん
（そらまめ）
「Are you my mother？」
「つきよのばんのさよなら」

岡部 民子さん
（そらまめ）
「ゆらゆらチンアナゴ」
「とんでもない」

阪元 さおりさん
（そらまめ）
「ぶんしおしょうさん」
「スイミー」

齋藤 多美さん
（そらまめ）
「おひめさまはねむりたくないけれど」
「ともだちできたよ」

南寿 早苗さん
（そらまめ）
「ハンダのびっくりプレゼント」
「ウラパン・オコサ」「むしのかお」

日本ＰＴＡ全国協議会 会長賞

北海道帯広市立啓北小学校

審査総評

人物インタビューや特集など、多彩な記事があふれています。「学べる取材」「職員室からこんにちは」シリーズなど、飽きさせない工夫が随所にありました。

1年生にとってはじめての運動会 Photo：Natsumi SAWADA

台風が十勝を直撃!! えっ!? 十勝川が氾濫!? まさか… 被災から学ぶ防災

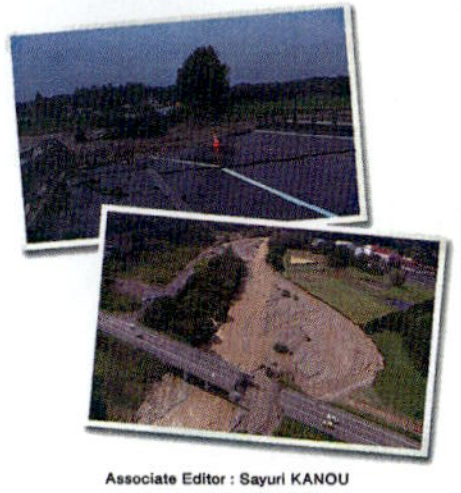

8月31日、明け方の避難勧告…まさか帯広で？しかも水害!?誰もがそう思ったに違いありません。元々雨の少ない地域です。ところが、今年8月17日から23日の一週間に、台風7号、11号、9号が相次いで上陸。さらに一週間後の8月30日、台風10号が北海道に接近、その影響で十勝地方に想像を絶する雨が降り、交通網が寸断され、農業にも甚大な被害が出ました。啓北小学校の校区は一級河川・十勝川堤防沿いのため、避難勧告に従って多くの方が避難しました。また、校長と教頭が市教委の指示で学校に泊まり込み、避難所開設に備えていました。私たち広報部は東日本大震災の年に発行した本誌「こんにちは。」96号、97号で「真冬に大地震が起きたら？」をテーマに特集を組みました。あれから数年、記憶が少し薄れてきたところに、この夏の災害です。改めて関係先を取材し長期断水を経験した清水町清水小PTA役員のお話も伺いました。

Associate Editor : Sayuri KANOU
Miho TAKIGAHIRA
Yumiko YONEZAWA
Satomi KUMASAKA
Mizue NAKAWATARI
Junko ISHIMODA

1 天災は忘れた頃にやって…きた。

帯広市総務課防災係に訪問 11/8（火）

「帯広市の防災のこと、あらためて教えてください！」

今年10月、帯広市から「おびひろ防災ガイド」が発行され、啓北地区では11月頃に配布されました。8月の台風が記憶に新しい時期に手にとって読まれた方も多いと思います。今一番気になること、これからまたいつ来るか分からない風水害について、帯広市総務課防災係の牧野紘也さんにお話を伺いました。

洪水の時は「垂直避難」!

本誌96号（5年前の東北の震災後に取り上げた防災記事）では、この地区で水害の時の避難場所は栄小学校と紹介しました。しかし、今回の台風で市の広報車が「啓北小学校（または第一中学校）へ避難して下さい」という放送を聞いて「あれ？」と思った方も多いのではないでしょうか。

「平成27年12月から、洪水時に浸水が想定される建物であっても、避難施設の上層階に避難する垂直避難が重視されるようになりました。これによって、洪水の危機が迫っている中、遠くの避難所へ移動する危険を回避することができます。」と牧野さん。啓北小は2・3階、一中は3階に。勿論、今まで通り栄小にも避難することができます。

帯広市 総務部 総務課 防災係 主任補 牧野紘也（まきの こうや）さん

情報は受けるのではなく、取りに行く!

台風10号が来た時は、避難場所、十勝川や札内川の水位などの問い合わせが殺到し、職員が電話の対応に追われ、緊急速報メールの配信が遅れるなどの問題があったそうです。

非常時には、自分で情報収集する方法を知っておくことも大切ですね。風水害が心配な時は、開発局や帯広市のホームページで河川増水などのリアルタイムな情報を確認し、テレビやラジオの気象情報を注意深く聞くことです。ラジオは地元のFM局やNHK第1放送などで情報が聞けます。停電に備え、携帯ラジオや電池の備えも重要です。注意したいのは、格安スマホだと緊急速報メールが配信されないことです。今回のように十勝川があんなに増水したのは初めてのことで、避難するべきか気になって様子を見に行った人が多数いたようですが、非常に危険なので絶対にやめましょう。

避難する時、注意したいこと

「避難する時の手段としては、基本は歩いてですが、風雨が強い時は危険な場合もあります。小さなお子さんや、高齢者、手足の不自由な方がいる家庭は大変だと思います。渋滞や駐車場のスペースにも限りがあるので、早めの避難か、間に合わなければ住宅の二階にいるなどして下さい。」

高齢者で一人暮らしの方が「近所の人が一緒に避難所まで連れて行ってくれた」と話していましたが、できれば町内会でまとまって避難できるといいですね。

市の対応で良かった点は?

「夜中になってしまいましたが、避難勧告の発令を早めにしたこと。35年振りの避難勧告で、判断のタイミングは勇気がいることでしたが、空振りを恐れずに早めに出すことが重要だと感じました。」

結果的に避難が必要なかったとしても、「被害がなくて良かった」と思えるような、私たちの心構えも大切ですね。

ペットも一緒に避難できるの?

今回発行された防災ガイドを見て「ペットは連れて行ってもいいのか？」という問い合わせが複数あったそうです。ペットを家族と考えている方も多く、避難所への同伴も可能だそうですが、「ペットを連れて行く時は必ずケージに入れるかリードに繋ぎ、アレルギーの方もいますので、決して放し飼いにはしないで下さい。」と説明しているそうです。ペットが苦手な人もいるので、必ずルールを守りましょう。

いつでも避難できるように準備しておきましょう

今回の台風で帯広市では19か所の避難所を設置し、1954名の方が避難しました。啓北小には約200名が避難しました。水害を経験したのは殆どの人が初めてだと思います。

避難場所にある防災倉庫の物資の数には限りがあります。自分たちの食糧や水は持参できるようにしましょう。防災ガイドを見て、持ち出し品を袋に入れて準備しておくのが重要です。

避難所でアルミロールや毛布などを配布された時は必要最低限を受け取り、なるべく他の人たちにも行き渡るように譲り合いの気持ちを持ちたいものですね。

昨年の関東・東北豪雨で鬼怒川が決壊し大きな被害が出ましたが、1年が経ち当時を振り返る番組をテレビで放送していました。家が濁流に巻き込まれ、ヘリで救助された小学生の少年が言っていました。「皆さん、自分の住んでいる所には台風が来ないなんて思わないで下さい。」その通りだと思います。万が一の時の備えをしておくことが大切です。■

96号、97号のおさらい

発行したのが今から5年前、当時はまだ入学前で読まれていない方も多いと思います。特に気になる箇所をピックアップしました。

「減災」とは? 96号5P

屋内外の安全対策を行い、自分の命最優先で無理なく慎重に行動し被害を減らすことです。北海道の住宅は廊下が少なく、壁面に家具が並ぶので、落下物でのケガが、本州の同程度の地震と比較して2倍以上だそうです。

啓北小に緊急貯水槽はない 96号6P

この地区の貯水槽は栄小にあります。ただし、東日本大震災の救援活動をした自衛隊の話では、大きな揺れで貯水槽が壊れて全く水が無いところが多くあったそうです。やはり飲料水の準備は必要ですね。

防災士・手塚順子さん 96号7P

「我が家の防災チェック」の非常持ち出し品は、最初の3日間を乗り切るために最低限必要な物です。お子さんがひとりで留守番している時に災害が起きたら？パニックに陥らないよう、日頃から避難場所やどのように行動すべきかを家族で話し合いましょう。

帯広市災害用資器材備蓄倉庫（自由ケ丘） 97号6P

帯広市は、大規模災害で避難生活を強いられる市民が6000人と試算しています。各避難所で足りない物資は、この倉庫から運ばれます。帯広市と防災協定を結んだ赤帽協同組合や十勝地区トラック協会が輸送を担当。輸送開始まで数日かかるので、やはり3日間を乗り切る準備が大事です。

学校の防災倉庫 97号7P

啓北小・一中などに保管されている物はそれぞれ50～100個程度。全ての人に行き渡るだけの数はありません。非常持ち出し品の準備を心掛けましょう。

防災3つのキーワード

① **自助**＝自分と家族の命は自分で守る。自力で3日間生きる。
② **共助**＝初期救出活動、初期消火活動、避難所運営など、公的支援が届くまで地域の人が共に助け合うこと。
③ **公助**＝行政機関や電気・ガス・水道などを提供する公益企業が災害支援活動を行うこと。公平性重視。活動開始に時間を要する。

特集ページ　6年生卒業特集

もうすぐ中学生!!

潜入! 帯広第一中学校編

4月から中学生になる6年生にとっては、ドキドキわくわくする時期ですね。保護者の皆さんも、子どもの環境の変化や進学に向けての準備に忙しく、中学校情報を集めている方もいらっしゃるのではないでしょうか。今回の特集では、2月14日に、お隣の帯広第一中学校で行われた入学説明会の様子と、説明会で配布された入学のしおりをもとに、入学にあたって準備するものなどを先輩保護者のアドバイスを含めて紹介します。

入学説明会

帯広第一中学校に入学予定の、啓北・北栄・栄小学校の6年生と各学校の校長先生、担任の先生、保護者が集まり、体育館で説明を受けました。最初は「校長挨拶」となっていますが、校長先生が作成したスライドショーが披露されました。主役は今年の1年生。入学式からの様子が映し出されて、子どもたちは中学校生活をイメージしながら見ているようでした。

次に3年生による校歌の合唱。説明会は例年、私立高校の受験日に行われますが、この日試験を受けない30名ほどの3年生が、説明会の随所で活躍していました。

そのあとは、帯広第一中学校の概要、中学校の学習、学校生活のきまりを分かりやすく説明していただきました。特に、服装については、3年生モデルが登場。さらに、「あたりまえ体操」の音楽に合わせて「あたりまえ服装」という感じで、スカート丈やジャージのファスナーを上げる位置など、楽しく教えてもらいました。こんにちは100号P14（平成25年3月発行）の入学説明会の中にも、「あたりまえ体操」の歌に合わせて…と、記載があるので、代々引き継がれているのかもしれませんね。

さらに、3年生による今流行りのお笑いを取り入れた中学校生活の様子を伝えるパフォーマンスがあり、子どもたちの緊張も解けて、笑顔を見せていました。

少しリラックスしたところで、子どもたちは各学校のクラスごとに校舎見学。保護者には、入学までに準備する制服・ジャージなどの来年度からの変更点を含めた説明や諸費用の内容と納入方法についてお話がありました。

スライドを見ながらの資料説明は分かりやすく、3年生の演出のおかげで柔らかな雰囲気の説明会でした。

ここからは中学生として必要となるものをご紹介します。

制服

入学のしおりには
男子は上下ともに学生服
【標準型】
襟にカラーが縫い付けられているものか、カラーをつけたもの。
女子学生服は
【イートンスタイル型】
白ブラウス、リボンを着用。（リボンの色は赤・青どちらでも可）と、書かれています。

夏服として、男子は、白のYシャツもしくは白のポロシャツ、女子は白のブラウスにベストの着用が認められています。

制服の着用は、入学式など儀式的行事、校内定期テスト時その他指定された日となります。

なお、制服に変更はありませんが、新1年生からネームプレートが変更になり、校章と組章の購入は必要なくなりました。

Miho TAKIGAHIRA / Junko ISHIMODA
Yumiko YONEZAWA / Junko MORIYA

啓北小PTA活動ニュース

PTA-NEWS

PTAから こんにちは。 1学期

平成28年度 PTA総会 4月23日(土)

●新1年生の保護者に活動内容を紹介

体育館にて、活動の説明や先生紹介、役員紹介などがありました。新1年生の保護者を対象に各部の紹介もあり、懇談会での常任委員選出に役立ったようです。

PTA 常任委員会 4月27日(水)

PTA活動の運営を担う常任委員が集まり、第1回の常任委員会が行われました。米田会長、山崎校長の挨拶の後、各部に分かれて、部内の役員選出、各種研修会参加者の選出、年間活動計画等について話し合いました。部会終了後は全体会で各部長が決定事項の報告。最後は中渡副会長の楽しく活動しましょうという挨拶で会を閉じました。

●今年度のPTA活動をリードする常任委員が一同に集結!

PTA社会部 環境整備 5月8日(日)

集合時間に突然降り出した雨に、実施できるかどうか心配されましたが、時間になると青空が見えはじめ、予定通り作業開始となりました。途中、強風にあおられる場面もありましたが、保護者、児童、そして啓福長寿会のみなさん総勢120名ほどで行われました。長寿会のみなさんは、北2線沿いのフラワーロードの花壇の土を耕してくれました。児童はグラウンドの石や落ち葉拾い。保護者は校舎南側のタンポポ抜き、排水溝の土砂の除去作業、ビニールハウスの整備に、最後は隔年実施の駐車場のライン引き。2時間休憩なしで汗を流しながらの作業となりました。

●ビニールハウス設営(左)と、溜まりに溜まった排水溝の土砂を徹底的に除去(右)

●保護者、教職員、長寿会、地域ボランティア、総勢120名の皆さん。お疲れ様でした!

PTA・地域 見守り隊総会 5月18日(水)

地域の方とPTAで構成されている見守り隊。今年1年間の活動の確認、情報交換を行ないました。今年も「声かけ」や「挨拶」で子どもたちの安全を見守ってくれます。

●見守り隊総会には地域の皆さんが出席。

PTA総務部 常任委員顔合わせ会 5月21日(土)

今年の常任委員顔合わせ会は、とかち館で行われ48名が参加しました。ナース姿の米田PTA会長が医師・患者に扮した3名の副会長とともに入場。山崎校長は、PTA役員の騎馬に乗って入場と、今年転入された先生方を驚かせる演出で会が始まりました。転入された先生の紹介やビンゴ大会では大いに盛り上がり、各部、三役の紹介も行われ、今年度も活発なPTA活動が行われると感じました。常任委員会から1カ月足らずで企画・準備・進行された総務部のみなさん楽しい会をありがとうございました。

●PTA各部が壇上で今年度の意気込みを披露!

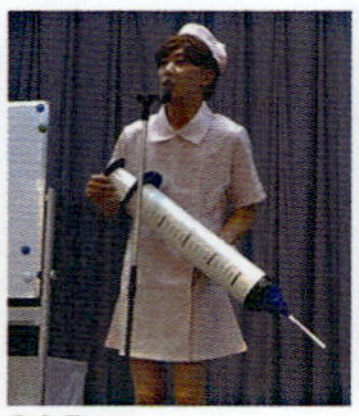
●会長…!?

●主催した総務部の皆さん、お疲れ様でした!

PTA厚生部 ザ・輪っしょい打ち合わせ 6月3日(金)

●常任委員顔合わせ会に出席したPTAの皆さん。

今年も啓北小PTA、夏の一大イベント「ザ・輪っしょい」に向けて、厚生部が集まり話し合いが行われました。昨年を振り返って改善点をあげ、道具の確認や役割分担などスムーズに進行しました。また景品などを含めて、これから具体的な準備が進められていきます。今年も安全に配慮した上で、より楽しめる「ザ・輪っしょい」を考えてくれています。

←次ページへつづく

日本ＰＴＡ全国協議会 会長賞　富山県南砺市立福野小学校

審査総評

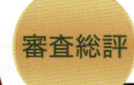

年間を通して「子供たちのネット利用について」を特集、特別企画として「これからのＰＴＡ」を考えるなど、会員の啓発に役立つ記事を掲載していました。委員会活動リポートなどで、出来事情報もしっかり伝えています。

富山県南砺市立福野小学校

■ シリーズ　子供たちのインターネット利用について　〈パートⅢ〉

子供たちを取り巻くインターネット事情

子供の安全、安心なインターネット利用のために

今年度のシリーズ企画は、「子供たちを取り巻くインターネット事情」と題し、子供たちをインターネットに潜む危険から守るためにはどうすればよいか考えようと企画しました。1号では、会員の皆さんにアンケートを取り、インターネットの利用についての実態調査を行いました。2号では、その結果を踏まえ、親が子供をインターネットから守るために必要な基本知識を紹介しましたが、皆さんどのように感じられましたか？

今号では、実態や基礎知識を踏まえた上で、ご家庭ではどのように対処することが良いのか考えてみたいと思います。

子供のインターネット利用率

内閣府の調査によれば、パソコンでインターネットを利用している小学生は約92%、携帯電話・スマートフォンでインターネットを利用している小学生は約45%。

メール以外の用途としては、「ゲーム」「調べ物」「音楽や動画等の閲覧」が多く、前年度調査と比較すると「SNSサイトやチャット等のコミュニケーション」等も増えてきています。

子供のインターネットトラブルはなぜ深刻化しやすい？

ネットいじめ、高額請求、児童ポルノ、個人情報流出等、子供たちが巻き込まれるインターネットトラブルは様々ですが、インターネットトラブルが複雑化、深刻化しやすい理由として以下のことが挙げられます。

○インターネットは情報伝播力が強い

○相手の顔が見えないため、行動がエスカレートしやすい

○親や教師が見えない場所でトラブルに発展するので気付きにくい

子供は、インターネット上の情報の真偽を見分ける力、行動に対する責任や判断力が不十分です。子供の未熟さとインターネットの特性を理解した上で、利用には大きなリスクがともなうことを忘れてはならないのです。

大人だったら最低限知っておきたいネットリテラシー

現代の子供たちは、学校でパソコンやインターネットの使い方を習います。しかし、小学生を子に持つ親世代の多くは、インターネットについて学校で学んでいません。そのためインターネットに関するリテラシーの高い人と低い人の差があります。

「ネットリテラシー」って何？

ネットリテラシーとは、自らが欲する情報を入手できる能力や、その情報が正しい情報かどうかの判断ができる能力等、インターネットを理解し正しく利用できる能力という意味です。

「ネットいじめ」とは？

掲示板やメールによる「ネットいじめ」は、子供たちが人間不信に陥り、不登校になるケースや場合によっては自殺にまで追い込まれてしまうケースも少なくありません。いじめる側に罪の意識がないのも特徴です。自分を隠し、遊び感覚でできる手軽さでいじめが集団化し、エスカレートしていきます。

また、最近ではLINEによるいじめが問題になっています。グループメンバーを強制退会させて仲間はずれにする、既読なのに返信がこないので、無視・嫌がらせをするなどがあり、どこで止めてよいか分からず、自由な時間が作れない、勉強に集中できない、睡眠不足になったという声も多いです。子供同士の関係に大人は安易に立ち入ることができませんが、子供には思いやりの気持ちをもつということを話し合うことが必要だと思います。

2

トライアングル

ネットリテラシーには、いろいろあるけどいくつかをカルタにしてみたよ。みんなも覚えてね。

ネットリテラシーかるた

ス　スマホ世代は怖さを知らない

1996 年前後から始まったインターネットサービス。その後、普及率が急激に広がりインターネットを始めた世代と、2000 年代後半から普及したスマートフォン等で、生まれた時から生活にインターネットが存在している世代とでは、ネットに対する感覚が全く違います。

か　勝手に投稿いけないよ

ソーシャルメディア、フェイスブックのユーザーの増加やライン、ツイッター等でよくトラブルになりがちです。特にフェイスブックは新しいユーザーも多いので、家族や友人の写真を本人の許可なしにアップする人がいます。トラブルの元になるので、許可なく投稿しないようにしましょう。

ト　トラブルを気軽に話せる場所づくり

むやみに監視をしてリスクを最小限にしても、その監視の目が外れた先でトラブルが起きることもあります。むやみに止めることだけではなく、トラブルが起きたときに子供が親や先生等、身近な大人に報告・相談できる雰囲気を作っておくことが大切です。

ち　著作権には気を付けよう

違法にアップロードされた著作物をダウンロードすることは 2010 年以降法律で禁止されています。2012 年以降は厳罰化され、逮捕という可能性もあります。著作物がどこからどこまでというのは難しい問題なのですが、安易に使用することは避けましょう。

え　炎上は一生をもだいなしに

ソーシャルメディアでの、飲食店やコンビニ等、不適切な写真投稿による「炎上」。将来、子供が関わらないとは限りません。一度インターネット上に拡散した情報は、回収することができません。軽い気持ちで起こしたことが一生を左右する可能性もあります。親子で何がいけないのか話し合ってみましょう。

ネ　ネットリテラシー高めるためには

ネットリテラシー教育は、厳しい制限をかけてしまいがちですが、「これは危ない」「これは大丈夫だろうか」という感覚を身に付けることも必要です。もちろん最低限の制限は必要ですが、現在のトラブルを避けるだけではなく、将来のリスクを回避する術を身に付けることがリテラシーを養います。

お　大人にこそ必要ネットリテラシー

どういったものがトラブルになりうるかという事前対策、トラブルが起きたときの原因究明、解決するための対策など、両親や教師にもネットリテラシーが求められます。つまり、教える側が、もっと積極的にネットの情報を理解することが必要となってきます。

ネットを正しく使うためのルールとマナー

子供の現在の安全を守ることはもちろん、大事な将来を守るためにも、インターネットを使わせる際には準備が必要です。子供がインターネットを利用する際に大切なことは、保護者の見守る姿勢と、お子さん自身の心がけが大切です。子供本人は、人や自分を傷つけず、社会のルールを乱さないようにインターネットを利用する方法を身に付けなければいけません。オンラインでネットのルールやマナーを学べるサイトもたくさんありますが、この機会にご家庭でもネットの利用について話し合う場をもってみてはいかがでしょうか。

参考文献　「ネットリテラシー・インターネット用語辞典」「大人だったら最低限知っておきたいネットリテラシー やさしくねっと」「ネットリテラシーは世代によって違う!? スマホ世代はネットの恐怖を知らない」「子供の安全、安心なインターネット利用のために」「ウチの子は大丈夫？実録！子供のインターネットトラブルと対処法」「親子で安全対策！～ネット犯罪から子供を守る～」等

3

トライアングル

特別企画　【今後のPTA活動を考える】

これからのPTA

一年を振り返って

今年度の福野小学校父母と教師の会では、「 絆 ～ 子どもたちのために 明日のために 」をテーマに掲げ、PTAの活動をより多くの皆さんに理解していただき、より多くの人に参加してもらうためにはどうすればよいか、また、役員選出の改正等、いろいろな問題をどう解決すればよいかを課題として活動してきました。

この一年間を振り返り、やってきたことの成果や反省、そしてこれからのPTA活動はどうあるべきかこれからのPTAの明るい展望を探っていきたいと思います。

新しく28年度のPTAを運営するにあたり、まず真っ先に頭にあったのは、PTAは常に「子どもたちのため」であるべきだということです。 28年度は、**「 絆 ～ 子どもたちのために 明日のために 」**というテーマで活動してきましたが、PTA でいう絆とは、まず子供と親の絆、子供と先生の絆、そして親と先生の絆が挙げられると思います。この三方が強い絆で結ばれていないとよい方向には進みません。まずは「子どもたちのために」できることを精一杯やろうと考えました。

では、「子どもたちのために」 何ができるのか。それを考えたときに結論は一つではなく、 できることの一つ一つの積み重ねだと思っています。PTA の年間行事として主なものは、運動会での PTA 競技（親子玉入れ）、 リッチモンド国際交流事業、ドッジボール大会、学習発表会での遊休品バザー等がありますが、 学年委員会や専門委員会に委員として選出されれば、 これらの委員会への出席等もあり、 全体としては PTA は**やらなければいけないことが多いという印象**をもたれている方が多いのではないでしょうか。しかし、前述からのとおり、できることをできるときにしていただくだけで十分だと思います。役員や委員を引き受けるには多少なりともご家庭やご家族に負担がかかりますが、負担ばかりかけていては何のための PTA か分かりません。「子どもたちのため」のPTAがそうでないとしたら、**PTA自体の存在意義**が失われかねません。ですから、これからの PTA には、各役員・各委員が極力負担とならない体制づくりが必要になってくると思います。

今年度改正した**委員選出方法の見直し**もその一環であると思っています。臨時総会や学年懇談会の場でもご説明させていただきましたが、現状、専門委員や事務局員を各地区から選出することはもはや限界に達していました。PTA 会則の細則に「役員は、連続して3年を超えないことを原則とする」と記されていますが、児童数の減少等により、各地区の会員数に大きな差が生じてきているため、毎年何らかの役を引き受けなければならない地区もあるのが現状です。改正は初めての試みでしたので、**問題点も山積み**です。そこは今後問題点を一つ一つ解決していくしかないと思っています。例えば、今回は上位選出者に集まっていただき各委員を決定したわけですが、上位選出者への周知方法や、過去に何度も役員・委員をしていただいた方への免除方法等については、理事会や常任委員会で議論に議論を重ねた事項です。 それでも課題は出ましたが、会員の皆様からいただいた貴重なご意見を基に、今後、**よりよい選出方法となるように改善**していかなければなりません。なるべく多くの方に PTA 活動に実際に携わっていただき、その大切さや楽しさを感じてもらう機会を増やすようにしたいです。

この一年間を振り返ると、多くの役員、保護者の皆様、そして先生方と話す機会をもつことができました。PTA は、子供たちを取り巻く問題について、学校との連携を図るための必要な組織であると思います。今後も会員の皆様から気軽に相談を受け、よりよい子育て環境の構築につながるような組織づくりと、**「子供たちの幸せ」**を守り、作りあげていくための活動を続けていくことが PTA の活動として重要であると考えます。

福野小学校父母と教師の会会長　才崎 利昭

4

副会長　田丸 和雄

上の子供からおよそ10年ぶりに役員をする事になり冗談で「浦島太郎だわ～。」と言っていましたが、正にその通りで、保護者の考え方等ギャップに戸惑いながら何とか務めさせていただきました。

今回の「役員選出の見直し」に関しては正直、少子化がここまでとは思っていませんでした。思えばドッジボール大会が地区対抗からクラス対抗になった頃から兆候があったのかもしれません。この見直しは、時期尚早ではないかと思っていましたが、結果としてよいタイミングだったと思います。末っ子の卒業で私もPTA卒業となりますが、2年間ありがとうございました。

副会長　因幡　豊

本年度PTAは、役員選出の改定という大きな動きがありました。ここ数年前から役員の選出に頭を悩まされていました。改定に向けて、アンケートの実施、会員への説明、PTA会則の改定等試行錯誤を重ね、みんなが参加できるPTAに一歩前進しました。自ら積極的に参加するPTAになるまでには、まだまだ発展の途上ではありますが、よりよいPTA活動になるために、今後も協力させていただきます。

副会長　今井 義則

今年度初めてPTA活動に関わらせていただきました。年度始めに引継ぎは受けたものの、実際何からどう始めたらよいのか分からず途方に暮れていましたが、周囲の方々の多大なサポートをいただき、楽しく行事を進めることができました。PTA活動を通じて自分のコミュニケーションの輪がひと回りもふた回りも大きくなった感じがします。年度の後半は自分なりのスタイルで活動に関わることができました。あらためて保護者、児童、先生の相互のよいコミュニケーションが、楽しみながら活動を進める大きな原動力になっていることを実感しました。

事務局長　佐々木敏幸

事務局について、執務内容を簡単に紹介いたします。各会（総会／常任委員会／理事会）準備対応があります。内容は各役員からの起案や報告していただいた内容を取りまとめて資料化し、発案や調整等を行います。各イベント、活動対応として 準備から後片付けの対応、場合により当番（交通整理等）を受け持ちます。

本年度は臨時総会がありましたが、何とか乗り越えることができました。活動の幅が広く、活動の「やりがい」、役員との「相互の助け合い」とともに、子供たちとの「つながり」も多く実感できました。

皆さんも一度、「事務局」に入ってみませんか？

副会長　大窪 正人

本年度は、ドッジボール大会等を担当させてもらいましたが、当初は「一人で全てを…」と不安な面からスタートしました。しかし、結果的には児童や保護者の皆さんのおかげで無事に終えることができました。PTAの活動は、保護者や児童とつながって成しえるものということを強く実感しました。このつながりは今だけではなく、未来へと続けていかねばなりません。PTA活動を通してたくさんのつながりをつくっていくことが子供たちの未来への懸け橋となるのです。

皆さんも一緒につながりませんか？

副会長　笹村 映子

制服リサイクルを担当いたしました。会員の皆様のご理解・ご協力、誠にありがとうございました。

今年度、着用できなくなった制服等をご提供いただける機会が2回（運動会当日かPTAバザーに遊休品と共にご提供いただく）しかありませんでした。そこで、来年度は「子ども110番の家」ウォークラリー当日にも受け入れることになりました。卒業生の皆様からも提供していただきやすくなったのではないかと思います。

ご協力のほど、よろしくお願い致します。

5

トライアングル

委員会活動リポート

Report

小学校の思い出「my箸」製作　6年学年委員会　7月10日(日)

富山県フォレストリーダー協会より講師の方を招き、冊子『とやま森の教本』を用いて富山県の森の現状や仕組み、今後の課題等を説明していただきました。その後、各班ごとに親子で「my箸」の製作を行いました。

(参加者の感想)

最初に、箸製作の流れを教えていただき、早速各班ごとに製作を開始しました。初めはとにかく丸く、二本が均等になるように削っていきます。そして先端部分を細くしていき、最後に紙やすりで仕上げて完成なのですが、これがなかなか難しい。みんなワイワイしながらも真剣な表情で竹を削っていました。周りの子供たちに熱心にアドバイスをしたり、ひたすら納得のいく作品づくりに集中したりしているお父さん。子供とマイペースで竹を削るお母さん。気付けばあっという間に時間が過ぎ、「えっ、もう終わり？」という声が多かったような気がします。できあがった「my箸」を比べながら、親子や友達で互いに感想を言い合っていました。こんなに時間を忘れて夢中になったのは久しぶりでした。講師の方に、とても分かりやすく説明していただいたので飽きることなく楽しむことができました。思い出に残る楽しい経験をさせていただきました。

資源回収・愛校の日(親子清掃)　9月25日(日)

最初に「エコ大作戦」として資源回収が行われ、アルミ缶や古新聞、古雑誌、段ボール等を回収しました。アルミ缶の収益は、小学校ボランティア委員会を通して、開発途上国の井戸を掘る資金として使用されます。

親子清掃は、ふだん子供たちが清掃している場所や学校の周りを親子で一緒に清掃しました。校内清掃の後は、校舎の周りの除草も行われました。

(参加者の感想)

ふだんはできない高い場所の掃除や溝さらい等、お父さん方も大活躍。一緒に清掃することで愛校心が生まれ、子供たちの清掃している様子を知ることもでき、とても有意義な一日でした。

講演会「親子で救急・防災体験会」

家庭教養委員会　9月25日(日) 第2体育館、外国語ルーム

南砺消防署東分署署員の皆様を講師にお迎えして、「親子で救急・防災体験会」が開催されました。大人108名、子供106名、教職員15名の計229名の参加でした。第1部では、「煙体験」を学年ごとに順次体験し、その間、巻き結び等の「ロープワーク」を教えていただきました。第2部では、お子さんが倒れたらという想定で救急講習を受け、いざという時にしっかりと対処できるように学びました。

(参加者の感想)

「煙体験」では、独特の匂いと視界の悪さで少しパニックになりました。子供たちは、はしゃいでいましたが、これが本当の煙だったらと思うと冷静に対処することの大切さを感じました。その後の「救急講習」では、もし、その場に自分しかいなかった場合に命を左右するのは自分だという緊張感が湧いてきました。大変勉強になり、親子で触れ合うよい機会にもなりました。

遊休品バザー　10月16日(日)　第１体育館

開場前からたくさんの方々にお越しいただきました。おかげさまで売上金は、187,380円となりました。この収益は父母と教師の会の活動資金として活用させていただきます。売り上げに協力していただいた方々、そして遊休品を提供していただいた会員の方々、ありがとうございました。

(参加者の感想)

開場前から行列ができていました。すぐに会場が人であふれ、みなさん思い思いに品物を見ていました。両手にたくさんの品物を抱えている人もいて大盛況でした。みなさんから集められた商品を、家庭教養委員や他の委員の方々が前日から分類し、値札を付け、きれいにラッピングされていて本当に大変だったと思います。収益は、PTAの活動にも役立てられるそうなので、これからも積極的に参加したいと思います。

学級対抗ドッジボール大会　8月7日(日)　福野体育館

準備運営は、担当役員の皆さんの協力で滞りなく行われ、子供たちは元気いっぱいにプレイしていました。

(参加者の感想)

全学年が一堂に会しゲームを行う様はまさに壮観。各学年に分かれたコートの様子は、子供たちの成長の早さを感じさせるものでした。低学年は、なかなかボールが前に飛ばなかったり、ボールを取り合ったときにジャンケンをしたりしている姿が微笑ましく感じました。一方、高学年ともなるとボールのスピードが半端なく速く、油断しているとボールが飛んできて恐怖を感じるほどでした。円陣を組んでチームが一つになることは子供たちにとってすごくよい経験になったと思います。事前準備や試合の進行、ライン係等担当役員の方々、本当にお疲れ様でした。

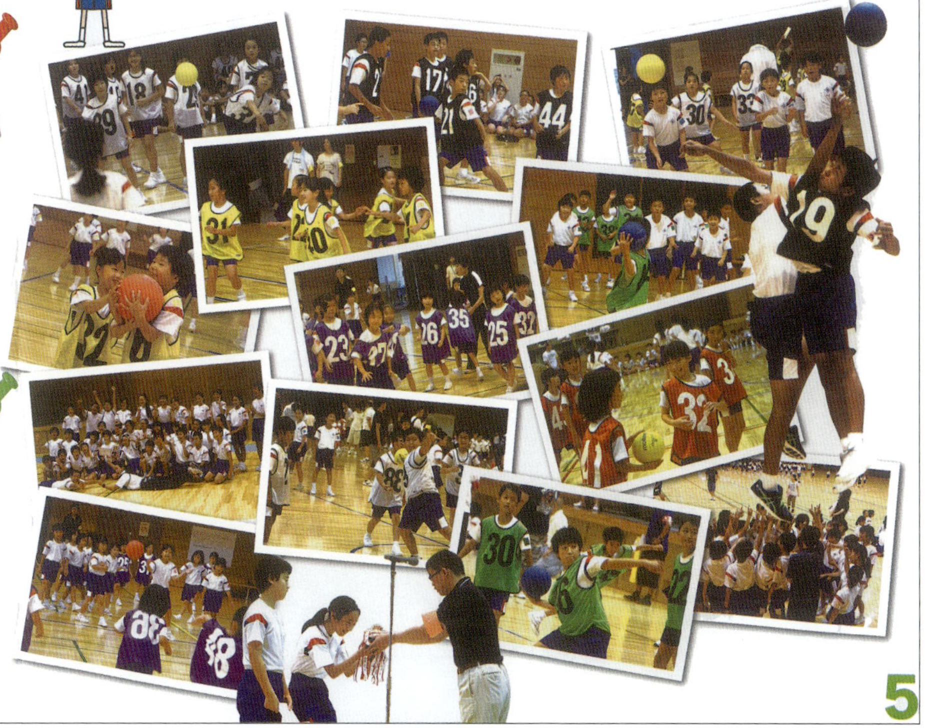

4　5

委員選出が変わる！ 本年度より次年度PTA委員の選出の方法が改定されます

今までの選出方法

▶学年委員・・・・各クラスから２名ずつ
▶家庭教養委員・・各地区から１名選出
▶広報委員・・・・各地区から１名選出
▶事務局・・・・・各地区から１名選出
▶地区委員長・・・各地区から１名選出

※高瀬、安居の両地区は児童数が極端に少ないことから、「家庭教養委員」と「事務局員」を隔年で交互に選出。

問題点は？

▶地区からの選出における問題点

・各地区の児童数に大きな格差が生じてきており、児童数の少ない地区では多選の問題を引き起こしている一方で、児童数が多い地区では六年間で一度も委員をされない方がいるという現状にある。

・選出方法は各地区に任せているため、全学年の児童の親が選出されるわけではなく、各委員会等における学年間での調整や行事の取材等に支障が生じている。

《児童数と委員の比率》　《改正案のアンケート結果》

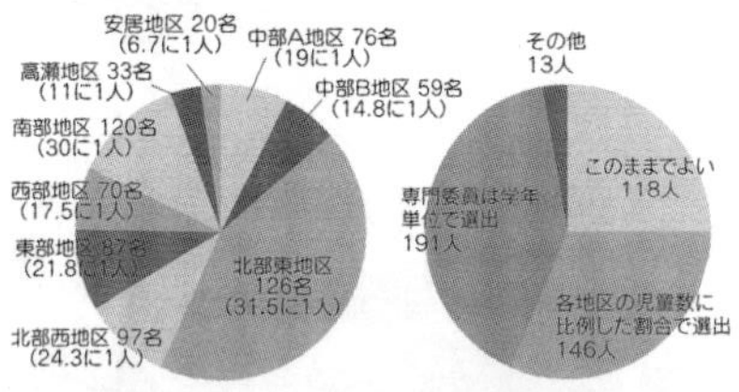

委員選出方法変更の改正案

各地区の専門委員選出の問題点を解決するために、アンケート等、会員の意見を参考に常任委員会で話し合った結果、今まで各地区から選出していた専門委員会（家庭教養委員・広報委員・事務局員）を各学級より選出する案が出されました。

委員選出方法変更の経緯

選出方法の変更には、会則の変更が必要になります。そのため11月13日に臨時総会が開催され、以下の議案が承認されました。

現行 父母と教師の会会則
「第18条7　専門委員会の委員は、
各地区会員中より選出する。」

↓

変更後 父母と教師の会会則
「第18条7　専門委員会の委員は、
各学級より選出する。」

（平成29年度就任委員より⇒今年度中に選出する）

委員選出の流れ

11月
四つの委員の立候補者を募集する。

12月
立候補者及び、既に決まっている来年度委員予定者を記載したクラス名簿を各家庭に配布する。会員はふさわしいと思われる方に○を付け、担任の先生に提出する。（今年度委員と来年度地区委員等は選出対象外となります。）
執行部は、各学級で得票数の多い上位者を現学年委員長に報告する。

12～1月
学年委員から連絡を受けた人（学級ごと）で話し合い、次年度委員を決める。

少子化や人間関係、地域のつながり等、社会環境の変化に合わせてPTA活動にもいろいろな問題が起きています。みんなが楽しく参加できるPTAにするために皆様のご協力をよろしくお願いします。

第4回 富山県PTA会員大会

11月26日（土）に富山県民会館にて第4回富山県PTA会員大会が行われました。

開会式に続いて、「三行詩コンクール」の表彰が行われ、福野小学校からは2年生の中田凪音さんが優良賞に選ばれました。

全体会では、「次代を生きる子どもたちのために親が知っておくべきこと」をテーマに菊池桃子氏による講演会がありました。

そのあと参加者は分科会へ。「あなたのPTAのコンセプトは？」「ネット時代の性教育」「心に栄養を届けよう～楽しく食べること～」等様々なテーマで行われました。その中で、「ワンランクアップの表紙作り～表紙は広報紙の顔～」と題した第6分科会では、当会広報委員の宮本勝浩さんが、講師として広報紙『トライアングル』の製作方法から委員会運営の苦労話までを説明し、熱のこもった分科会となりました。

後半のグループワークでは、実際に表紙のデザインを考え、グループごとに手描きのラフスケッチ風での表紙を作成しました。

6

トライアングル

みんなのあんぐる 親子おもしろ＆ほのぼの話

このコーナーでは、みなさんから投稿していただいたおもしろい話や印象に残る話等を、ピックアップしてご紹介します。みなさんにも「あるある～」とうなずける事柄があるんじゃないでしょうか。

・庭で息子が虫取り網でカエルを捕まえました。でも、カエルが触れない息子は、**「ママ、カゴに入れて！」**と言いましたが、私もカエルがニガテ。どーする？となっていたとき、幼稚園児の娘が、さっと捕まえてカゴに入れてくれました。母より兄よりたくましい妹でした。

・初めて家族でUSJに行ったとき、二年の息子に、「何が一番楽しかった？」と聞くと、**「ホテル！」**という答えが返ってきました。

・親子三人で川の字で寝ています。息子は寝相が悪いのですが、夜中に見るとなぜか必ずパパの上によじ登って寝ています。パパの匂いが好きなのかな♡**それとも私がくさい？**（笑）毎晩です。

・月曜日の朝。朝ごはんを食べ終わった頃、「そろそろ学校、行かんなんよ。」テレビを見ながらタンスの引き出しから普段着のズボンを出してはき始める子。「学校だよ。制服着なんよ。」**「あっ！そうやった！間違えた！」**だいたい毎週月曜日に同じ会話があります。

・先日の朝、「今日は早く帰ってきてくれるよね？」と娘に聞かれました。「え？何で？」と聞き返すと、**「だって、今日はお母さんの誕生日だから。」**という答えでした。夜は私の好きなメニューでおもてなし。司会も子供がしてくれました。歳をとるのは、本当は…でしたが、悪くないなぁと思った一日でした。

・子供から一緒に自転車に乗って○○へ行こうと誘われて、「え～っ、自転車！疲れる…。」と言いながらも出発。「風は気持ちいいね。花、きれいだね～」と。（普段は車の毎日）帰り道には、「また、サイクリングしようね。」と子供に。**誘っているのは、親の方でした**（笑）

・母の日には、「お母さんにプレゼントあげたり、ありがとうの気持ち伝えたりする日だよ～」と伝えると、**「えっ！子供の日になんにももらえなかった～」**という息子。笑ってしまいました！

・子供が学校で茶道を教えてもらってきたので、最近、家で家族全員（五人）分の抹茶を茶せんでたてて作ってくれます。みんな**口のまわりを緑色**にしておいしく頂いてます。

・スポーツ少年団に入団して、子供はお互いに知っている子がいるので不安ではないが、親たちが初対面ということで、子供の方がお父さんやお母さんが、**仲よくできるか心配**していた様子でした。
おかげさまで仲よく活動できていますが、子供の「仲よいね～。」の一言に気持ちが高まりました。

・娘は髪が長いので毎朝髪を結います。ある朝、「お母さん、今日は二つに三つ編みにしてー。お願ーい。」
不器用な母は、三つ編みを一生懸命編みましたが、ちょっと二つの編みの太さが違っていました。母は、まついいかーと。しかし、すかさず娘は手で太さを確認。**「お母さん、太さが違うよー。」**
今日もまた、一本縛りで元気に学校に行きました。

・子供は私のことを驚かせようと思い、部屋の隅等に隠れて、「ワ～ッ！」と言ってきますが、だいたい**気配を感じて失敗に終わります。**

・畑で一緒に収穫したさやえんどうを、料理するために、すじとりをしていたら、私より娘の方が上手な上に作業も早くてびっくりしました。**ランドセルをかついだまま**キジを追いかけている姿からは想像つかないほど、家庭的な一面を見ることができました。

・昨年、アサガオ育ての後にチューリップの球根を植えたので、我が家でも別の花の球根を植えました。今年の春先には葉は出てきましたが、**花は咲きませんでした。**
しかし、その後、球根と一緒においていた、どんぐりの実に芽が出てきました。本人はとてもびっくりしていましたが、喜んでいました。

7

日本ＰＴＡ全国協議会 会長賞　鳥取県大山町立中山小学校

審査総評

年間を通じ、創立４０周年として、たくさんのゆかりの人たちが登場していました。防災に関する緊急特集や、子どもと保護者世代の比較アンケートなど、企画のアイデアも光っていました。

Public Relations of NAKAYAMA Elementary School PTA

みどりの広場

http://cmsweb2.torikyo.ed.jp/nakayama-e/　鳥取　中山小　検索

No.134
発　行　中山小学校PTA
発行日　2016年７月22日

中山小 第40回 運動会 開幕！

祝！中山小学校創立 40 周年
今年のみどりの広場は
“Annivarsary40”です！

緊急特集
防災を考える

かけがえの無い命を守るということ。
学校と家庭の連携

今年の四月に震度七という多大な被害をもたらした熊本地震が起きました。
世界中を震撼させた東日本大震災から五年が過ぎ、私たちのなかで、あの災害が少しずつ（悲しいことですが）風化しつつあることも事実です。現在の中山小の子どもたちが生まれる前には鳥取県でも西部地震が起きています。昨秋には鳥取県中部で震度三～四の地震が多発していたのも記憶に新しいことです。

しかし、「災害があったらどうするか。」
家庭で話し合っていますか？震災の後しばらくは「自宅での備えはどうしたらいいか。」等どこの家庭でも考えていたと思います。
「子どもが学校にいるときに災害にあったらどう対応したらよいか。」「自宅での備えはどうしたらいいか。」など、ここで改めて災害発生時にどうすべきか考えてみましょう。

子どもは大人の話をきちんと聞き、状況を判断することが必要です。これは自分の命を守るために大切なスキルです。家庭でもしっかり伝えて下さい。

避難時の合言葉
- お おさない
- は 走らない
- し しゃべらない
- も 戻らない

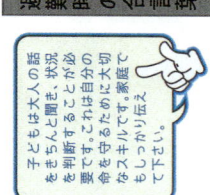

災害発生！
学校で災害が発生したときの対応は？

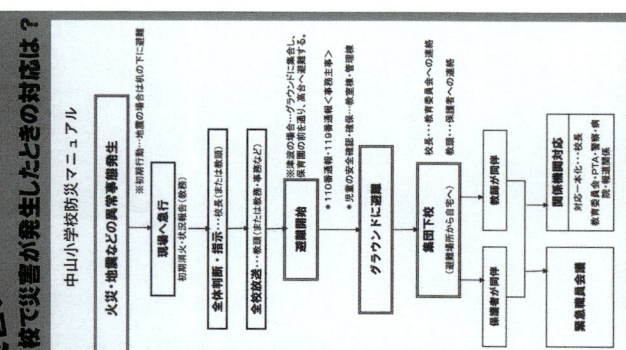

中山小学校防災マニュアル

- 火災・地震などの異常事態発生
  - ※初期行動…地震の場合は机の下に避難
- 現場へ急行
  - 初期消火・状況報告（教務）
- 全体判断・指示…校長（または教頭）
- 全校放送…教頭（または教務・事務など）
- 避難開始
  - ※津波の場合…グラウンドに集合し、保育園の前を通り、高台へ避難する。
  - ＊110番通報・119番通報＜事務主事＞
  - ＊児童の安全確認・確保…教室棟・管理棟
- グラウンドに避難
- 集団下校（避難場所から自宅へ）
  - 校長…教育委員会への連絡
  - 教頭…保護者への連絡
- 保護者が同伴 ／ 教師が同伴
- 緊急職員会議 ／ 関係機関対応
  - 対応一本化…校長
  - 教育委員会・PTA・警察・病院・報道関係

従来は災害の場合「子どもを親に帰す。」が基本でした。それが平成25年度に学校危機管理マニュアルが改訂され、確実に保護者に引き渡すまで児童・生徒を学校で保護することが原則になりました。
同じく、登下校中の対応は、①登校してきた児童の把握 ②各地区担当の教師が通学路に向かい、安全確保につとめ、直近の避難場所に誘導する。(自宅か学校）ということになります。
災害が起こった場合、保護者への連絡は『まちcomi』メールでの一斉送信が基本になります。
もし、そんな時連絡メールが届かなかったら…？携帯やアドレスを変えた場合、きちんと登録を変更していますか？保護者のみなさんもいざというときのためにもう一度ご確認下さい！
※災害時にもまちcomiアプリはタイムロスなくメールが届きます。詳しくはまちcomiのＨＰを確認！

家庭では災害時のこと、話し合っていますか？
東日本大震災経験者の談話です。

出典「災害に対して親が備えておくべきこと」(http://tomoe.life)

東日本大震災はお昼に起きたため、家族が会社や学校などそれぞれの場所にいました。そのため家族間で連絡や安否の確認がとれず不安な気持ちに押しつぶされそうに。電話も完全にパンク状態でまったく通じません。連絡がとれない場合、どこに避難するのか、どうやって連絡を伝達するのか、家のルールを決めておくことが必要です。
携帯電話の通話回線はパンクします。固定電話の回線は使える可能性がありますが停電時は使えません。停電時に使えるのは公衆電話や昔懐かしい黒電話です。
災害時に子どもと離れて働いていた親にとって、すぐに子どもの安否を確認することは難しく、不安が募ります。災害が起きた場合、小学校がどういう対応をするのか（避難場所や安否確認の仕方、引渡し方法など）きちんと確認しておくことが必要です。そして何よりも親と離れて不安な子どもたちに、普段から「必ず迎えにいくから大丈夫。」と伝えておくことが必要です。
ライフライン（電気・ガス・水道・電話・交通・通信などの事）が途絶えて一番困ったことは「電気がないと何もできない。」ということです。
災害に対する危険や避難について、自治体から発信されている情報に耳を傾け、食料などの備蓄、非常用袋などの用意をすることはもちろん大事です。それに加えて、災害を『意識』することです。家具を買うとき、物を片付けるとき、「ここにおいたら危ない。」というように家庭で意識して備えておくことはたくさんあります。

いざという時に家族の身を守り、困らないためにも日ごろからの備えが大切です。

防災特集　非常持ち出しセットの中身をチェック ✓

※消防庁が推奨している非常持ち出し用の防災グッズを基にケンコーコムが作成

以前なら３日分と言われていましたが、巨大地震には１週間以上の備蓄や用意が必要だと言われています。

防災グッズを２つに分ける方法もあるようです。
◎一時持ち出し
（取り合えずその場から逃げるためのもの）
◎二次持ち出し
（安全を確保してから避難生活を送るためのもの）

出典　www.kenko.com

その他、家庭で話し合っておくべきことはたくさんあります。
□家の中の安全な場所の確認。
□避難場所の確認 。
□もし子どもが外で遊んでいるときに災害が起きたら？
□家に子どもだけのときに災害が起きたら？…等々。
いざという時に自分と家族の身を守り、困らないためにも日ごろからの備えが大切になります。
学校と家庭、連携して災害時にかけがえのない命を守りましょう！

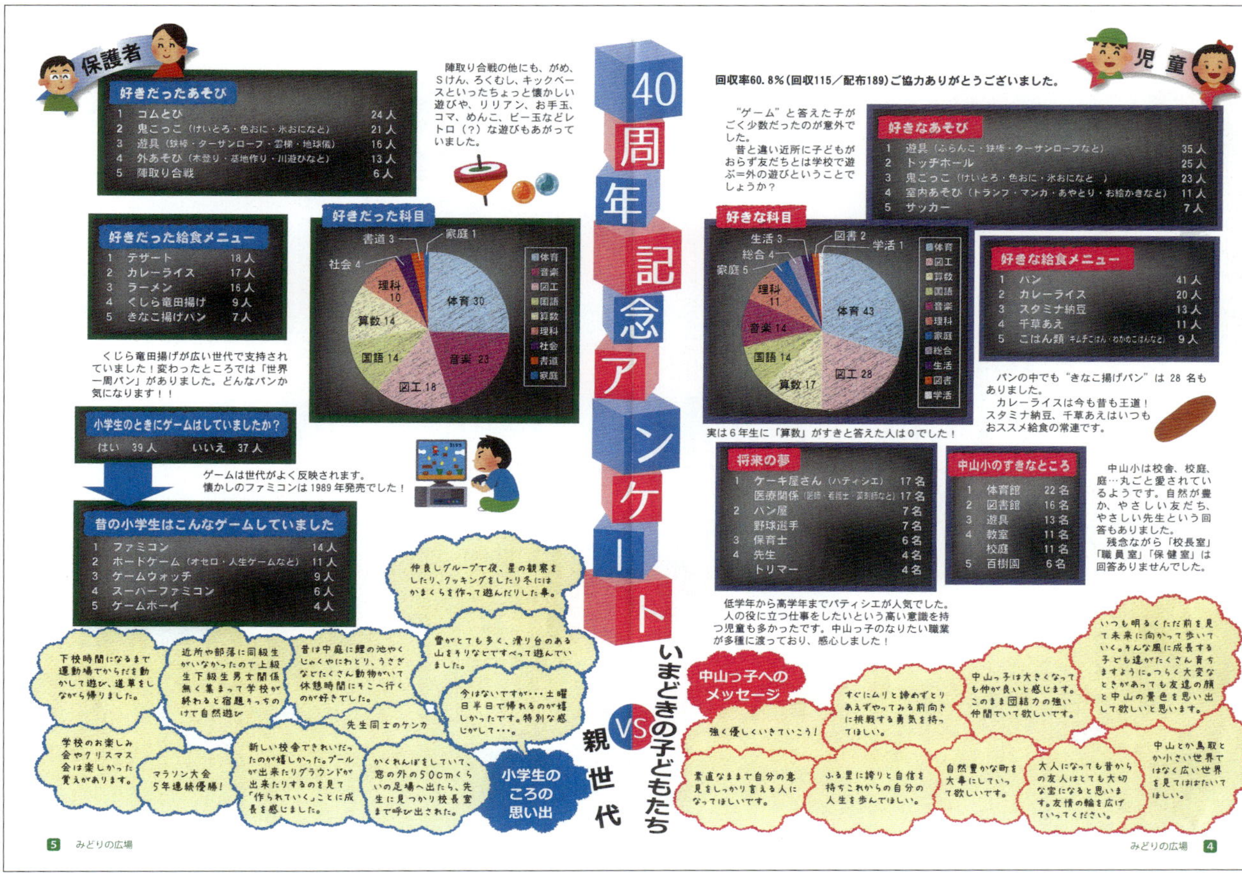

40周年記念アンケート

いまどきの子どもたち VS 親世代

保護者

好きだったあそび

1	コムとび	24人
2	鬼ごっこ（けいどろ・色おに・氷おになど）	21人
3	遊具（鉄棒・ターサンローブ・雲梯・地球儀）	16人
4	外あそび（木登り・基地作り・川遊びなど）	13人
5	陣取り合戦	6人

陣取り合戦の他にも、がめ、Sけん、ろくむし、キックベースといったちょっと懐かしい遊びや、リリアン、お手玉、コマ、めんこ、ビー玉などレトロ（？）な遊びもあがっていました。

好きだった給食メニュー

1	デザート	18人
2	カレーライス	17人
3	ラーメン	16人
4	くじら竜田揚げ	9人
5	きなこ揚げパン	7人

くじら竜田揚げが広い世代で支持されていました！変わったところでは「世界一周パン」がありました。どんなパンか気になります！！

好きだった科目

体育 30、音楽 23、図工 18、国語 14、算数 14、理科 10、社会 4、書道 3、家庭 1

小学生のときにゲームはしていましたか？

はい　39人　　いいえ　37人

ゲームは世代がよく反映されます。
懐かしのファミコンは1989年発売でした！

昔の小学生はこんなゲームしていました

1	ファミコン	14人
2	ボードゲーム（オセロ・人生ゲームなど）	11人
3	ゲームウォッチ	9人
4	スーパーファミコン	6人
5	ゲームボーイ	4人

小学生のころの思い出

仲良しグループで夜、星の観察をしたり、クッキングをしたり冬にはかまくらを作って遊んだりした事。

下校時間になるまで運動場でからだを動かして遊び、道草をしながら帰りました。

近所や部落に同級生がいなかったので上級生下級生男女関係無く集まって学校が終わると宿題そっちのけで自然遊び

昔は中庭に鯉の池やくじゃくやにわとり、うさぎなどたくさん動物がいて休憩時間にそこへ行くのが好きでした。

雪がとても多く、滑り台のある山をそりなどですべって遊んでいました。

今はないですが・・・土曜日半日で帰れるのが嬉しかったです。特別な感じがして・・・。

先生同士のケンカ

学校のお楽しみ会やクリスマス会は楽しかった覚えがあります。

マラソン大会5年連続優勝！

新しい校舎できれいだったのが嬉しかった。プールが出来たりグラウンドが出来たりするのを見て「作られていく」ことに成長を感じました。

かくれんぼをしていて、窓の外の50cmくらいの足場へ出たら、先生に見つかり校長室まで呼び出された。

児童

回収率60.8%（回収115／配布189）ご協力ありがとうございました。

好きなあそび

1	遊具（ぶらんこ・鉄棒・ターサンローブなど）	35人
2	トッチボール	25人
3	鬼ごっこ（けいどろ・色おに・氷おになど）	23人
4	室内あそび（トランプ・マンガ・あやとり・お絵かきなど）	11人
5	サッカー	7人

“ゲーム”と答えた子がごく少数だったのが意外でした。
昔と違い近所に子どもがおらず友だちとは学校で遊ぶ＝外の遊びということでしょうか？

好きな科目

体育 43、図工 28、算数 17、国語 14、音楽 14、理科 11、家庭 5、総合 4、生活 3、図書 2、学活 1

実は6年生に「算数」がすきと答えた人は0でした！

好きな給食メニュー

1	パン	41人
2	カレーライス	20人
3	スタミナ納豆	13人
4	千草あえ	11人
5	ごはん類（キムチごはん・わかめごはんなど）	9人

パンの中でも“きなこ揚げパン”は28名もありました。
カレーライスは今も昔も王道！スタミナ納豆、千草あえはいつもおススメ給食の常連です。

将来の夢

1	ケーキ屋さん（パティシエ）	17名
	医療関係（医師・看護士・薬剤師など）	17名
2	パン屋	7名
	野球選手	7名
3	保育士	6名
4	先生	4名
	トリマー	4名

低学年から高学年までパティシエが人気でした。
人の役に立つ仕事をしたいという高い意識を持つ児童も多かったです。中山っ子のなりたい職業が多種に渡っており、感心しました！

中山小のすきなところ

1	体育館	22名
2	図書館	16名
3	遊具	13名
4	教室	11名
	校庭	11名
5	百樹園	6名

中山小は校舎、校庭、庭…丸ごと愛されているようです。自然が豊か、やさしい友だち、やさしい先生という回答もありました。
残念ながら「校長室」「職員室」「保健室」は回答ありませんでした。

中山っ子へのメッセージ

強く優しくいきていこう！

すぐにムリと諦めずとりあえずやってみる前向きに挑戦する勇気を持ってほしい。

中山っ子は大きくなっても仲が良いと感じます。このまま団結力の強い仲間でいて欲しいです。

いつも明るくただ前を見て未来に向かって歩いていく。そんな風に成長する子ども達がたくさん育ちますように。つらく大変なときがあっても友達の顔と中山の景色を思い出して欲しいと思います。

素直なままで自分の意見をしっかり言える人になってほしいです。

ふる里に誇りと自信を持ちこれからの自分の人生を歩んでほしい。

自然豊かな町を大事にしていって欲しいです。

大人になっても昔からの友人はとても大切な宝になると思います。友情の輪を広げていってください。

中山とか鳥取とか小さい世界ではなく広い世界を見てはばたいてほしい。

5 みどりの広場　　みどりの広場 4

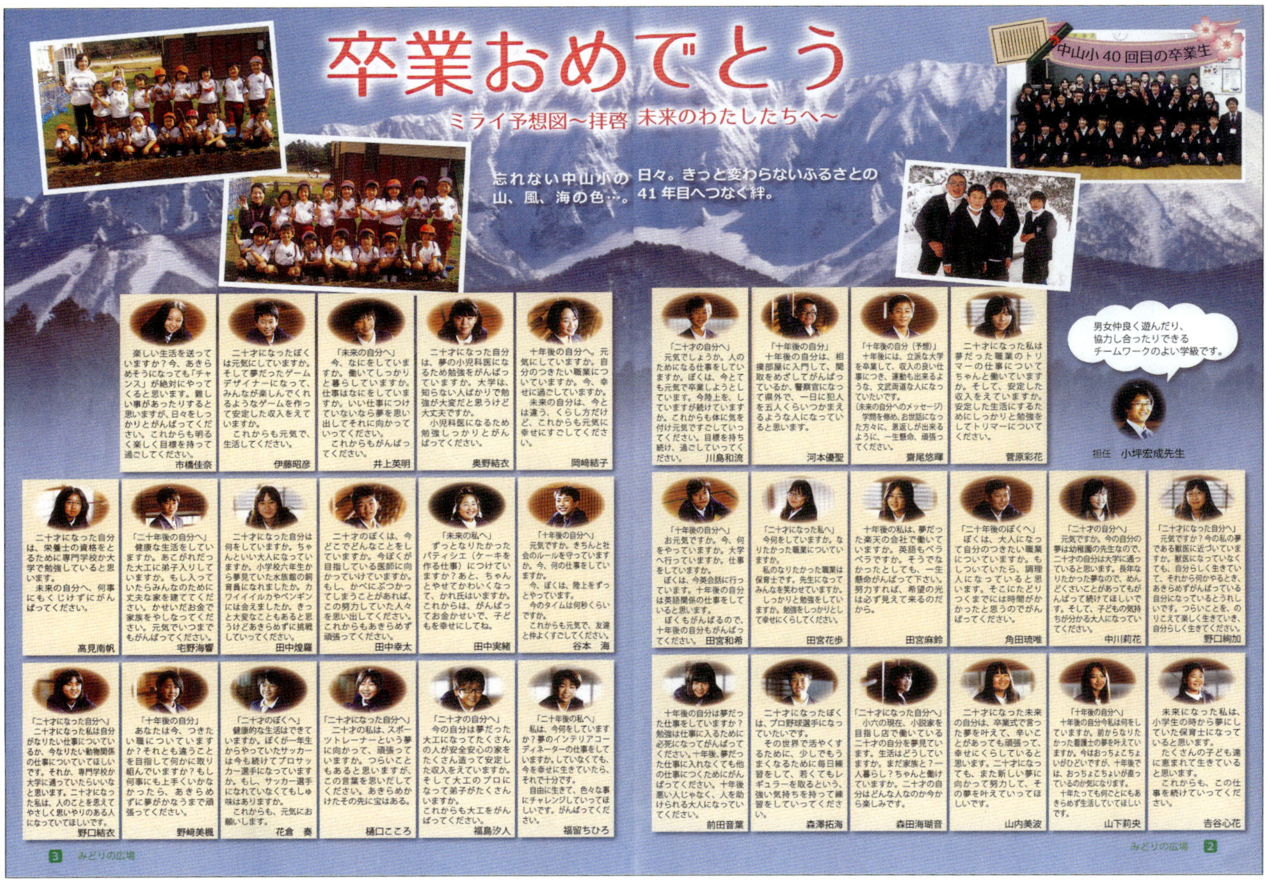

卒業おめでとう

ミライ予想図～拝啓 未来のわたしたちへ～

忘れない中山小の山、風、海の色…。日々。きっと変わらないふるさとの41年目へつなぐ絆。

中山小40回目の卒業生

楽しい生活を送っていますか？今、あきらめそうになっても「チャンス」が絶対にやってくると思います。難しい事があったりすると思いますが、日々をしっかりとがんばってください。これからも明るく楽しく目標を持って過ごしてください。　市橋佳奈

二十才になったぼくは元気にしていますか。そして夢だったゲームデザイナーになって、みんなが楽しんでくれるようなゲームを作って安定した収入をえていますか。
これからも元気で、生活してください。　伊藤昭彦

「未来の自分へ」
今、なにをしていますか。働いてしっかりと暮らしていますか。仕事はなにをしていますか。いい仕事につけていないなら夢を思い出してそれに向かっていってください。
これからもがんばってください。　井上英明

二十才になった自分は、夢の小児科医になるため勉強をがんばっていますか。大学は、知らない人ばかりで勉強が大変だと思うけど大丈夫ですか。
小児科医になるため勉強しっかりとがんばってください。　奥野結衣

十年後の自分へ。元気にしていますか。自分のつきたい職業についていますか。今、幸せに過ごしていますか。
未来の自分は、今とは違う、くらし方だけど、これからも元気に幸せにすごしてください。　岡﨑結子

二十才になった自分は、栄養士の資格をとるために専門学校か大学で勉強していると思います。
未来の自分へ、何事にもくじけずにがんばってください。　高見南帆

「二十年後の自分へ」
健康な生活をしていますか。あこがれだった大工に弟子入りしていますか。もし入っていたらみんなのために丈夫な家を建ててください。かせいだお金で家族をやしなってください。元気でいつまでもがんばってください。　宅野海響

二十才になった自分は何をしていますか。ちゃんといい大人になっていますか。小学校六年生から夢見ていた水族館の飼育員になれましたか。カワイイイルカやペンギンには会えましたか。きっと大変なこともあると思うけどあきらめずに挑戦していってください。　田中煌羅

二十才のぼくは、今どこでどんなことをしていますか。今ぼくが目指している医師に向かっていけていますか。もし、かべにぶつかってしまうことがあれば、この努力していた人々を思い出してください。これからもあきらめず頑張ってください。　田中幸太

「未来の私へ」
ずっとなりたかったパティシエ（ケーキを作る仕事）につけていますか？あと、ちゃんとやせてかわいくなって、かれ氏はいますか。これからは、がんばってお金かせいで、子どもを幸せにしてね。　田中実緒

「十年後の自分へ」
元気ですか。きちんと社会のルールを守っていますか。今、何の仕事をしていますか。
今、ぼくは、陸上をずっとやっています。
今のタイムは何秒くらいですか。
これからも元気で、友達と仲よくすごしてください。　谷本　海

「二十才になった自分へ」
二十才になった私は自分がなりたい仕事についているか、今なりたい動物関係の仕事についていてほしいです。それか、専門学校か大学に通っていたらいいなと思います。二十才になった私は、人のことを思えてやさしく思いやりのある人になっていてほしいです。　野口結衣

「十年後の自分」
あなたは今、つきたい職についていますか？それとも違うことを目指して何かに取り組んでいますか？もし何事にも上手くいかなかったら、あきらめずに夢がかなうまで頑張ってください。　野﨑美楓

「二十才のぼくへ」
健康的な生活はできていますか。ぼくが一年生からやっていたサッカーは今も続けてプロサッカー選手になっていますか。もし、サッカー選手になれていなくてもしゅ味はありますか。
これからも、元気にお願いします。　花倉　奏

「二十才になった自分へ」
二十才の私は、スポーツトレーナーという夢に向かって、頑張っていますか。つらいこともあると思いますが、この言葉を思いだしてください。あきらめかけたその先に宝はある。　樋口こころ

「二十才の自分へ」
今の自分は夢だった大工になってたくさんの人が安全安心の家をたくさん造って安定した収入をえていますか。そして大工のプロになって弟子がたくさんいますか。
これからも大工をがんばってください。　福島汐人

「二十年後の私へ」
私は、今何をしていますか？夢のインテリアコーディネーターの仕事をしていますか。していなくても、今を幸せに生きていたら、それで十分です。
自由に生きて、色々な事にチャレンジしていってほしいです。がんばってください。　福留ちひろ

「二十才の自分へ」
元気でしょうか。人のためになる仕事をしていますか。ぼくは、今とても元気で卒業しようとしています。今陸上を、していますが続けていますか。これからも体に気を付け元気ですごしていってください。目標を持ち続け、過ごしていってください。　川島和流

「十年後の自分」
十年後の自分は、相撲部屋に入門して、関取をめざしてがんばっているか、警察官になって県外で、一日に犯人を五人くらいつかまえるような人になっていると思います。　河本優聖

「十年後の自分（予想）」
十年後には、立派な大学を卒業して、収入の良い仕事につき、運動も出来るような、文武両道な人になっていたいです。
（未来の自分へのメッセージ）
学問を修め、お世話になった方々に、恩返しが出来るように、一生懸命、頑張ってください。　齋尾悠暉

二十才になった私は夢だった職業のトリマーの仕事についてちゃんと働いていますか。そして、安定した収入をえていますか。安定した生活にするためにしっかりと勉強をしてトリマーについてください。　菅原彩花

男女仲良く遊んだり、協力し合ったりできるチームワークのよい学級です。

担任　小坪宏成先生

「十年後の自分へ」
お元気ですか。今、何をやっていますか。大学へ行っていますか。仕事をしていますか。
ぼくは、今英会話に行っています。十年後の自分は英語関係の仕事をしていると思います。
ぼくもがんばるので、十年後の自分もがんばってください。　田宮和希

「二十才になった私へ」
今何をしていますか。なりたかった職業についていますか。
私のなりたかった職業は保育士です。先生になってみんなを笑わせていますか。
しっかりと勉強をしていますか。勉強をしっかりとして幸せにくらしてください。　田宮花歩

十年後の私は、夢だった楽天の会社で働いていますか。英語もペラペラですか。そうでなかったとしても、一生懸命がんばって下さい。努力すれば、希望の光は必ず見えて来るのだから。　田宮麻鈴

「二十年後のぼくへ」
ぼくは、大人になって自分のつきたい職業についていますか。もしついていたら、調理人になっていると思います。そこにたどりつくまでには時間がかかったと思うのでがんばってください。　角田琉唯

「二十才の自分へ」
元気ですか。今の自分の夢は幼稚園の先生なので、二十才の自分は大学に通っていると思います。長年なりたかった夢なので、めんどくさいことがあってもがんばって続けてほしいです。そして、子どもの気持ちが分かる大人になっていてください。　中川莉花

「二十才になった自分へ」
元気ですか？今の私の夢である獣医に近づいていますか。獣医になっていなくても、自分らしく生きていて、それから何かやるとき、あきらめずがんばっている自分になっているとうれしいです。つらいことを、のりこえて楽しく生きていき、自分らしく生きてください。　野口絢加

十年後の自分は夢だった仕事をしていますか？勉強は仕事に入るために必死になってがんばってください。十年後、夢だった仕事に入れなくても他の仕事につくためにがんばってください。十年後悪い人じゃなく、人を助けられる大人になっていてください。　前田音葉

二十才になったぼくは、プロ野球選手になっていたいです。
その世界で活やくするために、少しでもうまくなるために毎日練習をして、若くてもレギュラーを取るという、強い気持ちを持って練習をしていってください。　森澤拓海

「二十才になった自分へ」
小六の現在、小説家を目指し店で働いている二十才の自分を夢見ています。生活はどうしていますか。まだ家族と？一人暮らし？ちゃんと働けていますか。二十才の自分はどんな人なのか今から楽しみです。　森田海瑚音

二十才になった未来の自分は、卒業式で言った夢を叶えて、辛いことがあっても頑張って、幸せにくらしていると思います。二十才になっても、また新しい夢に向かって努力して、その夢を叶えていってほしいです。　山内美波

「十年後の自分へ」
十年後の自分今私は何をしていますか。前からなりたかった看護士の夢を叶えていますか。今はおっちょこちょいがひどいですが、十年後では、おっちょこちょいが直っているのか気になります。
十年たっても何ごとにもあきらめず生活していてほしいです。　山下莉央

未来になった私は、小学生の時から夢にしていた保育士になっていると思います。
たくさんの子ども達に恵まれて生きていると思います。
これからも、この仕事を続けていってください。　吉谷心花

3 みどりの広場　　みどりの広場 2

年間特集 中山小 創立40周年記念 みんなの想い つなげていきます

LOVE中山小 FINAL

『40周年　おめでとうございます』
私は、7年間中山小学校に勤務させていただきました。その間、本当にたくさんの思い出ができました。「楽しかった！」というのが正直な気持ちです。PTA活動では、厚生部で「元気っ子カレンダー」「家族でチャレンジ」「元気っ子タイム」「パリッシュ販売」など多くの活動をさせていただきました。特に厚生部活動で驚いたのは、部員の皆さんが提出されたカレンダー１枚１枚にコメントを入れて返却しておられました。書かれているコメントも前向きで愛情あふれているのを見て「なんて素敵な部員さん達だろう！」と感動したのを覚えています。コメントを書きながら、パリッシュの仕分けをしながらの情報交換やアドバイス、どれも私の大きな肥やしとなりました。また、「パクパク集会」を計画した時もPTAの皆さんや地域の方々に協力していただきました。
子どもたちのために惜しみなく愛情を注ぎ、懸命に尽くして下さった素晴らしい中山の地域・家庭・職員の皆様との出会い。自己の可能性を信じ、更に高めていこうと努力を惜しまない子ども達。言い尽くせぬほどの貴重な思い出をいただいた中山小学校の７年間。まさに至福の時間でした。心より感謝申し上げます。

岸本小学校養護教諭
吉木ひとみ 先生

私は８年間勤務させていただきました。その間には沢山の子ども達や保護者の皆様、地域の方々にお世話になりました。子ども達と一緒にブロッコリー栽培や酪農体験、甲川探検をしました。豪雪での助け合い「中山の優しさを全国へ」や中山に伝わる昔話「伯耆の白兎」を劇にして学習発表会で発信しました。忘れられない思い出ばかりです。
中山には、どこにも負けない地域素材や伝統があり、素晴らしい方々がおられます。
子どもたちには、ふるさとを誇りに思い、中山を愛する人に育って欲しいと願っています。
創立40周年おめでとうございます。

名和小学校
眞山　仁美 先生

40周年おめでとうございます。私は、教務主任として２年間、教頭として４年間、中山小にお世話になりました。優しく何事にも一生懸命に取り組む子どもたち、温かい保護者・地域の皆さんに支えていただき、この６年間は、私にとってかけがえのないものとなりました。廊下ですれ違う時、私のおなかを触り、笑顔になる子どもたち。私も子どもたちからたくさんのパワーをもらいました。
私は、中山小が大好きです。これからもずっと応援しています。

大山西小学校校長
伊達　久 先生

大山町立中山小学校となったばかりの「丘の学園」で、教員生活最後の３年間を過ごしました。素直で明るい子どもたち、スクールバス、百樹園、沿道に声援あふれる校内マラソン、学校から徒歩で挑んだ大山登山、そして大規模改修…。思い出深い学校です。
在職中に、創立30周年を迎え、学習発表会をお祝いの場としました。野間ＰＴＡ会長の挨拶。各学年の発表が、学校の沿革や地域の伝承にちなんだ内容であったことなどを思い起こします。
保護者、地域の皆さん、教職員の温かい心は、中山の宝です。これからも大切に引き継いでください。創立40周年おめでとうございます。

元校長
伊達　孝禮 さん

統合前の逢坂小学校、中山中学校OBです。縁あって、母校に勤務をさせていただき３年が経ちます。地元で後輩を教えるほど幸せなことはありません。
中山小の前庭で満開の桜を見ていると、逢坂小の校庭の大きな桜の木の下で、友達と元気に走り回っていた頃が懐かしく思い出されます。運動会や学習発表会で中山小の子どもたちの一生懸命にがんばる姿を見ると、「素朴で明るく、中山の子らしいなあ。」と感じて嬉しくなります。そんな子どもたちが中学校に入学してくるのをいつも楽しみにしています。
ぜひ、ふるさと中山で、一生の思い出に残るような９年間を過ごしてほしいと思います。

中山中学校校長
井上　昭 先生

「つながりを大切に」
40周年おめでとうございます。
中山地区３保育所が統合し中山みどりの森保育園になり今年で５年目を迎えました。その間101名の園児が中山小学校に入学しています。
保育園では大きな目標としてのつながりの中で「元気・仲間・挑戦」のキーワードで日々の保育を大切にしています。また、保小交流として子ども同士の交流、職員同士の交流は特に大切にしていることの一つです。
小学校の先生方には保育園児の時から関わっていただき入学後１人１人の成長を伸ばしていただいていることにとても感謝しています。
自然も地域の人々もすばらしいこの中山地区の子どもたちがこれからも中山小できらきら輝いていくことを願っています。これからもどうぞよろしくお願いします。

中山みどりの森保育園園長
汐田　康子 先生

「変わらない光景」
私がかつて歩いた道、同じ道を我が子が歩いて登校する…。我が子の後ろ姿にとても感慨深かった登校初日…。
変わらない大きな校庭に校舎。登下校に片道30分は歩きながら、道草をしたり、当時の私が見た光景、したことを我が子が繰り返しています。
中々帰って来ないと思えば、田んぼや川で遊んでいたり…。そんな何気ないこの土地での子どもらしい学校生活をとても親として微笑ましく思っています。都会では小学校からでも受験があったり、学校と家と習い事の行き来で日々が過ぎていく中、中山小では当時と変わらない子どものころにしか体験できない全てが詰まっています。
この豊かな自然環境の中、今しか出来ないことをたくさん体験し、たくさん感じて、心豊かに社会に飛び出していく力、生きる力を養っていってほしいです。
世界中どこに行っても自分の故郷に誇りを持てる大人になってほしいなぁ…。

東京と鳥取でフードコーディネーター・料理家として活躍。
昭和 62 年度卒業
加藤　由香 さん

「広報は活動の鏡」
息子が２年生のときに広報部長を引き受けてから、８年間PTA役員として学校に関わらせていただきました。
その中でも一番思い出に残っているのは広報部の活動です。
広報づくりは本当に忙しく大変でした。発行するまでには、まず企画、そして取材、タイトル付け、レイアウトなど作業がたくさんあります。何度も部会を開きますが、そこはお母さんの集まり。半分以上が楽しい雑談で思うように作業が進みませんでした。しかし、その雑談の中で企画のヒントを見つけたり、みんなで取材や原稿依頼をすることで人脈を広げたりすることが出来ました。
当時はお父さんたちもPTAに積極的で先生方との交流も盛んでした。広報の紙面にもそんな活気が表れてたと思います。その「みどりの広場」は、平成２年に日本PTA広報誌コンクールで文部大臣表彰を受け、日本一の評価を受けることが出来ました。

大山町幼児教育課課長
林原　幸雄 さん

「中山小学校の思い出」
卒業して14年が経ちますが、今でも当時の記憶は鮮明に蘇ってきます。
教室、体育館、校庭…。どの景色も懐かしく、思い出がたくさん詰まっています。豊かな環境で、友達や先生方と思いっきり駆け抜けた当時の日々が、間違いなく、今の僕の土台を作ってくれています。
今は東京という都会で暮らしていますが、中山は本当に素晴らしい町で、この町で生まれ育つことが出来た僕は幸せ者だと感じています。中山の子ども達には、将来どのような道に進むとしても、僕と同じように「この町で育って良かった」と思えるくらい、思いっきり中山を満喫して欲しいなと思っています。

東京大学卒業　大学卒業後は金融系企業を経て、現在はIT系企業で新たな市場を開拓すべく奮闘中！
平成 15 年度卒業
金田　修平 さん

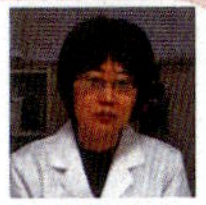

中山小学校創立40周年おめでとうございます。
私は、中山小学校卒業後、長く地元を離れておりましたが、「我が子も中山の自然の中で育てたい」と思い帰ってきました。我が子も現在中山小学校にお世話になっています。息子に学校での様子を聞くと、私が小学校時代に経験した数々の行事を懐かしく思い返しています。
又、私は学校医として、健康診断等で児童の皆さんにお会いし、その度に成長を感じてうれしく思っています。今後もいろいろな思い出がある中山小学校、地元中山に貢献していきたいと思います。
児童の皆さんが心身共に健康で、楽しい学校生活が送れることを希望しますと共に、中山小学校の益々の発展をお祈り申し上げます。

昭和 60 年卒業
平成 24 年４月～学校医
岸田優佳子 さん

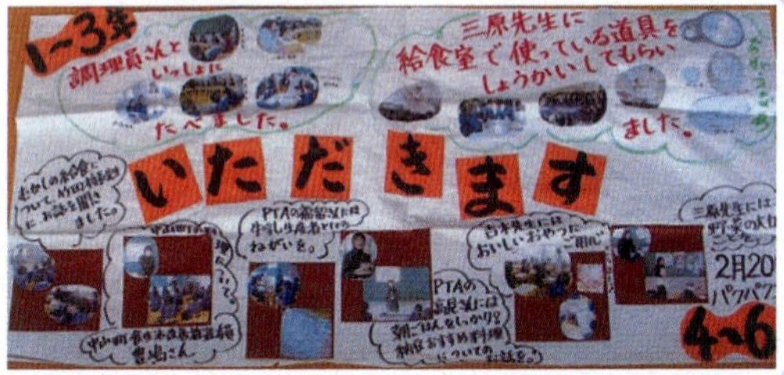

That's amazing!

福留克信さん 第１回卒業生 × 第40回卒業生福留ちひろさん親子に聞いてみました。

福留克信さん（父）

●**40 年前の６年生と今の６年生、特に変わったなと思う点はありますか。**
40 年前と大きく変わったなと思うことは特にありません。

●**40 年前の中山小で特に好きだったところはありましたか？**
新しいところと同級生が増えたところ。

●**40 年前の第１回卒業式の思い出がなにかあれば教えてください。**
卒業式の後にクラスのみんなと屋上で記念写真を撮ってもらったこと。とてもいい天気でした。

●**奇しくも第１回卒業と第 40 回卒業と親子でなったわけですが…**
感動的な言い方でなくて申し訳ないのですが、｢偶然です｣。もう一つ「歳とった」。

●**卒業するちひろさんに一言お願いします。**
いろいろな事に挑戦したらいいと思います。世界は広いし、まだ見たことも聞いたことも無いことがたくさんあります。この先、きっと思いもよらなかったチャンスが通り過ぎることがあります。それをしっかりとつかんでください。
最後に、あまりテレビは見ないでください。特にバラエティー番組と情報番組。

福留ちひろさん（子）

●**お父さんは普段どんな人ですか？**
政治にくわしい人です。

●**中山小の第１回卒業生だとは知っていましたか？**
知っていました。

●**親子で第１回卒業生と第 40 回卒業生になったということについてどう思いましたか？**
40 年前に、ここにいたんだなと思います。

●**この６年間で自分が成長したと思うところは？**
人への気づかいです。

●**中山小のすきなところを教えてください。**
大山がきれいに見えるところです。

●**卒業するにあたり、親、後輩先輩…一言お願いします。**
これからも健康に楽しくすごしてください。

日本教育新聞社　社長賞　　青森県八戸市立桔梗野小学校

審査総評

ＰＴＡ組織再編も含めて、特集や一般記事からもＰＴＡ活動に対する真摯さが伝わってきます。地域の資源にスポットを当てたシリーズなども、地域全体での子育て機運に貢献しています。

殊勲！『水目沢』県コンクールで最高賞を奪取

水目沢

桔梗野小学校
PTA広報
第144号
（平成28年12月）

vol.144
Dec 2016

Contents ～もくじ～

“八戸の誇り”
を継ぐ者たちよ
レスリング
の灯を護りたまえ

発行　八戸市立桔梗野小学校父母と教師の会広報委員会

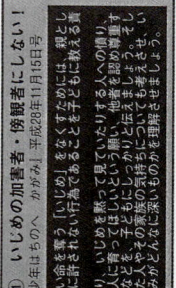

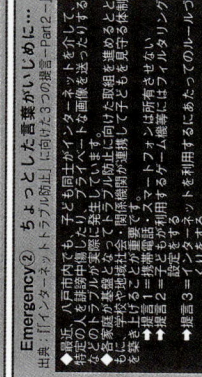

ありがとう さくらさん いちょうさん

9月7日、桜の木3本、いちょうの木1本とのお別れ会が行われました。

桔梗野小学校が創設された67年前、桜の木はその当時からあり、開校の記念として植えられたそうです。

今日まで、ずっとどんな時も子どもたちの成長を見守り、共に過ごしてきました。

地域の方々も桜の木を枯らさぬように何十年も手入れしてくださいました。

お別れした桜の木は、今後、違うかたちで学校の子どもたちを見守ってくれるとのことです。

さくらさん、いちょうさん、今まで長い間本当にありがとう。

《緊急提言》見逃すなかれ 子どもたちの"非常ベル"

私たち保護者の少年時代のヒーロー（実は今も現役ですが）のひとりである"革命戦士"長州力が、当時の自身が置かれたプロレス界の現状や将来を憂い叫んだ名言があります。「非常ベルが鳴っている」

そして今日、子どもたちを取り巻く環境の中で「非常ベル」が打ち鳴らされている深刻な問題といえば、「いじめ」と「インターネットトラブル」が挙げられるのではないでしょうか。

前者は、旧くて新しい問題というべきか、現代社会においては、後者の問題と密接にリンクして、痛ましくて悲しい事件が次々に各種メディアで報じられています。また、後者に関しては、昨年度の本紙でも既報のとおり、トラブル防止に向けて、頻繁に講習会等が行われるようになりました。

このふたつの問題の留意点などについて、八戸市教育委員会が発信している広報ツールからその一部を引用しましたが、くわしくは、同委員会のホームページにて閲覧できますので、ぜひご参照を。

Emergency① いじめの加害者・傍観者にしない！

出典：『青少年はちのへ かがみ』平成28年11月15日号

◆かけがえのない命を奪う「いじめ」をなくすためには、親としていじめが絶対に許されない行為であることを子どもに教える責任があります。

◆いじめをしたり、いじめを黙って見ていたりする人への憤り、思いやりのある人に育ってほしいという願い、他者を認め尊重することの大切さなどを、子どもにしっかりと伝えましょう。そして、傷つけられた人やその家族の気持ちについても考えさせ、いじめによる悲しみがどんなに深いものかを理解させましょう。

Emergency② ちょっとした言葉がいじめに…

出典：『「インターネットトラブル防止」に向けた3つの提言－Part2－』

◆最近、八戸市内でも、子ども同士がインターネットを介して、特定の人を誹謗中傷したり、プライベートな画像を送ったりするなどのトラブルが実際に発生しています。

◆各家庭が基盤となってトラブル防止に向けた取組を進めるとともに、学校や地域社会・関係機関が連携して子どもを見守る体制を築き上げることが重要です。

➡提言1＝携帯電話・スマートフォンは所有させない

➡提言2＝子どもが利用するゲーム機等にはフィルタリング設定をする

➡提言3＝インターネットを利用するにあたってのルールづくりをする

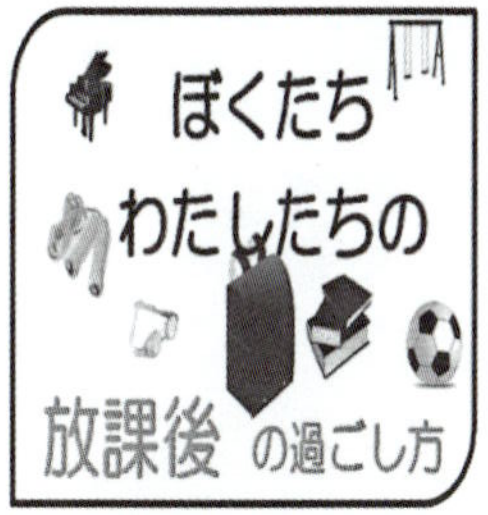

放課後、子どもたちはどのようにして過ごしているのでしょうか？

他のお子さんは、どれくらい勉強しているの？どんな習い事を週何日程度通っているの？と、日ごろ気になったりしませんか。

今回、子どもたちの放課後の過ごし方に関するアンケート調査を実施してみました。ご協力いただき、まことにありがとうございました。

調査結果は以下のとおりです。

アンケート回答数　計237名
1年生…47名　2年生…50名
3年生…36名　4年生…39名
5年生…33名　6年生…32名

家庭学習の時間を増やしたいと思う反面、外で元気よく遊び、体を動かしてほしいと思う気持ち。また、習い事等で子どもの力を伸ばせる事を見つけてあげたいと思う気持ち。どう折り合いをつけていくか難しいところもあるかと思います。

放課後の限られた時間をバランスよく有意義に過ごさせたいものです。何をさせるにも子どもの気持ちに寄り添い親子のコミュニケーションをとっていく事が不可欠ではないでしょうか。

Q1 夕食前までどのように過ごしていますか？（複数回答可）

低学年では、友達の家や外で遊ぶ割合が高く、高学年になると自宅で過ごす割合が高くなっているようです。

	1年生		2年生		3年生		4年生		5年生		6年生	
	人	%	人	%	人	%	人	%	人	%	人	%
家で勉強やゲーム	28	59.6	34	68.0	21	58.3	20	51.3	18	54.5	23	71.9
友達の家や外で遊ぶ	20	42.6	22	44.0	19	52.8	13	33.3	8	24.1	18	56.3
部活動	0	0.0	0	0.0	13	36.1	25	64.1	27	81.8	18	56.3
塾や習い事	24	51.1	31	62.0	16	44.4	16	41.0	11	33.3	10	31.3
学童保育	23	48.9	13	26.0	9	25.0	2	5.1	0	0.0	0	0.0
その他	1	2.1	1	2.0	0	0.0	1	2.6	0	0.0	0	0.0
学年別回答数	47	100	50	100	36	100	39	100	33	100	32	100

※「学年別回答数」は「アンケート回答数」であり、この設問で選択された回答の合計ではありません。

Q2 放課後から就寝前までの勉強時間はどれくらいですか？

学年が上がると勉強時間も増え、6年生では約半数が1時間以上、全学年でみると約6割の子どもが30分から1時間の勉強時間でした。

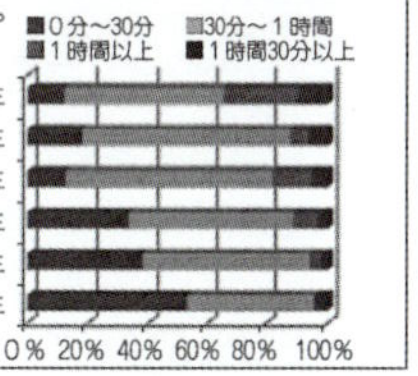

Q3 塾や習い事に通っていますか？

全学年を平均すると5割強の児童が塾や習い事に通っています。特に2年生では、7割以上の高割合です。

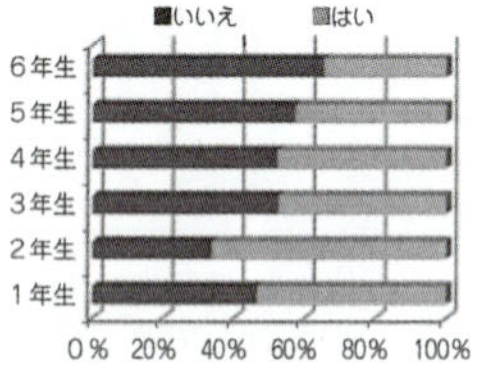

Q4 塾や習い事（部活動以外）には週何日間通っていますか？

週1～2日程度が約7割を占め、週5～6日の割合も約1割ありました。

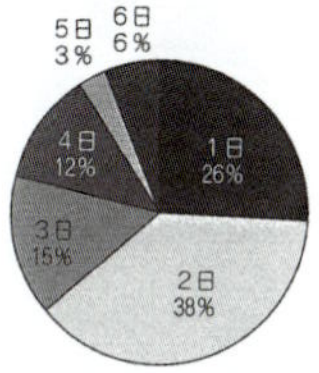

Q5 どのような塾や習い事に通っていますか？（複数回答可）

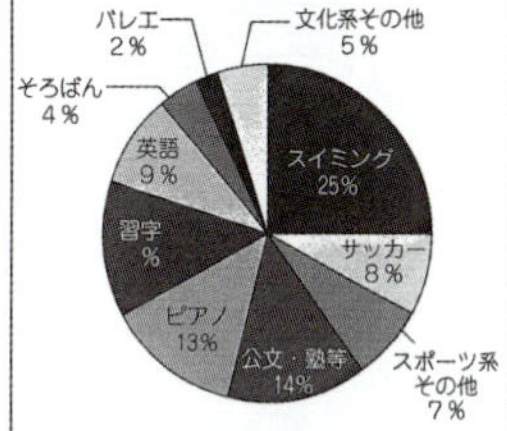

Q6 放課後の過ごし方で、保護者ご自身が困っている事は？（自由記述）

全学年から寄せられた回答をまとめると、次の3点に関することが多く寄せられました。

■お友達と遊ぶときのマナー
■ゲームやTVの時間が長くなる事
■宿題がなかなか進まない事

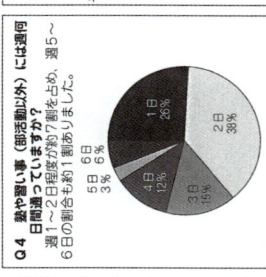

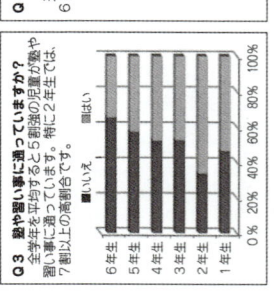

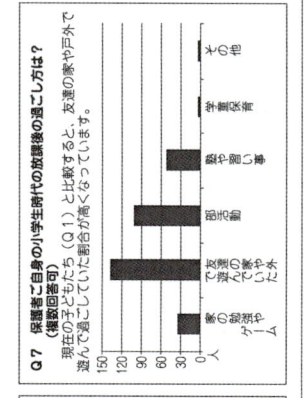

Q7 保護者ご自身の小学生時代の放課後の過ごし方は？（複数回答可）

現在の子どもたち（Q1）と比較すると、友達の家や戸外で遊んで過ごしていた割合が高くなっています。

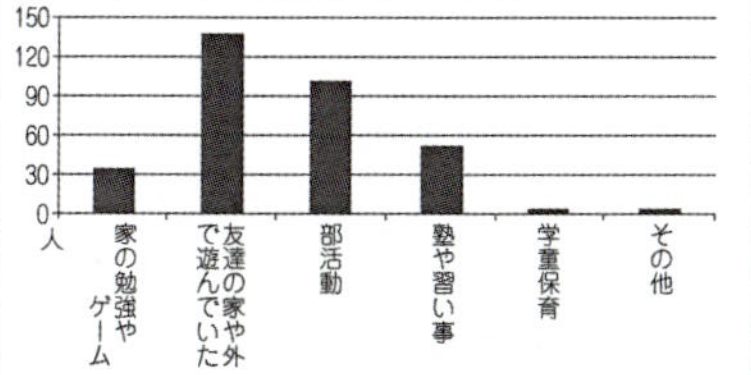

PTA通信 ‖シリーズ‖ 再編 ＃1

去る4月16日のPTA総会において泉田拓也会長から説明があったとおり、本校PTAは組織体制の再編に取り組むことになりました。本紙はその動向をシリーズで追跡していきます。

児童数減少を背景に

6月9日、本年度最初のPTA執行部会が三役役員及び各委員長等の出席のもと開催されました。テーマは、本校PTAの組織体制の再編です。まず、問題の背景を整理してみましょう。

◆児童数の減少に伴い、PTA会員（のうち保護者会員。以下同）が三役もしくはいずれかの委員に就任しなければならない回数を在校児童1人当たり2回とする従来のルールの維持が困難に。

◆そこで、学年ごとにその児童数に応じて就任回数を決めていく方式に改めたものの、会員の役務負担については、公平性が担保されたとは言い難い。

◆現在、全会員213人に占める約4割の90人が、三役やいずれかの委員に就任しているが、一部の会員に負担が集中することを避け、会員全体で活動に参画できる体制づくりを図る必要がある。

以上のことから、（仮称）生活環境委員会（以下「生活委」）を新設するとともに、全会員が三役またはいずれかの委員会に所属することを義務づけるという三役会による提案が、議長である泉田会長から示されました。

生活環境委員会

本校のPTA活動は、三役や各委員会による活動のほかに、会員全体で実施する例年2回の奉仕活動や夏季のプール監視などがあります。

その奉仕活動などについて、全会員に呼びかける方式を改め、生活委の担当役務として運営する提案こそが、今回の組織再編の要となります。例えば、プール監視については、生活委員がこれを行うとともに、その役割分担（スケジュール）についても、生活委員相互で協議し、決定してもらう考えです。

当然のことながら、これらの役務を実施するためには、相当の委員数を要することから、現在の三役および各委員会の定員数を除く人数で生活委を運営する想定です。

▲組織再編の課題について協議する執行部会

組織再編に向けての課題

以上の三役会からの提案に対し、部会で提起された主な課題は次のとおりです。

◆生活委の役割は、プール監視や奉仕活動のみで十分か。

◆バザーのお手伝いスタッフについて、学年委員会の定員数を増やすことで対応可能か。あるいは生活委員がこれを担うべきか。

◆朝の街頭指導や夕方の巡回の要員について、交通安全父母の会の定員数を増やすことで対応可能か。あるいは、生活委員がこれを担うべきか。

なお、三役およびベルマークと広報の両委員会については、現行定員数により運営を維持する見通しです。

＊　＊　＊

本校PTAの組織再編の取り組みは、まだ始まったばかりです。次回の執行部会は10月下旬に開催の予定ですが、年内に方針を固め、年度末に行う来年度の三役役員と各委員の選任を経て、来年4月の総会にて会則の改正を諮る見込みです。

『水目沢』はなぜ最優秀賞を連続受賞できなかったのか

拝啓 広報委員研修会事務局 様

……本年度の研修会を受講して……

最優秀賞は江南小PTA

平成27年度発行の本紙『水目沢』が、第39回八戸市連合父母と教師の会（市連P）主催の広報コンクール（小学校の部）において、優秀賞を受賞した。すなわち、本紙は2年連続の最優秀賞を逃す結果となった。

5月20日に八戸グランドホテルで行われた表彰式に出席した向谷地美香広報委員長は「当たり前に思うことなく、次回も受賞できるようにがんばりたい」と語り、会場を後にした。

なお、小学校の部は18校のPTAが応募し江南小が最優秀賞、本校のほか9校が優秀賞を受賞している。つまり、応募数の過半数が入賞校なのである。

広報は嫌がられる仕事?

6月7日、八戸市福祉公民館において、市連P主催の広報委員研修会が行われ、市内小中学校PTAの広報関係者数十名が受講した。

この研修会は、デーリー東北新聞社編集局長によるコンクール講評をはじめ、編集取材や写真撮影の手法を学べる有意義なプログラムが用意されている（年1回しかも約2時間半の研修会なので、来年度の広報委員は、ぜひ受講されたい）。

筆者は通算3度受講したが、講師陣は異口同音に「広報は大変な仕事であると敬遠され、多くのPTAにおいて最もなり手が少ない」と力説する。また、少子化や共働き世帯の増加を背景に、広報コンクールの参加数も減少傾向にあるという。広報活動の縮小ないし消滅に至ったPTAも実在しているらしい。

研修中も椅子が机上に?

広報活動を取り巻く厳しい状況下、平日の日中に、広報委員研修会の開催に携わっている事務局各位には心より敬意を表する次第だ。

しかし、研修会場に目を向けると、おそらくスタッフが不足しているのであろう、事務局の苦労の一端がうかがえた。テーブルの上に椅子が折り畳まれて積まれたまま研修会が進行していたのである。

逆説的に言うと、今回は会場のキャパシティに比して参加者が少なかったということだろうか。とても有益な研修機会であるので「各校3名以内」の定員は見直してもよいのではと感じた。

誰のための事例発表?

研修会の結びには、最優秀賞校の広報委員長からの事例報告がある。

依頼を受けてから十分な準備期間もなく当日を迎えているであろう登壇者を責めるつもりは毛頭もないが、それでもやはり、プレゼンテーション・ツールを用いることもなく、ましてや資料やレジュメもなく口頭説明のみで終始されてしまうと、受講者としては消化不良の感を覚えてしまう。

事務局としては、交渉の段階で大変難儀しているのだろうと想像されるが、その苦労に反して、登壇者においては、慣れない事例発表の壇上で恐縮し、当惑している姿も見受けられる。

そこで勝手な提案だが、必ずしも最優秀校の広報委員長の人選にこだわる必要はないのではないだろうか。例えば、コンクール審査委員長をコーディネーターにして、複数の受賞校の関係者によるパネルディスカッションを行い、その"生の声"でもって、幅広く情報共有を図る方法もあるのでは?

広報委員研修会（コンクール講評）の模様

「水目沢」に対する寸評

研修会関係者の尽力には頭が下がる思いだ。中でも事務局が作成している配布資料には各広報紙に対する寸評が掲載されており、広報活動を行う上で非常に貴重な客観的指標になっている。

ではここで、昨年度の『水目沢』に対する批評の一部を掲げ、反省的に検証しておこう。

▼週刊誌を思わせる表紙は変わらぬ迫力。

週刊P誌などの表紙スタイルへのオマージュがあることは確かである。デーリー東北の編集局長日く「題字は大事」であるので、表紙に掲載するキャッチコピー（や写真）については、各委員が企画できる体制を構築していきたいところだ。

▼PTA活動が伝わる記事・写真もほしい。

奉仕活動やバザー、役員候補者推薦委員会などの模様を取り上げたつもりではいたが、写真や記事の見せ方については、更なる工夫が必要といったところであろう。

ぜひとも、三役ならびに各委員会の皆様には、今まで以上に積極的な情報提供をお願いしたい。

桔梗のような美しい思い出とともに

～平成28年度教職員歓送迎会～

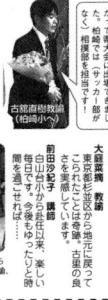

4月16日、きざん八戸において、恒例の教職員歓送迎会（本校PTA主催）が行われました。まずは、去る3月をもって退職・転出されたお三方のコメントから。先生方、たいへんお世話になりました。

市内の小学校で花の名前がついているのは桔梗野小だけ。地域の皆さんに支えられました。ありがとうございました。

サッカー部に携わり2年にわたって県大会に出場できました。柏崎では（サッカー部がなく）相撲部を担当です！

母校に赴任することができて、生まれ育った土地の良さが改めて分かりました。桔梗野小は地域に支えられています。

続いて本校に赴任された先生方のご挨拶を超ダイジェストで。

谷川龍三 校長
これがテレビCMで見たきざん八戸かと。津軽のことは忘れ、八戸市民になります。

沼田健一 教諭
2年間派遣の北海道八雲町も自衛隊のまちでした。「縁」を大事に頑張りたいです。

小堀祐二 教諭
高館小に勤務していたので小田の坂が懐かしいですし、地域の温かさも感じています。

大庭菜摘 教諭
東京都杉並区から地元に戻ってこられたことは奇跡。古里の良さを実感しています。

前田沙紀子 講師
白山台小から赴任以来、楽しい毎日です。今後もゆったりと時間を過ごせれば……

親子ともどもお世話になります！左から前田講師、大庭教諭、小堀教諭、沼田教諭、谷川校長（そして名MC濱田教諭）

桔梗野クリーン大作戦

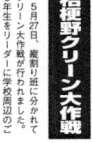

5月27日、縦割り班に分かれてクリーン大作戦が行われました。6年生をリーダーに学校周辺のごみ拾いに向かいました。

1年生は初めての大作戦。「これは燃えますか?」と、先生や上級生に質問しながら拾い集めました。

いつも何気なく通っている通学路、遊んでいる場所には、意外にゴミがあり、袋の中はすぐいっぱいになりました。

学校に戻り、先生と一緒にリサイクルできるものとできないもの、燃やせるものと燃やせないものを再確認。

きれいな私たちの地域にするため、一人ひとりが見つけたら拾い、ゴミを捨てないという心掛けが必要なのだと、子どもたちを通じて考えさせられました。大人自身も地域のために、ゴミを捨てない、捨てさせない街にしていきましょう。

わがまち わが校のために みんなでボマイエ！

※注：『アリ、ボマイエ！』……のちに「キンシャサの奇跡」と称されるプロボクシング世界ヘビー級選手権試合（1974年）で、当地ザイール共和国（当時）の民衆がモハメド・アリ氏（去る6月3日に逝去）を応援するために繰り返し叫び続けた言葉です。意訳すると「がんばれ」といったところでしょう。

PTA奉仕活動

6月18日、PTA奉仕活動が行われました。快晴の中、早朝にもかかわらずたくさんの子どもたちと保護者、そして先生方が集合しました。

草とり、花壇の整備、窓ふき、プール清掃、校内清掃と学年ごとに分かれ、作業にあたりました。

黙々と雑草の根を掘る子、いつの間にか虫取りに夢中になる子、花壇に水と栄養をあげる子どもたち。真っ黒い水に膝までつかり、泥だらけになりながらもプールをピカピカにしてくれたお父さんと5・6年生。これから始まるプール授業が楽しみですね。

活動を終えた後の達成感に満ちた表情とお疲れさまのジュースを受け取るときの子どもたちのうれしそうな表情が印象的でした。参加したみなさん、本当にありがとうございました。そしてお疲れさまでした。

PTA通信 ‖シリーズ‖ 再編 最終回

本校PTA組織再編の行方は？

会員各位の協力に感謝！ 新年度体制 円滑に固まる

希望調査の結果は?

PTA会員（保護者）の全員がいずれかの委員会もしくは三役に属する体制となる平成29年度に向けて、去る1月、役員候補者推薦委員会により「所属委員会希望アンケート」が実施されました。今回は、4つの委員会及び三役への所属希望について第5希望までを記させる方式を採用しました（第1希望の集計結果は下表参照）。

その取りまとめ作業に従事した複数の委員に、感想や意見を聞いてみました。

◆良かった点

○三役を希望してくれた人がいたことと、概ね希望に沿って委員の配置ができたことが良かったと思っています。

○第5希望までを記入してもらったので、振り分けがスムーズだったような気がします。

○学年が上がるにつれて起こる"あるある"というか、今までのルールの下では「ノルマをこなしたのでやりません」という人がいて委員の配置に苦労してきましたが、それがないので良い感じに決まったと思います。

◆大変だった点

○ある程度集計してから未提出者があることに気付き、作業が手間取りました。

○第5希望まで書かなかった人がいました。

○未提出の方をどの委員に所属させればよいか困りましたが、（担当の学年は）幸いその数も少なく電話で確認が取れたので良かったです。

○全員が回答してくれたわけではなく、連絡も取れなかった方については、所属先をこちらで決めざるを得ませんでした。その点は、不安が少々残りました。

《表》平成29年度　所属委員会希望アンケート（第一希望）集計結果

		現1学年	現2学年	現3学年	現4学年	現5学年	全学年	
		次期2学年	次期3学年	次期4学年	次期5学年	次期6学年	回答数	※
委員会名	学年	1	7	3	8	10	29	17.3%
	ベルマーク	15	10	12	13	12	62	36.9%
	広報	0	3	2	2	0	7	4.2%
	交通安全	14	12	9	17	10	62	36.9%
三役		1	1	4	1	1	8	4.8%
回答数計		31	33	30	41	33	168	100.0%

※：全回答数に占める割合

役員候補者推薦委員長 総括

集計等の作業は例年よりスムーズに行われたと思います。

今年度は、三役と各委員会の希望をアンケートで同時に行なったので、三役をやりたい意志のある方を全員分把握することができました。新たな三役候補者として若干名を推薦しましたが、今後の運営を考慮し、現在の1～3年生の方から選出させていただきました。

当初、今回のアンケートは今までとは異なるやり方で不安もありましたが、ほぼすべての会員の皆さまからご回答いただき、ありがとうございました。

また、各ご家庭への委員・三役就任の意思確認に際しまして、ご協力できるとお話ししてくれた方々には、委員会を代表して、感謝申し上げます。

役員候補者推薦委員長　佐々木聖子

組織再編を振り返って

PTA会員の皆さまにおかれましては、日ごろからのPTA活動への参加、改めて感謝申し上げます。ありがとうございます。

皆さまもご承知のとおり、新年度より会員の皆さまには各委員会へ所属していただくこととなりました。

今年度、三役並びに各委員長と執行部会を三度開催しまして、アンケートを実施し、12月の臨時総会におきまして承認をいただきました。ありがとうございました。

児童数の減少に伴い、活動に参加しやすく且つ円滑に活動していただくために、組織を再編させていただきました。

初年度ですので、会員の皆さまにはご不便やご迷惑が多々あるかと思いますが、全ては子どもたちが安心安全に心身ともに育ち、教育を受けてもらうためであり、学校の運営がより良いものになるための活動です。

今しかない小学校生活を、家庭だけでなく、学校を通し身近に子どもたちの成長を感じていただけたらと考えております。

これからもPTA活動に参加していただきますよう、よろしくお願いいたします。

PTA会長　泉田拓也

ココが変わるよ！ 交通安全委員会

今まで、三役と各委員長以外の会員の方々が当番制で行ってきた朝の交通安全指導と放課後の見回りですが、新年度からは「交通安全父母の会」から「交通安全委員会」へと名称変更するとともに、委員が活動を行うことになります。同委員会は、交通安全指導部と校外指導部に分かれて活動します。交通安全父母の会と校外指導委員会の2つの組織が活動した時代もあったようですが、少子化のため、このような委員会再編となりました。

目的は、「児童の安全」です。事件・事故を未然に防ぐため、私たちが活動している姿を「見せる」ことが、肝要だと思います。

4つの委員会の中で一番の大所帯となり、運営面で難しい部分もありますが、どうかご協力をお願いいたします。

続・ソウルの風

ソウル日本人学校 教諭 岩城淳史

昨年4月、本校から韓国ソウルの日本人学校へ赴任されました岩城淳史先生による手記の続編をお届けします。本校卒業生へのメッセージもいただきました。

안녕하세요（アニョハセヨ）！

前回は日本人学校の様子をご案内しましたが、今回は韓国（ソウル）の生活を紹介いたします。

ソウルでの生活について

私が韓国に赴任してよかったと感じることは、「食べ物」です。とにかく「おいしい」の一言です。ただし少し、いや、だいぶ辛いです……

代表的なものは、やはり焼肉です。実際に生活してみると、想像以上にお店が多く、そこら中にお店があります。豚肉が中心で、キムチや野菜等のおかずは無料です。値段も良心的ですので、どの店にも安心して入ることができます。タレではなく塩コショウや韓国の調味料をつけて、サンチュ（レタス）で巻いて食べます。韓国の人は、日本の人の7倍も野菜を食べるのだそうです。

赴任してよかったこと　ベスト3

1　人が優しい
お店、道に迷った時、子ども連れのバスや電車、幾度となく助けられました。

2　食べ物がおいしい
日本人好みのものが多いです。焼肉・タッカンマリ・サムゲタン・ポッサム・おかしetc
食後のコーヒーは無料です。

3　試食天国
スーパーの試食が多すぎ。焼肉、魚、菓子、飲料…お腹いっぱいです。

赴任して驚いたこと　トップ3

1　カフェの数
多すぎます。店でも路上でも多くの人がコーヒーを飲んでいます。

2　人の多さ
東京都と同じくらいの人口約1000万人で、面積は7分の2。高層マンションやタワーだらけです。地震や台風がほとんどない国だそうです。

3　交通費が安い
地下鉄・バスの初乗りは、約1300ウォン（約130円）。30分以内に次の電車・バスに乗り継げば、次の交通費は約50ウォン～100ウォン（5円～10円）。タクシーの初乗り3000ウォン（約300円）。

赴任して大変なこと　ワースト(?)3

1　韓国語
私も妻も自費で勉強しています。生活するためには必要です。

2　調味料の味
調味料の味が微妙に違うのです。日本製は高いですし……

3　交通ルール
車優先、車両右側通行、状況により赤信号でも進んでよいなど、交通ルールが異なります。自分の命は自分で守らなければなりません。

運動会（中学生と幼稚園児によるボール運びリレー）

2年生の体育（屋内プールでの水泳授業）

2年生の生活科町探検（スーパーの店員さんに韓国語でインタビュー）

現在の心境・今後の抱負

赴任してから、間もなく1年を迎えようとしています。私自身は、青森県で生まれ青森県で育ちました。現在、その青森を離れて、自分の故郷の青森、そして日本という国のよさに改めて目を向けられる機会をいただきました。同時に、外国の文化・歴史・言葉・そして人に触れて、その国ならではのよさに触れられる機会でもあります。今は、ここソウル日本人学校の子どもたちのために全力を尽くして取り組んでまいります。

無事、帰国した際は、ここでの勤務・そして生活経験を、桔梗野小の子・八戸市の子・青森県の子どもたちに還元したいと考えています。

今後、様々な経験を通して自分の視野をさらに広げ、広い視野で物事を考えられる子どもたちを育てられるように努めてまいりたいと思っています。

本校卒業生へのメッセージ

桔梗野小学校の卒業生のみなさん、ご卒業おめでとうございます。みなさんと5年生の時に一緒に勉強したことは、今でも忘れられない大切な思い出です。

桔梗野小学校を巣立ち、中学校、そしてもっと広い世界へ羽ばたいていくみなさん。つらい時、悲しい時には、広い空を見ましょう。自分の悩みが広い空と比べると、とても小さく思えてくるはずです。

どこにいても、空と心はつながっています。遠くからですが、先生はみなさんのことを心から応援しています。

そして、大きく成長したみなさんに、いつか会える日が来ることを楽しみにしています。

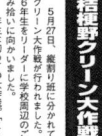

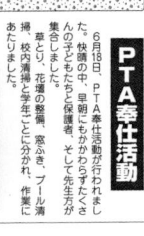

日本教育新聞社　社長賞

岐阜県岐阜市立長良西小学校

審査総評

変則的な８ページ構成の特長を生かして、見開きで展開する企画記事を上手に魅せています。合わせて、コンパクトな記事をたくさん掲載し、充実した誌面になっています。

にしかぜ

2016年度　PTA広報　1学期号

No.233

平成28年7月
発行：長良西小学校PTA
編集：広報委員会
印刷：ヨツハシ(株)

つながる ひろがる 新たな一歩!!

入学式
1年生を迎える会

1年生

小さな西っ子が仲間入りしたよ

6年生に名札をつけてもらったよ

交通安全誓いの会
引き渡し訓練

確認してからの引き渡しです

保護者の皆さんと

地域の皆さんと

登下校中お世話になります

遠足

4年生

鏡岩水源地で水道について学んだよ

わかあゆ

改装した岐阜市科学館へ電車でGO!

野外学習（2泊3日）

頑張った野外炊飯。
ツナカレー最高!!

5年生

修学旅行（1泊2日）

6年生

昔の人はどうやって造ったのかなぁ？

町たんけん

3年生

歴史あるふるさとの良さを学んだよ

プール開き

2年生

水をかけ合って、大はしゃぎ～！

ボランティア活動

熊本地震で被災された方を応援しようと、6年生有志が募金活動を行いました。125,500円集まりました(6月27日現在)

FOR KUMAMOTO PROJECT

©2010熊本県くまモン＃熊本支援

みんな大好き　給食特集

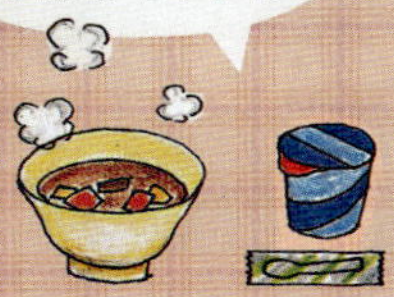

温かいものは温かく、
冷たいものは冷たく
いただいています

岐阜市の給食事業は、給食が子どもたちに提供される前々月に献立作成委員会が献立を決定し、前月に物資調達委員会が食材選定と納入業者の決定を行います。さらに岐阜市学校給食会での食材検査をうけ、ようやく各学校の給食調理室に食材が運ばれてきます。安全で栄養価が高く、おいしい給食は、このように、調理される何ヶ月も前からいろんな人の手が準備しているものなのです。
「おいしく食べて、大きくなってほしい」という気持ちのつまった学校給食の「今」をお伝えします！

感謝して、たのしく
いただきましょう

西っ子給食総選挙

子どもたちと先生に給食人気アンケートをとりました　**各クラスでの挙手方式（12月中旬実施）**

どんぶり部門

学年						
低学年	カレーライス(145)	ビビンバどんぶり(55)	ハヤシライス(52)	ツナごはん(35)	おやこどん(32)	中華どんぶり(7)
高学年	カレーライス(114)	ビビンバどんぶり(71)	ハヤシライス(76)	ツナごはん(39)	おやこどん(26)	中華どんぶり(12)

先生のオススメ

麺部門

学年						
低学年	ラーメン(133)	やきそば(63)	ミートソースとソフト麺(59)	きしめん(50)	中華あんかけソフト麺(19)	きのこあんかけソフト麺(7)
高学年	ラーメン(80)	やきそば(104)	ミートソースとソフト麺(69)	きしめん(48)	中華あんかけソフト麺(26)	きのこあんかけソフト麺(11)

パン部門

学年						
低学年	あげパン(168)	クロワッサン(71)	パインパン(47)	ピタパン(19)	黒パン(17)	コッペパン(9)
高学年	あげパン(145)	クロワッサン(113)	パインパン(47)	ピタパン(9)	黒パン(21)	コッペパン(8)

スープ・汁物部門

学年						
低学年	クリームシチュー(170)	お味噌汁(104)	ポトフ(17)	ミネストローネ(16)	豚汁(15)	澄まし汁(10)
高学年	クリームシチュー(105)	お味噌汁(118)	ポトフ(26)	ミネストローネ(38)	豚汁(37)	澄まし汁(16)

大きなおかず部門

学年									
低学年	ハンバーグ(246)	麻婆豆腐(49)	肉じゃが(40)	鶏肉の赤ワイン煮(27)	シュウマイ(27)	さんまの蒲焼き(19)	大豆と小魚の飴がらめ(13)	豚肉のしょうが焼き(11)
高学年	ハンバーグ(78)	麻婆豆腐(71)	肉じゃが(45)	鶏肉の赤ワイン煮(41)	シュウマイ(14)	さんまの蒲焼き(14)	大豆と小魚の飴がらめ(38)	豚肉のしょうが焼き(32)

小さなおかず部門

学年						
低学年	レンコン・チップス(333)	ポテトサラダ(38)	ひじきサラダ(27)	ホウレンソウのお浸し(17)	かぼちゃの煮つけ(12)	きんぴら(5)
高学年	レンコン・チップス(199)	ポテトサラダ(43)	ひじきサラダ(14)	ホウレンソウのお浸し(49)	かぼちゃの煮つけ(16)	きんぴら(22)

デザート部門

学年						
低学年	アイスクリーム(154)	フルーツポンチ(75)	大学芋(50)	みかん(36)	ゼリー(9)	アーモンド入り小魚(7)
高学年	アイスクリーム(176)	フルーツポンチ(50)	大学芋(27)	みかん(63)	ゼリー(20)	アーモンド入り小魚(6)

アンケートを振り返って

低学年から高学年になると、好きな献立の種類が増えていくことも分かりました。これは、給食という食体験を通して、味覚の幅が広がっていることを表していると思われます。
また、どの献立部門も、硬いものより軟らかいものが好まれていることも分かりました。硬いものをよくかむことは頭と体の健康につながると言われています。ぜひ心がけたいですね。

初めてみるものでも、
食べてみたら、
おいしかったってこと
あるよね！

調理室ドキュメント！

食材が給食として提供されるまで、そして、食べ終わった後も、たくさんの人が働いてくれています。旧明徳小給食室では、約800食の提供を担っています。

調理員さんが旧明徳小給食室で食材を受け取ります

8:30

食材をきれいに洗います

8:45

献立に合う形にカット（手切り）します

10:30

しっかり加熱します

11:00

ちゃんと味見します

11:10

クラス単位に配缶します

11:15

本校までトラックで配送します

11:30

配膳員さんが各クラスへ配膳します

12:00

給食委員と配膳員さんが食器と食べ残しを回収します

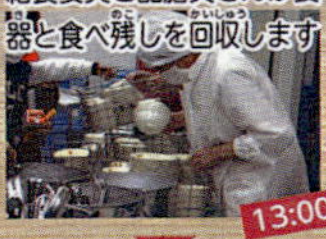

13:00

使用した食器を旧明徳小給食室へ返却します

13:20

調理員さんが食器を洗浄します

13:45

食べ残しは、たい肥として生まれ変わります

来年度からの学校給食ついて

岐阜市では、子どもたちの健康と生産者を大切にした、地産地消の学校給食に取り組んでいます。今年度まで岐阜市が献立の決定から配膳までを一貫して担ってきました。来年度からは調理部門と配膳部門が外部業者に委託され本校では次のように変更されます。なお、献立の決定、食材の選定などは従来通りで変更ありません。

3月まで

- 献立作成委員会にて献立作成 ／ 物資調達委員会にて納入業者決定
- ▼ 岐阜市学校給食会にて納入業者からの食材の納入を契約し、各学校へ納入
- ▼ 旧明徳小にて調理＆本校にて配膳（市職員）
- ▼ 子どもたち

4月から

- 献立作成委員会にて献立作成 ／ 物資調達委員会にて納入業者決定
- ▼ 岐阜市学校給食会にて納入業者からの食材の納入を契約し、各学校へ納入
- ▼ 長良中にて調理＆本校にて配膳（外部委託）
- ▼ 子どもたち

引き続き、学校給食へのご理解のほど、よろしくお願いします（竹中先生）

人気献立レシピ大公開 ～レンコン・チップス～

ご家庭でも給食の味を楽しみませんか？岐阜市HPでもレシピ公開中です。
http://www.city.gifu.lg.jp/25183.htm

【材料（一人分）】
レンコン…35g　揚げ油…適宜
食塩………少々

粗熱がとれると、
歯ごたえが出てきます

【作り方】
①レンコンの泥を落として、2～5㎜の厚さに切りそろえる。
②レンコンから出る白い粉（でんぷん）を流水でしっかり取る。
③レンコンの水気を切る。油のはねを防ぐためです。
④160～170度の油でじっくり揚げる。低めの温度で時間をかけるのが、カリッと揚がるコツです。
⑤揚がったレンコンに塩を振る。お好みの量でどうぞ。

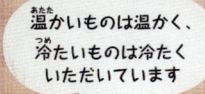

PTAって、ぶっちゃけどう思う？
配布 562枚
回収 394枚
回収率70.1%
有効回答数 391枚
有効回答率69.6%
無記名式
10月に保護者の皆さんにご協力いただいたアンケートの集計結果をお伝えします。
忌憚のないご意見、ありがとうございました。紙面の都合上、いただいたご意見の一部を載せています。
全員に伺いました
Q1 長良西小学校で、どの委員会に参加したことがありますか？
アンケートから分かったこと
その1 選出経緯の内訳（本部役員は指名委員会による選出につき除く）
その2 「またやりたい・やってもいい」という人の感想（複数回答可）
「なるべくやりたくない・2度とやりたくない」という人の感想（複数回答可）
経験した方に伺いました
経験した時の負担感について伺いました
現在と今後について、全員に伺いました
もし、長良西小からPTA活動がなくなったら…どうなるの？
アンケートでは、役員をやりたくないっ!!という意見もありました。
では、PTAがなくなったら、どういう学校生活になるのか、一緒に想像してみましょう。
登校時の旗当番
下校巡視当番
交通事故
不審者
子どもたちのために
わたしたち、こういう活動に参加しています！

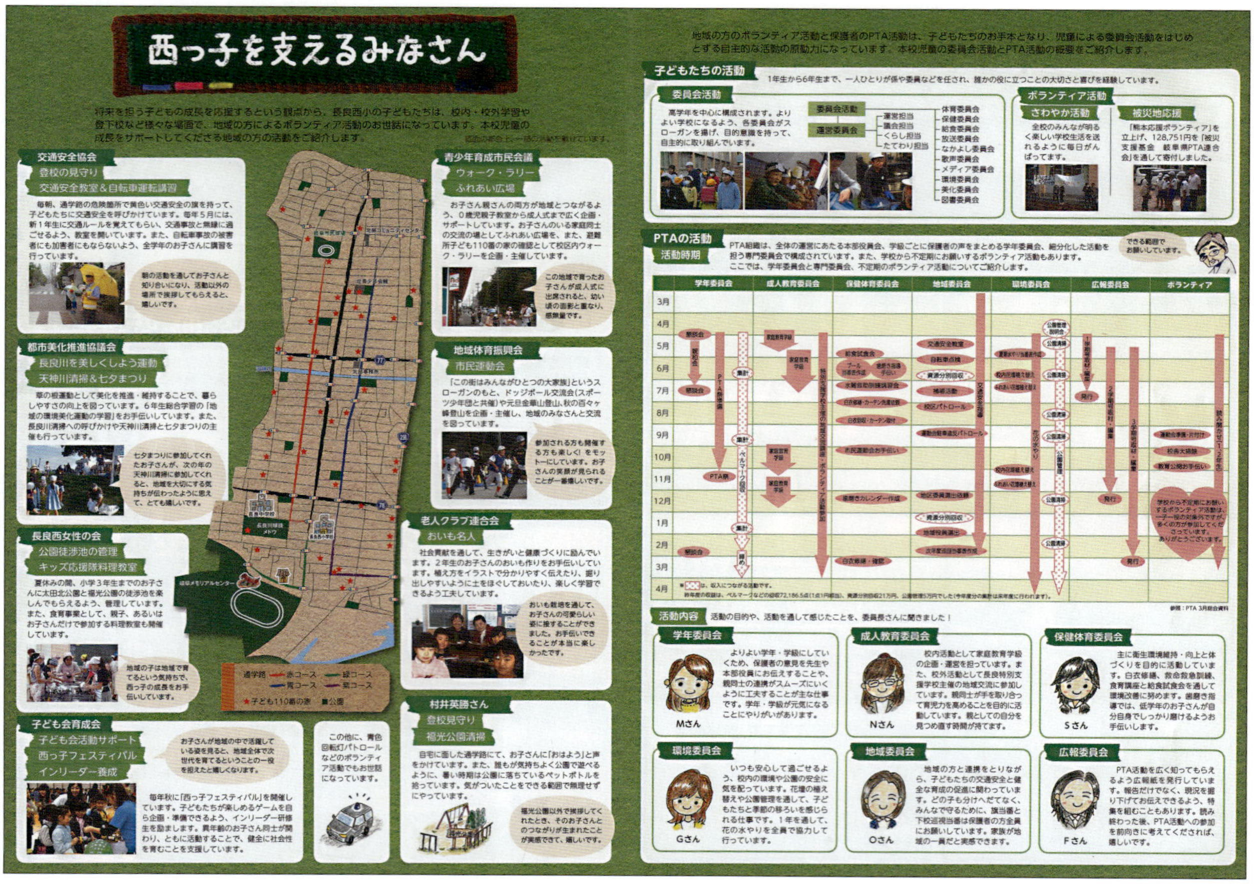
西っ子を支えるみなさん
将来を担う子どもの成長を応援するという観点から、長良西小の子どもたちは、校内・校外学習や登下校など様々な場面で、地域の方によるボランティア活動のお世話になっています。本校児童の成長をサポートしてくださる地域の方の活動をご紹介します。
地域の方のボランティア活動と保護者のPTA活動は、子どもたちのお手本となり、児童による委員会活動をはじめとする自主的な活動の原動力になっています。本校児童の委員会活動とPTA活動の概要をご紹介します。
交通安全協会
登校の見守り
交通安全教室＆自転車運転講習
青少年育成市民会議
ウォーク・ラリー
ふれあい広場
子どもたちの活動
1年生から6年生まで、一人ひとりが係や委員などを任され、誰かの役に立つことの大切さと喜びを経験しています。
委員会活動
ボランティア活動
さわやか活動
被災地応援
PTAの活動
活動時期
活動内容

日本教育新聞社 社長賞

大分県佐伯市立鶴岡小学校

審査総評

タブロイド判の新聞形態に近い広報紙として、記事や見出しの配置などメリハリがきいていて、安定感があります。「絆」シリーズなど、読んでみたいと思わせるレイアウトなども、よくできています。

広報 つるおか

みんなで取り組む 防災対策

こんな時どうする？

児童数	521人
男	252人
女	269人

発行：鶴岡小PTA（会長　山本　秀）
編集：PTA広報部
印刷：元屋印刷㈱

自然災害はいつ、どこで起こるかわかりません。人は意外と「自分だけは大丈夫」と思いがちですよね。

4月に発生した地震災害はそんな考えを一変したのではないでしょうか。

今回の体験から災害に対する備えや、防災への関心がどれくらいあるのか調査してみました。

災害時の避難について家族で話したことがありますか？

今回は佐伯市でも大きな揺れを経験したこともあり、**93・7%**の家庭が防災について話し合っているようでした。

実際の揺れに対する恐怖はもちろん、お店から水やカップラーメンなどの保存飲食料品がなくなったことや、地震発生を知らせる携帯電話の音に不安が増したのではないでしょうか。

家の中での安全対策をしていますか？

56・8%の家庭が何らかの対策をしていると回答していました。

具体的な内容としては、

- 枕元に靴やスリッパ、笛（ホイッスル）を置いて寝る
- 家具のないところで寝る
- 寝室のドアを開けておく等、就寝時の想定をしている家庭が多いようでした。

非常時の備えをしていますか？

災害発生直後からしばらくの間は、防災グッズの確認や調達、避難時の安全対策などの声掛けをしていた家庭も多かったと思います。

アンケート調査でも**66・2%**が何らかの備えをしているとの回答が得られました。

不安な日々を過ごしたことで、防災意識も高まったのではないでしょうか。

災害時の集合場所の確認をしていますか？

家族が一緒にいる時に起こっても怖い災害ですが、子どもと離れているときに起きたら…。

どれだけ心配か、はかり知れません。

69・4%の家庭が避難場所について話し合っているようです。

不幸中の幸いで、全員揃っていればいいですが、どのタイミングで発生するかはわかりません。

日ごろから会話やコミュニケーションの中で「こんな時はどうする？」とケースバイケースの話をしてみるのもいいかもしれませんね。

実際に使われた防災グッズTOP10!!

子どもたちの声

① 今回の地震を体験してどう思いましたか？

- 携帯のアラーム音にびっくりして、すぐには動けなかった。
- これで死ぬのかな?と思って怖かった。
- いきなり大きな揺れがきたので怖かった。
- 津波が来るかどうかが一番心配で眠れなかった。
- 携帯の音にビックリして目が覚め、次はいつくるだろうと不安で、しばらくは眠れなかった。怖かった。

② 避難訓練はどうでしたか？

- 色んなルールがあって難しかった。
- 訓練中に本当に地震がきたらどうしようと怖かった。
- 練習なのにドキドキした。
- 話し声とか聞こえてたのでもっと真面目にしないといけないと思った。
- 避難訓練は大事だなと思った。
- 訓練でもちゃんと取り組み、もしもの時に活かせるようにしたい。

『自分の命は自分で守る』

5月23日に地震による津波発生を想定した避難訓練が行われました。

鶴岡幼稚園、小学校の園児・児童全員が避難開始の合図で北校舎の3階に移動しました。

全員が避難し終わるまでの所要時間は4分55秒。

とても素早く、落ち着いた行動ができていました。

今回の訓練では、実際に大きな地震で怖い思いをしたこともあり、真剣に先生たちの話に耳を傾ける姿が見られました。

小学校では、この他にも

- 移動教室の時は静かに並んで行く
- 避難時、特に危険な場所の確認（例：鶴小トンネル）

など日常生活で活かせることを教えてくれています。

話を聞く表情も真剣

知ってますか？ 避難時の合言葉

- **お** さない
- **は** しらない
- **し** ゃべらない
- **も** どらない

まとめ

熊本や大分での地震発生から約3ケ月が経ちました。

今ではもうほとんど揺れを感じることもないので、「元通りの生活」に戻っている家庭が多いのではないでしょうか。

喉元すぎれば何とやら…。日々の忙しさに、だんだんと忘れてしまうこともありますよね。

梅雨時期の長雨や台風の暴風雨は、地震で緩んだ地盤にさらに大きな二次災害をもたらす危険もあります。

今は物流も安定していますのでこんな時だからこそ、防災グッズや避難場所の再点検・再確認が必要かもしれません。

じゃがいも収穫にて

Y・Tさん

先日、実家の父が趣味で育てているジャガイモの収穫を家族で手伝いに行きました。趣味といっても、テニスコート半分ほどのけっこうな広さ。

長靴に軍手で準備万端やる気満々の子どもたちに対し、私も主人も29度をこえる暑さに自らの体力を心配しながらのスタートとなりました。

案の定、炎天下、中腰での収穫作業は予想以上にハードで、汗をふきふき無言での作業が続きました。それに対し子どもたちは、ひと掘りするたびに、

「わー！でっかいお芋出てきた！美味しそう！」

「あー!!くわがたの幼虫も出てきたよー！」

と、手も口もめいっぱい動かして元気いっぱい。

30分ほどしてお茶休憩をとる大人たちに対し、

「お父さん、お母さんもう疲れたん？早すぎやろ！まだ体育一時間分も経ってないよ！」

と、手厳しい一言…。

夏場でも、常に外遊びや学校の授業、登下校で体力を使う子どもたちとの体力の差を思い知った一日でした…。

夏バテしないためにも、コツコツ体力作りしないといけませんね。

(3) 平成28年7月19日
広報つるおか
第209号 (2)
シリーズ 絆 ～自分を大切にするために～
どんと来い！
反抗期
みんなで話せば怖くない！
反抗期の子どもとどう向き合いますか？
小学校 低学年
小学校 中学年
小学校 高学年
小学校入学後反抗期がありましたか？
反抗期の始まり
反抗期の主な様子
反抗期が始まった時の対応
反抗期のコミュニケーション
み～んな同じように悩んでる
まとめ
「反抗期」子どもにどう向き合えばいいの？
スクールカウンセラー 仲野 照代
安全・安心パトロール隊
専門部長からごあいさつ
環境施設部
生活指導部
保健給食部
ベルマーク部
文化教養部
体育部
広報部
よろしくお願いします！
心肺蘇生(AED)講習会 7/7
心の成長
わたぼうし
成長

(3) 平成28年12月21日
広報つるおか
第210号 (2)
シリーズ 絆 ～自分を大切にするために～
地味にスゴイ?!
自己肯定感
～子どもの夢を後押しします～
座談会in広報部
質問1
質問2
質問3
座談会の様子
自信があれば何にでもなれるよね～
まとめ
私と小鳥と鈴と
金子みすゞ
私が両手をひろげても、
お空はちっとも飛べないが、
飛べる小鳥は私のように、
地面(じべた)を速くは走れない。
私が体をゆすっても、
きれいな音は出ないけど、
あの鳴る鈴は私のように、
たくさんな唄は知らないよ。
鈴と、小鳥と、それから私、
みんなちがって、みんないい。
みんな違ってみんないい
8/28 きれいになりました！
10/2 みんな頑張ったね
10/20 「あなたが大切です」
生活指導部より
11/15 おいしい給食
11/18 大人気ワークショップ
11/18 祝入賞
わたぼうし
鶴小ソーラン
子育てで思う事

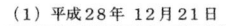

広報
つるおか
児童数　５２０人
男　２５３人
女　２６７人
発行：鶴岡小PTA
（会長　山本　秀）
編集：PTA広報部
印刷：元屋印刷㈱

みんなの給食

子どもたちが毎日楽しみにしている給食。大好きなメニューの時はその日が待ち遠しいですよね。その中でも何が人気があるのか気になりませんか？ 同じメニューでも味が違えば好みも違うかも⁉
今回は子どもの好きなメニュー＆保護者の気になるメニューのアンケート調査を行いました。

子どもたちが好きな給食メニューランキング

MENU
第1位 カレーライス
・家のカレーと味がちがっておいしい
・いろいろな野菜が入っていてルーと合っておいしい
第2位 あげパン
・あまくておいしい
・あげたてでおいしい
第3位 スパゲティ
・ソースとめんが合っておいしい
・パンにはさんでもおいしい
鶴小給食メニューのキングはカレーだ!!

給食センターより

給食センターでは、毎日の給食をみなさんにおいしく食べてもらうため、心をこめて作るように心がけています。
給食は、食べたことがないものや苦手な食べ物や味に出会うことも少なくありませんが、友だちや先生と楽しい時間を過ごす中で、食べてみたら知らず知らずに好きになり、給食を楽しみにしてもらえたらと願っています。

私たちが作っています♡

鶴小 給食グランプリ

献立の名は。～まだ食べたことのない味を探している～

家ごはん

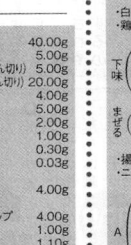

家での人気メニューは多種多様でしたが、やはりハンバーグやからあげという意見が多く見られました。
家庭によって味付けや調理方法が違うと思うので機会があればその部分を取り上げてみたいですね。
苦手な食べ物アンケートでは予想通り野菜の名前が多く見られました。
保護者の方に苦手な食材の克服方法を聞いたところ、小さく刻んだり、味の濃いものに混ぜるという意見が多かったです。

家ごはん人気ランキング
①ハンバーグ
②からあげ
③カレーライス
④オムライス
⑤グラタン

給食の食材は佐伯産を40％使用するようにしていますが、なかなか難しいようです。
色々工夫をして、給食を作って下さっています。

保護者も知りたい給食メニュー

佐伯市弥生学校給食センターの方から教えてもらいました!!
※分量は小学生（中学年）一人分の目安です。

トリニータ丼

①とり肉を一口大に切る。その後とり肉に下味をつける。
②粉をまぶして油で揚げる。
③Aを煮立たせてニラを入れ、火が通ったら、とり肉を入れてからめる。
④それをご飯の上にのせる。

トリニータ丼って？
大分のサッカーチーム「大分トリニータ」にちなんで、鶏肉（トリ）とニラを煮た（ニータ）ものをごはんにのせて食べるのでトリニータ丼という名前がついています。鶏肉は大分県産、ニラは佐伯産を使って作ります。

●材料

	・白米	70.00g
	・鶏肉（もも肉）	65.00g
下味	・塩	0.10g
	・清酒（料理酒）	1.00g
	・すりおろしにんにく	0.30g
	・こしょう	0.02g
まぜる	・片栗粉	3.50g
	・米粉	3.50g
	・揚げ油	6.00g
	・ニラ	15.00g
A	・すりおろししょうが	1.50g
	・濃口しょうゆ	8.00g
	・コチュジャン	0.23g
	・さとう	5.50g
	・ごま油	1.00g
	・水	11.00g

わんぱくボール

①Aをすべて混ぜ合わせ、一口大にまるめる。
②①を油で揚げる。
③Bを混ぜ合わせ、とろみが出るまで火にかける。
④②を③にからめる。

●材料

A	・すりみ（えそ）	40.00g
	・ひきわり納豆	5.00g
	・にんじん（みじん切り）	5.00g
	・たまねぎ（みじん切り）	20.00g
	・卵	4.00g
	・パン粉	5.00g
	・牛乳	2.00g
	・さとう	1.00g
	・塩	0.30g
	・こしょう	0.03g
	・揚げ油	4.00g
B	・トマトケチャップ	4.00g
	・砂糖	1.00g
	・濃口しょうゆ	1.10g
	・水	4.00g
	・片栗粉	0.20g

友だち

M・Kさん

赤ちゃんの頃から3歳まで、誰と会ってもずっと泣いていた娘。幼稚園に通いだして、泣くことはなくなったものの、参観の度に見かける一人行動や休み時間に誰と遊ぶのか聞いた時の、「一人で図書室」。発言に頭をかかえる日々。1学年3～4クラスある鶴岡小学校。もともと人見知りな娘に友だちを作れというのは無理な話なのかもしれないと思っていた。
ある日、部屋の片付けをしていると、1年生の頃の写真を見つけた。授業風景、グループ写真、集合写真。どれを取っても楽しそうな娘の笑顔。
思えば、クラスの仲間や毎日一緒に下校する友だち、クラブを始めて仲良くなった友だち。親の心配をよそに、娘はいつのまにかたくさんの友だちに囲まれていた。
これからも娘なりに世界を広げ、一人一人の友だちを大切にし、心豊かな人生を歩んでほしい。

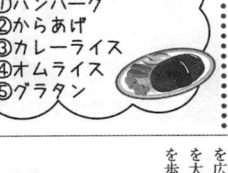

教育家庭新聞社　社長賞

茨城県水戸市立三の丸小学校

審査総評

ＰＴＡの活動と、学校での子どもたちの活動との記事のバランスが取れています。二つの特集のうち、一つは同一テーマで各号異なったアプローチをするなど、アイデアに富んでいました。

三の丸小ＰＴＡ会報

さんのまる

No. 262　2016年（平成28年）７月19日

発行：水戸市立三の丸小学校ＰＴＡ
〒310-0011 水戸市三の丸１丁目６番51号
編集者／三の丸小学校ＰＴＡ広報委員会
印刷所／関東印刷株式会社
●児童数　486人　男 248人　女 238人
実家庭　399戸　（平成28年７月１日現在）

▲ 三の丸小大運動会（５月28日）

特集２

知りたい！みんなの習いごと

PART２ 習いごと楽しく通っていますか？

アンケート実施期間：２０１６年９月28日～10月７日
アンケート対象者：全児童・全保護者

今年度の特集「知りたい！みんなの習いごと」の第１回目では、三の丸小児童の習いごと事情を紹介しました。

今回は、子どもたちがどんな習いごとをどのように考えて通っているか、また、保護者の方の習いごとについての子どもへの向き合い方を紹介します。さらに、保護者の方が子どもの頃にどのような習いごとをしていたかなども紹介していきます。

◎アンケートの回答数と回答率

	男子		女子		合計		
	保護者数	回答数	保護者数	回答数	保護者数	回答数	回答率
1年生	41	36	39	32	80	68	85.0%
2年生	38	33	43	40	81	73	90.1%
3年生	44	39	37	36	81	75	92.6%
4年生	45	37	41	36	86	73	84.9%
5年生	32	26	39	33	71	59	83.1%
6年生	46	37	36	28	82	65	79.3%
計	246	208	235	205	481	413	85.9%

★子どもたちに聞きました。

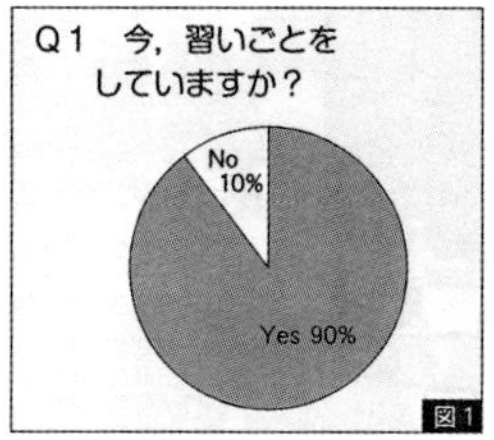

楽しいと思っている習いごと、やめたいと思っている、又は思ったことがある習いごとについて、子どもたちの本音を聞いてみました。

○低学年男子に人気なのは、スイミング、サッカー、英会話。低学年女子はピアノ、スイミング、英会話でした。

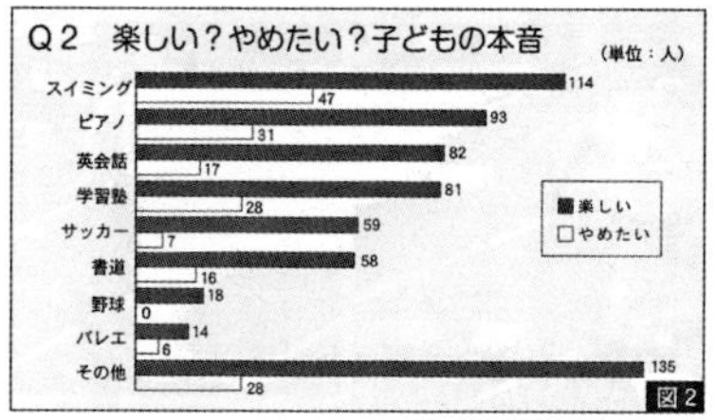

○高学年男子は、学習塾、スイミング、サッカー。高学年女子はピアノ、学習塾、書道、英会話でした。高学年になると学習系の習いごとも人気のようです。その他として、テニス、体操、バスケットなどの運動系の習いごとが目立ちました。

全学年とも単純におもしろいだけでなく、上手になるから、できるようになるからをあげる子どもが多く、自分のためになることを感じているようです。

やめたいと思っている習いごとは、スイミングという意見が一番多いようです。理由は、楽しくない、上手くできない、記録が伸びないなどがありました。学習塾やピアノの理由は、宿題や練習が大変という意見が多数ありました。

全体的に、「楽しい」と「やめたい」を比較すると、すべての習いごとで、「楽しい」との答えが多く、子どもたちが習いごとに楽しく取り組めていることがうかがえました。

★保護者の方に聞きました。

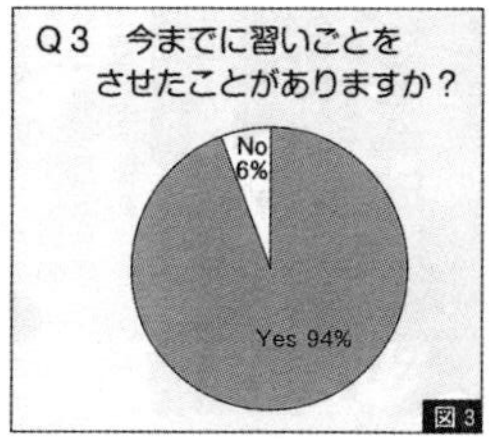

今までに習いごとをさせた事があると答えたのは、387名で、全体の94％にのぼりました。（図３）

そのうち、子どもから習いごとをやめたいと言われたことがあると答えたのは203名で、52％でした。（図４）

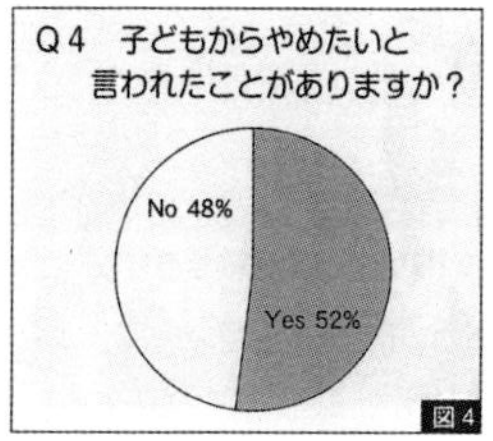

また、やめたいと言われ、習いごとをやめさせたと答えたのは89名で、42％でした。（図５）

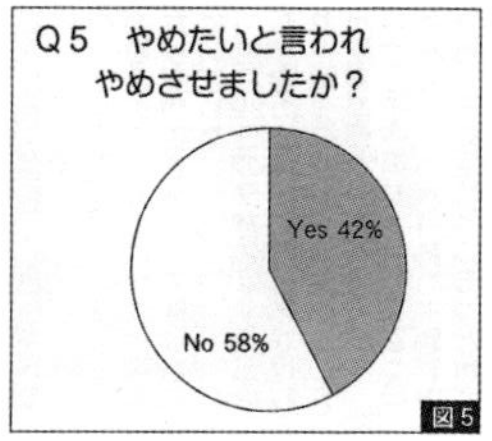

やめさせた理由はなぜですか？

◆「子どもの意見を尊重する」（6年女子）「自分でよく考えて、自分で決めさせる」（6年男子）「5年生なので、本人が決めたことならやめてもよい」（5年女子）

◆「本人のやる気がないと、続けても仕方がない」（6年男子ほか）「本人が楽しくなければ上達しないと思ったから」（3年男子）「やりたくない事を無理にさせても、上手にならないし、悲しい顔を見るのがつらいし、費用がもったいない」（3年女子）

「本人の意思に反して無理に通わせるのは、親も苦痛だし、お金ももったいない」（3年男子）

「本人の話を聞き、やめたい理由の内容に納得がいけば、やめても良いと思う」（4年男子ほか）

◆「目標を達成したから」（4年女子ほか）「次にやりたいことが見つかったから」（2年男子）「他の習いごとを始めるため」（1年女子）「本人が目的目標を達成し、本人が続けることよりも新しい事をしたいと望んだので」（2年男子）「子どものやりたいものがあるなら、やめたい習いごとはやめて、やりたいものをやらせたい」（3年男子）

◆一度始めたものは、できれば続けて欲しいが、子どもの意思を尊重し、話し合う家庭の様子がうかがえます。高学年では、本人にまかせる傾向がある一方、低学年では、『ママがさせたいだけでしょ。』と言われたため（1年男子）「本人の気がのらなかったが無理に一年続けた。だんだんかわいそうな気がしてやめさせた」（1年女子）という意見もあり、思わず「あるある」と納得してしまいます。

どうやって続けさせたのですか？

◆「自分からやりたいと言い出したので、続ける努力をする様に話をした」（5年男子ほか）「続ける事の大切さ、習得する達成感を味わうまでは続けさせたいため、言い聞かせた」（4年女子）「努力することも大切だと教えた」（3年男子）

◆「新たな目標を設定し、その目標を達成するまでは頑張るように励ましながら続けさせる」（2年女子）「目標としている段階までは頑張らせる。その結果本人も自信がついて楽しくなってきた」（5年男子）「もう少しだけ頑張ってみようと励ましながら乗り切りました」（1年女子）「3カ月まず継続させ様子を見る」（3年男子）等の意見がありました。

◆子どもたちへの質問で、同じ習いごとを、楽しい、やめたい両方に丸を付けている子どもが多数見られました。「一時的にやめたいだけだと思い『もう少し続けてそれでもやめたい時はまた言って。』と話した」（3年女子）「本人にまかせる。一時の感情で決めないようにアドバイスをした」（3年女子）「本当にやめたいのかよく話を聞いた（一時的な気分だった。）」（5年男子）等の、一時的な気持ちでやめないように説得するということにつながっているようです。

◆具体的な方法として、「励ましてお迎えに行ったり見学したりして、できるだけ付き添うようにしていました」（2年男子）「一回だけ休ませたり、友達と遊びたいなど理由によって、曜日や時間を変えて対応しました」（3年女子）「上手くなったよ。上手になったね。など励ましの言葉をかけてあげました」（2年女子）という意見もありました。目標を決めて、期限をつけて頑張るように励ましたり、続ける事が大切であるという取り組む姿勢を示したり、保護者の方々の努力がうかがえました。

保護者の方が子どもの頃に習っていて、大人になって役立ったなと思う習いごとは何ですか？

最も回答が多かったのは、書道（硬筆含む）で、96名でした。「きれいな字が書ける。」「子どもに教えられる。」「字を書く楽しさを知った。」などの意見が多くあがりました。2番目はピアノ、エレクトーンで82名。「楽譜がよめる。」「子どもに弾いてあげられる。」「子どもに教えられる。」「気分転換・リラックス・趣味」「仕事になった。」等、様々な場面で役立っているようです。

3番目は、そろばんの64名。「計算が速くなった。」「算数が好き（得意）になった。」「生活の中で暗算が役立つ。」等の意見がありました。4番目に水泳で37名。5番目に英会話で18名。6番目に塾・公文で16名と続きます。

全体を通して、「子どもに教えられる。」「集中力がついた。」という理由をあげる方が多くみられました。また、「何でもチャレンジすることは良い。」「知らない世界を知ることができる。」「礼儀作法が身に付いた。」「どんなことも経験として無駄にならなかったと思う。」「現在直接、役に立っているかは分からないが、何かを一生懸命続けるということは、後々の人生に役立っていると思う。」等、様々な意見をいただきました。

大人になって役立った習いごとは？

1位　書道（硬筆含む）
2位　ピアノ、エレクトーン
3位　そろばん
4位　水　泳
5位　英会話
6位　塾（公文含む）

アンケートの集計を通して

多くの子どもたちが、楽しんで習いごとに通っている様子がうかがえました。しかし、ご意見の中に、「親の期待が多すぎると子どもはつらいと思います。」「たくさんの子が習いごとをしているのでやらせないといけないのか不安になります。」等の意見もありました。

習いごとの種類や目的も様々ですが、子どもがどのように感じながら通っているのかを理解することが大切だと思います。

習いごとに限らず、子どもがどんなことに興味を持っているのかを親が気付いてあげて、そのことに集中して取り組めるような環境を与えてあげられたらよいですね。

各家庭によっていろいろな考えがあると思います。このアンケートを機会に、習いごとについて話し合ってみてはいかがでしょうか。

ご協力ありがとうございました。

（小柴・星）

子どもの心を育む ボランティア活動

学校生活や地域のために、様々なボランティア活動が行われています。学習ボランティア、行事等の支援ボランティアなどがありますが、今回は学校支援ボランティアの方にお話を伺いました。

① ボランティアの内容
② 参加しようと思ったきっかけ
③ 子どもたちの反応は？
④ 感想・ご意見など

図書ボランティア

① 図書ボランティア（貸出支援、読み聞かせ）

② 学校の様子を知る機会になるし、保護者同士の縦のつながりもでき、いろいろな情報交換ができると思ったから。

③ 読み聞かせを始めると、どんどん近くに寄ってきて、夢中になって聞いてくれます。
「毎日読み聞かせがあるといいなあ。」
「あっ○○読んでくれた人だ。また読んでね。」と言ってくれます。
図書整理をしながら、子どもたちに本を紹介すると、次の週、「すすめてくれた本、おもしろかったです。」「また教えて下さい。」などと言ってくれます。

④ 図書ボランティアは、多くの方が参加して下さり、また卒業生保護者等のご協力も頂き、大変充実した活動を続けております。一人でも多くの子が、一冊でも多くの本と出会い、心を豊かに育むお手伝いを、これからも続けていこうと思います。

花壇ボランティア

① 花壇ボランティア…花壇やプランター等の苗の定植や整備のお手伝い

② 学校からのおたよりを見て、時間内であれば都合のつく範囲（短時間）でも参加でき、家事の合間でも参加してお手伝いができるから。特技のない私でもお手伝いできると思って。

③ 一緒に子どもたちと活動することはありませんが、自分たちや子どもたちが育てた花、苗がきれいに咲いていくのを見ると、嬉しくなります。美しい花壇で気持ちがいいです。

④ 家にも花壇があるので、ボランティアに参加して、きれいに花を咲かせるコツを聞くことができたり、花のレイアウトの参考になったりしました。また、ボランティアに参加することで、学校へ足を運ぶ機会ができ、子どもたちの様子を見たり、保護者同士の交流をしたりすることができます。三の丸小には、様々なボランティア活動があるので、可能な方は、ぜひご参加をおすすめします。

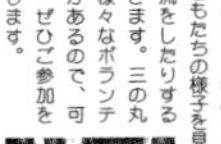

（校・小室・塙）

研修視察

カゴメ茨城工場・空のえき そ・ら・ら
―10月19日(水)―

今年度の成人教育委員会主催の研修視察は、小美玉市にあるカゴメ工場見学へ。製造現場の様子を見たり、乳酸菌について学んだりしました。見学後は、楽しい試飲タイム。「色々な野菜ジュースが試飲できたし、ホームページでレシピを見られるのが良い。」と3年生の保護者の方が話してくれました。次に「そらら」へ移動し、新鮮な地元の食材を使ったビュッフェレストランでランチをいただきました。空き時間には、直売所で買い物を楽しむ方もいました。保護者同士の親睦も深まり、実りある秋の一日となりました。

（塙）

美味しそうな製品がズラリと並びます。

体力づくり

インディアカ大会 ～それってどんな大会？～

9月9日（金）、三の丸小体育館にて、保健厚生委員会の企画・運営によるインディアカ大会が開催されました。

例年通り、各学年のチームが総当たりで試合を行い、総合得点を競いました。優勝は、209点を取得した3学年。2位は207点の6学年、3位は203点の4学年と接戦でした。

中休みと昼休みには、児童も応援に駆け付け、さらに試合は白熱し大いに盛り上がりました。

インディアカは、ドイツで考案されたスポーツ。バドミントンのような羽根のついたボール（インディアカボール）を手で打ち合う、バレーボールに似た競技です。4枚の羽根がボールのスピードを緩和してくれるため、誰でも気軽に参加できるスポーツのようです。

来年度のインディアカ大会は、運動不足の解消も兼ねて、ぜひ参加されてみてはいかがでしょうか。

（校）

3学年チーム優勝！！

いつやる？もうやった？PTA活動

2学期が終わり年を越すと，来年度のPTA役員はどうしようか？と考える方もいるかと思います。一度も経験のない委員会は，家事やお仕事をしながらでも，参加することができるのか？できなければ迷惑になってしまうかも…と不安になりますよね。そこで，各専門委員長の皆さんにアンケートを取らせていただきました！

アンケート内容

①活動内容
②活動を通して，やりがいを感じたことは？
③家事やお仕事との両立は大変だと思いますが，どのように対処していますか？または，どのように対処したほうが良いと思いますか？

総務委員会

① 4月PTA総会・歓送迎会（準備・受付）
7月水泳がんばり教室運営
1月新年のつどい（準備・受付）
② 頑張って登校している子どもたちがよりよい環境で勉強できる様，いつも大人たちが考えてあげることが大切だと思いました。
③ 前もって休みの希望をとって，参加調整をしています。

成人教育委員会

① 運動会PTA種目の決定，実行（1学期）
研修視察旅行の計画，実行（2学期）
講習会の計画，実行（3学期）
② 参加された方から楽しかったという言葉をいただいた時。
③ 委員会の中で役割を決め，負担がかたよらないように心掛けています。
より良い仲間づくりも大切だと思います。大変な時に大変と言える雰囲気があると，お互い助け合えると思います。

保健厚生委員会

① インディアカ大会の開催，大会に向けての練習管理，ベルマークの収集と管理，説明会出席
保健安全委員会（年3回）
② 去る9月9日にインディアカ大会が開催されました。準備等とても忙しく大変でしたが，当日は参加者の方々に楽しんでいただけたことと子どもたちが応援を一生懸命していたことが良かったなと思い，とてもやりがいを感じました。
③ 今年は集まりが午前なので，午後出勤等にしています。曜日，時間などは委員会の個々それぞれの都合によって考えるとよいと思います。

校外生活委員会

① 6月－「子どもの安全を守る家」訪問
（全員で手分けして実施）
7月－学区内パトロール（5,6年委員）
8月－黄門まつり夜間パトロール
（1,2年,3,4年委員2日間分けて）
立哨指導（各場所担当）各学期始めの約1週間（2学期，3学期，新年度1学期）
② 校外生活は，立哨指導が主な活動です。朝，登校してくる子どもたちに，元気にあいさつしてもらえると，みんな元気になるそうです。逆にあいさつがないと，とても残念です。
③ 本人ができない時は，家族の方に手伝ってもらっています。どうしてもいない時は，2人で立哨している所から，1人の方に場所をかわってもらうようにします。立哨は朝なので，出勤前にできるので，お仕事をしている人も，参加しやすい活動だと思います。立哨場所も，職場の近くなど，その人の希望を聞いて調整して決めています。

広報委員会

① 年間を通してのPTA活動，学校行事，地域行事の取材，写真撮影
広報紙「さんのまる」発行（年3回）
PTA広報紙の作り方研修会への参加
二中学区青少年育成会だより発行の協力
② 自分たちの考えたレイアウトや文章で「さんのまる」が印刷され，広報紙として仕上がってきたものを見た時。広報委員でなければ得られない感動です。
③ 広報委員のなかには，フルタイムでお仕事をしている方が数人いますが，平日の学校行事の取材や写真撮影には行けなくても，自宅でできる作業をしてもらったり，お休みが取れる日に合わせて活動してもらっています。今は，メールやLINEを使い連絡を取り合うことができるので，集まる回数を減らすことも可能です。自分ができる範囲で無理のない活動がモットーです。

（校・小室・塙）

1学年

「陶芸教室」
講師：寺門正人先生　6月17日(金)

恒例の陶芸・ネームプレートづくりを行いました。親子で話し合いながらデザインを考えて，一緒に粘土をこねて，あっという間の1時間でした。どの作品も個性にあふれたステキなものに仕上がりました。ネームプレートを見るたびに，親子で過ごしたこの楽しいひとときを思い出していただけることでしょう。

1年間，先生方や保護者の皆さまに多大なご協力をいただき，無事に活動を終えることができました。心より感謝いたします。ありがとうございました。（学年委員長：小柳美希）

2学年

「親子で楽しむホームヨガ」
講師：岡部朋子先生　9月28日(水)

普段取れそうで取れない，親子でのスキンシップを時間いっぱい楽しみました。

大抵の方が持つイメージのヨガとは少し違い，身体の関節の役割やそこが動かなくなったらどうなるか？など子どもたちにもわかりやすく説明して頂き，親子で一緒に考え身体を動かし，リフレッシュもできました。

1年生の頃より身体も心も逞しくなった子どもたちの成長を，触れ合うことでより感じることができました。年間を通してご協力，ご支援下さった先生方や保護者の皆様に心より感謝いたします。（学年委員長：小路章子）

3学年

「おもしろ理科先生と空気砲を作ろう！」
講師：飛田隆久先生　7月5日(火)

親子でペットボトルと風船を使い，空気砲作りをしました。4月から理科の授業も始まり，興味津々だった子どもたち。先生の話に目を輝かせ，身を乗り出して聞いていたのが印象的でした。

ダンボールの空気砲から出た迫力ある煙に喜び，立ち上がったり，ジャンプしたり，手を伸ばしたりしてる様子も見られました。親子での楽しい活動だったと思います。

この一年，皆様のご支援，ご協力をいただき感謝致します。ありがとうございました。（学年委員長：石川知絵）

学年委員会 親子ふれあい活動 活動報告

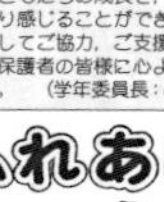

4学年

出前イベント「ハロー！ミュージアム」「ワークショップ」
～言つ切画用紙を使って一緒に自由で楽しい工作をしよう！～
講師：茨城県近代美術館職員　日座　眞由美先生（他2名）
7月14日(木)

「せっかく描いた絵だけど，次は自由に切ってください。」講師から指示が出ると，「えー!!」と子どもたちが次々に声を上げました。パステル，絵の具，マジック，色鉛筆，自由な画材で親子それぞれ描き上げた絵をはさみで切りました。それから親子でそれぞれ切ったものを合わせて，ひねったり，重ねたりしながらホッチキスでパチパチと留めていきました。大胆に切った絵が見事大きな作品に変わりました。

先生，委員及び保護者の皆様にはご協力いただき，ありがとうございました。（学年委員長：西垣紀子）

5学年

「親子坐禅」
講師：祇園寺副住職　小原智弘様　10月27日(木)

少し緊張した空気の中，坐禅の指導が始まりました。足の組み方も難しく，皆苦戦していました。体育館が静まりかえり20分が経過する頃，終わりの合図の鐘がなり一気に緊張の糸がほどけました。誰1人，立ったり，騒いだりすることなく，静かに坐禅を終えることができ，後で講師の方にとても素晴らしかったと，ほめていただきました。

また，国田義務教育学校との交流では，田植えや餅つきなど，なかなか経験できないことを体験できました。1年間，皆様のご協力をいただき，誠にありがとうございました。

（学年委員長：堀内加代子）

6学年

親子で学ぼう！いざという時に役立つ『応急処置法』
講師：坂下由紀子先生　9月16日(金)

ジュニア救命士講習を受講した6年生。切りっぱなしの三角巾を包帯にすることから教わり，包帯法を学びました。親子で互いに体の各部位に包帯を巻きながら，我が子の大きく伸びた手足に成長を感じ，頼もしく感じました。活動の最後には，グループのみんなで協力して全身包帯に挑戦。「いざという時にまず知っておくことが第一歩！」という坂下先生の言葉が印象的でした。

卒業を迎えるにあたり，多くの保護者の皆様，先生方にご協力をいただき，心より感謝申し上げます。

（学年委員長：山内千春）

（塙）

平成28年度 PTA活動報告

総務委員会

4月　PTA総会受付　歓送迎会受付
7月　水泳がんばり教室実施　参加者38名
1月　新年のつどい　準備・受付　出席者56名

夏の暑い中，「がんばり水泳」に来て，少しでも泳げるように頑張る姿は，もっと応援したい気持ちになりました。委員をやらなければわからなかったことです。

先生方と保護者様のご協力で無事に行うことができました。

PTA新年のつどい

（委員長：来栖寛子）

執行部

まずはこの一年，皆様のご協力の御蔭をもちまして無事に終えられましたこと，心よりお礼申し上げます。

11月5日のこども祭り・バザーでは子どもたちが目を輝かせて買い物や遊びをしている姿が印象的でした。また，一年を通しての立哨活動では子どもたちの日々の成長を感じることができました。元気にあいさつを返してくれる姿に頼もしさも感じました。

来年度も，子どもたちが健やかに成長できるよう活動していきたいと思います。

あいさつ運動

（副会長：中田智雄）

成人教育委員会

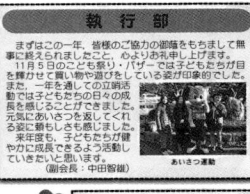

5月28日　運動会PTA種目（綱引き）運営
10月19日　PTA研修視察（カゴメ工場見学）　参加者39名
1月25日　ヨガ講習会運営　参加者39名

委員の皆様のご協力により，年間を通して楽しく，又，円滑に活動することができました。先生方・保護者の皆様あっての活動であり，ご協力・ご参加いただきましたことに厚く感謝いたします。ありがとうございました。

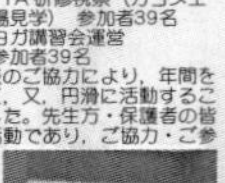

ヨガ講習会

（委員長：森永加奈）

校外生活委員会

1～3学期始め　登校時の立哨指導
5月　「子どもの安全を守る家」挨拶訪問
7月　夏休み学区内パトロール
8月　黄門まつりパトロール

立哨指導では，子どもたちの元気な挨拶が，とても気持ちがいいです。

「子どもの安全を守る家」では約60件ものご協力をいただきました。

雨やどりをさせていただいたりお手洗いを借りたりと大変お世話になりました。

保護者の皆様，地域の方に見守られて，子ども達が登下校できることに感謝しております。ありがとうございました。

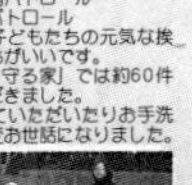

朝の立哨指導

（委員長：福島晴美）

保健厚生委員会

6月2日　ベルマーク運動説明会
7月～9月　インディアカ大会練習・準備
9月9日　インディアカ大会
7月7日・12月15日・2月16日　学校保健安全委員会
他，年間5～6回　ベルマーク整理

インディアカ大会，ベルマーク収集，整理等，委員の皆様と一つになり，協力して活動することができました。先生方，保護者の皆様方のご協力にも感謝しております。一年間ありがとうございました。

インディアカ大会

（委員長：木田朝子）

広報委員会

6月25日　広報紙作り研修会参加
・PTA会報「さんのまる」企画・編集・各学期1回（計3回）発行
・学校・地域行事の撮影・取材

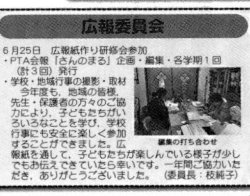

今年度も，地域の皆様，先生・保護者の方々のご協力により，子どもたちがいろいろなことを学び，学校行事にも安全に楽しく参加することができました。広報紙を通して，子どもたちが楽しんでいる様子が少しでもお伝えできていたら幸いです。一年間ご協力いただき，ありがとうございました。

編集の打ち合わせ

（委員長：枝純子）

退任のご挨拶

PTA会長　永盛　久貴

私も今年がPTA活動の最終年になりました。2年間会長をさせて頂きましたが役員の皆様のご協力と先生方の温かいご支援によりまして，何とかやり切ることが出来ました。本当に皆様のお役に立てたのかはわかりません。もしも，ご不満な点があったとしたら，お詫びを申し上げます。数年前までは，PTA活動は大変だと思っていた自分でしたが，この活動を通して，沢山の方と関わらせて頂き大変勉強になりました。何事も，やった人にしか味わえないものがある。と言いますが，私にとって，この3年間は，驚きの連続でした。もうすぐ活動が終わりますが，今の時点での思いは，PTA活動は，大変ではありますが，どんどん参加することで，大変だった以上の歓びを得ることが出来ると確信しています。この瞬間の子どもの子育てに参加出来るのは，今しかありません。親と子どもは，一緒に育ち合うものだと思います。是非，来年度以降もPTA活動にご協力をお願い致します。

最後になりますが三の丸小学校の益々のご発展と，各家庭が幸せになることをお祈り申し上げます。本当にありがとうございました。

永盛久貴PTA会長は，お子さんの卒業を迎えるとともに，今年度末で退任されます。三の丸小PTAのためにご尽力いただきましてありがとうございました。

（塙）

教育家庭新聞社　社長賞　　さいたま市立常盤小学校

審査総評

モノクロの紙面ながら、ポイントで人物のクローズアップの写真を掲載するなど、メリハリがきいています。記事も啓発的な内容のものが多く、読み応えもありました。

PTA会報 ときわ

さいたま市立常盤小学校 PTA 会報紙 262 号

Contents (もくじ)

めざす学校像

- ㋐ アイデアを出し合う学校
- ㋑ いきいきとした元気な学校
- ㋒ うつくしい学校
- ㋓ えがおであいさつできる学校
- ㋔ おもいやりのある学校

子どもの睡眠、足りていますか？ ～早寝・早起きで心と体を健康に！～

「早寝・早起き」に関するアンケートを１・３・６年生を対象に行いました。（有効回答率：96.2%）
「早寝・早起き」に関心のある方が多い中、皆さんの状況をまとめました。

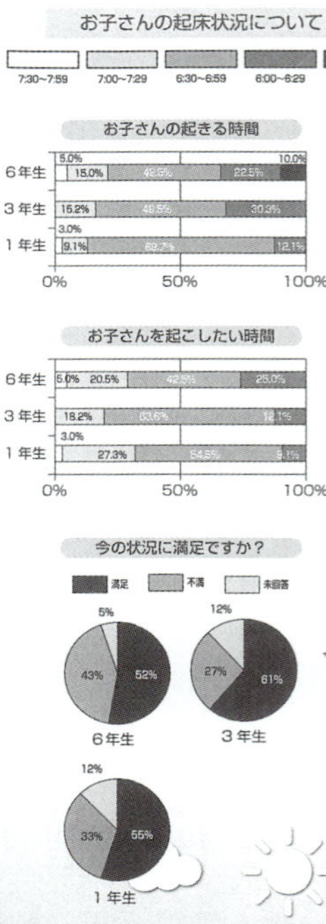

困っています・・・
- ○上の子につられて寝るのが遅くなる（一年、三年、六年）
- ○宿題や自主学習に取り組むまでに時間がかかる（三年、六年）
- ○「規則正しい生活リズムが大切である」ことを分からせたい（六年）

早く起こすために・・・
- ○自分のお小遣いで買った、お気に入りの目覚まし時計を枕元に置く（一年）
- ○子どもが徐々に目が覚めるような問いかけをする（六年）
- ○寝ているそばで生活音を聞かせる（三年）

早く寝かせるために・・・
- ○一日の行動予定を事前に決めておき、計画どおりに行動させる（一年、三年、六年）
- ○テレビやゲームをする上でのルールを決めている「宿題等が終わってから時間を決める」「平日は禁止」（一年、三年、六年）
- ○罰金制（六年）

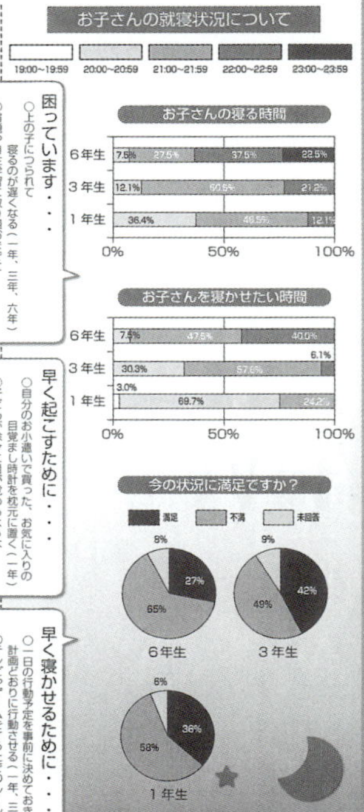

アンケート結果をもとに養護教諭　浜田香里先生にお聞きしました

今回のアンケート結果の御感想は？

まず、早寝・早起きに対する保護者の皆様の関心度がとても高いことに驚きました。各御家庭に応じて様々な工夫をされていて、大変素晴らしいと思います。一方で、児童の学年が上がるほど就寝時刻が遅いのが気になります。これは学校での調査でも同じ結果が出ています。

学校ではどんな取組をされていますか？

よりよい生活習慣の確立に向けて、埼玉大学教育学部教授　戸部秀之先生の御協力により作成した「生活がんばりカード」を作成し、平成二十三年度より実施しています。本取組は子どもたちに、自分の生活習慣の問題点を発見・改善してもらうことが目的です。なお、この結果は第三回太陽の子フォーラムにて発表しています。

今の子どもたちは習い事や塾など多忙です！

最近、保健室でも、塾や宿題などで寝る時間が遅くなり、睡眠不足から体調不良を訴えて来室する児童が多く見受けられます。そんな時は、敢えて「体を休めることも勉強だよ。」と指導しています。例えば、睡眠はもちろん、ボーッとする、美味しいものを食べる、ゲームをする、休日に家族で出掛けるなど、ほんの少しでもよいので時間を見付けてみましょう。

早寝・早起きのよい方法はありますか？

一日のスケジュールを一週間分まとめて作成してみてはいかがですか？時間を有効に使えて早く就寝できますし、起床時刻の目安にもなります。

保護者へのメッセージをお願いします

子どもも保護者の皆様も健康でいられるように、まずは規則正しい生活を心がけましょう。様々な生活環境の中で難しいところもあるかと思いますが、各御家庭に合った生活リズムが作れるとよいですね。何かよいアイデアを思い付いたら、まずは実践してみてください。子どもが意識して、自主的に規則正しい生活が送れるようになることが大切です。保護者と学校が一緒に子どもたちをサポートしていきましょう。

インタビューを終えて

お忙しい中を長時間に渡り、とても熱心にお話ししてくださいました。常に子どもたちの健康を考えて、様々な取組や丁寧なサポートをしてくださっていることが分かりました。浜田先生、ありがとうございました。

PTAってなんだろう？ SSNってなんだろう？

今回、「身近にできるPTA活動」・「PTA本部」・「ときわファーム」・「お父さんサポーター」にClose up !!

PTAって何だろう？

常盤小学校ＰＴＡ会則には、「保護者と教職員との協力及び、地域との連携により、児童の健やかな成長を助け、教育の充実に寄与し、併せて会員の研修と親睦を図ることを目的とする。」とあります。つまり、保護者と教職員が協力して、子どもたちの成長を支えるための活動です。

Parent…保護者　**T**eacher…教師　**A**ssociation…連合

- PTA本部
- 健康委員会
- 総務委員会
- 校外安全委員会
- 広報委員会
- 成人教育委員会

PTA相関図

ＳＳＮって何だろう？

さいたま市で実施されている「スクールサポートネットワーク（ＳＳＮ）」は、地域ぐるみで子どもを育てるため、学校とＰＴＡ、ボランティア組織、地域諸団体、社会教育施設、行政機関等を結ぶネットワークです。(さいたま市ホームページより)

学校と地域諸団体との連絡・調整を担う学校地域連携コーディネーターが、市内全ての小学校に配置されています。

本校では星川先生が「学校地域連携コーディネーター」として窓口となり活動しています。

- スクール サポート ネットワーク（ＳＳＮ）事務局
- ベルマークサポーター
- ヨムヨムサポーター
- クリーンサポーター
- 学習支援サポーター
- 子ども見守り活動
- 防犯ボランティア
- 土曜チャレンジスクール
- 地域住民等の御協力
- お父さんサポーター
- 放課後チャレンジスクール

SSN相関図

Close up!! 身近にできるPTA活動 ～リサイクルの行方を見てみよう！！～

日時	回収物	回収場所
毎月１回	ベルマーク回収強化日	各クラス
毎月第１木曜日	PTA資源回収	28ステーション
毎月11日	イオン幸せの黄色いレシートキャンペーン	イオン
随時	・歯ブラシ・ペットボトルキャップ ・アルミ缶・インクカートリッジ ・牛乳パック・ベルマーク	２階昇降口

よりよい環境を整えるため、毎年様々な品目を購入しています。取材を通し、小さな積み重ねが子どもたちの豊かな学校生活につながることを実感しました。

親子で楽しみながら参加してみてください。

「PTA資源回収」はこのプレートが目印です。

Close up!! PTA本部　PTA各専門委員会・SSNの懸け橋として活動し、様々な行事をサポート。

Q 本部役員をやってよかったことは何ですか？

A 役員の仕事を通し、学校行事にかかわることで、子どもとの共通の話題が増えました。学校を身近に感じることができる貴重な時間を過ごしています。

Q 皆さんへメッセージをお願いします。

A 常盤小学校には、学校や子どもたちの役に立つことができる様々なボランティア活動があります。子どもたちの笑顔のシャワーを浴びながらの活動は、今しかできない貴重な経験です。

Close up!! ときわファーム　今年で13年目。麦わら帽子がトレードマークの宮入さん。

Q 活動への思いをお聞かせください。

A 得意の野菜作りを通して子どもたちに、自分が食べるものがどのように育つかを知ってもらうことで、食育につながればと活動しています。

Q 皆さんへメッセージをお願いします。

A 野菜は、手間をかけることが大事。しかし、水をあげすぎるといつでももらえるものと思い、根が伸びない。水をあげないと根っこがよく育ちます。子どもたちと同じだなと感じることがあります。
常盤小学校児童の元気な挨拶が大好きで、学校での活動を毎回楽しみにしています。

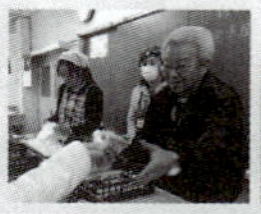

宮入さん直伝野菜豆知識!!

- ・トマトは水をあげすぎると糖度が下がる。（地植えの場合は月１程度）
- ・ほうれん草は秋に収穫せず、年を越させると甘く色鮮やかになる。
- ・さつまいもは収穫後、泥を取り、新聞紙に包んで数日寝かしてからの方がおいしい。

Close up!! お父さんサポーター　９年前よりグリーンカーテン設置・運動会・おまつりをサポート。

Q 参加のきっかけ、感想をお聞かせください。

A
- ・平日は学校に行く機会がないので、参加してみようと思いました。
- ・子どもが日ごろお世話になっているので、何かお手伝いしたい。
- ・子どもがどういう環境で過ごしているのか知りたかった。
- ・少しの時間でしたが、学校の様子を見ることができてよかったです。

今年度の「ときわっ子まつり」の射的コーナー、ラムネ釣りは大人気でした。

グリーンカーテン設置では屋上のフェンスを越えて作業をします。運動会で杭を抜いたり、おまつりで大きなものを運んだり、お父さんの力はありがたいです。

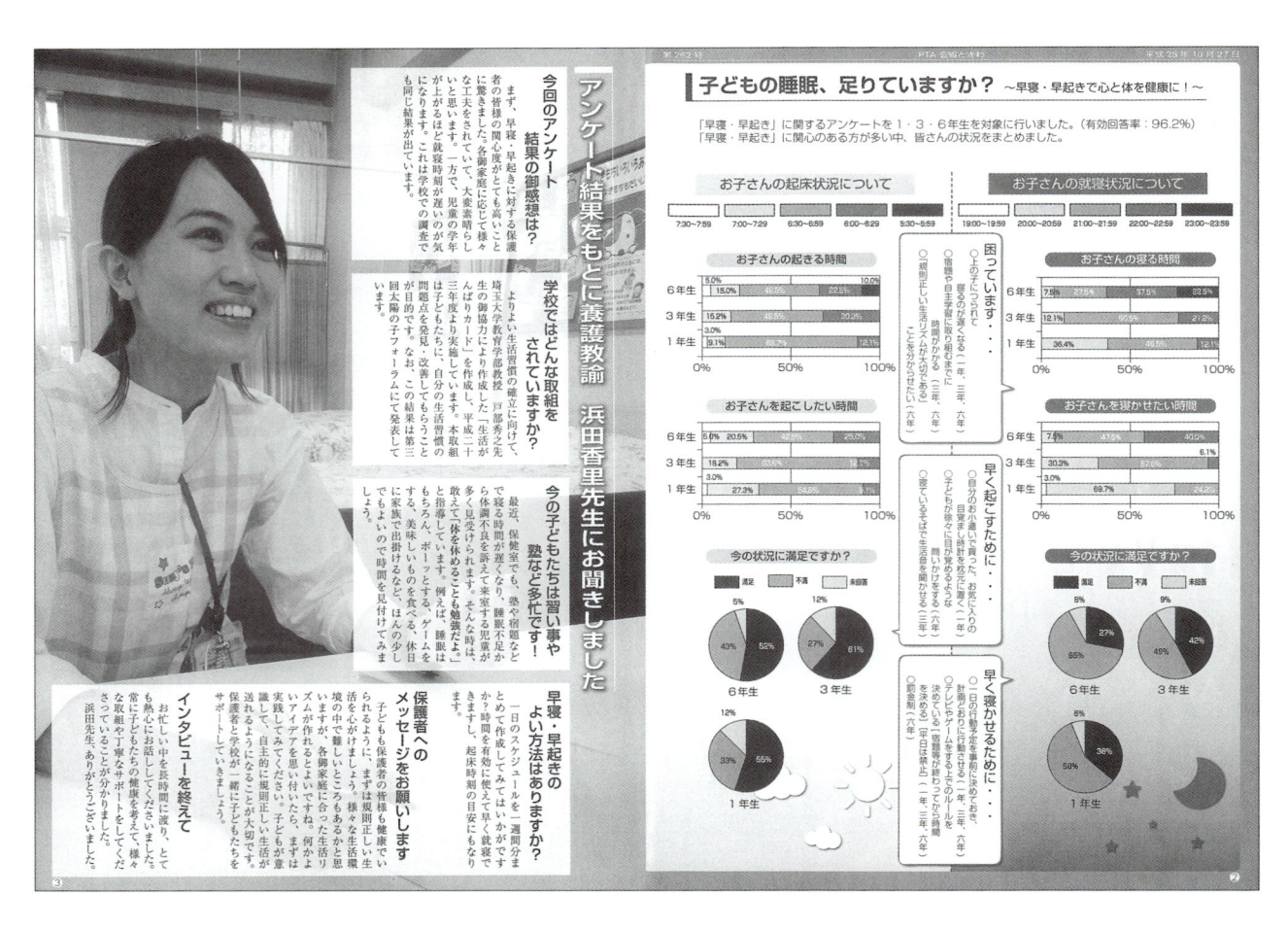

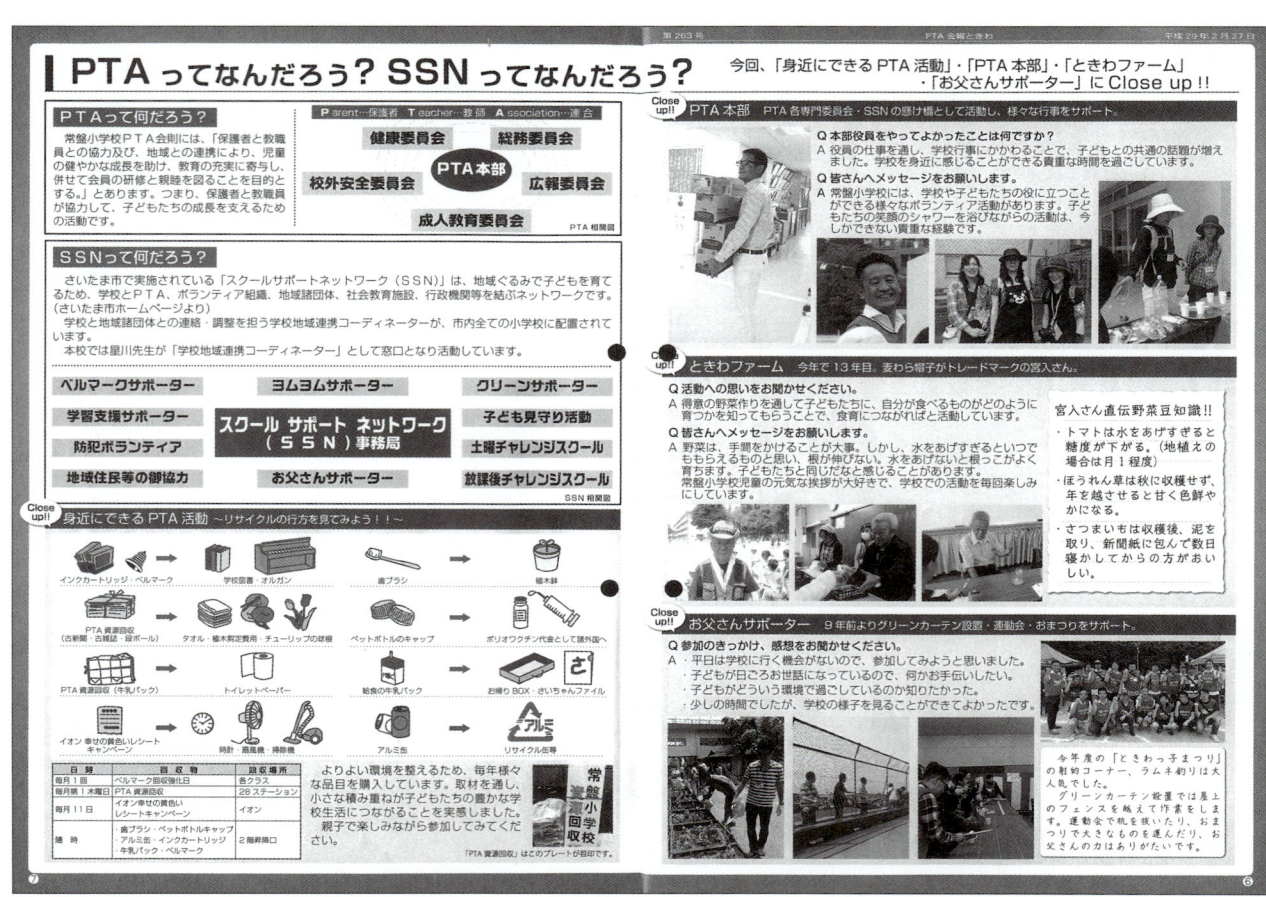

ときわ防災 MAP

防災時における小学校の避難所としての役割を地域の方と確認してみました。
ご家庭でも、お子様と一緒に確認してみましょう！

さいたま市役所総務局危機管理部防災課 048-829-1126
・さいたま市防災ガイド
http://www.pref.saitama.lg.jp/a0306/bosaiguide.html

常盤小学校 避難場所運営訓練実施

ー 常盤小学校は災害時指定避難場所です。ー

- 指定緊急避難場
  危険から逃れる為一時的に逃げ込む場所
- 指定避難場所
  一定期間の滞在や生活ができる所

10月21日、さいたま市主催の「常盤小学校避難場所運営訓練」が行われました。

この訓練は毎年、災害時における担当や活動内容を確認するため、学区内にお住いの市職員の方と地域自治体の方々が協力して学校で行われます。

小学校構内の防災倉庫、物資配布場所の確認をし、実際に配付訓練をしました。また、仮設トイレやマンホール型トイレの組立て訓練も行いました。

竜巻を想定した避難訓練を実施

この日、子どもたちは竜巻を想定した避難訓練を行いました。

警報の校内放送は、まるで本当の竜巻が近づいてきたかのような効果音入りでした。本物さながらの臨場感に、涙を見せる子どもたちもいたほどです。それでも皆、一斉に窓、カーテンを閉め、机を廊下側へ寄せ、冷静に机の下に隠れていました。

事前に教わった避難時の約束

お・か・し・も・ち

を理解して守っている様子が伺えました。

常盤小学校ひなんのやくそく

㋔… おさない　㋕… かけない　㋛… しゃべらない
㋲… もどらない　㋠… ちかづかない

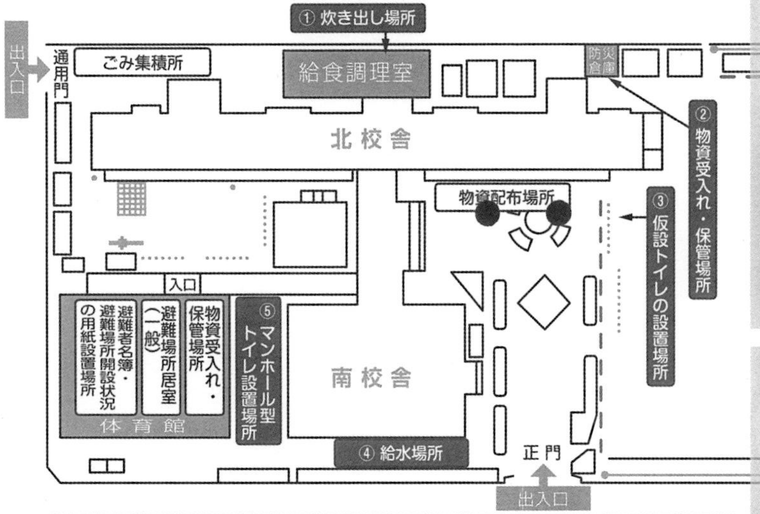

① 炊き出し

今回訓練に参加した避難場所運営委員会の皆さんは、救護班・物資班等様々な班に分かれています。その中の食糧班が炊き出しを行います。

実際の災害時には **避難者の協力が不可欠** です。毎年行われる避難場所運営訓練は、誰でも参加できるそうです。

⑤ マンホール型トイレ

マンホール型トイレ（5基）は、体育館東側に設置されます。このトイレは、軽量でかつ、強度的に大変すぐれたコンクリート製です。地震で下水道が使用できないことも想定し、汲み取り式を採用しています。組立ては、市職員の方のレクチャーを基に所要時間20分ほどでした。トイレ1穴あたりの容量は100人が3日間の使用することを想定しています。

組立て手順

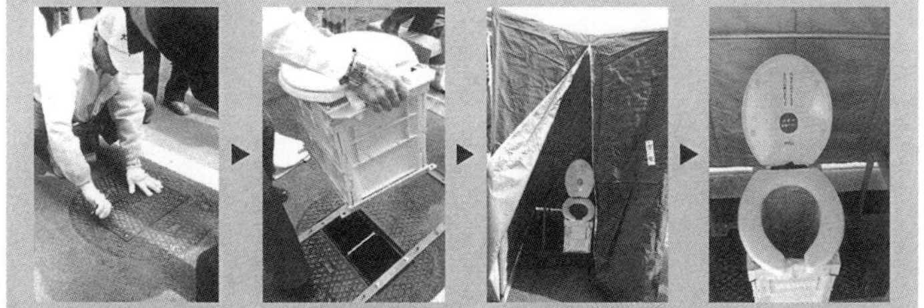

① マンホールを開ける　② 便器を設置　③ カバーをする　④ 完　成

② 物資受入れ・保管場所（防災倉庫）

防災倉庫には、毛布等の生活用品や、アルファ米・ビスケット・乳児用ミルク等の食糧が1日分（2000～2200食）備蓄されています。

市の防災課で備蓄量と賞味期限を管理しており、ほとんどの食糧の賞味期限は5年で、1年を切ったら入れ替えを行っています。1年を切った食糧は、市の防災訓練や地域の自主防災訓練等で配布されます。

市には1.5日分の食糧備蓄があり、最初の3日は、市・県それぞれの拠点倉庫から随時補充されます。4日目からは、被災地以外の県から随時補給される仕組みになっています。

**詳しくは、さいたま市防災ガイドブック「各避難所防災倉庫備蓄品一覧」をご参照ください。
（URLは上部枠内に記載）**

③ 仮設トイレ

学校の正門を入って右側の鉄棒前に仮設トイレ5基が設置されます。

組立て時間は、今回、市職員の方のレクチャーを基に30分ほどでしたが、実際の災害時における組立てとなると、さらに時間がかかる作業となります。

近年の災害の避難所において、まず必要なものは水や食糧よりも「トイレ」と言われています。

組立て手順

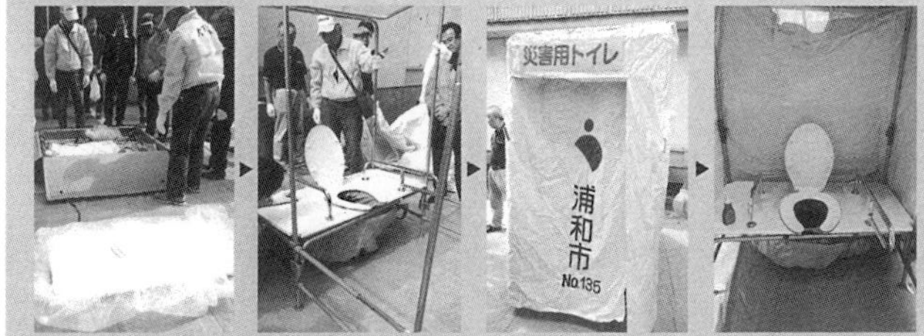

①梱包は成人男性2人で持てる重さ　②成人男性3、4人で組立てる　③カバーをする　④完　成

④ 給水場所

さいたま市では11,000人に3日分の飲料水が確保されています。

常盤小学校から1番近い応急給水場所は常盤中学校です。まずはこの飲料水を運んできて使います。足りない場合はここに給水車がやってきます。

企画賞　福井県福井市円山小学校

審査総評　親と子のストレスを特集しています。スクールカウンセラーのアドバイス、保護者らの座談会も含めて構成し、読んでためになる内容です。

〔特集〕

親 イライラして子どもを怒ってしまい、怒った自分が嫌になる事ありませんか?

心NOストレス

子 □子育ての現状□ 前編 アドバイス スクールカウンセラー

環境の変化に適応できず、5月の連休明け頃から、やる気が出ないなど心身の不調を訴える「5月病」。高学年あたりから始まる人間関係やクラブ活動、授業の内容や進行など、大きく変化する環境になじめず、子どもがストレスを抱えた結果、体調を崩したり、不登校やいじめなどの問題が起こりやすくなるみたいです。

現状 子育てのストレス&悩み

- 話を聞いていないとき。何度も同じことを注意することにストレスを感じるときがある。
- 自分の思うように行動してくれず、時間に追われているとき。
- 遊びに行って帰る時間を約束しても、その時間に帰ってこないとき。
- 言わないと行動しないとき。また、言っても行動しないとき。
- 毎日同じ事を注意するのが疲れます。言いたくないのですが、言わないと余計にしないので…。
- 自分の思い通りにいかないことがあると、泣いて怒ったりすること。
- 仕事と家事と子育てで日々忙しくて、子どもが自分の思うように動いてくれないとイライラしてしまう。「早くしなさい」という言葉が多くなり、もっと自分の時間が欲しいと思ってしまう。
- 自分の体の調子が万全でないときに、わがままを言われたとき。
- 自分自身に余裕がないときに、子どもが「あれして－これして－」というふうに頼ってくるとき、自分でしてくれたらいいのに…とイライラしてしまうことがある。
- 子育てに正解はないと思うし、やり直しもきかないので、いつもどうするべきか悩みます。
- 「性格」は生まれつき備わっているものだと思うが、「すぐ泣く」「すぐ怒る」といった症状はどうしたら直せるのかが悩み。
- 一人っ子なので、協調性や我慢力を身に着けるのが難しい。子ども同士でぶつかり合う機会も少なく人との距離感がつかめないのではないかと心配しています。
- 3人の娘に平等に接し、各々に叱っているつもりだが、子どもたちには不平等だ！と思われたり私だけ何で？と問われることがあり、対応に困る。
- ママ達との付き合いが苦手なので、子ども同士で仲良くしてもお母さんの顔がわからずあいさつができないこと。それが子どもたちの間に何か影響を与えてたりしないかなあと心配。
- 4人兄弟。それぞれの個性があり、言い分もあり、まとめるのが大変。皆同じようにしているつもりだけど、1人1人感じることがバラバラ。
- 今は何でも話してくれるけど、中学生になると友達付き合いが複雑になり見えない部分、知らない部分で子どもが悩むことが出てくるのだろうなと少し不安に思います。
- どこまで本人の思いを受け入れ、どこまでがわがままかの見極めが難しい。
- どこまで親が干渉していいのかわからない。

ストレスを早期発見!

とうちゃん達でてこいやぁ～

現状 父親の存在感…

- 一緒に過ごす時間は短いが、「大好き」な存在。
- こわい、厳しい存在です。怒られるのが怖いので言うことをきいている感じです。言うことをきくのは助かりますが、子どもが父親の前では猫を被っていて本音で話していない気がします。
- つかず離れずの大きい存在。
- 楽しく遊んでくれているけど、勉強は厳しい。
- 家の中では1番こわい存在。
- 厳しいけれど、家にいると安心感がある。子どもたちにとってとても頼りになる存在。
- パパが早めに帰ってきてくれると一緒にお風呂に入ったりして父親の存在は大切だと思ってます。ママも仕事に家事と忙しいので、父親の子育てサポートは、母親の精神的な支えとして重要だと思います。
- 友達のような存在。怒る時は怖い存在。
- 母が注意してもきかないのに、父からだとすんなり動いたりする。
- 普段は仕事で帰りが遅い為接する機会があまりないが、日曜日は子どもと父親と2人でよく出かけます。いい遊び相手です。
- 家族の指針になる存在です。子どもの心の弱さを包む存在。
- 母親がいつも一緒にいるので、休みの日になると父親から離れなくなります。
- 子どもにとっては、唯一の怖い存在であると思う。父親の言うことは絶対だと思ってる。
- 決め事は決める。子どものように遊ぶ。
- 細かい注意は母親がし、それでも守らない時は最終的に父親が注意する。
- 大きい。男の子なので、父親にしか相談できないこともあると思うから。
- 普段怒ってばかりの母親よりおこると怖い。でも父親のほうが普段仲がいい。友達みたいな関係。
- 娘が産まれて禁煙。勉強、遊びによく付き合っています。子ども会、学校行事にも参加。娘が家庭でなるべく一人にならないように配慮している。
- 「子どもと遊ぶ」という立場はいいが、基本子どものことは全て母親任せという雰囲気があるのは疑問に思う。
- 客観的に母親と子どものやり取りを見ている為、子どもに対するかかわり方でおかしいなと思うところを伝えてくれたりする。いい役割がある。
- 楽しい遊びをたくさんしてくれる兄のような、友達のようなとても大好きな存在…でも怒られるのは嫌な存在だと感じる。
- 母親からの逃げ場だと思う。怒られた時やごろごろしたい時は、父親といます！(笑)
- 母子家庭なので、母として父親としての役割の調整は難しいが、いてくれたら…と思ったことはありません。

アドバイス 現状を概ね5つに分類し考えてみました。

スクールカウンセラー 増田博子先生

好きな色は淡いピンク
「カウンセラーをしていなかったら」音楽の先生をしていたかも?
「無人島に3つだけ持っていくとしたら」大きな木の絵本、おにぎり、水

現状1 子どもが話を聞いていなく、言っても行動しない時・時間に追われ、子どもが自分の思う通り動いてくれない時

小学校3年生頃になると、成長に個人差や性差が見られるようになる時期です。それに伴い感受性が高まるなどの心の変化も出てきます。「なんでもできるぞ」と行動的になり、今まで従順だった子が、反発したり、強く自己主張したりします。これは、立派な「自我の目覚め」であり、慌てることなく、ゆったりした気持ちで見つめる心が大切です。怒らず、繰り返し「父さん（母さん）は、今○○と思っているので、△△してくれると嬉しいな。」などと、アイメッセージを使い、親が思っていることや考えをゆとりを持ってストレートに子どもに伝えてみると良いと思います。

…レンジしていく勇気や、成し遂げるための我慢などを体験させ、人間として、してはならないこと、しなければならないことの善悪の区別をしっかり教えてやれるのは、父親の役割です。常日頃から子どもの教育に参画し、子育ては父親母親協同ですると いう認識をお互いが持つべきでしょう。

現状2 子どもの成長に伴った子育て

子育てにも甘さ辛さが必要です。成長する節目程しっかりメリハリの利く子育てが大切です。

「七つ褒めて三つ叱れ」などと言われますが、子どもの性格によりけりです。褒めて伸びる子もいれば、叱って伸びる子もいます。子どもにも感情があるので、叱られるよりは褒められた方がポジティブな行動に出ることが多いと言えます。

現状3 子どもへの干渉

この世の中で我が子ほどかわいいものはないと思うのは、親であったら当たり前のことです。必要以上に世話を焼き、べったりくっついていると、依頼心の強い子になったり、子どもが同じことをしても、その時の気分で、怒ったり褒めたりする気まぐれな親の態度は、子どもが迷い、親の顔色をうかがう子どもになりがちです。親がやたら手も出し口も出し、指示や注意が多過ぎると、指示がなければ動けない子になってしまいます。かと言って、親が子どもに無関心で、放りっぱなしだと、子どもは愛情に飢え、情緒不安定になり、攻撃的で素直さに欠けることがあります。

両親が仲良くし、円満な家庭では、思いやりが育ち、家族みんなのコミュニケーションも図られます。

…一方が厳しく子どもに迫っている時は、もう一方は子どもの聞き役に回り、事態を治める方向に動くのも大事です。

子育ては、夫婦の共同作業です。「保護され、受け入れられたい」と思う子どもの思いに、応えることが必要です。そのことを、親御さんが気づいたなら、「育て直し」は可能だと考えます。

現状4 父母の役割

家庭教育は、父親と母親がそれぞれの特性を生かしながらお互いが協力し合い、親の役割を果たすことによって行われます。

乳幼児期はどうしても母親の役割が大きかったのが、子供の成長に伴い父親の役割が大きな意味を持ってきます。物事にチャレ…

現状5 望ましい子育て

子育ては、望ましいのは父親と母親が二人で子どもに向き合い、子育てをしていくことです。

子育てや子どもの状態について常に話し合い、子どもをどう育て、何をやらせたいか、二人の考えを一致させていく必要があります。

【雑感】

カウンセラーがカウンセリングを行う時、特に大事にすることは「傾聴」です。
①うなずき ②くり返し ③共感 ④沈黙
タイミングよく話に合わせ、子どもの話す言葉の一部を繰り返し、子どもの立場になって感じ、暫くだまって待ってあげる。とにかく、焦らず、慌てず、粘り強く子どもさんと向き合うことは、「子育て」には、とても大事だと思います。

SOSサインは?

今回は私たちが先生に!

お父さん・お母さんが先生に!

キャリア教育in円山小学校

「キャリア教育」とは

多くの大人と触れ合う事により多様な生き方や価値観に触れ経験し感じ… 大人や書籍が1つの答えを下すのではなく触れあい、経験や、感じたこと… に子ども達が自分で考える事。今の学びが社会とつながっていくと知る… こそが子ども達が学ぶ意欲を高め、自ら生きる力を発見していく道しるべ… と考えます。そして、その道しるべを、私達は「キャリア教育」と呼んでいます…

布村泰久さん　加藤智世さん　賀川泰成さん　鶴岡敬士さん　林裕之さん　柏崎剛志さん　落合紀光さん

薬品販売 布村泰久さん

管理栄養士 加藤智世さん

美容師 柏崎剛志さん

広告デザイン 賀川泰成さん

公務員 林裕之さん

バイヤー 鶴岡敬士さん

落合紀光さん

career education in enzan 未来を担う子ども達へ…

今回も保護者絶賛!

新聞に掲載! 日刊県民福井 1月29日

仕事の先生は保護者

子ども達の感想

写真賞　山口県宇部市立上宇部小学校

審査総評

増刊号を含めて４回発行のフロント紙面の写真は、毎回、レイアウトを変え、工夫の跡が見えます。掲載する写真は、それぞれの表情の良さを上手に切り取っています。

ほほえみ
新年度増刊号
発行日/平成28年5月26日
Vol.227
宇部市立上宇部小学校
PTA広報紙
ご入学、
おめでとうございます！
新しい先生方を紹介します！ 2 3
平成28年度 上宇部小学校フロアマップ 4 5
(^▽^)ありがた〜い!
みまもり隊&交通安全協会・上宇部分会対面式 6
PTA各部&サークル活動 7
学校&PTAからのお知らせ 8

PTA各部&サークル活動

総務部

フレッシュなメンバーを３人迎えてスタートした「清々しく やさしく たくましく 楽しくてたまらない総務部」です!!「できる人が できる時に できる事をする」をモットーに、各種行事の運営と、みなさんが明るく楽しいPTA活動ができるよう、サポートしてまいります!!

今年度も、たくさんの方との出会いにWakuWaku♥ドキドキ♥楽しみです!!学校と地域と保護者が一体となって、この上宇部小学校を盛り上げていきましょう!!

保体部

部長の桑原です。保体部では、運動会、持久走大会などの体育行事を学校とともに協力してやっていきます。

見回り、交通整理などの安全確保はもちろんのこと、運動会では前日準備や後片付けを保体部が率先しておこないます。

見回りや、前日準備にはサポーターのみなさまのご協力が不可欠です！

保護者のみなさま、どうかよろしくお願い申し上げます！

生活安全部

生活安全部は、6月から毎月第1、第3火曜日に朝の見まもり&あいさつ運動をおこないます。

4月には対面式もあり、見まもり時の黄色い旗と服装を覚えてもらいました。子ども達が安心して通えるよう、見まもり隊の方々といろんな場所に立ち、安全につとめたいと思います。

また、校区内の危険な場所等があれば子ども達の安全のため、教えていただければと思います。

研修部

研修部部長の佐々木 知子です。しっかり者の井上副部長と勝又副部長にリードしてもらいながら、優しそうな部員さんたちと、「仕事は速いけど、ほっこり楽しい研修部だよ♡」をモットーにがんばりたいと思います。

年4回の家庭教育学級、そして7月に開催予定の研修視察旅行のご案内をぜひぜひ見て下さいね～!!部員全員で楽しく学べる研修を作っていきます (^^*) みなさまのご参加をお待ちしております。

厚生部

初めての評議員で部長になってしまいました、國弘です。

仕事と子育てとの両立ができるのかと不安もありますが、部員の皆さまと楽しく活動ができたらと思い、ワクワクもしています。

サポーターの方々にも協力いただきながら、色々な方と関わり活動できたらと思っております。

特にリサイクル・デーでは保護者の皆さまのご協力をお願いできたらと思います。一年間よろしくお願いします。

学年部

学年部では、年に一度「親子ふれあい活動」と題し、各学年、様々なテーマを決め親子で楽しめるイベントをおこなっています。

ぜひ、学年活動へのご協力を、よろしくお願いいたします!

また、昨年度までの早寝早起き朝ごはんのアンケートとは内容を少し変え、今年もノーメディアに取り組むためのアンケートをおこないたいと思いますので、こちらも合わせてご協力よろしくお願いいたします!!

クスクス

今年度も活動が始まり、新1年生や成長した元1年生（つまり全児童）に胸をときめかせているクスクスです。

インドネシアやマレーシアのお母様も新メンバーに迎え、多国語絵本読みも再開しました!

保護者やボランティアで構成されるメンバーのバトンは、クスクス創設から今年で15年目。今年度もこどもたちと沢山の幸せな時間を積み重ねていきたいと思います!

文化広報部

文化広報部では、今年度も「ほほえみ」を年4回発行します。

PTA活動だけでなく、学校行事やさらには学校の日常も取り上げながら、「読みやすくて楽しい広報誌」作りを目指します。

頑張っている子ども達の姿や、支えてくださっている保護者、先生方、さらにコミュニティの方々の様子を生き生きとお伝えできたら、と思っています。

取材や撮影へのご協力を、どうかよろしくお願いいたします。

7 ほほえみ vol.227

We are safe now!

(*^▽^*)ありがた～い!

みまもり隊 交通安全協会・上宇部分会

みまもり隊&交通安全協会上宇部分会とは…？

子ども達の登下校の安全を守ってくださる地域の方々。やさしく話しかけてくださったり、登下校だけでなく地域の子ども達をやさしく包んでくださっています！

交通安全協会のトレードマークは、オレンジの帽子とウィンドブレーカー

みまもり隊のトレードマークは、黄緑の帽子とベストまたはウィンドブレーカー

▲ ４月２６日に体育館にて、子ども達の安全を見守ってくださっている地域の方々と全校児童との顔合わせの対面式がおこなわれました。司会の林さんが、見守り隊・宇部市交通安全協会上宇部分会・子ども１１０番の家・ＰＴＡ生活安全部それぞれの紹介をしてくださいました。毎日顔を合わせている地域の方達のお名前を知ることができて、これからはさらに元気なあいさつができますね！たくさんの方のおかげで安全に登下校ができることに感謝して、最後は全員で校歌を斉唱しました。

(左)みんなのアイドル「時計おじさん」こと、竹中建兒さん。子ども達から時間を聞かれることが多く、このように大きな時計を掲げておられます。低学年の子ども達にとっては、時計を読む練習にもなっているかも？！

(下①) 校区内のいろいろな場所で、たくさんの地域の方々がすてきな笑顔で見守ってくださっています。写真は、「じゃんけんおじさん」として人気のある、中川宏夫さん。上宇部小学校の学校運営協議会会長さんとしてもご活躍されています。

(下②)女性の方も、大活躍！「雨の日も風の日も、毎日立っていますよ！」と元気にお答えくださった交通安全協会上宇部分会の原田和子さん。いつもありがとうございます！

ほほえみ vol.227 6

お土産も、充実!

とても暑い日だったので、金魚の小物たちが目に涼やかでした。お土産コーナーにはバッグ、巾着、キーホルダー、ハンカチ、置物、そして焼き物やガラスの器も!辛党にも嬉しいことに山口の銘酒「獺祭」「五橋」をはじめ、獺祭のスパークリングや、地ビールの「チョンマゲビール」もありました。

(右) 本社工場限定バウムクーヘンがありました!

あさひ製菓株式会社

742-0021　山口県柳井市柳井5275番地
Tel: 0820-22-0757
Open time／9:00～19:00

工場は自由に見学できますが、土日は工場のみお休みです。見学にはスタッフの案内がつきます。事前申し込みがあれば、お茶と試食を用意してくださいます。

「月でひろった卵」などで有名なあさひ製菓株式会社へおじゃまし、工場見学をしました。

社員さんのていねいな説明とともに、和洋生菓子の製造工程を見て回りました。

カレー作りをされている部屋がありました。お菓子の工場でカレー？と思われたかもしれません。シュクルヴァンのカレーパンの中身だそうです。味のばらつきを防ぐために、職人さんお一人で全店舗分をつくられているそうです!

工場に入る前には消毒室があり、衛生管理も万全でした。また、あさひ製菓の職人さんは皆青い手袋をつけている、という話が印象的でした。食品に青色のものがほとんどないので、もしも手袋が混入してしまっても、わかりやすいようにするためだそうです。

お土産コーナーでは、試食用のお菓子やお茶とコーヒーが用意されており、皆で楽しく試食&買い物を楽しみました!

(上) 試食コーナーで、代表的な銘菓「月でひろった卵」をはじめ、数種類の生菓子を試食しました。(右) 工場の職人さんの中に、練り切りの達人さんが数名おられ、季節のディスプレイ用練り切りを作成して飾っておられます。写真の練り切りは「金魚」がモチーフになっていなす。

旅を終えて、思ったこと

至福のひとときに感謝

梅雨の7月5日、心配していた天気にも恵まれ、とても暑い日となりました。

日頃、家事や育児で自分の事は後回しになってしまうお母さん。そんな私たちにとって、とってもリフレッシュ出来た一日となりました。

行きのバスでの自己紹介から始まり、ゾーナイタリアで普段話す機会のないお母さんとおしゃべりしながら美味しいランチに舌鼓をうち、日頃お世話になっている「あさひ製菓」の本店では工場見学と試食、買い物を楽しみ、帰りのバスではハズレ無しのゲームで盛り上がり…。研修部の方々の円滑な進行のおかげで素敵な旅となりました。

学校へ近づくにつれ晩御飯の献立を考えたりと、非日常的な夢の世界から現実に戻っていく事に寂しさを感じつつ、何事もなく楽しく旅が終われる事に、関わったたくさんの方々に感謝の気持ちでいっぱいでした。

「癒しの時間を持って欲しい」という研修部の部長、佐々木さんの思いが参加した皆さんに伝わったと思います。

素敵な癒しの旅をありがとうございました。

9 ほほえみ vol.229

リフレッシュ&癒しの 上宇部小PTA 研修旅行

「おいしい」と「かわいい」で心が輝いた一日でした。

ゴージャスなパーティープランを堪能!

ボサノバが流れるお洒落な店内でちょっと贅沢なランチをいただきました。前菜はヴィシソワーズとサラダ。優しいお味にうっとり。

サーモンのパイ包み焼きは、サクサクの生地としっとりしたサーモン、そして白ワインクリームソースが奏でるハーモニーに感動。

豚肉のローストバルサミコソースはちょうどよい火の通り加減のローストポークにバルサミコが優しい感じに仕上がっています。

パスタのトマトソースも、とても美味!ミラノ製石窯で焼くピザは、自家製モッツァレラチーズを使ったマルゲリータ。

コース最後のドルチェは、デザートの盛り合わせ。アイスクリームの上に飴細工がしてあり、ワアーっと嬉しい悲鳴があがるほど、綺麗な仕上がりに。

食べきれなかったピザはテイクアウトオッケー。気分は、もう、イタリアン!

Ristorante Pizzeria Zona ITALIA
イタリア料理 ゾーナイタリア

745-0801　山口県周南市大字久米272-1
Tel: 0834-39-3005
Lunch time／11:00～16:00(order stop 15:00)
Dinner time／17:00～23:00(order stop 22:00)
全140席
大小パーティー用個室もご用意
駐車場完備

ほほえみ vol.229 8

レイアウト賞

岡山県津山市立弥生小学校

審査総評

横組みを主体にしたタブロイド判のモノクロ紙面です。記事の内容によってはブロックに分けて掲載したり、写真をアクセントにデザインしたりと、読みやすい仕上がりになっています。

第108号　　2017年（平成29年）3月17日（1）

やよい

弥生小学校PTA新聞　第108号

- 発行所　弥生小学校PTA広報部
- 印刷所　（株）廣陽本社

★児童数　570名
★男子　316名
★女子　254名
★世帯数　432戸
★職員数　45名
平成29年3月1日現在

笑顔あふれる時間

おじいさん・おばあさん

ありがとう！

1月24日に老人クラブの方々に来ていただき、1年生が一緒に昔遊びをしました。コマ，けん玉，メンコなど6種類の遊びをしました。やったことがある遊びも友だちと一緒にするとまた一味違うようでとてもうれしそうでした。初めてする遊びでは、おじいさん・おばあさんに楽しくやり方を教えてもらっていました。何回も繰り返し練習してお手玉ができるようになった子、カルタ取りでは、みんな真剣勝負！コマ，けん玉では、「見て！できた。」と言って歓声をあげる子などがあちこちでみられました。終わりの会では、子どもたちから肩たたきや歌のプレゼントがありました。おじいさん・おばあさんからは「みんなから元気をもらった。」「歌が素敵で感激した。」などの言葉を頂きました。昔遊びのおもしろさを味わうだけでなく、おじいさん・おばあさんへ感謝の気持ちを届けられた素敵な会になりました。

1年生に聞きました。

昔遊び人気ランキング
1位　お手玉
2位　メンコ
3位　カルタ

今も昔も変わらない楽しさ
子どもに伝えたい昔遊びあれこれ

竹とんぼ　おはじき　竹馬

特集

祝！卒業「旅立つ子どもに贈りたい言葉」
6年間の気持ちを伝えたい「ありがとう」

クラスの
イチオシ写真館

ここが知りたい！「PTA活動」
子どものここが聞きたい！「おこづかい」

第107号　　2016年（平成28年）12月22日　（7）

特集

ちょっと知りたい！子どものここが聞きたい！

親子で見つめよう！「おこづかいから見えるもの」

小学生のうちに身につけておきたい大切なことのひとつに、「お金」があります。

ご家庭で、子どもになかなか上手に伝えられないことも多いはずです。親も子どもと一緒に「お金」を学んでみませんか？

先般、「おこづかい」をテーマに皆様にアンケートにご協力いただき、ありがとうございました。たくさんのご意見が寄せられ、載せきれないほどです。保護者の皆様の「子どもとお金の関係」についての関心がとても高いことを感じました。

今回は、保護者の皆様と子どもたちからいただいたアンケートの結果と、弥生小学校スクールカウンセラーの植山先生に「お金の関わり方」についてアドバイスをいただき、お金の使い方のルールや考え方を掲載しました。3学期もこの企画連載を行おうと考えております。ぜひ、今後のご参考にしてくだされば と思います。

子ども編（回答231名）アンケート結果（対象学年3～6年生）

Q おこづかいをお家で、もらっていますか？
は　い…132名
いいえ……99名

Q お家でルールを決めて守っていますか？
は　い…127名
いいえ………9名
無回答……95名

Q おこづかいで何を買っていますか？
1位　買わないで貯金…49名
2位　おやつ……………34名
3位　文具………………23名
3位　おもちゃ…………23名
4位　まんが・本………21名
5位　ゲームセンター ガチャガチャ……14名

Q もし、お年玉で1万円もらったら、どうしますか？
1位　貯金する…………166名
2位　好きなものを買う…48名
3位　家族へプレゼント……8名

●おこづかいをお家でもらっているという子どもは、各学年で「はい」と「いいえ」は約半分ずつに分かれていました。
●もらっても買わないで、貯金するという子が多く、自分で計画的に使うように心がけているようです。
●お家でのルールについては、無回答が多かったです。その理由は、「ルールがない」と思っているお子さんが多いようです。
●お年玉で高額な金額をもらっても、「貯金をする」という堅実さがあるようです。その他に、「半分貯金・半分好きなものを買う」という意見もあり、計画性がある子どもも多くいました。

大人編（回答217名）アンケート結果

Q おこづかいを定期的にあげていますか？
は　い…………77名
いいえ…………68名
必要な時だけ…72名

（定期的にあげている家庭に質問　回答77名）

Q おこづかいのあげかたのタイプは？
固定給タイプ………56名
アルバイトタイプ…12名
ボーナスタイプ………5名
その他…………………4名

Q 何歳からあげていますか？
入学前から……………3名
1年生………………22名
2年生………………12名
3年生………………14名
4年生………………13名
5年生………………11名
6年生…………………1名
その他…………………1名

Q 子どもは上手にお金をつかっていると思いますか？
は　い……126名
いいえ………91名

Q お金の使い方について子どもとルールを決めていますか？
は　い……179名
いいえ………38名

Q おこづかいをあげる1番の理由は何ですか？
1位　物やお金の大切さを学んでほしいから……70名
2位　計画的に使えるようになってほしいから…49名
3位　金銭感覚を養ってほしいから………………43名

おこづかいで気になる点は？

Q お金の使い方で気になることや、困っていること、疑問はありますか？
●お金の使い方のルールをどう教えたらよいか？…………（1年生）
●まだ金銭感覚がないので、おこづかいの必要性を感じない。…（1年生）
●まだ1人で行動することがないが、毎月決めてあげるべきなのでしょうか？…………（2年生）
●いつからおこづかいをはじめたらいいか？あげる額は？………（2年生）
●おこづかいの管理や、おこづかい帳の記入が難しい。…………（2年生）
●お手伝いしたらお金をあげるようにしていたが、お金欲しさに手伝っていることが多く、意義がちがうと思い、やめた。…………（3年生）
●子ども同士で、お金の貸し借りをしているのではないかと心配。…（4年生）
●友だちと遊ぶときに、駄菓子屋へよく行く。お金を持っていくので、やりくりが大変。…………（4年生）
●好きなものを好きなように買うので、計画的に使うことができない。…………（5年生）
●おこづかいをあげていても、一緒に買い物に行くと結局親がお金を出してしまい、自分で買うものとの線引きが難しい。…………（5年生）
●兄弟・姉妹で同じ条件でよいのか？差をつけるべきか？………（6年生）
●欲しいものがあるとやみくもにお金を貯めようとする。足りなくなると、親や祖父母にねだって困る。…………（6年生）
●友だちと買い物に行きたがる。子どもだけでは早いのでは？友だちが一緒だとたくさん使ってしまう。…………（6年生）

我が家のおこづかいルール

Q おこづかいのあげかたはどのような方法や工夫をされていますか？
●一番多かったのは、学年×100円。他に1週間で100円～200円。
●2番目に多かったのは、お手伝い1回につき〇〇円。1回につき10円が多く、お手伝いの内容によって5～100円と金額をかえる。
●お手伝いがきちんとできていたら月額で渡す、できていなければ減額する。
●勉強に取り組む姿勢や生活面の評価で、減額することもある。
●高学年になると500円以上のご家庭もあるが、おこづかい帳をきっちりつける習慣を徹底させる。
●親子で1年間に必要な費目と金額を考えて、1か月の金額を決める。
●お年玉で1年間、自分でやりくりさせる。（特に高価なものは、お年玉でやりくるする子どもが多い。）
●テストや行事をがんばったごほうびで、プラスするご家庭も多い。
●毎月、給料日に「お手伝いや、弟のお世話を頑張ってくれてありがとう。」という。子どもへの感謝のねぎらいの意味で、封筒に入れて渡している。

アンケートの結果から、スクールカウンセラーの先生にお聞きしました。

弥生小学校　スクールカウンセラー

植山 起佐子先生

弥生小学校にて毎週火曜日の午後にカウンセリングをしています。

●参考文献●
たけや　きみこ（かんき出版）
『12歳までにかならず教えたいお金のこと』
『学校では教えてくれない大切なこと3　お金のこと』（旺文社）

お金を上手に使えるようになるには？

多くのご家庭で、1番気になることだと思います。子どもにどう声かけをしたらよいのでしょうか？

子どもには、「お金とは何か」を、子どもの理解力に合わせて説明することが大切です。

お金とは…。「有限である」

親がお金が無くなれば使うATMは、魔法の機械ではありません。子どもたちの多くは、お金は、無限に出てくるものだと思っています。親が働いてもらったもの。いくらでもあるものではなく、使えばなくなる有限の物なので、大切に使うことを具体的に教えてあげましょう。

お金とは…。「夢をかなえてくれるアイテム」

お金には、光と影の面があります。どちらも少しずつ学べるように話してあげましょう。

光の面
①衣食住のすべてが手に入れられ、安心して生活できる。
②安心できて、楽しい気持ちでいられる。
③人のために使うことができる。（自分も幸福感を得られる）
④自分のしたいことが何でもできる。

影の面
①お金の貸し借りが原因で、信頼関係をなくす。
②トラブルで人を傷つけることがある。

おこづかいで子どもの心は、どう育つか？

おこづかい制にしたが、上手くいっていない。意味があるのだろうか？と疑問を抱くことがあります。しかしおこづかい制にすることで、自律の力や計画性、現実的な問題解決を身につけることができます。また、見通しを立てることで目先の欲求を我慢する力も身につきます。

おこづかい制のメリットは…。

①有限であることが実感できる。
②予算を立てて、管理能力が身につく。
③プレゼン力がつく！
④マーケティング力・リサーチ力が磨かれる！

欲しい物をどうやって手に入れるかを考え、工夫する練習になります。例えば、
●欲しいと思ってもすぐ買わないで1日待ってから本当に必要なものだけを買うようになる。
●欲しい物を探すために、お店のリサーチ・友達などからの情報を参考にして自分の目で確かめるようになる。
●「なんとなく」から、「どうしても欲しい理由」を考えるようになり、自分の考えをしっかり話せるようになる。
●自分でやりくりして買ったものなので、物を大切にする心が生まれてきます。

おこづかいを成功させるためには？

親が守ってほしいこと…。

①子どもの主張をあたたかく聞いてあげる。
②失敗・成功といろいろな経験をさせる。
③他の家庭とは比較しないで、我が家のルールを貫く。

お金の教育に正解もなければ間違いもありません。

各ご家庭で、そもそもおこづかいをあげる1番の理由（物の大切さをわかってほしいなど）を考えながら、「こんな子になってほしい」という願いをこめて見守ってあげましょう。

皆さん、おこづかいから何か見えてきましたでしょうか？もうすぐ冬休み。子どもたちは、お金とかかわる機会が多くなります。親子で一緒にお金について学び、ご参考にしてください。

次号の特集では、「おこづかい」で親が注意したい点や子どもが物欲にはしっている姿を見てどう声をかけたらよいかなどを紹介させていただきます。

第108号　　2017年（平成29年）3月17日（7）

「PTAの役員決めってなんだか憂鬱…」「役員の仕事って何があるの？」

ここが知りたい!! PTA活動

1年を振り返って

PTA会長
妹尾　直樹

1年間皆さまには大変お世話になりました。津山市内では、児童数が一番多い弥生小学校。PTA会長を務めさせていただくにあたり、新学期当初はとても不安な気持ちでいっぱいでしたが、会員の皆様、先生方のご理解・ご協力のおかげで、1年間無事に会長職を全うすることができました。心よりお礼申し上げます。

PTA会長は、学校のことだけでなく、津山市の団体にも参加するため、多くの行事があり忙しいのですが、その分たくさんのよい経験をさせて頂けるというメリットがあり、自分自身とても成長することができました。この1年間の経験を活かして、これからも弥生小学校PTAを応援できたらと思っております。

PTA役員は、大変なこともありますが、学校の様子や状況を詳しく知ることができ、先生や役員の方との交流がふえ、やりがいを感じられるとても良い機会になります。役員を負担に感じず、楽しんでください。1年間、各部を支えて下さった役員の皆さま本当にありがとうございました。

各地区より選出される役員

主に、地区と学校との大きなパイプ役になります。

各地区内の児童の安全を見守ったり、「やよいっ子サポーター」・「かけ込み110番」などの方々との連絡役もします。また、運動会・奉仕作業等のPTA行事のお手伝いもあります。

地区代表部

◆任　　期／1年
◆活動日数／地区活動で随時、全体部会7日程度

〇主に、地区と学校との大きなパイプ役。
〇地区別懇談会の開催　〇PTA親子奉仕作業
〇運営委員会への参加　〇地区代表部会の開催　〇新1年生の確認

地区別懇談会（6月）

〇忙しさ ★★★☆☆
〇難しさ ★★★☆☆
〇楽しさ ★★★★★

地区懇談会の開催準備や運営をします。学校と地区内の保護者の意見調整、資料作りや連絡をとります。地区内のこと、学校のこと子どもたちの様子がよくわかります。各地区2名いますので、協力してできます。地区の保護者とも情報交換ができて楽しいです。

PTA親子奉仕作業（8月）

〇忙しさ ★☆☆☆☆
〇難しさ ★☆☆☆☆
〇楽しさ ★★★★★

学校の校内・周辺の掃除をします。主に参加者への呼びかけや地区のまとめ役となります。

交通部

◆任　　期／1年
◆活動日数／年19日程度

〇登下校に関する安全点検　〇交通当番・査察　〇「交通だより」発行
〇通学班名簿作成　〇運動会の駐車場係

登下校の交通当番・査察

〇忙しさ ★☆☆☆☆
〇難しさ ★☆☆☆☆
〇楽しさ ★★★☆☆

登下校の見守りです。登校時は、毎月10日前後の朝、春名動物病院前の交差点に立ち、見守ります。交代制です。各地区でも月1回あります。子どもの通学状況や危険個所がわかります。地域の方の協力に理解と感謝が深まります。また、子どもたちの元気な声が聞けますよ。

「交通だより」発行

〇忙しさ ★☆☆☆☆
〇難しさ ★☆☆☆☆
〇楽しさ ★★★☆☆

子ども達の安全を願って、登下校できるようにお便りを発行します。自分達で作ったものが、読んでもらえる喜びの達成感と、作成することによって自身の安全に対する理解も深まります。

通学班名簿作成（3～4月）

〇忙しさ ★★★☆☆
〇難しさ ★☆☆☆☆
〇楽しさ ★☆☆☆☆

次年度の新しい通学班の名簿の作成です。地区全体の通学班の状況を把握することができます。新1年生に対して通学路案内もします。

役員選出部

◆任　　期／1年
◆活動日数／年2～3日程度

〇各地区より次年度の本部役員の選出

次年度の本部役員の選出

〇忙しさ ★☆☆☆☆
〇難しさ ★★☆☆☆
〇楽しさ ★★★★★

主な活動期間は、9月～1月と短期間です。電話や直接お願いなど選出方法は地区によって異なります。選出に困った時でも現本部役員がサポートしてくださいますので大丈夫です。早め早めに声掛けをしておくのがコツです。

生活補導部

◆任　　期／1年
◆活動日数／訪問アンケート　年1回
　　　　　　下校時見回り　月1回

〇「かけ込み110番」・「やよいっ子サポーター」さんへの訪問
〇「やよいっ子サポーター」推進委員会への参加協力

「やよいっ子サポーター」さんへの訪問

〇忙しさ ★☆☆☆☆
〇難しさ ★☆☆☆☆
〇楽しさ ★★★★★

「かけ込み110番」・「やよいっ子サポーター」さんへ学校より配布されるお手紙をもとに訪問し、活動のお礼・お願い・気づいたことの聞き取りアンケートします。普段接することのない地域の人と話ができ、子どもの様子も知ることができます。不在の時は再訪問など大変ですが、みなさん快く話をしてくださいます。

弥生小学校　PTA役員の組織

弥生小学校のPTA役員は、学校の各学級より選出される学級役員と各地区から選出される地区役員の2通りあります。

- 本部役員会
- 運営委員会
- 専門部会
  - 地区代表部（1～数名 地区による）　交通部（1～数名 地区による）
  - 役員選出部（1～数名 地区による）　生活補導部（1～数名 地区による）
  - → 各地区より選出される役員 → PTA会員
  - 文化部（2名）　保健給食部（1名）
  - 学年部（2名）　広報部（1名）
  - → 各学級より選出される役員 → PTA会員

今年度の各部長さんに聞きました。1年をふり返って

各学級より選出される役員

主に、学級・学校関係の運営にあたります。

児童の保健衛生・学校給食・文化活動に努めます。PTA新聞での広報活動などを行います。また運動会の準備・片づけもします。

文化部

◆任　　期／1年
◆活動日数／年6～10日

〇ベルマーク集計
〇ふれあいセミナーの準備・開催

ふれあいセミナー（11月）

〇忙しさ ★★★☆☆
〇難しさ ★☆☆☆☆
〇楽しさ ★★★★☆

各クラスに2名いるので、協力してできます。各講座の企画・講師方のアポ取り、受講者の人数調整をします。みんなで色々な意見を出し合い楽しい計画ができます。受講者の人数調整は大変ですが、先生方のご協力もありますので大丈夫です。

ベルマーク集計（年2回）

〇忙しさ ★☆☆☆☆
〇難しさ ★☆☆☆☆
〇楽しさ ★★★☆☆

各家庭で集めたベルマークを学校に持ち寄り、仕分ける作業です。ベルマークは、PTAから財団を経由し希望する教育備品等を協力会社に注文することができます。今年度は、あまり集まりませんでしたので、集計作業を次年度に繰り延べしました。次年度の皆様のご協力よろしくお願いします。

学年部

◆任　　期／1年
◆活動日数／年10～15日程度

〇学年行事（学年PTA活動）の運営　〇学級懇談会の進行
〇学年会計監査（3月のみ）

学年行事の運営

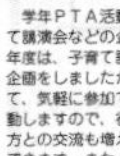

〇忙しさ ★☆☆☆☆
〇難しさ ★☆☆☆☆
〇楽しさ ★★★★☆

学年PTA活動でお楽しみ会や、子育て講演会などの企画・運営をします。今年度は、子育て講演会・朝食作りなどの企画をしましたが、内容がとても充実して、気軽に参加できました。各学年で活動しますので、役員間はもちろん、先生方との交流も増えワイワイ楽しみながらできます。また、各クラスに2名いるので協力してできます。

学級懇談会の進行・補助

〇忙しさ ★★★☆☆
〇難しさ ★★★☆☆
〇楽しさ ★★★☆☆

参観日後にある学級懇談会の司会進行です。忙しい中、懇談会に参加することは、負担に感じるかもしれませんが、同じ学年を持つ保護者として、子育ての悩みの他にもいろいろな話題ができて、楽しいです。

保健給食部

◆任　　期／1年
◆活動日数／年8日程度

〇1年に救急法・給食試食会のどちらかを担当
〇給食エプロンの補修

救急法講習会（6月）

〇忙しさ ★★★☆☆
〇難しさ ★★★☆☆
〇楽しさ ★★★★★

当日のアンケートの準備や講師の方の簡単なサポートです。

給食試食会（10月）

〇忙しさ ★★☆☆☆
〇難しさ ★★★☆☆
〇楽しさ ★★★★★

試食会希望者の配膳等をします。子どもたちの給食時間の見学や、同じ給食を食べることができて良いです。

給食エプロン補修（8月）

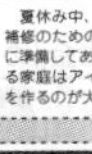

〇忙しさ ★★☆☆☆
〇難しさ ★★★☆☆
〇楽しさ ★★★☆☆

夏休み中、自宅での作業です。補修のためのボタン・ゴムは学校に準備してあります。幼児がおられる家庭はアイロンがけをする時間を作るのが大変な面もあります。

親子料理教室の参加（8月）

津山市の行事で、夏休み中に希望者のみの参加です。

広報部

◆任　　期／1年
◆活動日数／部員を3班に分けて
　　　　　　各班で学期に2～3日

〇広報誌「やよい」の発行（記事によっては、取材・写真撮影があります）

広報誌「やよい」の発行（年3回）

〇忙しさ ★☆☆☆☆
〇難しさ ★★☆☆☆
〇楽しさ ★★★★★

取材や写真選びが楽しいです。グループで分担するので、一人ひとりの負担が少ないです。写真や記事が上手にできなくても全然問題ありません。アンケート企画の集計が大変なこともありますが、色んな発見ができて楽しいですよ。

佳作　秋田県男鹿市立船越小学校

審査総評　「こんにちはＰＴＡ！」をはじめ、さまざまな活動がコンパクトに紹介されていて、そつのない広報紙になっています。

船越小PTA会報
ひろば
コミュニティ・スクール始まったよ！
2016.12.1
No.117
www2.namahage.ne.jp/funakoshi/
読み聞かせ（学校教育）
前庭樹木剪定（教育環境）
ウォークラリー（安全安心）
コミュニティ・スクール特集号
男鹿しょっつる焼きそば（ふなっ子カーニバル）
焼きそば
船越のみんなで育てよう　未来のふなっ子
船越小学校コミュニティ・スクール運営協議会
船越振興会・船越金融懇談会・船越小学校PTA
看板
地引き網（GMT）

感謝のふなっ子カーニバル

ＰＴＡ会長　**秋山真紀子**

コミュニティ・スクール（ＣＳ）が本格的に始まりました。地域・学校・ＰＴＡの連携で、子どもたちのより良い学校生活、登下校時や放課後環境における安全面の様子など、今まで以上に温かく見守っていただいております。

ＣＳがスタートした最初の運営協議会で、委員の皆さんから「まずは看板だね」という提案をいただき、船越小ＣＳの象徴となる（上記写真にありますように）素敵な看板が完成しました。手探り状態での企画運営に不安などはありますが、会合を重ねる度に委員の皆さんからいただく励ましの言葉と力強い後押しのおかげで、一歩一歩前に進んでいます。

保護者の皆さんの「コミュニティ・スクールとは？」を少しでも理解していただけたらと思い、7月の「ふなっこカーニバル」の際に、地域と学校の共同参画として「男鹿しょっつる焼きそば」と、オープニングイベントとして秋田大学よさとせサークルの「よさとせ歌舞輝」を企画しました。オープニングで会場を大いに盛り上げてくれたサークルの部長さんは男鹿市出身で地域の先輩でもあります。「男鹿しょっつる焼きそば」では、八郎めんさんをはじめ、船越地区婦人会の皆さん、推進委員の皆さん、エプロン姿の運営協議会会長さん、たくさんの方の多大なる協力に感謝感激の1日でした。また、先生たちとＰＴＡ役員、保護者の皆さんが結束できた日でもありました。

ＣＳでの課題や見直しなどは、今後も運営協議会で検討を重ねる予定です。関係各所と力を合わせ、より良いＣＳ活動を進めていきたいと思いますので、今後ともよろしくお願いします。

子どもたちを守る義務と責務

運営協議会会長　**二田　良英**

今日もまたかと、新聞・テレビでため息が漏れてしまうような、子どもが犠牲になる事件が毎日のように流れています。事件後は異口同音に「同じことが繰り返されないよう徹底した体制を」と、何度聞いたことでしょうか。反省が生かされないまま、悲しい事件は後を絶ちません。

先般、男鹿市では文部科学省より「コミュニティ・スクール（学校運営協議会制度）」の指定を受け、今年度より市内の全小・中学校で取り組みが始められました。

これは、家庭・地域・行政が連携を図り、地域の子どもたちを守る仕組み作りを構築する内容です。また、地域住民や保護者が、地域でどのような子どもたちを育てるのかを、共有・協働していくことを目的とした事業です。

船越小学校では、長年にわたり地域の方々が学校支援ボランティアとして見守り隊や環境美化・地域教育等々に参画し、大きな成果をあげてきました。今回はさらにもう一歩踏み込んだ、船越住民総意のもと新たな仕組み作りを目指すものとなります。

学校・家庭だけでの子どもの見守りには限界があります。地域全体で子どもたちのＳＯＳをいち早くキャッチできることが重要です。

私たちは、子どもたちの安心安全を第一に考え、この事業を通して、自分たちにできることは何なのかを確認し合うことが必要です。船越住民一人一人が行動を起こさなければなりません。なぜならば、子どもたちには元気で幸せになる権利があり、大人はそれを守る責務があるからです。そしてなによりも子どもは「地域の宝」なのです。

わが船越の住みよい安心安全な環境づくりの新たなるスタートです。

地域とともに

校長　**中川　真人**

平成28年度も折り返し地点を迎え、秋の３連休をはさんで、前期終業式・後期始業式を執り行いました。子どもたちにとっては、前期の学習や生活への取り組みを振り返り、新たな気持ちで後期に向かうよい機会になったと思います。

今年度は、市教育委員会からコミュニティ・スクール（以下ＣＳ）の指定を受けて、本格的に取り組みを始めました。具体的な学習や活動を紹介します。

７月14日の防災教室での非常食炊き出し、７月23日のＰＴＡ主催ふなっ子カーニバルでの焼きそばパック詰め、７月28日の町内パトロールによる危険箇所確認、８月25日のウォークラリーでの児童の見守り、７月31日の前庭のカイヅカイブキ剪定、各学年毎の読み聞かせなど、ＣＳ運営協議会委員や各推進委員会、婦人会、老人会、防犯協会、見守り隊などの地区関係団体の皆様方のご協力により、子どもたちの学習や活動を支えていただきました。さらに、船越振興会・船越地区金融懇談会から賛助金をいただき、校門横にＣＳ啓発看板を設置することができました。

子どもたちの健やかな育ちは、学校と家庭・地域が手を携え、同じ方向を向いて初めて可能になるものと考えます。ＣＳでの取組を通して、地域の教育力を学校活性化に生かすと共に、子どもたちにもふるさとのよさを理解させ、これからも大切にしようとする意識を醸成していきたいと思います。

これからも、学校と家庭・地域が手を携えて子どもたちを大きく育んでいけたらと願っております。ご協力をお願いいたします。

夏祭り 2016 船越小PTA

ふなっ子カーニバル

1年部 食堂の設営と管理

松組委員長　畠山　久美子

1年部は、男鹿しょっつる焼きそばを食べる食堂の設営と管理を担当しました。当日の準備は、早く来ていた子どもたちが一生懸命手伝ってくれてとても助かりました。

開店直後はすぐに座れないこともありましたが、後半は混み合うこともなく、休憩で利用している方もいました。

初めての試みで、どうなるか心配でしたが、皆さんの協力のおかげで無事に終えることができました。ありがとうございました。

2年部 ジュース屋さん

松組委員長　清水　由佳

2年部は「ジュース屋さん」の担当でした。「冷たく提供できるだろうか？」と心配しましたが、納品時点ですでに全部冷たい物であったため、その心配もなくなり、暑さのおかげもあり、スムーズに完売できました。

準備から後片付けまで、役員はじめ保護者の皆さん、本当にありがとうございました。

3年部 冷凍フルーツ屋さん

松組委員長　佐藤　麻美

3年部は「冷凍フルーツ」を担当しました。当日は暑さのおかげもあり、子どもにも大人にも人気で、現金売り分が閉店時間前に売り切れました。混み合ったにも関わらず、3年部のチームワークの良さでスムーズに対応でき、大盛況で終えることができました。

役員・保護者の皆さんには、準備から後片付けまでご協力いただき、本当にありがとうございました。

4年部 男鹿しょっつる焼きそば

松組委員長　石垣　由紀

4年部は、「男鹿しょっつる焼きそば」の販売を担当しました。今年初めての出店、完売できるか心配しましたが、4年生の子どもたちがのぼりを持って校内を歩き「焼きそば、いかがですか～おいしいですよー」の声に買いに来てくれる人も増え、見事に完売できました。役員、保護者、地域の皆さん、ご協力いただき本当にありがとうございました。

5年部 男の子くじ屋さん

松組委員長　猿田　由紀

5年生は「男の子くじ」の担当でした。当日はスポ少の大会と重なっていて、参加できない子どもたちが他学年よりも多く「残念」という声もありました。

また、6年部の委員長さんとも連絡を取り合い、景品の準備ができました。子どもたちの笑顔が見られ、楽しい時間を過ごせました。

保護者の皆さんには、一人当たり30分の店番に協力していただき、ありがとうございました。

6年部 女の子くじ屋さん

松組委員長　栗森　康子

6年部は、毎年恒例の「女の子くじ」の担当でした。

今年度は、出店場所や時間の変更があったので、どうなるかと心配しましたが、出店時間には、たくさんの子どもたちが列をつくってくれてホッとしました。

準備、販売、後片付けに協力してくださった皆さん、本当にありがとうございました。

イベント in 体育館

総務部

部長　渡辺　一美

総務部はオープニングに、秋田大学よさこいサークル「よさとせ歌舞輝」の皆さんに出演をお願いしました。大きな旗を振り、力強く迫力のある踊りに子どもたちは暑さを忘れて夢中になっていました。

そして、初めて企画した「男鹿しょっつる焼きそば」は、不安はありましたがＣＳの皆さん、八郎めんの皆さん、役員、部員の皆さん、保護者の皆さんのご協力により完売することができました。ありがとうございました。

校外生活部

部長　伊東　藍

校外生活部は、会場設営・交通整理・校内巡回をしました。今年は男鹿しょっつる焼きそばの販売もあり「おいしい焼きそばいかがですか～。残り○個ですよ～。」と、元気な声の子どもたちがとても印象に残りました。また、ご来場の皆さんのごみの持ち帰りなどのマナーも良く、今後も協力し合えればと思います。部員の皆さんには朝早くからの準備、閉会式後の掃除までご協力をいただき、本当にありがとうございました。

体育部

部長　安田　一也

毎年恒例のふなっ子カーニバルで、新しい試みの一つとして体育部ではボールを使った2種類のゲームを企画しました。子どもに事前体験をしてもらい、タイム計測をするなど準備万端で臨みました。当日は想像以上の大盛況で嬉しい悲鳴も聞こえてきましたが、部員の皆さんの協力で子どもたちに楽しんでもらうことができたと思います。新しいことにチャレンジしつつ、回を重ねるごとに楽しんでもらえるふなっ子カーニバルになってほしいです。

広報部

部長　小川　歩

広報部は「じゃんけん大会」を担当し、昨年度同様「あと出しじゃんけん」を行いました。たくさんの子どもたちが参加し、キラキラの笑顔で楽しんでくれた様子に嬉しく思いました。また、勝ち抜いた子どもたちが司会者と一緒に「マラカス隊」となって、ステージ上から大会を盛り上げ、楽しい時間を過ごすことができました。

ご協力いただいた皆さん、ありがとうございました。

教育文化部

部長　佐藤　望

教育文化部は、「ビンゴゲーム」を担当しました。昨年度同様、賞品数を増やしたこともあり、時間内に終えることができるか不安もありましたが、ビンゴゲームが始まると、スムーズに終えることができました。

準備から後片付けまでご協力いただいた先生、部員の皆さん、ありがとうございました。

ひろば

各部の活動をふり返って！

総務部

総務部長　渡辺一美

今年度の総務部の活動は、春と秋の早朝奉仕作業とふなっ子カーニバルでした。

早朝奉仕作業では、暑い中、忙しい中、大勢が参加してくださり時間内に作業を終えることができました。ふなっ子カーニバルでは初の試みとなる男鹿しょっつるやきそばの販売。出店の時間を2回に分けたりと大変でしたが、大成功に終えることができました。この1年の活動は皆さんの力を借りてできた活動でした。ありがとうございました。

校外生活部

校外生活部長　伊東　藍

今年度の活動を振り返り、民生委員さんや見守り隊の皆さんには毎朝の登校の見守りや町内パトロールに参加していただき、とても感謝しております。地域の皆さんに支えられていることを改めて感じました。また、保護者の皆さんが行事に参加しやすいような環境作りや看板の修復作業は、今後の課題だと思いました。役員、部員の皆さん、そして先生たちのご協力もあり無事に1年終えることができました。ありがとうございました。

体育部

体育部長　安田一也

今年度もたくさんの皆さんのご協力、本当にありがとうございました。

運動会では新年度早々の行事とは思えないほどの連携や、積極的な行動を嬉しく思いました。当日は7年ぶりの好天の予定日開催に、笑顔が多く見られました。市Ｐ連キックベースでは優勝でき、女子ソフトバレーでも交流が深まっていると感じます。ふなっ子カーニバルでは新しいことにチャレンジし、来年度へ繋がる活動ができたと思います。

教育文化部

教育文化部長　佐藤　望

今年度の活動の1つ目は、教育文化部主催のフラワーアレンジメントでした。私自身、初めて参加したこともあり、保護者の皆さんには、準備から後片付けまで、協力して頂きました。

2つ目は、ふなっ子カーニバルでのビンゴ大会です。各担当の保護者によって、手際よく進めることができました。来年度も教育文化部の更なる飛躍を期待しています。

広報部

広報部長　小川　歩

広報部の今年度の活動は、3回の「ひろば」発行と、ふなっ子カーニバルでの「じゃんけん大会」の担当でした。

「コミュニティ・スクール特集号」では、今年度から始まったコミュニティ・スクールについてわかりやすく伝えるため、各部会のチーフリーダーの皆さんにも原稿のご協力をいただき、校正作業を重ね発行することができました。

部員の皆さん、担当の先生、原稿依頼を快く引き受けてくださった皆さん、本当にありがとうございました。

行事予定

3月21日(火) 修了式
3月29日(水) 離任式
4月6日(木) 新任式・始業式
4月8日(土) 入学式

編集後記

■楽しく「ひろば」を作ることができ、とても良い思い出ができました。（伊藤）
■1年間「ひろば」に携われて楽しかったです。（栗森）
■あまり活動に参加できませんでしたが皆さんの支えで無事終えることが出来ました。（深田）
■今年度は新たな試みでＣＳ特集がありました。発行にあたり、寄稿して下さった皆さん、担当の先生たち、そして広報部員の皆さん、本当にありがとうございました。（佐々木）
■執筆いただいた皆さんと、熱意ある部員に感謝します！（大石T）
■部員の皆さんの熱心な仕事ぶりに感謝しています。（松田T）
■広報部のパワフルな仕事ぶりに感動の1年でした。（金T）

ひろば

こんにちはPTA！

教育文化セミナー

教育文化部副部長　安田美喜子

6月30日の教育文化セミナーでは、昨年に引き続き、プロステージ花壱番の土井さんを講師にお招きし「フラワーアレンジメント講習会」を開催しました。今回で3回目となりましたが、毎回アレンジの仕方、お花の種類や色が違っていて今回も素敵なテーブル花ができ、楽しいひとときを過ごすことができました。講師の土井さん、スタッフの皆さん、また、たくさんの保護者の皆さんにご参加いただき、本当にありがとうございました。

男鹿市PTA親善キックベースボール大会

体育部副部長　谷口　重幸

6月26日(日)ＰＴＡキックベースボール大会が行われ、校長先生はじめ、保護者の皆さんと参加させていただきました。大会も初の種目になり男女参加による和やかな雰囲気で始まりました。珍プレー好プレーの連続に応援にも熱が入り、親善試合を忘れて真剣プレー。見事、初優勝でした。他の学年の保護者の皆さんと交流もでき、楽しく有意義な大会でした。来年は皆さんも参加してみてはいかがでしょうか。

町内パトロール

校外生活部副部長　薄田さおり

7月28日、学区内の店舗・危険箇所を中心に、校外生活部・民生委員・見守り隊の皆さんとパトロールを行いました。パトロール中に店舗などでの迷惑行為はありませんでしたが、児童の自転車事故につながりそうなことがありました。もう一度、自転車の乗り方について考えなければいけないと感じました。お忙しい中、パトロールに参加していただいた民生委員・見守り隊の皆さん、ありがとうございました。

早朝奉仕作業

総務部副部長　杉本　千絵

学習発表会前の早朝奉仕作業で、体育館と校舎内の清掃を行いました。雨模様の寒い朝でしたが、先生、保護者、地域の皆さん、そして子どもたちもたくさん参加し、細かい部分まで手分けして作業することができました。中でも野球部による雑巾がけは、一斉にスタートしてスピード感のあるパワフルなものでした。短い時間でしたが、多くの皆さんのご協力により、きれいな校舎となりました。

親の役目～男鹿市ＰＴＡ研修会～

ＰＴＡ副会長　佐々木　馨

まだまだ残暑厳しい8月21日、文化会館にて男鹿市ＰＴＡ研修会が行われました。10回目となる今年のテーマは「自分らしく自信をもって子育てしよう」。講師にあべ十全氏を迎え、講演の演題は「こんな親でごめんなさい」…私にとってドキッとする演題でした。

軽妙なトークの中に時折「ハッ」と考えさせられる子育てのポイントが盛り込まれていました。終盤にはギターの弾き語りもあり、とても充実した講演でした。講演の中で印象に残った質問がありましたので紹介します。

子どもに「なぜ勉強しなくちゃいけないの？」と聞かれたら、親であるあなたはどう答えますか？ぜひ考えてみて下さい。

行事予定

12月15日(木) ＰＴＡ授業参観
22日(木) 冬休み前集会
26日(月) 冬季休業（～1月13日）
1月16日(月) 冬休み明け集会
2月15日(水) ＰＴＡ授業参観
3月3日(金) 6年生ありがとう集会
3月15日(水) 卒業式
3月21日(火) 修了式
22日(水) 春季休業（～4月3日）

編集後記

■楽しく編集作業ができました。（谷口）
■後期も引き続きよろしくお願いします。（清水）
■いつも楽しい広報誌をお届けしたいと思います。（菅原）
■楽しく読んでもらえるようにがんばります。（船木）
■読者の皆さんに楽しんで頂けるよう頑張りたいです。（太田）

佳作　さいたま市立中島小学校

審査総評　デザイン性が高く、色使いと合わせてほのぼのさを感じさせる紙面です。特集の構成の仕方にもアイデアがありました。

さいたま市立中島小学校 PTA広報紙 編集:PTA広報委員会
平成29年3月9日

なかじま つなぐ PTA

児童数 478人
家庭数 377家庭
（3月1日現在）

p2
子どもが思う防災って？
その時、
中島小が変身する！
中島小の耐震性は大丈夫？
誰でも避難できるの？

p4
自分たちで作るってほんと？
中島小の
仮設トイレは
こうして作る
中島小での避難生活って
どんな感じ？

p5
水道が使えないときには
どうなるの？
水や食糧は
大丈夫？
学校は備蓄をしているの？

p6
備蓄ってなにしてる？
子どもと決めてるルールは？
教えて！
みんな、どうしてる？
防災対策アンケート
電話がつながらなかったらどうする？

p8
親子で防災を考える
埼玉県防災学習センター
に行ってきました！
体験して初めて気づくこと

p8
あの日、あの時。
記憶が風化しないうちに、
いまできることを。
東日本大震災時の
在校生の話

41

p9 PTA活動報告／p10【35周年記念】ふれあいまつり2016／p12 クローズアップ・編集後記

その時、中島小が変身する！

もしも明日大地震が

起きて、電気もガスも水道も使えなくなってしまったら—。

普段平穏無事に暮らしている子どもたちに防災について考えてほしいと、防災の知識や不安に思っていることを聞いてみました。

火事や地震が怖いということは感じていて、机の下にもぐる・学校に避難する等、基本的な防災知識は持っているようでした。

しかし、不安に思っていることを尋ねると、「建物が壊れたらどうしよう」「死んじゃうのかな」など漠然としていて、なかには「そんなこと考えたこともなかった」「特にない」との意見もあり、避難後に関しても「近くの畑とかに食べ物あるし、大丈夫」など、地震が起きたらどうなるかピンとこないという印象を受けました。

保護者である私たちは、どうでしょうか。実際には子どもたちと同様、具体的なイメージができていないというのが、現状ではないでしょうか？

子どもたちが当たり前に毎日を過ごしている中島小学校が避難所として変身したとき、こんなふうに変わるよ！ ということを、ご家庭でお子さんと一緒にチェックしてみてください。普段の学校からは想像できない世界が見えてくると思います。

子どもたちと保護者の皆さんが、防災を考えるきっかけとなりますように—。

中島小学校は避難所になります

中島小学校へ避難してくる地域は、中島・西堀・山久保の各地区です。（※）

避難所を運営するのは、私たち地域住民です。各自治会の自治会長等が運営リーダー・副リーダーを務めます。住民は総務班・情報班・救護班・食糧班・物資班・環境班の班員となり、各班に班長がおかれます。それに施設管理者の校長、さいたま市の避難場所担当職員が加わり、中島小学校避難場所運営委員会が構成されます。

昨年十月にこの委員会が、さいたま市直下型地震を想定して、桜区避難場所合同運営訓練を行いました。イラストは、この訓練でのロールプレイに基づいて描いたものです。あくまで想定なので、実際にこの配置になるかどうかは災害が起きてみるまでわかりませんが、だいたいのイメージがつかめると思います。

収容人数は1200人です。これは、1人あたり畳1畳のスペースとして割り出しているそうです。老若男女の避難者が集まるので、高齢者や障害者の方のためのお部屋や、授乳室、更衣室などの配慮はありがたいですね。

校舎の中には、運営本部や救護所も設けられます。避難者に不可欠な仮設トイレは飼育小屋の前に、給水ポンプは学童前にあります。災害の大きさによっては、遺体安置所も設置されるそうです。

※……ですし、この地域の方が必ずしも中島小学校へ避難しないといけない訳ではありません。

3 なぐ vol.41　　2

35th 中島小ふれあいまつり2016

十一月二十六日（土）、本校にて「三十五周年記念ふれあいまつり」を行いました。二日前には記録的に早い初雪の便りが届いたばかりでしたが、当日は穏やかな秋晴れのもと、大盛況のうちに幕を閉じました。子どもたちはもちろんのこと、お手伝いの皆さんにも笑顔があふれ、一緒に楽しんでいる姿が印象的でした。

開催にあたっては、育成会の皆様、地域の方々をはじめ、大変多くの皆様にご協力いただきまして、本当にありがとうございました。

体育館
ゲームコーナー、バザー、模擬店で、大変賑わっていました。
お小遣いを握りしめている子どもたちの姿がかわいらしかったです。

模擬店
お一人ずつ丁寧な対応で心のこもったお手伝いをして下さったお母様方、お昼前はとても忙しそうで当日券も完売と大盛況でした。

駄菓子コーナー
沢山のお菓子を前にじっくりと吟味する子どもたち。お手伝いのお母様にインタビューしたところ、ガムやグミが人気だったとか。

無料ゲーム
二階の会場では工夫を凝らした無料の魚釣りゲームで子供たちが大いに盛り上がっていました。

金管バンド
13時半からは体育館にて金子先生指揮のもと金管バンドの演奏が行われました。名探偵コナンテーマ曲「うつむくその背中に」はとても迫力があり、一年間でとても成長を感じたと校長先生も褒めておいででした。

緊張した様子を見せながらも演奏が始まると堂々とした姿が立派でした！

出来立てのポップコーン、おかわりをする子供たちの姿もありました。

運営委員会のわたあめコーナー
お砂糖まみれになりながらも楽しそうにわたあめ作りをする姿が印象的で受け取った子どもたちもにっこり。

育成会とん汁コーナー
具だくさんの温かいとん汁、毎年楽しみですね。前日からの丁寧な下ごしらえが美味しさの秘訣です！

先生方も笑顔で大根販売

朝採り大根販売
前育成会会長・竹内久さんからは、今年もみずみずしい大根がとどきました。当日の朝、校長先生を筆頭に、先生方とPTAとで収穫させていただいたものです。
ウルラの大高先生も、学校の畑で採れた野菜をご提供くださいました。

活動報告・ふれあいまつり

11 なぐ vol.41　　10

審査総評

記事として読ませるところと、子どもたちの躍動する姿を写真で見せるところとを、上手に切り分けた紙面構成になっていました。

公津小 Parent Teacher Association だより No.210

平成28年10月28日　発行　公津小学校ＰＴＡ　編集　広報委員会

児童数　119名
家庭数　100軒
賛助会員数　438軒
（10月19日現在）

運動会最後の種目は紅白対抗リレー
白ハチマキは 最下位で最終走者にバトンが渡った
最後の1周で奇跡は起きたのか…

みんなの思いを背中に受け ゴールに向かってラストスパート！

公津小運動会 4-5

団結力が誇り　目指せ１勝！
市P連バレーボール 2

親子の会話をチェック！
成田市PTA連絡協議会運営研修会
家庭教育地域教育力向上講演会 2-3

公津小PTAだより
郡P最優秀賞
県P優秀賞
受賞

保護者による教育環境整備
廃品回収・奉仕活動 6
通学路の安全確保 7

前号でもご紹介しましたが「公津小PTAだより」が印旛郡市PTA連絡協議会の広報紙コンクールにて2年連続の最優秀賞を受賞。千葉県PTA連絡協議会の広報紙コンクールでも昨年に続き優秀賞を受賞しました！

スポーツフェスティバル 8
星見会 8

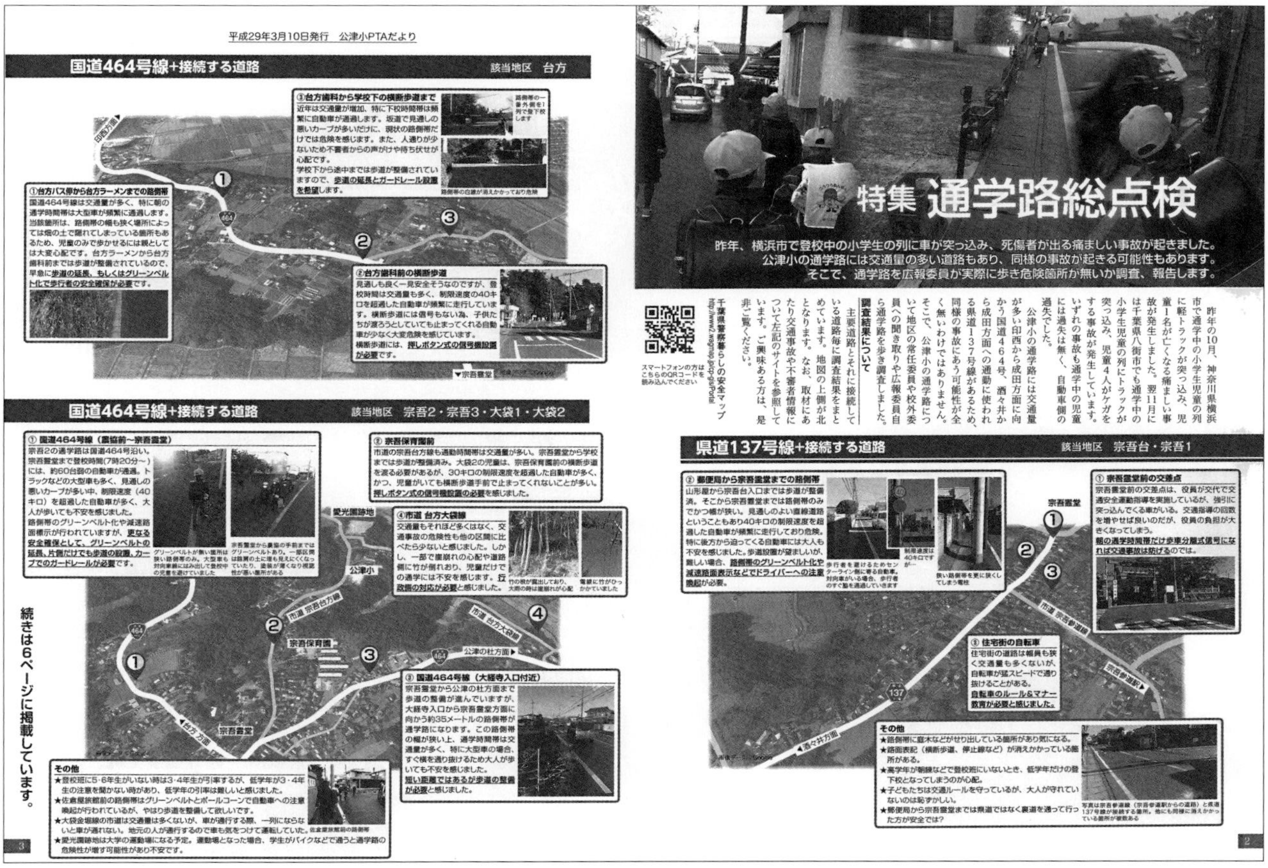

平成29年3月10日発行　公津小PTAだより

国道464号線+接続する道路　該当地区　台方

①台方バス停から台方ラーメンまでの路側帯
国道464号線は交通量が多く、特に朝の通学時間帯は大型車が頻繁に通過します。当該箇所は、路側帯の幅も狭く場所によっては畑の土で隠れてしまっている箇所もあるため、児童のみで歩かせるには親としては大変心配です。台方ラーメンから台方歯科前までは歩道が整備されているので、早急に**歩道の延長、もしくはグリーンベルト化で歩行者の安全確保が必要**です。

②台方歯科前の横断歩道
見通しも良く一見安全そうなのですが、登校時間は交通量も多く、制限速度の40キロを超過した自動車が頻繁に走行しています。横断歩道には信号もない為、子供たちが渡ろうとしていても止まってくれる自動車が少なく大変危険を感じています。
横断歩道には、**押しボタン式の信号機設置が必要**です。

③台方歯科から学校下の横断歩道まで
近年は交通量が増加、特に下校時間帯は頻繁に自動車が通過します。坂道で見通しの悪いカーブが多いだけに、現状の路側帯だけでは危険を感じます。また、人通りが少ないため不審者からの声がけや待ち伏せが心配です。
学校下から途中までは歩道が整備されていますので、**歩道の延長とガードレール設置を希望**します。

路側帯の一番外側を1列で登下校します

路側帯の白線が消えかかっており危険

国道464号線+接続する道路　該当地区　宗吾2・宗吾3・大袋1・大袋2

① 国道464号線（農協前～宗吾霊堂）
宗吾2の通学路は国道464号沿い。宗吾霊堂まで登校時間(7時20分～)には、約60台弱の自動車が通過。トラックなどの大型車も多く、見通しの悪いカーブが多い中、制限速度（40キロ）を超過した自動車が多く、大人が歩いても不安を感じました。
路側帯のグリーンベルト化や減速路面標示が行われていますが、**更なる安全確保として、グリーンベルトの延長、片側だけでも歩道の設置、カーブでのガードレールが必要**です。

グリーンベルトが無い箇所は狭い路側帯のみ。大型車も対向車線にはみ出して登校中の児童を避けていました

宗吾霊堂から農協の手前まではグリーンベルトあり。一部区間は路肩の土に埋も見えにくくなっていたり、塗装が薄くなり視認性が悪い箇所がある

② 宗吾保育園前
市道の宗吾台方線も通勤時間帯は交通量が多い。宗吾霊堂から学校までは歩道が整備済み。大袋2の児童は、宗吾保育園前の横断歩道を渡る必要があるが、30キロの制限速度を超過した自動車が多く、かつ、児童がいても横断歩道手前で止まってくれないことが多い。
押しボタン式の信号機設置の必要を感じました。

④市道 台方大袋線
交通量もそれほど多くはなく、交通事故の危険性も他の区間に比べたら少ないと感じました。しかし、一部で崖崩れの心配や道路側に竹が倒れおり、児童だけでの通学には不安を感じます。**行政側の対応が必要**と感じました。

竹の根が露出しており、大雨の時は崖崩れが心配

電線に竹がひっかかていました

③ 国道464号線（大経寺入口付近）
宗吾霊堂から公津の杜方面まで歩道の整備が進んでいますが、大経寺入口から宗吾霊堂方面に向かう約35メートルの路側帯が通学路になります。この路側帯の幅が狭い上、通学時間帯は交通量が多く、特に大型車の場合、すぐ横を通り抜けるため大人が歩いても不安を感じました。
短い距離ではあるが歩道の整備が必要と感じました。

その他
★登校班に5･6年生がいない時は3･4年生が引率するが、低学年が3･4年生の注意を聞かない時があり、低学年の引率は難しいと感じました。
★佐倉屋旅館前の路側帯はグリーンベルトとポールコーンで自動車への注意喚起が行われているが、やはり歩道を整備して欲しいです。
★大袋金堀線の市道は交通量は多くないが、車が通行する際、一列にならないと車が通れない。地元の人が通行するので車も気をつけて運転していた。
★愛光園跡地は大学の運動場になる予定。運動場となった場合、学生がバイクなどで通うと通学路の危険性が増す可能性があり不安です。

佐倉屋旅館前の路側帯

続きは6ページに掲載しています。

特集 通学路総点検

昨年、横浜市で登校中の小学生の列に車が突っ込み、死傷者が出る痛ましい事故が起きました。
公津小の通学路には交通量の多い道路もあり、同様の事故が起きる可能性もあります。
そこで、通学路を広報委員が実際に歩き危険箇所が無いか調査、報告します。

昨年の10月、神奈川県横浜市で通学中の小学生児童の列に軽トラックが突っ込み、児童1名が亡くなる痛ましい事故が発生しました。翌11月には千葉県八街市でも通学中の小学生児童の列にトラックが突っ込み、児童4人がケガをする事故が発生しています。いずれの事故も通学中の児童には過失は無く、自動車側の過失でした。

公津小の通学路には交通量が多い印西から成田方面に向かう国道464号、酒々井から成田方面への通勤に使われる県道137号線があるため、同様の事故にあう可能性が全く無いわけではありません。

そこで、公津小の通学路について地区の常任委員や校外委員への聞き取りや広報委員自ら通学路を歩き調査しました。

調査結果について

主要道路とそれに接続している道路毎に調査結果をまとめています。地図の上側が北となります。なお、取材にあたり交通事故や不審者情報について左記のサイトを参照しています。ご興味ある方は、是非ご覧ください。

千葉県警察暮らしの安全マップ
http://www2.wagmap.jp/cp-gis/Portal

スマートフォンの方はこちらのQRコードを読み込んでください

県道137号線+接続する道路　該当地区　宗吾台・宗吾1

① 宗吾霊堂前の交差点
宗吾霊堂前の交差点は、役員が交代で交通安全運動指導を実施しているが、強引に突っ込んでくる車がいる。交通指導の回数を増やせば良いのだが、役員の負担が大きくなってしまう。
朝の通学時間帯だけ歩車分離式信号になれば交通事故は防げるのでは。

② 郵便局から宗吾霊堂までの路側帯
山形屋から宗吾台入口までは歩道が整備済。そこから宗吾霊堂までは路側帯のみでかつ幅が狭い。見通しのよい直線道路ということもあり40キロの制限速度を超過した自動車が頻繁に走行しており危険。特に後方から迫ってくる自動車には大人も不安を感じました。歩道設置が望ましいが、難しい場合、**路側帯のグリーンベルト化や減速路面表示などでドライバーへの注意喚起**が必要。

歩行者を避けるためセンターライン側に寄る自動車。対向車がいる場合、歩行者のすぐ脇を通過していきます

制限速度は40キロですが…

狭い路側帯を更に狭くしてしまう電柱

③ 住宅街の自転車
住宅街の道路は幅員も狭く交通量も多くないが、自転車が猛スピードで通り抜けることがある。
自転車のルール&マナー教育が必要と感じました。

その他
★路側帯に庭木などがせり出している箇所があり気になる。
★路面表記（横断歩道、停止線など）が消えかかっている箇所がある。
★高学年が朝練などで登校班にいないとき、低学年だけの登下校となってしまうのが心配。
★子どもたちは交通ルールを守っているが、大人が守れていないのは恥ずかしい。
★郵便局から宗吾霊堂までは県道ではなく裏道を通って行った方が安全では?

写真は宗吾参道線（宗吾参道駅からの道路）と県道137号線が接続する箇所。他にも同様に消えかかっている箇所が複数ある

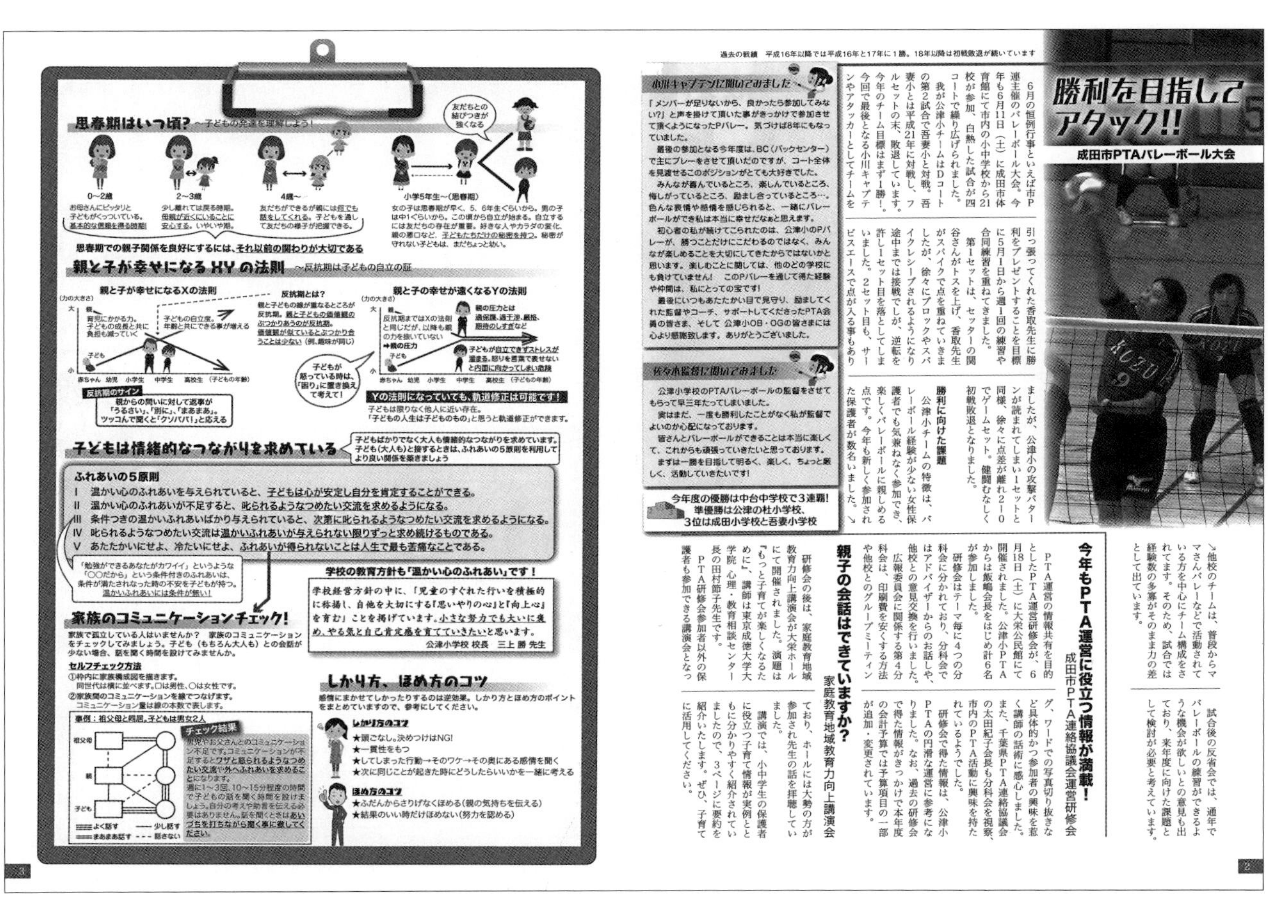

思春期はいつ頃?　～子どもの発達を理解しよう!

0～2歳
お母さんにピッタリと子どもがくっついている。基本的な信頼を得る時期!

2～3歳
少し離れては戻る時期。母親が近くにいることに安心する。いやいや期。

4歳～
友だちができるが親には何でも話をしてくれる。子どもを通して友だちの様子が把握できる。

小学5年生～（思春期）
女の子は思春期が早く、5、6年生ぐらいから。男の子は中1ぐらいから。この頃から自立が始まる。自立するには友だちの存在が重要。好きな人やカラダの変化、親の悪口など、子どもたちだけの秘密を持つ。秘密が守れない子どもは、まだちょっと幼い。

思春期での親子関係を良好にするには、それ以前の関わりが大切である

親と子が幸せになるXYの法則　～反抗期は子どもの自立の証

親と子が幸せになるXの法則

反抗期とは?
親と子どもの線が重なるところが反抗期。親と子どもの価値観のぶつかりあうのが反抗期。価値観が似ているとぶつかり合うことは少ない（例、趣味が同じ）

親と子の幸せが遠くなるYの法則

反抗期のサイン
親からの問いに対して返事が「うるさい」、「別に」、「まあまあ」。ツッコんで聞くと「クソババ!」と応える

子どもが怒っている時は、「困り」に置き換えて考えて!

Yの法則になっていても、軌道修正は可能です!
子どもは限りなく他人に近い存在。
「子どもの人生は子どものもの」と思うと軌道修正ができます。

子どもは情緒的なつながりを求めている

子どもばかりでなく大人も情緒的なつながりを求めています。子ども(大人も)と接するときは、ふれあいの5原則を利用してより良い関係を築きましょう

ふれあいの5原則
Ⅰ　温かい心のふれあいを与えられていると、子どもは心が安定し自分を肯定することができる。
Ⅱ　温かい心のふれあいが不足すると、叱られるようなつめたい交流を求めるようになる。
Ⅲ　条件つきの温かいふれあいばかり与えられていると、次第に叱られるようなつめたい交流を求めるようになる。
Ⅳ　叱られるようなつめたい交流は温かいふれあいが与えられない限りずっと求め続けるものである。
Ⅴ　あたたかいにせよ、冷たいにせよ、ふれあいが得られないことは人生で最も苦痛なことである。

「勉強ができるあなたがカワイイ」というような「○○だから」という条件付きのふれあいは、条件が満たされなった時の不安を子どもが持つ。温かいふれあいには条件が無い!

学校の教育方針も「温かい心のふれあい」です!
学校経営方針の中に、「児童のすぐれた行いを積極的に称揚し、自他を大切にする『思いやりの心』と『向上心』を育む」ことを掲げています。小さな努力でも大いに褒め、やる気と自己肯定感を育てていきたいと思います。
公津小学校 校長　三上 勝 先生

家族のコミュニケーションチェック!

家族で孤立している人はいませんか?　家族のコミュニケーションをチェックしてみましょう。子ども（もちろん大人も）との会話が少ない場合、話を聞く時間を設けてみませんか。

セルフチェック方法
①枠内に家族構成図を描きます。
同世代は横に並べます。□は男性、○は女性です。
②家族間のコミュニケーションを線でつなげます。
コミュニケーション量は線の本数で表します。

事例：祖父母と同居。子どもは男女2人

チェック結果
男児やお父さんとのコミュニケーション不足です。コミュニケーションが不足するとワザと怒られるようなつめたい交流や外へふれあいを求めることになります。
週に1～3回、10～15分程度の時間で子どもの話を聞く時間を設けましょう。自分の考えや助言を伝える必要はありません。話を聞くときはあいづちを打ちながら聞く事に徹してください。

しかり方、ほめ方のコツ

感情にまかせてしかったりするのは逆効果。しかり方とほめ方のポイントをまとめていますので、参考にしてください。

しかり方のコツ
★頭ごなし。決めつけはNG!
★一貫性をもつ
★してしまった行動→そのワケ→その奥にある感情を聞く
★次に同じことが起きた時にどうしたらいいかを一緒に考える

ほめ方のコツ
★ふだんからさりげなくほめる（親の気持ちを伝える）
★結果のいい時だけほめない（努力を認める）

勝利を目指してアタック!!

成田市PTAバレーボール大会

過去の戦績　平成16年以降では平成16年と17年に1勝。18年以降は初戦敗退が続いています

6月の恒例行事といえば市P連主催のバレーボール大会。今年も6月11日（土）に成田市体育館にて市内の小中学校から21校が参加、白熱した試合が四コートで繰り広げられました。

我が公津小チームはDコートの第2試合で吾妻小と対戦。吾妻小とは平成21年に対戦し、フルセットの末、敗退しています。今年のチーム目標はまず1勝!。今回で最後となる小川キャプテンやアタッカーとしてチームを引っ張ってくれた香取先生に勝利をプレゼントすることを目標に5月1日から週1回の練習や合同練習を重ねてきました。

第1セットは、セッターの関谷さんがトスを上げ、香取先生がスパイクで点を重ねていきましたが、徐々にブロックやスパイクレシーブされるようになり途中までは接戦でしが、逆転を許し1セット目を落としてしまいました。2セット目も、サービスエースで点が入る事もありましたが、公津小の攻撃パターンが読まれてしまい1セットと同様、徐々に点差が離れ2－0でゲームセット。健闘むなしく初戦敗退となりました。

勝利に向けた課題

公津小チームの特徴は、バレーボール経験が少ない女性保護者でも気兼ねなく参加でき、楽しくバレーボールに親しめる点です。今年も新しく参加された保護者が数名いました。↘

↘他校のチームは、普段からママさんバレーなどで活動されている方を中心にチーム構成をされてます。そのため、試合では経験数の多寡がそのまま力の差として出ています。

試合後の反省会では、通年でバレーボールの練習ができるような機会が欲しいとの意見も出ており、来年度に向けた課題として検討が必要と考えています。

小川キャプテンに聞いてみました

「メンバーが足りないから、良かったら参加してみない?」と声を掛けて頂いた事がきっかけで参加させて頂くようになったPバレー。気づけば8年にもなっていました。

最後の参加となる今年度は、BC（バックセンター）で主にプレーをさせて頂いだのですが、コート全体を見渡せるこのポジションがとても大好きでした。

みんなが喜んでいるところ、楽しんでいるところ、悔しがっているところ、励まし合っているところ…。色んな表情や感情を感じられると、一緒にバレーボールができ私は本当に幸せだなぁと思えます。

初心者の私が続けてこられたのは、公津小のPバレーが、勝つことだけにこだわるのではなく、みんなが楽しめることを大切にしてきたからではないかと思います。楽しむことに関しては、他のどの学校にも負けていません!　このPバレーを通して得た経験や仲間は、私にとっての宝です!

最後にいつもあたたかい目で見守り、励ましてくれた監督やコーチ、サポートしてくださったPTA会員の皆さま、そして 公津小OB・OGの皆さまには心より感謝致します。ありがとうございました。

佐々木監督に聞いてみました

公津小学校のPTAバレーボールの監督をさせてもらって早三年たってしまいました。

実はまだ、一度も勝利したことがなく私が監督でよいのか心配になっております。

皆さんとバレーボールができることは本当に楽しくて、これからも頑張っていきたいと思っております。

まずは一勝を目指して明るく、楽しく、ちょっと厳しく、活動していきたいです!

今年度の優勝は中台中学校で3連覇!
準優勝は公津の杜小学校、
3位は成田小学校と吾妻小学校

今年もPTA運営に役立つ情報が満載!

成田市PTA連絡協議会運営研修会

PTA運営の情報共有を目的としたPTA運営研修会が、6月18日（土）に大栄公民館にて開催されました。公津小PTAからは飯嶋会長をはじめ計6名が参加しました。

研修会はテーマ毎に4つの分科会に分かれており、分科会ではアドバイザーからのお話しや、他校との意見交換を行いました。

広報委員会に関係する第4分科会は、印刷費を安くする方法や他校とのグループミーティング、ワードでの写真切り抜きなど具体的かつ参加者の興味を惹く講師の話術に感心しました。また、千葉県PTA連絡協議会の太田紀子会長も分科会を視察、市内のPTA活動に興味を持たれているようでした。

研修会で得た情報は、公津小PTAの円滑な運営に参考になりました。なお、過去の研修会で得た情報がきっかけで本年度の会計予算では予算項目の一部が追加・変更されています。

親子の会話はできていますか?

家庭教育地域教育力向上講演会

研修会の後は、家庭教育地域教育力向上講演会が大栄ホールにて開催されました。演題は『もっと子育てが楽しくなるために』、講師は東京成徳大学大学院 心理・教育相談センター長の田村節子先生です。

PTA研修会参加者以外の保護者も参加できる講演会となっており、ホールには大勢の方が参加され先生の話を拝聴していました。

講演では、小中学生の保護者に役立つ子育て情報が実例とともに分かりやすく紹介されていましたので、3ページに要約を紹介いたします。ぜひ、子育てに活用してください。

佳作　横浜市立山田小学校

審査総評　「ＰＴＡダイアリー」など課題意識の高い紙面です。「算数大好き作戦」など、学校と歩調を合わせた内容にも新味がありました。

全校児童数 538 名（家庭数 420）男児 288 名、女児 250 名（平成 28 年 12 月 1 日現在）

横浜市立山田小学校ＰＴＡ会報誌

やまた 134

PTAスローガン

夢いっぱいの笑顔を
愛いっぱいで育てよう！

CONTENTS

特別付録　算数大好き大作戦　やまたっ子わくわくドリル

みんなで響かせる おはよう！の声

９月１日から１０月８日の登校時間に「あいさつふやし隊」の活動がありました。毎年、あいさつの活発化を図り、５、６年生の計画委員会が立案し代表委員会で決定。本年度は「あいさつふやし隊」の当番をクラスから登校班単位に変えました。班長が前日に当番を班員に連絡。子どもたちに工夫が見られました。「しっかりあいさつして始まる朝は気持ちがいい」という声も。

算数大好き大作戦　裏表紙始まり

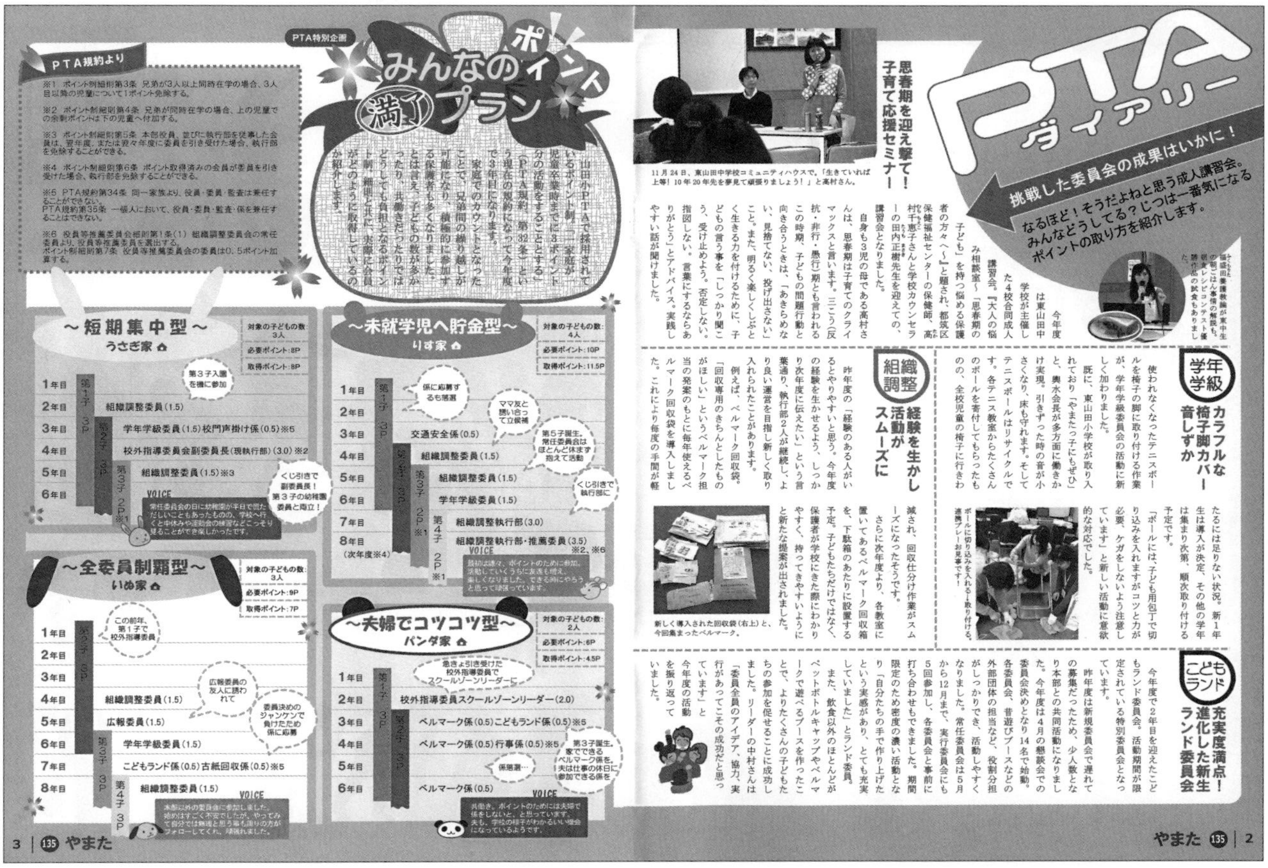

PTA規約より

※1 ポイント制細則第3条 兄弟が3人以上同時在学の場合、3人目以降の児童について1ポイント免除する。

※2 ポイント制細則第4条 兄弟が同時在学の場合、上の児童での余剰ポイントは下の児童へ付加する。

※3 ポイント制細則第5条 本部役員、並びに執行部を従事した会員は、翌年度、または翌々年度に委員を引き受けた場合、執行部を免除することができる。

※4 ポイント制細則第6条 ポイント取得済みの会員が委員を引き受けた場合、執行部を免除することができる。

※5 PTA規約第34条 同一家族より、役員・委員・監査は兼任することができない。
PTA規約第35条 一個人において、役員・委員・監査・係を兼任することはできない。

※6 役員等推薦委員会細則第1条(1) 組織調整委員会の常任委員より、役員等推薦委員を選出する。
ポイント制細則第7条 役員等推薦委員会の委員は0．5ポイント加算する。

PTA特別企画

みんなのポイント満了プラン

山田小PTAで採用されているポイント制。「一家庭が児童卒業時までに8ポイント分の活動をすることとする」(PTA規約 第32条)という現在の規約になって今年度で3年目になります。

家庭でのカウントとなったことで、兄弟間の繰り越しが可能になり、積極的に参加する保護者も多くなりました。とは言え、子どもの数が多かったり、共働きだったりではどうしても負担となるポイント制。細則と共に、実際に会員がどのように取得しているのかを紹介します。

～短期集中型～ うさぎ家

対象の子どもの数：3人 / 必要ポイント：8P / 取得ポイント：8P

1年目	
2年目	組織調整委員(1.5)
3年目	学年学級委員(1.5)校門声掛け係(0.5)※5
4年目	校外指導委員会副委員長(現執行部)(3.0)※2
5年目	組織調整委員(1.5)※3
6年目	

第1子 3P / 第2子 3P / 第3子 2P ※1

第３子入園を機に参加

くじ引きで副委員長！第３子の幼稚園委員と両立！

VOICE 常任委員会の日に幼稚園が半日で慌ただしいこともあったものの、学校へ行くと中休みや運動会の練習などこっそり見ることができ楽しかったです。

～未就学児へ貯金型～ りす家

対象の子どもの数：4人 / 必要ポイント：10P / 取得ポイント：11.5P

1年目	
2年目	
3年目	交通安全係(0.5)
4年目	組織調整委員(1.5)
5年目	組織調整委員(1.5)
6年目	学年学級委員(1.5)
7年目	組織調整執行部(3.0)
8年目(次年度※4)	組織調整執行部・推薦委員(3.5)※2、※6

第1子 3P / 第2子 3P / 第3子 2P ※1 / 第4子 2P ※1

係に応募するも落選

ママ友と誘い合って立候補

第５子誕生。常任委員会はほとんど休まず抱えて活動

くじ引きで執行部に

VOICE 最初は渋々、ポイントのために参加。活動していくうちに友達も増え、楽しくなりました。できる時にやろうと思って頑張っています。

～全委員制覇型～ いぬ家

対象の子どもの数：3人 / 必要ポイント：9P / 取得ポイント：7P

1年目	
2年目	
3年目	
4年目	組織調整委員(1.5)
5年目	広報委員(1.5)
6年目	学年学級委員(1.5)
7年目	こどもランド係(0.5)古紙回収係(0.5)※5
8年目	組織調整委員(1.5)

第2子 3P / 第3子 3P / 第4子 3P

この前年、第１子で校外指導委員

広報委員の友人に誘われて

委員決めのジャンケンで負けたため係に応募

VOICE 本部以外の委員会に参加しました。始めはすごく不安でしたが、やってみて自分では無理と思う事も周りの方がフォローしてくれ、頑張れました。

～夫婦でコツコツ型～ パンダ家

対象の子どもの数：2人 / 必要ポイント：6P / 取得ポイント：4.5P

1年目	
2年目	校外指導委員スクールゾーンリーダー(2.0)
3年目	ベルマーク係(0.5)こどもランド係(0.5)※5
4年目	ベルマーク係(0.5)行事係(0.5)※5
5年目	
6年目	ベルマーク係(0.5)

第1子 3P / 第2子 3P

急きょ引き受けた校外指導委員でスクールゾーンリーダーに

第３子誕生。家でできるベルマーク係を。夫は仕事の休日に参加できる係を

係落選…

VOICE 共働き。ポイントのためには夫婦で係をしないと、と思っています。夫も、学校の様子がわかるいい機会になっているようです。

3 | 135 やまた

PTAダイアリー

挑戦した委員会の成果はいかに！

なるほど！そうだよねと思う成人講習会。みんなどうしてる？じつは一番気になるポイントの取り方を紹介します。

思春期を迎え撃て！子育て応援セミナー

11月24日、東山田中学校コミュニティハウスで。「生きていれば上等！10年20年先を夢見て頑張りましょう！」と高村さん。

福盛田養護教諭が東中生の朝ごはん事情の解説も。朝食レシピコンテスト優勝作品の試食もありました。

今年度は東山田中学校が主催した4校合同成人講習会。『大人の悩み相談室～「思春期の子ども」を持つ悩める保護者の方々へ～』と題され、都筑区保健福祉センターの保健師、高村千恵子さんと学校カウンセラーの田内正樹先生を迎えての講習会となりました。

自身も3児の母である高村さんは、思春期は子育てのクライマックスと言います。三こう(反抗・非行・愚行)期とも言われるこの時期、子どもの問題行動と向き合うときは、「あきらめない、見捨てない、投げ出さない」こと。また、明るく楽しくしぶとく生きる力を付けるために、子どもの言う事を「しっかり聞こう、受け止めよう。否定しない。指図しない。言葉にするならありがとう」とアドバイス。実践しやすい話が聞けました。

学年学級 カラフルな椅子脚カバー 音しずか

使われなくなったテニスボールを椅子の脚に取り付ける作業が、学年学級委員会の活動に新しく加わりました。

既に、東山田小学校が取り入れており「やまたっ子にもぜひ」と、奥水会長が多方面に働きかけ実現。引きずった時の音が小さくなり、床も守れます。そしてテニスボールはリサイクルです。各テニス教室からたくさんのボールを寄付してもらったものの、全校児童の椅子に行きわたるには足りない状況。新1年生は導入が決定、その他の学年は集まり次第、順次取り付ける予定です。

「ボールには、子ども用包丁で切り込みを入れますがコツと力が必要、ケガをしないよう注意しています」と新しい活動に意欲的な対応でした。

ボールに切り込みを入れる→取り付ける。連携プレーお見事です！

組織調整 経験を生かし活動がスムーズに

昨年度の「経験のある人がいるとやりやすいと思う。今年度の経験を生かせるよう、しっかり次年度に伝えたい」という言葉通り、執行部2人が継続し、より良い運営を目指し新しく取り入れられたことがあります。

例えば、ベルマーク回収袋。「回収専用のきちんとしたものがほしい」というベルマーク担当の発案のもとに毎年使えるベルマーク回収袋を導入しました。これにより毎度の手間が軽減され、回収仕分け作業がスムーズになったそうです。

さらに次年度より、各教室に置いてあるベルマーク回収箱を、下駄箱のあたりに設置する予定。子どもたちだけではなく、保護者が学校にきた際にわかりやすく、持ってきやすいようにと新たな提案が出されました。

新しく導入された回収袋(右上)と、今回集まったベルマーク。

こどもランド 充実度満点！進化した新生ランド委員会

今年度で2年目を迎えたこどもランド委員会。活動期間が限定されている特別委員会となっています。

昨年度は新規委員会で遅れての募集だったため、少人数となり本部との共同活動になりました。今年度は4月の懇談会での委員会決めとなり14名で始動。各委員会、昔遊びブースなどの外部団体の担当など、役割分担がしっかりでき、活動しやすくなりました。常任委員会は5月から12月まで、実行委員会にも5回参加し、各委員会と事前に打ち合わせもできました。期間限定のため密度の濃い活動となり「自分たちの手で作り上げたという実感があり、とても充実していました」とランド委員。

また、飲食以外のほとんどがペットボトルキャップやベルマークで遊べるブースを作ったことで、よりたくさんの子どもたちの参加を促せることに成功しました。リーダーの中村さんは「委員全員のアイデア、協力、実行があってこその成功だと思っています」と今年度の活動を振り返っていました。

やまた 135 | 2

算数大好き大作戦

算数道は一日にしてならず！

家庭での取り組みどうしていますか？

保護者に家庭学習アンケートを実施。回答からは各家庭での悩みが…。

家庭学習は試行錯誤の連続。やまたっ子も頑張ってるぞ！

今回の家庭学習アンケートを実施してみると、学年が低くなるほど保護者からの関心が高い傾向にありました。回答からは疑問や不安を持ちながら家庭で試行錯誤する様子が伺えました。ここではアンケートから見える家庭学習の様子を紹介します。

子どもの学習に対する関与状況

家庭学習への関わり方は、低学年の保護者が「積極的に関わっている」など、関心度、関与ともに積極的でした。また、4年生を境に「言われたときだけ」「添削だけ」という回答が目立ち、関与は減少傾向でした。

アンケート集計

子どもの学習の内容を把握しているか：毎回している 27.8%／時々している 49.6%／子どもから言われたときだけ 13.2%／していない 7.2%／無回答 2.2%

保護者の宿題への関わり具合：積極的に関わっている 25.8%／言われたときだけ 37.0%／確認だけ 24.5%／関わりはない 1.3%／無回答 7.4%

子どもは家庭学習に意欲的か：意欲的 34.4%／言われないとしない 50.3%／やらない 4.6%／不明 3.3%／その他 5.9%／無回答 1.5%

家庭学習を楽しく取り込むコツ

低学年は、褒める、励ます、シールを貼る、ポイント制にするなどと、楽しく工夫しながらの学習。一方、高学年は褒める事に加え、学習が終わると好きな事が出来るといったお楽しみを設けて工夫をしている点が特徴的でした。

我が家の学習時のこんなルール

低学年から高学年までの全学年を通して、「テレビを消して学習をする」と回答をした家庭が多く見られました。次に、低学年を中心に「学習が終わらないと遊べない」など、帰宅後すぐに取り組むといったルールが多い結果でした。4年生くらいから少しずつ、子ども自身に任せる、自分自身で決めて取り組むなどの自立を促す様子も見受けられました。他にも「必ず見直しをさせる」「学習を習慣付ける」「短時間に集中してやる」といった回答もありました。

家庭学習、宿題の他には？

家庭でどんな学習に取り組んでいるかの回答は、宿題のみ、塾頼み、親作成問題までバリエーション豊富でした。注目は「はまっ子学習ドリル」。授業に合った問題を紹介したもので、取り組む家庭も多くありました。

家での勉強も楽しもうぜ！

私は山田小の算数が大好きなこんもりした山。みんなが頂上に上って来るのを楽しみに待っている。力持ちだがじゃんけんは弱い。

©rika

算数昔話

●図形問題はパズル感覚で楽しかった ●夫が子どもと九九を練習していたら、九九にも関西弁があることを知りました ●計算が苦手でよく指を使い、それでも足りないときは手の絵を描いて数えた ●引き算では足の指まで使って必死でした ●計算ドリルで母がタイム計測してくれてうれしかった ●九九の暗記テスト一発合格！！ ●文系の私。算数ができればもっと色んな未来があったと思う

大人になっても使っている大人算数

●車の給油時、1リットル当たりの走行距離を計算 ●料理でレシピを３分の２などに換算 ●時給計算(アルバイト) ●６個、１２個入りの商品が多いので６の倍数を使う(加工食品卸業) ●２進法、１０進法、１６進法は必須(エンジニア) ●セールの割り引き計算 ●比の計算(料理の調味料や洋裁のサイズ変更など) ●尿量の計算(介護職) ●寸尺間単位の暗記(建築業) ●ストロボ発光距離と絞りの計算(カメラマン) ●外食時の割り勘

11 | 134 やまた

算数大好き大作戦

算数道はすべてへ通ず

暮らしの中で算数をみつけよう

算数は暮らしの中で生きる学問！生活の中に算数がいっぱいだぞ！

いつもの問題がこんなところに！気づきで算数をもっと身近に。

算数的な考え方は暮らしの中にあふれています。しかし、暮らしと算数を結びつけるのは子どもにとって難しいかもしれません。ここでは暮らしのシチュエーションが算数問題にも通じている例を具体的に上げてみました。

算数のプリントだと、こんな問題になるよ

低学年 温泉に行ったおばあちゃんに、お土産をもらったよ！

箱の中にあるたくさんのおまんじゅう。全部で何個あるのかな？家族で好きなところからとったけれど、あと何個残っているのかな？あ、今日は見たいテレビがあるんだ！今、何時かな？

① 箱の中には、何個のおまんじゅうがありますか？どのような求め方があるか考えましょう。
② 何時何分ですか？

中学年 大掃除をしたよ。整理整頓したらすっきり！

本の整理整頓をしたよ。図鑑が10冊、物語が35冊、伝記3冊。たくさんあるなぁ。全部で何冊かな？次は図工で使おうと思って取ってあった空箱の整理をしなくちゃ。いろいろな形のものがあるなぁ。

① わからない数を□にして自分で問題を作ってみましょう。
② 身の回りで円や三角形のものを探しましょう。

高学年 毎日寒いから、マフラーと手袋を買ってもらったよ。

このマフラーは軽いなぁ！好きだからどんどんコレクションしちゃう。帽子が2つ、マフラー3つ、手袋3つになった。どう組み合わせるか迷っちゃうな。あれ？それぞれのタグに見慣れないマークが付いているぞ。

① 重さの単位は何ですか？
② 何通りの組み合わせができるか考えてみましょう。
③ 身近なマークで線対称や点対称のものを見つけよう。

キミも生活の中から問題を作ってみないか？挑戦待ってるぞ。

★この特集は裏表紙始まりです。

算数ちょっと質問？ 寄せられた算数学習の「困った」に先生のちょこっとアドバイスを。

手を使わず計算できるようになるにはどうしたらいい？
経験を積めば自然に頭でするようになります。人の目がある外出時に計算する機会を作ってみては？

宿題だけで勉強量が足りているか心配…。
学んだ事を自分なりに考える時間を設け、自分の状況に合わせて家庭学習の量を決めてはどうでしょうか？

違う解き方で教えてしまった。そのときの対処法は？
違う解き方を授業で比べるのも楽しいもの。考えに広がりが出ます。家庭でのこうした取組みは嬉しいです。

★特別付録「やまたっ子わくわくドリル」にも挑戦しよう。(別紙)

やまた 134 | 10

佳作　長野県茅野市立玉川小学校

審査総評　地区ＰＴＡや地域、子ども、ＰＴＡの活動報告などを見詰めて、過不足のない紙面を作っています。子どもたちの食をテーマにした特集は、家庭でも参考になります。

たまがわ

◀『たまがわ』題字の紹介
もうみんな知ってるよね。野澤校長先生直筆なんだよ。広報紙の題字は、代々の校長先生に書いていただいているんだよ。

発行　茅野市立玉川小学校PTA
編集　広報委員会
発行日　平成28年7月

特集1　子どもたちの食を考える

学校における食育の推進、学校給食の充実がうたわれています。
普段、玉川小の子どもたちはどんな給食を食べているのか知っていますか？
保護者のひとりとしても気になる「給食試食会」と「手作り弁当の日」を、特集として取材しました。
玉川小の食育への取り組みを知り、子どもたちの食をいっしょに考えてみませんか？

みんなで力を合わせて給食の準備中！

6/20【郷土食】の給食

玉川小では月に1回、地元の食材を使った【郷土食】を供して、地域の食文化を伝える取り組みがつづけられています。

校長室のお宝発見クイズ！
←これは一体なんでしょう？
＊こたえは8ページの下にあるよ

作ってみよう！「しおいかとキャベツのあえもの」レシピ

材料（4人分）

塩いか	30g	塩	少々
キャベツ	100g	うすくち醤油	小さじ1
セルリー	60g	上白糖	小さじ2
きゅうり	50g	酢	小さじ1と1/2
にんじん	20g		

作り方

1 塩いかは短冊に切り、水につけて塩抜きをする。
2 キャベツは短冊切り、きゅうりは輪切り人参はせん切りにして塩でもみ、しんなりさせる。
3 塩抜きしたいかと塩でもんだ野菜を合わせて、調味料であえる。

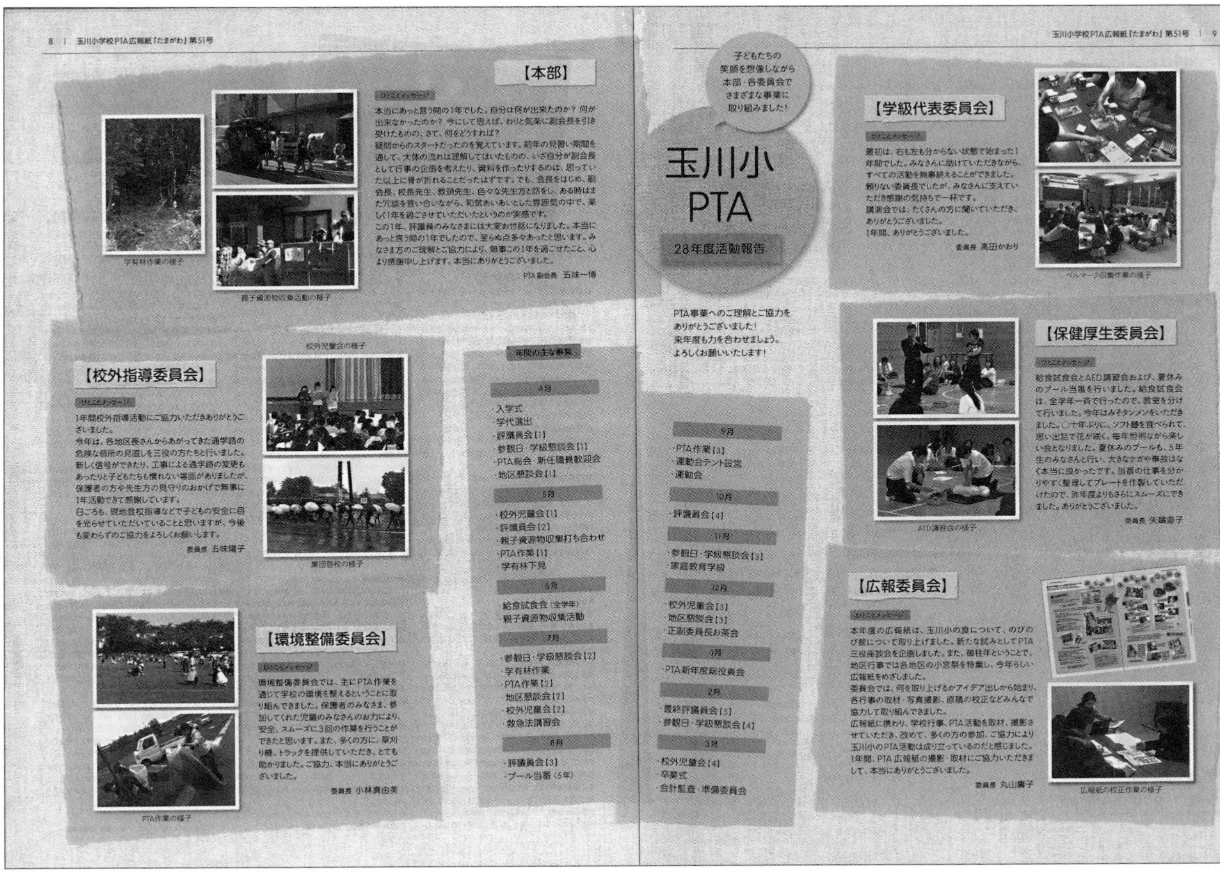
8 | 玉川小学校PTA広報紙『たまがわ』第51号

【本部】

ひとことメッセージ

本当にあっと言う間の1年でした。自分は何が出来たのか？ 何が出来なかったのか？ 今にして思えば、わりと気楽に副会長を引き受けたものの、さて、何をどうすれば？
疑問からのスタートだったのを覚えています。前年の見習い期間を通して、大体の流れは理解してはいたものの、いざ自分が副会長として行事の企画を考えたり、資料を作ったりするのは、思っていた以上に骨が折れることだったはずです。でも、会長をはじめ、副会長、校長先生、教頭先生、色々な先生方と話をし、ある時はまた冗談を言い合いながら、和気あいあいとした雰囲気の中で、楽しく1年を過ごさせていただいたというのが実感です。
この1年、評議員のみなさまには大変お世話になりました。本当にあっと言う間の1年でしたので、至らぬ点多々あったと思います。みなさま方のご理解とご協力により、無事この1年を過ごせたこと、心より感謝申し上げます。本当にありがとうございました。

PTA副会長　五味一博

学有林作業の様子

親子資源物収集活動の様子

【校外指導委員会】

ひとことメッセージ

1年間校外指導活動にご協力いただきありがとうございました。
今年は、各地区長さんからあがってきた通学路の危険な個所の見直しを三役の方たちと行いました。新しく信号ができたり、工事による通学路の変更もあったりと子どもたちも慣れない場面がありましたが、保護者の方や先生方の見守りのおかげで無事に1年活動できて感謝しています。
日ごろも、現地登校指導などで子どもの安全に目を光らせていただいていることと思いますが、今後も変わらずのご協力をよろしくお願いします。

委員長　五味陽子

校外児童会の様子

集団登校の様子

【環境整備委員会】

ひとことメッセージ

環境整備委員会では、主にPTA作業を通じて学校の環境を整えるということに取り組んできました。保護者のみなさま、参加してくれた児童のみなさんのお力により、安全、スムーズに3回の作業を行うことができたと思います。また、多くの方に、草刈り機、トラックを提供していただき、とても助かりました。ご協力、本当にありがとうございました。

委員長　小林真由美

PTA作業の様子

年間の主な事業

4月
- 入学式
- 学代選出
- 評議員会【1】
- 参観日・学級懇談会【1】
- PTA総会・新任職員歓迎会
- 地区懇談会【1】

5月
- 校外児童会【1】
- 評議員会【2】
- 親子資源物収集打ち合わせ
- PTA作業【1】
- 学有林下見

6月
- 給食試食会（全学年）
- 親子資源物収集活動

7月
- 参観日・学級懇談会【2】
- 学有林作業
- PTA作業【2】
- 地区懇談会【2】
- 校外児童会【2】
- 救急法講習会

8月
- 評議員会【3】
- プール当番（5年）

9月
- PTA作業【3】
- 運動会テント設営
- 運動会

10月
- 評議員会【4】

11月
- 参観日・学級懇談会【3】
- 家庭教育学級

12月
- 校外児童会【3】
- 地区懇談会【3】
- 正副委員長お茶会

1月
- PTA新年度総役員会

2月
- 最終評議員会【5】
- 参観日・学級懇談会【4】

3月
- 校外児童会【4】
- 卒業式
- 会計監査・準備委員会

玉川小学校PTA広報紙『たまがわ』第51号 | 9

子どもたちの笑顔を想像しながら本部・各委員会でさまざまな事業に取り組みました！

玉川小 PTA
28年度活動報告

PTA事業へのご理解とご協力をありがとうございました！
来年度も力を合わせましょう。
よろしくお願いいたします！

【学級代表委員会】

ひとことメッセージ

最初は、右も左も分からない状態で始まった1年間でした。みなさんに助けていただきながら、すべての活動を無事終えることができました。
頼りない委員長でしたが、みなさんに支えていただき感謝の気持ちで一杯です。
講演会では、たくさんの方に聞いていただき、ありがとうございました。
1年間、ありがとうございました。

委員長　高田かおり

ベルマーク収集作業の様子

【保健厚生委員会】

ひとことメッセージ

給食試食会とAED講習会および、夏休みのプール当番を行いました。給食試食会は、全学年一斉で行ったので、教室を分けて行いました。今年はみそタンメンをいただきました。〇十年ぶりに、ソフト麺を食べられて、思い出話で花が咲く。毎年恒例ながら楽しい会となりました。夏休みのプールも、5年生のみなさんと行い、大きなケガや事故はなく本当に良かったです。当番の仕事を分かりやすく整理してプレートを作製していただけたので、昨年度よりもさらにスムーズにできました。ありがとうございました。

委員長　矢嶋直子

AED講習会の様子

【広報委員会】

ひとことメッセージ

本年度の広報紙は、玉川小の食について、のびのび館について取り上げました。新たな試みとしてPTA三役座談会を企画しました。また、御柱年ということで、地区行事では各地区の小宮祭を特集し、今年らしい広報紙をめざしました。
委員会では、何を取り上げるかアイデア出しから始まり、各行事の取材・写真撮影、原稿の校正などみんなで協力して取り組んできました。
広報紙に携わり、学校行事、PTA活動を取材、撮影させていただき、改めて、多くの方の参加、ご協力により玉川小のPTA活動は成り立っているのだと感じました。
1年間、PTA広報紙の撮影・取材にご協力いただきまして、本当にありがとうございました。

委員長　丸山青子

広報紙の校正作業の様子

地区PTAと小宮祭 / かがやく子どもたちを支える / 学校と家庭とのつながり / 玉川小PTA活動報告

6 | 玉川小学校PTA広報紙『たまがわ』第50号

特集2 のびのび館ってどんなところ？

玉川小のとなりにある玉川地区コミュニティセンターの中に、玉川地区こども館「のびのび館」があるのを知っていますか？
放課後、のびのび館には大勢の玉川小の子どもたちの姿があり、とってもにぎやかです。
「この場所がどんなところなのか」「子どもたちは一体何をやっているのか」取材してみました。

市内10地区にある地区こども館それぞれに【独自の名前】が付けられています。玉川小の子どもたちが「のびのび館」という名前を考えて看板を作ったということです。この看板は、玉川コミュニティセンター入り口左側にかかげられています。

玉川コミュニティセンターはさまざまな市民団体が利用・活用しています

5/12 玉川のびのび館運営委員会

茅野市地区こども館は「たくましく・やさしい・夢のある子ども」に育つよう、子どもたちが気軽に立ち寄り、みんなでいっしょに過ごすことができる「本のある屋根つき公園」という位置づけで設置されました。
この施設を運営するのが、玉川のびのび館運営委員会です。
委員会メンバーは、地元玉川区民、保育園の保護者、読書推進の会、民政児童委員、子育てサークルなど、地域で活動する多様な人たちです。
放課後一番利用者の多い玉川小の子どもたちに関わる玉川小PTAももちろん委員会のメンバーです！

授業参観日の放課後、のびのび館は子どもたちであふれ返ります！

廊下にかばんがいっぱい！

主な事業内容

【つくってあそぼう】
ねがい：買ったおもちゃではなく、自分で作って遊ぶ（親子で遊ぶ）楽しさを知り、うまくできた時の達成感を味わってほしい。（月1回）
玉川小PTAのほか、地域の保育園の保護者や子育てサークルのみなさんも担当します。

【おはなし会】
ねがい：本や紙芝居などを読んでもらうことにより、本の楽しさを知ってほしい。（月1回）

【走り方教室】
ねがい：走り方の基礎を教わり、走る楽しさを知ってほしい。（年1回）

歴代の玉川小PTA会長OBがのびのび館運営委員会の委員長を務めます
玉川小の校長先生も出席してくださいます
事務局は玉川コミュニティセンターの館長と職員のみなさんです

【つくってあそぼう】の年間予定を決めている様子

西山PTA会長と石山PTA副会長（右）

茅野市「どんぐりプラン」と地区こども館のつながりについて

茅野市では、平成14年7月に「どんぐりプラン（茅野市こども・家庭応援計画）」、平成22年10月には、「第2次どんぐりプラン」を策定し、茅野市の子どもたちが「たくましく・やさしい・夢のある子ども」に育つよう、市民のみなさんと行政が協働して計画の推進に取り組んでいます。この計画は、茅野市独自の子育て応援計画（市民プランにおける子育て・教育分野の個別計画）であり、子どもの健やかな成長を願って策定され、0～18歳までの子どもとその家庭を教育と福祉が連携し、継続的・総合的に支援・応援することを目的としています。どんぐりプランには「地域の子どもは地域で育てよう」、「お互いさまの気持ちを思い出して、自分の家庭だけでなく近所の子どもにも関心を持とう」という願いが込められています。地区による取り組みは、平成18年から「地区コミュニティ運営協議会子育て部会」と「地区こども館運営委員会」に活動が移行され現在に至っています。地区こども館は、利用者の個人責任において使用する場所であり、託児の機能は持っていません。

茅野市教育委員会事務局こども部こども課「どんぐりプランの地区での推進について」より抜粋

玉川小学校PTA広報紙『たまがわ』第50号 | 7

のびのび館と学童クラブ、何が違うの？

茅野市独自の施設

どちらも子どもたちが利用する場所。その違いは何でしょうか。施設の方にうかがいました。

のびのび館

● **のびのび館に来ている子どもたちの人数は？**
平日は50～70名です。参観日には100名ほどの利用があります。
多い時は100名を超えます。

● **放課後、子どもたちはのびのび館でどのように過ごしていますか？**
まず「宿題」をする子が多いです。すぐに外に遊びに行く子もいます。
のびのび館の庭に「秘密基地」を作っている子もいます。
のびのび館は自由に過ごす場所なので、本を読んだり友達とトランプやオセロをしたりおもちゃで遊んだり楽しく過ごしています。

● **のびのび館の雰囲気は？**
電話が聞こえないほどにぎやかです。学年関係なく遊んだり、宿題を教えたり、外でかくれんぼや鬼ごっこ、カンけりなど昔ながらの遊びをする姿が見られます。

● **どんぐりメイトさんが心がけていることは何ですか？**
ケガがないように、困ったことがないか、トラブルはないかなど気を付けて見守りをしています。
また、上の学年の子が下の子に声がけするよう働きかけもしています。
コミュニティセンターは、会議などで利用する方も大勢います。
公共の場をみんなが気持ちよく利用できるように、子どもたちにも話していきたいと思います。

どんぐりメイトの原田幸子さんにうかがいました

学童クラブ

● **学童クラブに来ている子どもたちの人数は？**
第一学童～第三学童まであり、どの学童に入るのかは地区で決まっています。
第一だけで54名。そのうち45名前後が毎日きます。
第一学童～第三学童までを合わせると100名以上が入所しています。

● **放課後、子どもたちは学童クラブでどのように過ごしていますか？**
「宿題」「おやつ」「読み聞かせ」「遊び」の時間があります。
宿題…30分前後で指導はしていません。
おやつ・読み聞かせ…たいていセットにしていて続けて行っています。
第一の場合は指導員が選書し、日替わりで読んでいます。
おやつは子どもたちが各自持参しています。
遊び…校庭、小体育館、学童のお部屋等。

● **学童クラブの雰囲気は？**
とにかくにぎやか。みんな元気に遊んでいます。

● **指導員の先生が心がけていることは何ですか？**
「安心・安全」
子どもたち…とにかくケガのないこと。安全管理には厳しくしています。
保護者…安心して預けて仕事に行けること。ケガなど何か起こった場合は、お迎え時に保護者に必ず経緯から伝えています。

指導員の原穂波先生（玉川小学校第一学童）にうかがいました

設置の目的・理念に違いがあります

のびのび館	学童クラブ
「子どもの居場所である本のある屋根つき公園」という位置づけ 地域の親子が集まる子育て・読書の拠点	適切な遊び、および生活の場を与えて子どもたちの健全な育成を図ることが目的 家庭的な雰囲気の中で時間を過ごす
乳幼児～大人まで誰でも利用可能（未就学児は保護者同伴） 利用者名簿に記名（有事の際の確認）	昼間（就労等により）保護者が家庭にいない小学生が対象（登録制）
自己責任（自力）で帰宅	帰宅時は引き渡し（お迎え）が必要
無料	月額利用料が必要
開館時間：午前9時30分～午後5時	開館時間：授業終了後～午後6時30分
どんぐりメイトが図書業務と子どもの見守り	指導員が生活指導

茅野市発行の学童クラブと地区こども館資料「茅野市の現状」より抜粋

どんぐりメイトメイトの山本さん（左）、原田さん（右）

左から中村彰子先生、原穂波先生、小林やよひ先生

＊利用方法など詳しくは各施設の利用案内をご覧いただくか、各施設にお問い合わせください。

のびのび館の1年の様子

しめなわを使ったクリスマスリース

上：【おはなし会】の様子　家族参加、父親の姿もあり
下：【走り方教室】の様子　運動会で早く走れるといいね

上：【つくってあそぼう】大人気のクリスマスリースづくり
下：【つくってあそぼう 冬のあそび】雪が積もる玉川小の校庭で羽子板であそぶ子どもたち

【つくってあそぼう】【おはなし会】【走り方教室】

【玉川コミュニティまつり】

玉川コミュニティ運営協議会が主催する、年に一度の大イベント。
玉川小PTAも「子育て部会」と「のびのび館運営委員会」のメンバーとして「こどもの国 キッズナーランド」を担当しました。子どもたちの笑顔のために地域の人たちが毎年このイベントに力を合わせて関わっています。

【けやきサロン】

今年度から始まった、世代間交流の場づくりの取り組みです。
赤ちゃんから大人まで、誰もが気軽に利用できるように楽しく参加できるイベントを、月1回実施しています。

Facebookの「玉川地区コミュニティ！」でも情報発信をしています。
楽しいイベントやためになる講座などの情報をチェックしてみてください！

子どもたちの食を考える / 玉川小PTA 新役員紹介 / のびのび館ってどんなところ？

佳作　静岡県静岡市立清水入江小学校

審査総評　紙面からは、楽しみながら作っている様子が感じられ好感が持てます。記事と写真のあしらい方にユーモアがにじみ出ています。

特集『子ども達の命と笑顔のために』

今回は、自分と家族の命を守るため、『防災』について特集します。いつ起きてもおかしくないと言われている東海地震。実際に起きたら、どうなっちゃうの…？
普段、あいまいにしている事を、家族のみなさんで確認してみませんか？

災害時は生き残ることを考えて行動しよう！生きていれば必ず会えます！

入江小防災意識アンケートの結果

平成 29 年 1月に全校児童のご家族向けにアンケートを行い 391(68%)の回答を頂きました。ご協力ありがとうございました！

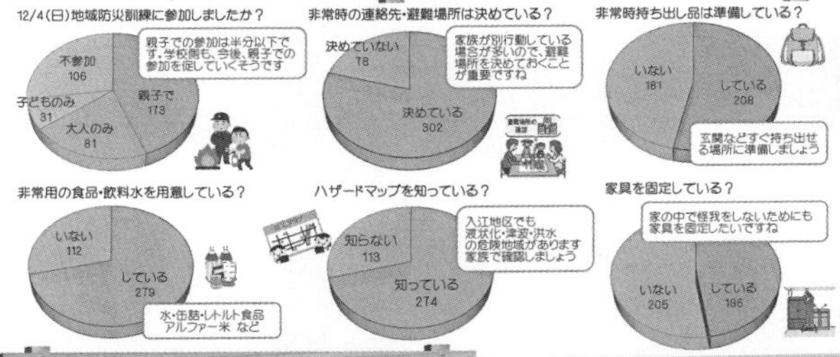

12/4(日)地域防災訓練に参加しましたか？
不参加 106
子どものみ 31
大人のみ 81
親子で 173
親子での参加は半分以下です。学校側も、今後、親子での参加を促していくそうです
非常時の連絡先・避難場所は決めている？
決めていない 78
決めている 302
家族が別行動している場合が多いので、避難場所を決めておくことが重要ですね
非常時持ち出し品は準備している？
いない 181
している 208
玄関などすぐ持ち出せる場所に準備しましょう
非常用の食品・飲料水を用意している？
いない 112
している 279
水・缶詰・レトルト食品 アルファー米 など
ハザードマップを知っている？
知らない 113
知っている 274
入江地区でも液状化・津波・洪水の危険地域があります 家族で確認しましょう
家具を固定している？
家の中で怪我をしないためにも家具を固定したいですね
いない 205
している 186

知っていて損はない！ 災害に関する豆知識

171災害用伝言ダイヤルの利用方法

メッセージを残す（被災地）
①171をダイヤル
②「1」（録音）を選ぶ
③自分（被災地）の電話番号をダイヤル
④メッセージの録音

メッセージを聞く
①171をダイヤル
②「2」（再生）を選ぶ
③被災地の方の電話番号をダイヤル
④メッセージの再生

9月16日(金)に行われた家庭教育学級では、「HUG(避難所運営ゲーム)」を学びました。もしあなたが避難所運営を任されたら、どうしますか？
住民が次々とおしよせてきます…
高齢者から赤ちゃんまで、健康な人ばかりではありません。物資も届いていません。早く避難所でのルールも決めていかなければいけない…そうなったらどうするか?参加者同士で話し合いを重ねました。

避難所生活を送ることになった時に知っておきたい知識が満載でした。
また、このような講座にも、是非大勢の方にご参加頂きたいと思います。

アンケートでは…「はぐれた時用の写真」や「羊羹・飴」を用意しているという意見もありました。なるほど！！

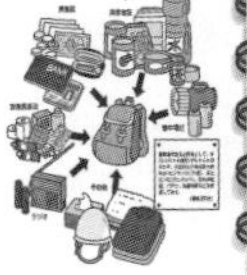

防災チェックリスト一例

安否・避難確認
- □ 家族の安否確認の方法を話し合っている
- □ 自宅からの避難場所を確認している
- □ 会社や学校など外出先からの避難場所を確認している
- □ 避難場所までの経路を確認している

住宅の耐震性
- □ 家の耐震診断を受けた
- □ 家の耐震改修をした

家具の固定など
- □ 家具は倒れないように固定されている
- □ 家具の上に危険なものを置かないようにしている
- □ 寝る場所の近くには、倒れてきそうな家具はない
- □ 万が一、家具が倒れても部屋の出口はふさがれない
- □ ガラス付きの家具には、ガラス飛散防止フィルムを貼っている
- □ 食器棚等の観音開きの扉には、止め金をつけている

非常持ち出し品一例
- □ 飲料水
- □ 食品
- □ 貴重品（預金通帳、印鑑、現金）
- □ 救急用品
- □ 軍手
- □ 懐中電灯
- □ 下着
- □ 予備電池
- □ ろうそく、マッチ（火をつけるもの）
- □ ウェットティッシュ

外出時に携帯したいもの一例
- □ 身元や連絡先のわかるカードなど
- □ 病院の診察券、病名・処方箋を書いたメモなど
- □ 携帯ラジオ（状況を把握するため）
- □ メモ帳・筆記用具
- □ 笛
- □ 水
- □ チョコレートなど（閉じ込められたときの食料）
- □ ハンカチなど（口を覆うためなど）

※非常持ち出し品、外出時の携帯品には、あなたや家族にとって必要な「なければ困る」ものを入れましょう

[3]

子ども達も学校で防災訓練を行い、入江地区では自治会ごとに自主防災訓練を毎年行っています。いざという時にあわてず、子どもと家族の命を守るためには、日頃の備えが大切です。

8月31日(水) 学校での避難訓練

学校は、震度5以上の地震が起きた時は、引き取り時の保護者の安全を考慮し、子どもを学校に引き留めるのが原則です。ですから子どもは安全な状態です。安全を確保した上で、学校へ向かいましょう。
登下校時や子どもが一人で家にいる時にはどうするか？ということは、各家庭で確認しておく必要がありますね。

学校では年に4回、予告なしも含めて防災訓練を行っています。子ども達には次のような指導をしています。
- ○物が落ちてこない、倒れてこない場所で姿勢を低くする！
- ○階段にいたらとにかくしゃがんで身を守り、揺れがおさまったら上の階に避難する！
- ○トイレにいたらドアを開けて、姿勢を低くする！

先生方は、真っ先に子ども達の人数確認と状況確認を行って下さるとのことです。命を守るための訓練を重ねています。

12月4日(日) 各地区の自主防災訓練

【桜橋町】
子ども達も率先して、消火器訓練、バケツリレーなどに参加しました。地域コミュニティの一員として助け合う、共助の心を学びました。

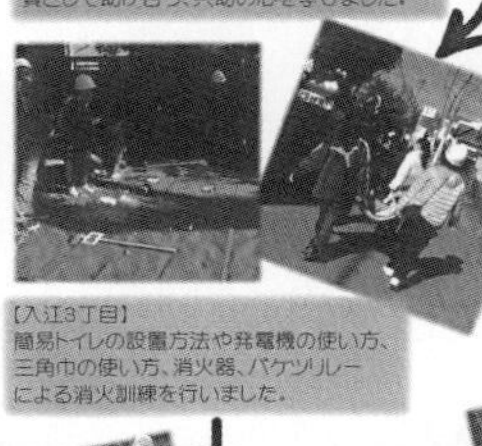

【入江3丁目】
簡易トイレの設置方法や発電機の使い方、三角巾の使い方、消火器、バケツリレーによる消火訓練を行いました。

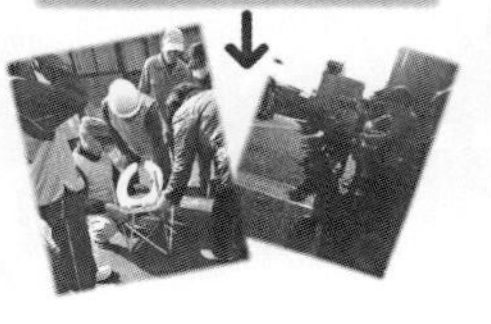

【追分3丁目】
まずは安否確認。

【追分1丁目】
避難生活となった時、体育館に入りきれなかった場合、各クラスが避難場所となるので、自分の住んでいる地区がどのクラスに避難するのかを住民で確認しました。

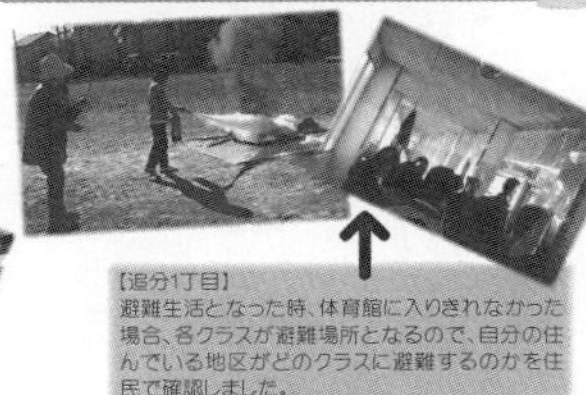

【大曲町】
防災センターに行き、消火器、放水訓練、担架や車いすの使い方、車のジャッキなどを体験しました。訓練の後は、女性部の皆さんの炊き出し（防災食と豚汁）を美味しくいただきました。

[2]

2016年 PTAの各委員会の活動紹介

「学年委員会」

ベルマーク集め、がんばるぞ！

毎月ベルマークの集計作業をしています。
入江小は毎年たくさんのベルマークが集まるので、去年はタグラグビーと電子ホイッスルを購入することができました。点数の高いインクカートリッジも回収していますので、是非ご協力をお願いします。
ちょっと気を付けてみると、意外なところにベルマークがついているかもしれません。集めた分だけ入江小のために使われるので、今年も頑張って集めましょう！

実は、このたくさんあるベルマーク、全部無効です(涙) ベルマーク運動参加企業は毎年変わるので、貯めておかないで、すぐに出してね。

純正インクカートリッジも集めています！

「環境整備委員会」

きれいで安全な学校であるために！

校内点検の様子です。子ども達が学校内で安心・安全に生活できるよう、年に数回校内の点検を行っています。また、PTA 作業が効率よくできるよう前日に用品等の準備をしました。

「広報委員会」

子ども達を支える人を知ってもらうために！

年2回（10月・3月）の広報誌の発行に向け、様々な取材を行っています。
赤色の腕章や水色のジャンパーを着て撮影を行っておりますので、皆様ご協力の程よろしくお願いいたします。
6/25(土)静岡市民文化会館にて、静岡市 PTA 連絡協議会主催 広報委員会全体研修会が行われました。昨年度の広報誌コンクール受賞校の方々の「本当は教えたくないマル秘広報誌の作り方」の発表を聞きました。さすが、受賞校だけあり広報誌作りにかける想い、こだわりを知る事ができ、広報誌作りのヒントをいただけました。これを活かして頑張っていきたいと思います。

PTA作業

7/9（土）あいにくの雨模様でしたが、保護者151名、児童93名、教職員33名、鈴与ボランティアさん6名、総勢283名の多くのみなさまが、朝早くから参加してくださいました。
側溝掃除や草取りなど予定していた外回りの作業は出来ませんでしたが、その分トイレ清掃や廊下・教室の窓ふき、扇風機や蛍光灯の掃除など、みんなで汗を流しながら校内をピカピカにしました。普段なかなか手が回らない階段手すりや壁のペンキ塗り直しも、子ども達が楽しみながら進んで作業を分担してくれました。6年児童の当日参加も多く、感謝の気持ちと愛校心で自ら働く姿に大きな成長を感じました。暑い中参加してくださったみなさま、どうもありがとうございました。

高い所の作業は、お父さんが大活躍！校内全体がリフレッシュして気持ちがいいですね。

玄関や階段手すりもきれいになって、お客さまをお出迎え。

子ども達も積極的に動いていました。

[9]

「交通安全指導委員会」

子ども達の安全を守りたい！

5/28(土)運動会では、会員の皆様にも御協力いただきながら、駐輪場整備や誘導を行いました。
また、6/16(木)の交通安全リーダーと語る会に出席し、安全マップを利用した子ども達の発表を聞き、安全への意識を高めることができました。
今後も登校指導を行うなどして、地域の方々と手を取り合い、子ども達の安全を守り、安心した学校生活を送れるように努めます。

「成人教育委員会」

企画はおまかせ。まずは給食試食会！

5/20(水)の給食試食会の企画から当日の運営を行いました。
食材納入関係者の皆さんのお話を聞き、参加者とともに貴重な時間を過ごすことができました。
また、家庭教育学級のふれあい講座の企画も行っています。皆様のご参加お待ちしています！

「保健体育委員会」

バルーンバレー＆白衣点検！

入江小PTA

6/12(日)第9ブロックの PTA 親睦バルーンバレーボール大会が清水第七中学校の体育館で行われました。
保健体育委員を中心とする保護者10名と教頭先生や宇根先生など5名の先生方が参戦！校長先生の応援を追い風にして、江尻小や清水二中を相手に2戦2勝という好成績をおさめました。
また年に3回、白衣点検を行い、ミシンを使っての補修や、袖口ゴムの交換などを行っています。

堀谷さん ありがとうございます

渋川3丁目の堀谷株式会社の皆さんが、PTA作業前日に塗装箇所の養生作業と下塗りを丁寧に行ってくださいました。
そのおかげで、作業当日はきれいに塗装することができました。
また、正面玄関の上部も昨年に引き続ききれいにしていただきました。
入江小は地域の多くの方に支えられています。

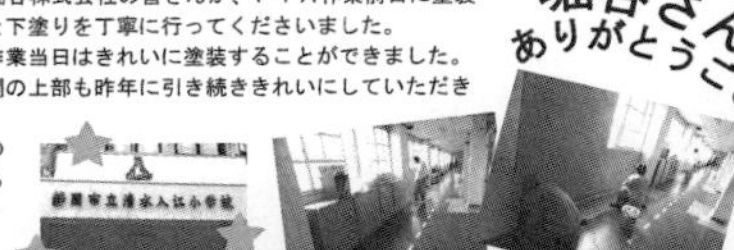

静岡市立清水入江小学校

[8]

佳作

富山県小矢部市立石動小学校

審査総評　「ＰＴＡ通信」と特集記事を主に構成された、ＰＴＡ広報紙らしい広報紙になっています。家族のつながりを見詰める企画も光っています。

家族ふれあいデー テレビ0(ゼロ)・ゲーム0(ゼロ)の日 アンケート集計結果

7月より、「家族ふれあいデー（ゲーム・テレビ0の日）」を提案させていただきました。
①ゲーム0に加えテレビ0も実施した。
②完全に0にするだけでなく家族でルールを決めて部分的に0にするのでもよしとした。
以上2点が特徴でした。そこで、その2点について先日アンケートをとったところ、たくさんの回答を寄せていただきました。ご協力ありがとうございました。今回の特集では、アンケート結果をご報告し、この取組のまとめとさせていただきます。

実施日 1/10〜1/13　実施者 母親委員会　対象 317家族　回答数 257家族　回答率 81%

Q1 「家族ふれあいデー」にどのように取り組みましたか。その理由も教えてください。

※理由は意見の多い順に挙げました。

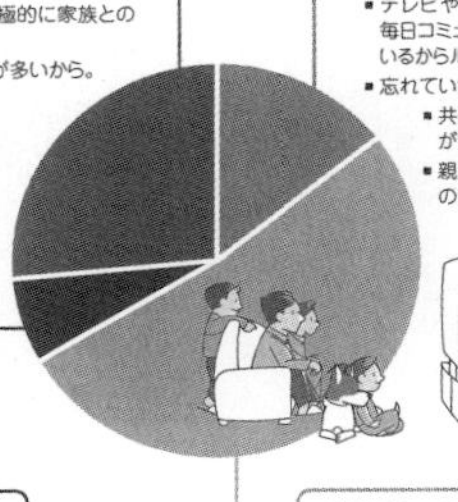

テレビ0・ゲーム0の両方に挑戦!

- ゲームは普段からほとんどしないけど、その分テレビをたくさん見ているので、両方挑戦した。
- ふれあいが少ないと感じていたので、積極的に家族との時間をもついい機会だと思ったから。
- 毎日、テレビ視聴、ゲームをしていることが多いから。何かルールがないと、際限がない。
- ゲーム0をよく意識していたので、テレビを見る時間も意識させたかった。
- ゲーム0に加えて、食事中はテレビを消すことで食事のありがたみを感じてほしかった。
- 家族みんなで体を動かしたりして、ふれあう時間を大切にしたいから。
- 体を動かすことや創造することが子供には大切だと思うから、その時間を確保したい。　等

実施しなかった

- 普段からゲームはないし、テレビも見過ぎない（見ない）ので問題ないから。
- テレビやゲームを0にしなくても、毎日コミュニケーションを取り合っているからルールを設ける必要がない。
- 忘れていた。知らなかった。
- 共働きのため、祖父母に負担がかかる。
- 親が忙しくて、子供に守らせるのが難しい。　等

テレビ0のみ挑戦!

- ゲームは家にないので、目標にする必要がなかった。そこで、テレビ0に挑戦した。
- テレビをよく見ているから。
- 家族全員で取り組むので、大人も見るテレビなら一緒に取り組みやすいと思った。（大人はゲームをしないため）
- ゲームの我慢はできないので、テレビを制限した。
- テレビを消すと会話が増えたから。　等

ゲーム0のみ挑戦!

- テレビ0は家族の都合があり（情報を得る必要がある等）難しい。ゲーム0ならできた。
- テレビは一緒に見てコミュニケーションしているので、制限する必要はなかった。ゲーム0のみ行った。
- テレビよりゲームのし過ぎが気になるから。
- ゲームは大人が管理しやすい。（テレビは子供が自分でつけてしまう。）
- くつろぎの時間も大切にしたいから。
- 以前からの取組で習慣化している。　等

Q2 目標を家族で決めることについてどう思いましたか。その理由も教えてください。

※理由は意見の多い順に挙げました。

よかった

- 家族共通の決めごととなり、みんなが意識して（声を掛け合って）取り組むことができた。
- 目標を決めたことで子供が自分から進んで意欲をもってできた。意識して過ごすようになった。時間を守るようになった。
- 親子の会話、遊び（トランプ・ウノ）、スキンシップ、コミュニケーションの時間が増えた。
- 家族の生活を見直すいい機会になった。話し合う機会になった。
- 各家庭それぞれなので、それに合った目標を決められてよかった。
- 話し合って決めることで、達成感が味わえた。
- 守れない約束や目標は意味がない。条件付きにしたことで無理なくできた。
- 行動にメリハリがつく。ルールが何もないと、ケータイのゲームやテレビをずっと続けがち。
- 家族ぐるみでしないと効果がない。
- 親の気持ち（許容できる時間や番組）を伝えることができた。子供も取捨選択できる。
- 大人もつい、ゲームやテレビに頼りたくなっているのに気付いた。大人も考えるのはよかった。
- 遊び感覚で出来てよかった。
- どうしたら短くできるか、工夫できた。
- ルールが目を休める時間の目安になった。

よくなかった

- ゲームをしないし、テレビも見ないので必要性を感じない。
- 気持ちを同じにするのは難しい。兄弟の理解が得られない。
- 家族みんなで趣味のスポーツ番組や映画鑑賞をしておしゃべりを楽しんだりするもの家族のふれあいだと考えるから。
- 親子でゲームをするのも楽しいコミュニケーションだと思うから。
- 無理なくできそうな目標を立てるのが難しかった。
- 自分で決めた時より、自分で行わなくてはいけないと思う自覚が少ない。
- テレビもゲームも生活の一部になっている。
- 自然にふれあえればよい。目標を決めても達成できるものではない。
- せっかく目標を立てても0の付く日に実行することを認識できなかった。
- 自由に過ごしたい。　等

よかった点・よくなかった点、両方ある

- 家族で意識することはよかったが、「家族ふれあいデー」以外は何でもやっていいという雰囲気になり、先にやるべき宿題が後回しになった。
- ゲーム0はよかったが、テレビ0は決めたもののあまり行えなかった。テレビも一緒に楽しめるなら、よいのでは。
- あまり変化はなかった。休日は自由に過ごしたい。子供は自分で我慢できないので意味はある。

まとめ

アンケートには、皆さんの貴重なご意見を寄せていただきありがとうございました。賛否両論なるべく多くのご意見を載せるようにしました。昨年まで行っていた「ゲーム0の日」からの変化に戸惑われた方もおられましたが、多くのご家庭が自分たちのライフスタイル・価値観に合った形を話し合って取り組んでくださったことが伺えました。

「家族でたくさんコミュニケーションをとりたい」「子供たちに有意義に時間を過ごしてほしい」というのは大人も子供も共通の願いだと思います。子供たちの豊かな心を育むためにできることを、これからも考えていきたいですね。

PTA通信

7/2 四学年親子活動

七月二日(土)の四学年活動「とやま環境チャレンジ10」で、地球温暖化DVDを鑑賞しました。環境問題について考え、エコ活動に取り組む意欲が沸きました。

その後の簡単な実験では、電球とLEDの違いを比べ、水と二酸化炭素を混ぜるとどうなるか調べました。子供たちは、結果を見て驚いていました。

保護者の皆さん、役員の皆さん、ご協力いただきありがとうございました。

四学年部長　平田　吉則

7/9 一学年親子活動

七月九日(土)に小矢部スポーツ推進委員の方を招き「親子で体を動かそう!」を開催しました。左右の指や腕を非対称に動かす運動では頭が混乱しました。親子で追いかけ合う、体の上に乗るなど親子のふれあいを楽しみました。中でも、自分たちの色が表になるようにカードをひっくり返し合う運動は大変盛り上がりました。スポーツ推進委員の方のおかげで親睦が深まるレクリエーションになりました。

一学年部長　舟本　知子

7/16 五学年親子活動

「オムニキーン!」梅雨真っただ中、体育館中に響き渡る声。五学年親子活動としてキンボールを開催しました。指体操、ボールキャッチ・スロー練習の後、試合をしました。大人も子供も真剣に取り組み、親子のコミュニケーションが深まりました。

小矢部スポーツ推進委員の方を講師に迎え、有意義な時間を過ごせました。ご協力いただいた皆さんありがとうございました。

五学年部長　藤田　良章

7/27・28 四支部活動

今年も本行寺で「礼儀、挨拶を学び生活に敬いの心を学ぶ」を目的に少年少女修行道場が行われました。櫻栄住職から「いただきますの意味」を楽しく教えていただきました。

夕食、布団の準備、片付け等を子供たちだけで行いました。高学年になると低学年を指導する姿が見られました。毎年参加している子供たちは成長しています。

お寺で食べ物や家族への感謝の気持ちを学ぶことができたと思います。

今回ご協力いただきました皆さんに感謝申し上げます。

四支部長　高瀬　輝一

7/30・31 南谷支部活動

南谷支部は、岩尾滝くつろぎ交流館にて七月三十日(土)、三十一日(日)に子供大会を開催しました。

遊歩道でのオリエンテーリングでは、クイズをしながら駆け回りました。昼食のご飯は飯ごうを使って炊飯し、子供たちが野菜を切ってカレーを作りました。

木登り体験では、怖がる子もいましたが、普段体験できないよい経験になったと思います。児童クラブ育成会をはじめ、ご協力いただいた皆さんに感謝します。

南谷支部長　石川　知育

8/7 親子ふれあい教室

おやべスポーツクラブの指導員である松本健悦さんをお招きして、「親子ふれあい教室」を開催しました。

お父さん、お母さんの足を踏まないようにジャンプしたり、ボールを手、足、膝、おしりで止めたりしました。簡単なルールと基本動作の運動・遊びですが、子供から大人まで楽しみました。

最後は、輪になって、隣の人がバウンドさせたボールのキャッチに挑戦して、見事大成功!参加した皆さんは笑顔いっぱいでした。

母親委員長　常楽　知栄

8/26 夏休み特別清掃

夏休み最後の日曜日、教職員、保護者、子供たちによる夏休み特別清掃が行われました。

前日までの雨も上がり、晴天の中、子供たちは先生と教室の掃除をしました。保護者は、校舎のまわりの草刈りや、体育館、校舎の窓を拭きました。日頃は清掃できない場所もきれいになり、気持ちよく二学期を迎える準備ができました。

早朝にもかかわらず、多くの皆さんにご参加いただき、ありがとうございました。

9/22 埴生支部活動

埴生支部は、ウォークラリーを開催しました。チェックポイントでクイズをしながら友達や家族と歩く姿は、とても楽しそうでした。ゴール後は、防災シートゲームや、水消火器体験で、災害時の対処方法を学習しました。昼食には婦人部お手製の豚汁をいただき、心も体も温まりました。

自治振興会や各種団体の方々のおかげで無事に終えることができました。本当にありがとうございました。今回の経験をこれからの生活に生かしていきたいです。

埴生支部長　安田　香織

10/8 五支部活動

文化スポッセンターにて、町内対抗のカローリング大会を開催しました。

このスポーツは、ストーンを的の中心の近くで止めるように投げる力の加減が重要で、子供たちは一投一投に声援を送り、どんどん上達していきました。

親子で作戦を練る場面や、最後の一投で逆転する場面があり、各町内の交流がより深まる活動となりました。

ご協力いただきました皆さんに感謝を申し上げます。

五支部長　片岡　俊介

10/21 一支部活動

小矢部市交通安全協会、西部児童クラブ育成会との合同事業として、「みんなの交通安全教室」を行いました。危険予測の重要性についてのDVDを視聴後、小矢部警察署の交通課の方より、近年小矢部市で起きた事故の状況等についてのお話を伺いました。高齢者の歩行中の事故が特に多く、夜間の反射材や、上向きライトの大切さを再認識できました。最後はビンゴ大会で、大人も子供も楽しみました。

ご協力いただきました皆さんに感謝申し上げます。

一支部長　荒木　恵子

審査総評　ＰＴＡや子どもの活動のほか、郷土を知るための記事に力を入れている点にも特色がありました。地域を深く知るための付録なども意外性があります。

2016年7月(平成28年度1学期)

1学期PTAニュースフラッシュ

真剣！ＡＥＤ講習会
～いざという時のために～

5月31日に奈良県広域消防葛城消防署の方を招いて、小学校・幼稚園教職員とＰＴＡ本部役員を対象としたＡＥＤ講習会が開催されました。

倒れている人がいた時に、簡単な台本のあるお芝居のように決まった行動をしていくだけなのですが、なかなか難しく、何度も練習をしました。

もし、周りの人が、家族が、と想像すると参加者にも熱がこもり、大変有意義な講習会となりました。

救命処置の流れ（心肺蘇生とＡＥＤの使用）

▶順番を間違わないように対応しました。

みんなで登った！二上山学習

4月22日に春の遠足・二上山学習がありました。当日はＰＴＡ本部役員が付添いしました。また、学校パートナーシップ事業コーディネーターの下村さんをはじめ数人のボランティアの方もＰＴＡの活動としてご参加いただきました。

前日までの雨の影響で足元が悪く、なおかつ雨上がりの晴天の蒸し暑い中、子どもたちも助け合って登ることができました。

▶山頂でクイズを楽しみました。

Parent-Teacher Association

心が一つになった試合

6月26日、當麻スポーツセンターで葛城市体育協会主催バレーボール大会が開催され、當麻小ＰＴＡチームが出場しました。第一試合は、白鳳中ＰＴＡチーム、第二試合はgochamaZ（ごちゃまぜっと）と対戦し、両試合ともセットカウント2－1の接戦となりましたが、あと一歩のところで敗退となりました。

蒸し暑い体育館での試合でしたが、選手の皆さんからは「このメンバーで試合ができて、とても楽しかった。」との声が上がっていました。

辰本先生には昨年度に続き、監督を引き受けていただきましてありがとうございました。

▲當麻小ＰＴＡチームのみなさん。

善意の気持ちに感動

5月末に、日本ＰＴＡ全国協議会（日Ｐ）の呼びかけに賛同して募った「平成28年熊本地震募金」の結果をお知らせいたします。

告知から締め切りまでの日程が短期間であったにもかかわらず、多くのご家庭・児童より合計26,259円もの貴重な義援金が集まり、これにＰＴＡ会計より20,000円を追加した計46,259円を、日Ｐに送金いたしました。

日Ｐでは、全国より集まった義援金を熊本県ＰＴＡ連合会ならびに大分県ＰＴＡ連合会に直接渡して、被災した子どもたちの支援に充てられました。

今回、子どもたちが持参した義援金を集計するにあたり、お年玉やおこづかいから募金してくれた子がたくさんいたことに感動しました。ご家庭で支援の意味を話していただけたからだと思います。今後も相互扶助やボランティアの精神を大切にして欲しいです。

▲たくさんの気持ちが届きました。

PTAだより たいま 第102号 8

2016年12月(平成28年度2学期)

2学期PTAニュースフラッシュ

出席しないと損！
子育てヒント満載の学級懇談会

9月16日（金）、二学期の学級懇談会が開催されました。1～5年生は昨年に引き続き「茶話会形式」とし、ＰＴＡ本部が用意したお茶とお菓子をいただきながらの懇談会でした。これは、昨年度より取り組む学級懇談会活性化の一環で、担任の先生と学級委員さんが事前に打ち合わせを行い、和やかな雰囲気で懇談が進むよう、各クラスで趣向を凝らします。

保護者からは、「先生が準備して下さったサイコロトークのおかげで、和気あいあいとした懇談会だった。」「お茶とお菓子をいただきながら、楽しく世間話のような感じで和やかな感じだった。」等の声が上がっていました。

また、学級懇談会の内容を全学年で持ち寄り報告する「学級部会」は、学校長・教頭・ＰＴＡ会長も同席して直接意見交換できる貴重な場となっています。子育ての悩みは学年ごとに違い、低学年では友達との関わり方や宿題への取り組み方といった話題が出たり、高学年では反抗期についての話や、言葉遣いが悪くなった、何を考えているか分からない等の報告もありました。

教頭先生からは、御自身の経験を基に「反抗期は成長の過程であり、親として逃げずに共に成長することを心掛ける。こちらを向いて欲しいというサインなので子どもの心を掴んで下さい。」とお話をいただきました。

他の学年での悩みや問題を知ることは、この先の子育てに必ず役立ちます。学級懇談会と学級部会は、保護者として勉強させていただく機会となっています。

また学級懇談会は、担任の先生の思いや教育方針を直接聞いたり、家庭学習についての指針を教えていただける場であり、更には家庭からの要望を伝える場でもあります。普段忙しくてなかなか参加できない方も、一年間の子どもの成長を実感できる良い機会ですので、ぜひ三学期の学級懇談会にもご参加ください。

（学級部）

▲学級懇談会の様子

▲学級部会の様子

▲スライドや動画を交えて分かりやすくお話いただきました。

に紹介させていただきます。

「メイク・ア・ウィッシュの活動を通じ、自分の夢が実現したことを知った美奈穂は、『誰かの善意で私の夢が叶ったのなら、こんどは私が寄附したら、（病院で病気と闘っている）あの子たちも夢が叶うね。』と、貯めていたおこづかいを寄附しました。私はその時、幸せは連鎖させることができるんだと気づかされました。

美奈穂は、いつも周りの人たちへの感謝を忘れませんでした。そんな彼女に感化され、音楽や医学の道を志した人、諦めていた夢を叶えて海外に羽ばたいた人など、多くの人の心に灯をともしたことを後になって知りました。

私たちは、思うようにいかないことが起こると、つい悲観的に捉えがちですが、実はそこには、普段では気づき得ない大切な学びが隠されていて、大いに成長できる機会であることに気づくことが重要なのではないでしょうか。」

想い出に残る秋の1日
ＰＴＡ研修修旅行で神戸へ

11月25日（金）、企画部主催のＰＴＡ研修旅行に行って来ました。

春から何度も企画部会で話し合いを重ね、神戸の北野工房でのオンリーワンデコマッチ箱作り体験、鉄板焼きステーキランチ、南京町でのお買い物という、異国情緒溢れる神戸を満喫できる素敵なプランができあがりました。

北野工房は、旧北野小学校をリノベーションしたレトロモダンな空間で、沢山の工房が入っています。今回は、可愛いマスキングテープを使って作るマッチ箱作り体験に参加し、子どもの頃に戻った気分で楽しみました。体験後は、館内の見学や近くの有名パン屋さんでの買物など、思い思いに楽しみました。

そしてステーキランド神戸館でのランチは、各テーブルごとに目の前でシェフが焼く鉄板焼きステーキを、目と舌で楽しみ堪能しました。その後の中華街散策では、家族へのお土産購入や食べ歩きを満喫し、お腹も心も満たされて帰路に就きました。

ご参加いただいた皆さまより企画部に対し、沢山の温かいお言葉を掛けていただき、本当に嬉しく励みになり、忘れられない素晴らしい1日となりました。

本当にありがとうございました。

（企画部）

▲おいしいランチと
▼北野工房での一コマ

マッチ箱作り

5 PTAだより たいま 第103号

2016年12月(平成28年度2学期)

特集 當麻のまなび ―郷土を知ろう②―

01 伝説のお宝が出た！
中将姫伝説の石光寺

言い伝えでは、天智天皇（六七〇年）の頃、二上山麓のこの地より幾すじもの光が差したことをお聞きになった天智天皇が不思議に思われ、あたりを掘らせたところ、仏の形で光り輝く巨大な石が出てきました。そして、天皇の命で建立した堂宇に「石光寺」の名を賜り、開祖に役の小角（えんのおづぬ）を立て弥勒如来を本尊として祀ったのが始まりとされます。

石光寺は、中将姫伝説と関わりを持つ寺で、聖武天皇（七五〇年）の頃、中将姫が仏様のお告げにより、この寺の井戸で蓮糸を洗い清め、傍らの桜の木に掛けて干したところ、五色に染まりました。この桜の木を「糸掛け桜」、井戸を「染の井」と呼び、これが別名「染寺」の由来となっています。その後中将姫は、この五色の蓮糸を當麻寺に持ち帰り、「當麻曼陀羅」を織り上げられました。

また、石光寺は日本最古の石仏が祀られていることでも有名です。平成三年四月の堂宇改築に伴う発掘調査の結果、長い歴史の中で所在が分からなくなっていた石仏が出土しました。破損した状態でしたが、復元すれば2メートル以上にもなるものです。石面に仏様を彫る磨崖仏は白鳳期以前にも存在しましたが、凝灰岩を丸彫りした仏像は前例が無いので、「日本最古の石仏」とされています。

現在は「ぼたん寺」とも呼ばれ、境内には、約二千株三百種類の牡丹と、一千株百種類のアメリカシャクヤクが植えられています。寒牡丹の見頃はおおよそ1月下旬、春牡丹の見頃は4月下旬、アメリカシャクヤクの見頃は5月初～中旬で、ぜひ見ごろの季節に訪れてみてください。

出土した石仏

石光寺山門

02 悲劇の皇子が眠る
二上山雄岳山頂御陵

朱鳥（あかみとり）元年（六八六年）、天武天皇が崩御（ほうぎょ）されて間もなく、大津皇子（おおつのみこ）は謀反の疑いで処刑されました。その時大津皇子は二十四歳。天武天皇の有力な皇位継承者としては、他に草壁皇子（くさかべのみこ）がいました。

草壁皇子に、大津皇子とその姉の大伯皇女（おおくのひめみこ）の父は、ともに天武天皇であり、草壁皇子の母が鸕野讃良皇女（うののさららひめみこ＝後の持統天皇）皇后であるのに対して、大津皇子と大伯皇女の母は大田皇女で、二人が幼い頃に亡くなっていました。しかも、鸕野讃良皇女と大田皇女は共に天武天皇の兄である天智天皇の娘というわけで、複雑な近親関係にありました。

六八一年に草壁皇子が二十歳で皇太子になり、二年後の六八三年には、人望の高い大津皇子が国政に参加すると、二人の対立は深まっていきました。特に皇后鸕野讃良皇女は我が子、草壁皇子に皇位を継承させたいという想いが強かったので、天武天皇崩御の前後から大津皇子謀反（むほん）の噂が立ち始めました。

この頃、大津皇子は禁を破って、密かに伊勢の斎宮にいる姉の大伯皇女を訪れています。謀反を実行することについて何か覚悟をもって姉に会いに行ったのか、あるいは謀反の噂により失脚するかも知れないという窮地の中で、今生の別れを告げに行ったのかもしれません。

天武天皇が崩御されたのが九月九日、大津皇子が処刑されたのが十月三日。処刑があまりにも早かったことから、鸕野讃良皇女によって仕組まれたものであったと考える人も多くいます。聡明で人柄もよく、人望のあった大津皇子の悲劇的な話は、現在も人々の悲しみを誘います。

「うつそみの　人にある吾や明日よりは二上山を　弟背とわが見む」（この世に生きているわたしは、明日からは二上山を弟だと思って生きるのでしょう）

姉の大伯皇女が大津皇子の死後、弟が葬られた二上山の山頂を仰ぎ見て詠んだ歌といわれています。

西方浄土と仰がれた二上山

大津皇子の御陵

03 本当は誰のお墓？
偶然の発見、鳥谷口古墳

二上山から東に派生する尾根の先端上に築かれたこの古墳は、昭和58年の土取り工事中に偶然発見され、この場所の地名から鳥谷口古墳と名付けられました。

大きさは一辺が7メートルの四角形の古墳（方墳）で、埋葬施設は横穴式石槨と呼ばれる小さな石室です。石槨の開口部は、南側石の東側にあり墳丘や石槨の前面から見つかった須恵器や土師器によって、この古墳が七世紀末に築造されたと推測されます。山の南斜面を利用して造られているのは、この頃造られた他の古墳にも見られる様式で、南に開口することから、石室の大きさと、その入り口も小さいことから、鳥谷口古墳が急ぎ造られた改葬墓の可能性もあると考えられ、この古墳こそ大津皇子の墓ではないかとされています。

▲山口神社北側、大池の西にある鳥谷口古墳。

05 学校の周りに古墳があるって知ってた？
ぼこぼこの丘は首子塚古墳群

當麻小学校駐車場の英霊碑のあたりから、近鉄当麻寺駅方面を眺めてみよう。いくつか小さな丘が見えるかな？これらは首子塚（くびこづか）古墳群といって、今から一四〇〇年～一三〇〇年前に造られた身分の高い人のお墓（古墳）です。

実は、調査されているだけで10基もの古墳（7号墳は古墳ではなく、お寺の跡だったことが後に分かりました。）がこの周辺にはあって、昭和28年、51年、52年に大規模な発掘調査が行われています。

その後、現在そのほとんどが削られたり、新しくできた道路の下や水田の下になり、残っているのは、1号墳、4号墳、5号墳（首子塚）、7号墳（只塚廃寺）、8号墳のみとなっています。

学校のそばにこんなにたくさんの古墳があるなんて驚きですね。はるか昔、西の方角に極楽浄土を夢見た人たちが、この地を選んだのかもしれません。そんな歴史のロマンに思いを馳せてみるのも素敵ですね。

▶ ①1号墳（幼稚園リズム室の東）
④4号墳（首子塚のすぐ西側）
⑧8号墳（首子塚の南方向）
⑤5号墳（首子塚）
⑦7号墳（もんちっち隣、実は古墳ではなく廃寺跡）
※今見ることができるのは、上記の地図でこの5つのみ。

04 敬愛する主君を弔う
祈りの場だった傘堂

一本足の不思議な「傘堂」は、奈良県指定有形民俗文化財で、當麻寺の北西、二上山の登り口に鎮座する「當麻山口神社」の二の鳥居近くにあります。

その高さは約5メートル。総けやきで宝形造りの瓦屋根を持っています。そしてこれを支えるのは、一辺約40センチメートルの四角い一本柱と、すぐ脇の支柱のみ。唐傘に一本足の「からかさ小僧」のようなとてもユニークな見た目です。

この傘堂は、江戸時代前期にこの地の郡奉行（こおりぶぎょう）を務めていた吉弘統家（よしひろのりいえ）が、郡山藩主の本多政勝（ほんだまさかつ）没後、主君の菩提を弔うために一六七四年に建てた「位牌堂」なのだそうです。また傘堂にある梵鐘には、水飢饉に苦しむ農民たちのために、近くの溜池「大池」を造ったことも記されています。

本多政勝藩主、そして工事に尽力した人々の菩提を弔う供養塔として傘堂は大切に守られてきました。ちなみに、仲川教頭先生は、この傘堂の解説資料設置のボランティアをなさっています。

更にマメ知識として・・・傘堂は奈良盆地の西の端ですが、実は東の端の天理市長岳寺に、「五智堂」という瓜二つの建築物があります。こちらは、更に古い鎌倉時代後期の建築で、真ん中の太い心柱と、それを支える4本の柱が特徴で、傘堂より一回り大きな建物です。

▲左が當麻の傘堂。（現在は柵に囲まれている。）右は天理市楊本にある、長岳寺五の五智堂。同じ一本足だが、五智堂には江戸時代ごろまで、床が張ってあり、街道をゆく旅人や長岳寺への参詣者が休憩に使ったという。

PTAだより たいま 第103号 2

3 PTAだより たいま 第103号

佳作　福岡県宇美町立桜原小学校

審査総評　ＰＴＡ組織の活性化や、保護者として考えることなどをテーマに取り上げ、啓発的な誌面を展開していました。

さくらばる

桜原小学校
ＰＴＡ広報　第１３７号
平成２８年７月発行

どうなる？！ くみたいそう 組体操

組体操について、いろんなニュースが流れています。
組体操は、一人ではできません。みんなで協力して、互いを思いやること、一つの大きなものを創り上げる「喜び」と「達成感」、そして「絆」といったつながりを学びます。
練習中から常にけがをするかもしれないという緊張感と向き合いながら、先生も子どもたちも運動会に向けて練習を重ねてきました。ここでみなさん、一緒に考えてみてください。
どうして、組体操に取り組むのでしょうか？

今までの組体操は…「大きさ」や「迫力」を求めた。

これからは『機敏さ』、『美しさ』を表現する時代へー。

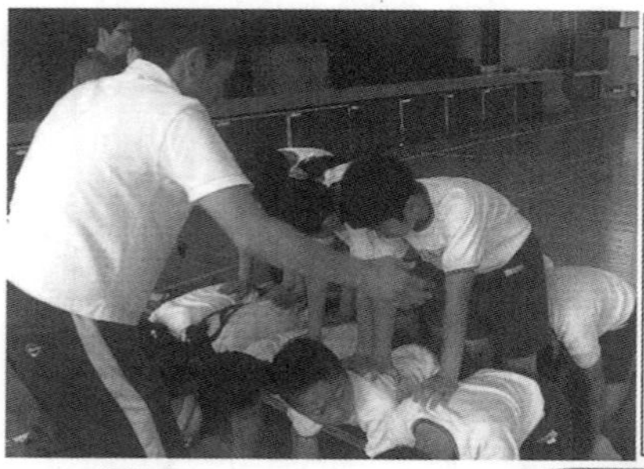

子どもたちの安全を第一に考えて、一つ一つ丁寧に指導する先生と支え合う子どもたち。昔と今ではピラミッドの組み方が全く違うことに注目したい。

考える

組体操をやめたい理由として…

- 練習時間が短い。
- 今の子の体のつくりが違う。
- けがなどを考えると、やっぱり怖い。

継続する理由として…

- 一度は経験があり、誰でも感動する。
- 「組体操」が当たり前になっている。
- 子どもの成長を感じる演技である。

親の願いと、子どもたちの思い。

組体操は運動会の「見せ場」になっている。多少のけがなどは当たり前、けがを怖がっていたら、何も挑戦できない。過激な制限や中止をすると、子どものためにならない。組体操を通じて学ぶことはたくさんある。けがをしないように「自分を守る工夫」をすること、学校生活の中で「規律を守ること」を大切にしたい。

「きつそうだから、やりたくない。」
「みんなで協力してできることで、小学校の最後の思い出にやりたい。」
「組体操をするのが楽しみ。」
「昨年より大技に挑戦したかった。」

子どもたちの声を聞くと考えてしまう。『学校』という集団生活の中で友だちと助け合いながら、「達成感」を経験してもらいたい。

それには「危険なこと」は避けたいのが本音だ。組体操をしなくても別の演技で運動会は成り立つ。組体操に反対してやめることは簡単かもしれない。しかし、本当にそれでいいのか？子どもと話してみよう。

勘違いをしてはいけないのが、「組体操そのものを禁止してはいない」ということだ。学校はより安全に配慮したプログラムを考え、子どもたちは日ごろから授業で体の基礎をつくり運動会に臨んでいる。組体操は体育の集大成だと聞いた。いつの時代も【子どもたちが頑張る姿】を応援する立場でありたい。

昔は組体操に、「大きさ」、「迫力」を求めた。「機敏さ」、「美しさ」を求める『新時代』はすでに始まっている。

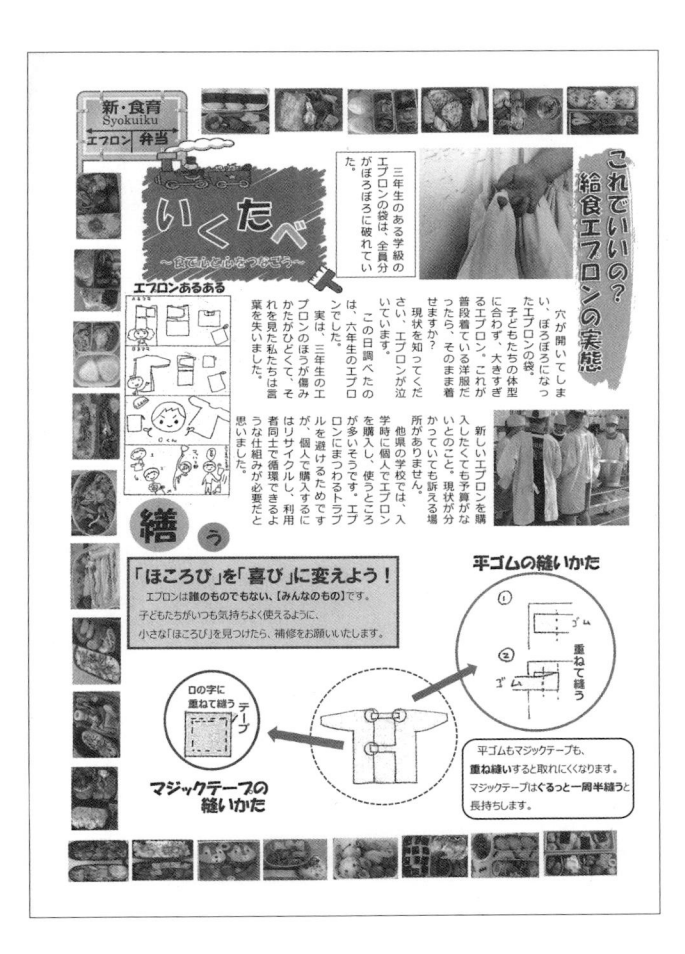

新・食育
Syokuiku
エプロン｜弁当

いくたべ
～食で心と心をつなごう～

これでいいの？ 給食エプロンの実態

三年生のある学級のエプロンの袋は、全員分がぼろぼろに破れていた。

穴が開いてしまい、ぼろぼろになったエプロンの袋。

子どもたちの体型に合わず、大きすぎるエプロン。これが普段着ている洋服だったら、そのまま着せますか？

現状を知ってください。エプロンが泣いています。

この日調べたのは、六年生のエプロンでした。

実は、三年生のエプロンのほうが傷みかたがひどくて、それを見た私たちは言葉を失いました。

新しいエプロンを購入したくても予算がないとのこと。現状が分かっていても訴える場所がありません。

他県の学校では、入学時に個人でエプロンを購入し、使うところが多いそうです。エプロンにまつわるトラブルを避けるためですが、個人で購入するにはリサイクルし、利用者同士で循環できるような仕組みが必要だと思いました。

エプロンあるある

繕う

「ほころび」を「喜び」に変えよう！

エプロンは**誰のものでもない、【みんなのもの】**です。
子どもたちがいつも気持ちよく使えるように、
小さな「ほころび」を見つけたら、補修をお願いいたします。

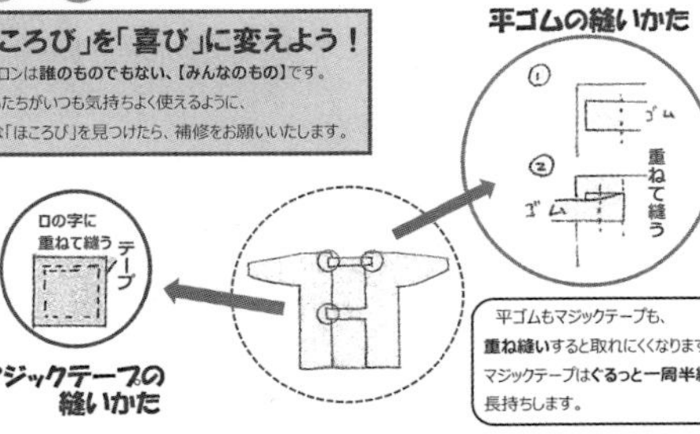

平ゴムもマジックテープも、
重ね縫いすると取れにくくなります。
マジックテープは**ぐるっと一周半縫う**と長持ちします。

やるのなら、楽しくやろう！委員会
～活動に工夫を、無理なく参加できるPTAプロジェクト★第一弾～

今年度、縁があって各専門委員になったお父さん、お母さん。忙しい中、時間をつくって参加するPTA活動を少しでも楽しく、無理なくできるように、広報委員会では活動内容をお伝えすることから始めます。

一年間で活動内容が決められている委員会ですが、どのように工夫したら参加しやすくなるのか？考えるのは保護者である私たち一人一人です。言われたからやるのではなく、発信できるような委員会にしたいですね。

PTA委員会の知っておきたい三か条

1. 会議は平日の火曜日～木曜日の夜に行われる。
2. 委員は一年任期、学年学級は新学期の始業式の委員決めまでの任期。
3. 心と体力に余裕がある人は、一人一役にぜひ参加。

委員会活動のお約束

- 子どもと一緒に参加する場合は、ゲーム機の持ち込みは禁止。
※宿題、読書、机上で遊べるものを推奨。
- 校舎内をうろうろしない。
- 玄関で脱いだ靴は揃えよう。
- 先生方に気持ちよく挨拶をしましょう。

委員会の日は、どうしてる？
～委員になったお母さんに聞きました～

◆晩ご飯は、「カレー」、「シチュー」、「鍋もの」、「麺類」が王道！温めてすぐに食べられるご飯を準備。
◆子どもは家族に預ける。留守番をさせる場合は特典付き。家族に頼れないときは、委員会へ連れていく。
家族の協力がありがたい、委員会活動。

携わる

委員でプラス＋

- 子どもと学級の日ごろの姿が分かる。
- お父さん、お母さんの頑張りを見て、子は育つ。
- 学校の情報通になれる！

地域の顔

7月5日（火）コミュニティルームにて

みんなで、赤ペン先生！しています。

「子どもたちの笑顔は元気のもと！」
参加していただいている、地域のみなさんです。
丸つけで、心も頭もリフレッシュ！

C．S 学習支援部会 募る

花マルたくさん！と笑顔、さくらばるっ子の『ふれあい処』

「みんながどこかでつながって活動が広がるといいわね。」と話す、赤ペン先生代表の入江さん。単なる丸つけではなく、どんな丸をつけたら子どもたちが喜んでくれるのか？Sタイム後の丸つけ作業で話が盛り上がりました。学年が上がればその分難しくなる算数の問題も、先生を巻き込んでみんなで解決します。

さくらばるっ子の学力アップを願いながら、一学期も教室に声が響きました。

「よくできました！頑張ったね！」

花丸をもらって、「やったー！」と子どもたちが嬉しそうに喜ぶ姿を、ぜひ見に来てください。

癒す 冬ごもり 大人のための えほん
今年の冬は、本ごもり

協力：宇美町立図書館
『大人のための絵本』コーナーほか
★各出版社に許可をいただきました。

おすすめの絵本四選

こやま くんどう／文
セルジュ・ブロック／絵 千倉書房
いのちのかぞえかた

- あなたの一生が愛おしい
- 人が生まれ、生きる証
- 想像を超える数字に感心

「命あるものの輝き」

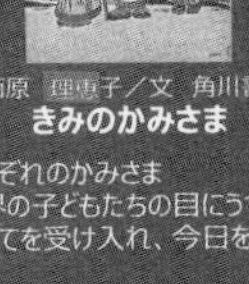

西原 理恵子／文 角川書店
きみのかみさま

- それぞれのかみさま
- 世界の子どもたちの目にうつすもの
- すべてを受け入れ、今日を生きる

「生きること、感謝すること」

町立図書館では十五冊まで貸し出しOK

人生の転機になった一冊 小南校長先生、堤教頭先生編

東野 圭吾／著 講談社
「流星の絆」

この一冊 堤教頭先生

心がふるえる本との出会い

今から約十年前にこの本に出会い、読書にはまりました。それまでの四十年間の読書量よりも、その後の約十年間で読んだ本の数の方がたぶん勝っているでしょう。

この本を手にしたきっかけは、本の帯に記された次のような文章でした。
「息もつかせぬ展開、張り巡らされた伏線、驚きの真相、涙がとまらないラスト」。

私は、読了後に驚きや感動を与えてくれるような作品に出会いたくて、読書を続けています。

ページをめくる手が止まらない！

現在、東野作品は全て読んでいます。読書にはまってからは、東野作品ばかり読んでいましたが、現在は多様な作家の本を読むようになりました。「ページをめくる手が止まらない」様な本にもたくさん出会いました。

そういう本に出会うと『この作家は他にどんな作品を書いているのだろう』と、別の作品に手を出したり、『同じジャンルの別の作家も読んでみようかな』と思ったり、限りなく読書が続いていきます。

稲盛 和夫／著 サンマーク出版
「生き方 人間として一番大切なこと」

この一冊 小南校長先生

「考え方」を変えれば人生は百八十度変わる

人生をよりよく生き、幸福という果実を得るには、どうすればよいか。そのことを私は一つの方程式で表現しています。

人生・仕事の結果＝考え方×熱意×能力

掛け算ですから、能力があっても熱意に乏しければ、いい結果は出ません。逆に能力がなくても、そのことを自覚して、人生や仕事に燃えるような情熱であたれば、先天的な能力に恵まれた人よりはるかにいい結果を得られます。そして最初の「考え方」。三つの要素の中ではもっとも大事なもので、この考え方次第で人生は決まってしまうといっても過言ではありません。

「プラス方向」の考え方とは、つねに前向きで建設的であること。感謝の心をもち、みんなと一緒に歩もうという協調性を有していること。明るく肯定的であること。善意に満ち、思いやりがあり、やさしい心をもっていること。努力を惜しまないこと。足るを知り、利己的でなく強欲ではないことなどです。

これらのことを決して軽視せず、頭で理解するだけでなく、体の奥までしみ込ませ、血肉化しなくてはいけないと思うのです。

広報委員がえらんだ

くすのき しげのり／作
石井 聖岳／絵 小学館
おこだでませんように

- その行動には理由がある
- 男の子のお母さんへ贈る本
- 我慢、共感、涙

「ぼくだって考えているんだ」

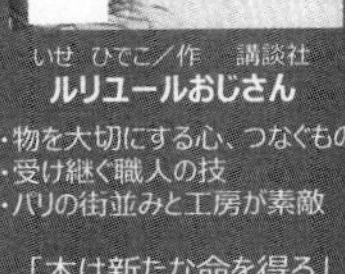

いせ ひでこ／作 講談社
ルリユールおじさん

- 物を大切にする心、つなぐもの
- 受け継ぐ職人の技
- パリの街並みと工房が素敵

「本は新たな命を得る」

四冊の絵本は町立図書館にあります

宇美町立図書館へいこう！
★インターネット予約ができます★
宇美町のホームページからバナーをクリック！
宇美町立図書館　検索

佳作

鹿児島県鹿児島市立紫原小学校

審査総評　広報部の年間テーマに加え、特集や学校行事などの各記事が充実しています。記事や写真の配置、見出しの大きさなどもよく考えられています。

①　紫原小学校PTA新聞

すぎな

平成28年7月15日
No.156

児童数　718名　P戸数　575戸
職員数　47名　平成28年7月1日現在

■発行…紫原小学校PTA　■発行責任者…PTA会長　満塩 玄　■編集…広報部

すぎな便り

みんなが輝くために

たんぽぽ学級
永濱　美貴　先生

「先生、今度はいつくるの。」特別支援教育支援員の西先生はいろいろな子どもたちから声をかけられます。支援員は、授業中、担任と共に子どもへの声かけ等の支援を行っています。子ども・保護者・担任が必要とすればどの子どもにも支援を行うことができます。

私は、三年前から特別支援教育コーディネーターとして子どもたちや担任と支援員をつなぐ役割をしています。時には学校外の関係機関とも連携をします。その過程で、担任と共に保護者の皆様とお話させていただく機会も増えました。

「がんばっているのにうまくいかない。」ということは、子どもも、親も、担任も、感じることがあると思います。そんな時、一人で抱え込んだり、自分を責めたりするのではなく、誰かと手をつなぎ、一緒に乗り越えることができると思っています。

しょうがいのある・なしにかかわらず、みんなが輝くために特別支援教育を進めていきます。

平成28年12月14日　紫原小学校PTA新聞　157号 ②

広報部 年間テーマ

防災について考えよう！ 家庭編

どうしていますか？ 災害時の「わが家の備え」

9月の学級PTAで家庭の防災対策について質問しました。

食料や水の備蓄を している（22％）

非常持出品を準備 している（11％）

（質問回答率75％）

みなさんの家では実際にどんな準備をしているのか、「わが家の備え」を写真で公開していただきました。

非常持出（バッグ）：懐中電灯・小型ラジオ・電池・充電器・軍手・ラップ・現金・筆記用具・眼鏡・洗面用具・救急用品・常備薬・タオル・着替え・水・あめ・ガム

非常持出（バッグ）：水・ゼリードリンク・バランス栄養食・ウェットティッシュ・マスク・使い捨てカイロ・救急用品・液体歯みがき・タオル・通帳・懐中電灯・電池・充電器・軍手・ゴム手袋・ロープ・ヘルメット・ゴミ袋

非常持出袋：ラジオ付き懐中電灯・軍手・ウェットティッシュ・トイレットペーパー・菓子保存缶・タオル・ラップ・レジャーシート・保温シート・ロープ・レインコート・マスク・絆創膏・包帯

非常持出袋：ラジオ付き懐中電灯・軍手・上着・ティッシュ・タオル・絆創膏・マスク・電池・歯ブラシ・小さな毛布・レインコート・割り箸

避難の準備、一人一人に

非常持出品を揃えたきっかけはやはり「熊本地震の時に家が物凄く揺れ、危機感を感じた」から。「荷物はそれぞれが持てる重さに」し、「寝室の枕元には子どもたちのリュックや冬用のコートを置いている」、「家族一人一人の枕元に靴やヘルメット、懐中電灯を準備している」という家庭もありました。

備蓄（5人家族）：水・レトルトご飯・レトルト食品・缶詰・カップラーメン・ビスケット・老人用紙おむつ・ラップ

備蓄（5人家族）：水・給水タンク・簡易トイレ・サランラップ・ポリ袋・体ふきシート・マスク・缶詰の食料や菓子・カセットコンロ（ボンベ）・ランタン・手動ラジオ

非常持出（リュック）：水・カンパン・軍手・マスク・携帯トイレ・絆創膏・ウェットティッシュ・ティッシュ・ビニール袋・タオル・ボールペン・メモ帳・健康保険証コピー・免許証コピー・LED懐中電灯（ソーラー・手回し充電）

ローリングストック

「気をつけていないとうっかり期限切れに」、「期限が切れてもすぐに使うものではないので、買い足しがつい後回しに」なってしまうことも。備蓄をムダにしないよう、「月一回、点検を兼ねてレトルトや缶詰を使った保存食メニューの日にする」など工夫している家庭も。日常生活の中で定期的に古いものから消費し、その分を補充する「ローリングストック」を大切に。

「わが家の備え」、いかがでしたか？皆さんのご家庭の防災対策の参考にしてみてください。

平成28年7月15日　紫原小学校PTA新聞　156号 ②

広報部 年間テーマ

防災について考えよう！ 学校編

こんなに!? 学校の「備蓄倉庫」を一挙紹介します。

四月に起きた熊本地震。予期せぬ災害に、尊い命が奪われ、住宅や電気・ガス・水道などのライフラインは大きな被害を受け、大勢の方が学校などで避難生活を余儀なくされました。

ある日突然、当たり前の日常が失われていくのをまのあたりにし、いつ襲ってくるかわからない自然災害の危険を、今まで以上に身近に感じるようになりました。

そこで今回は防災をテーマに、学校や家庭、地域では、いざという時のためにどのような備えが必要かについて考えるきっかけとして、まずは、地域の防災拠点でもある学校の「備蓄倉庫」と、「集団下校訓練」について取材しました。

子どもたちの学習・生活の場である学校は、災害時には避難所として、わたしたち地域住民の避難生活の拠点ともなります。

鹿児島市では、東日本大震災発生後、市役所や支所のほかに小学校にも避難時に必要な物資（食糧・資機材・生活用品）が計画的に備蓄されるようになり、紫原小学校でも2年ほど前から、東校舎一階教室に備蓄倉庫がおかれています。

倉庫の中を校長先生に案内していただきました。

・食糧
アルファ米・保存用パン・水など
・資機材
給水タンク・簡易トイレ・カセットコンロ・発電機・テントなど
・生活用品
毛布（約200枚）・衛生用品など

東校舎1階

ここには、避難想定者数、一日分の食糧や物資などが備蓄されているとのことでしたが、熊本地震のように校区全体が被災するほどの大災害が起きた時には、ここにあるだけではとても住民全体には行きわたらないなと思いました。

市では各家庭でも3日分の非常食・飲料水（一人一日3リットル）の備蓄を呼びかけており、ラジオや懐中電灯などの非常持ち出し品とあわせて準備しておく必要があると痛感しました。

今まで学校が避難所になることについて考えたことはありませんでしたが、大量の保存食や水、折りたたみの給水タンクや簡易トイレ、毛布といった防災用品が並ぶ棚を前にして、避難生活では何が必要なのか、どうやって使うのかを一つ一つ確かめあっていくうちに、防災について具体的なイメージをもつことができました。

機会があれば、子どもたちや保護者にも、ぜひこの倉庫の中を実際に見せていただきたいと、お願いしました。

学校が避難所になるような災害は、起こってほしくはないですが、いざという時に子どもたちも含めて、自分たち自身で身を守り、まわりの人と協力し合って安全に行動できるよう、ぜひご家庭でも話し合ってみてください。

真剣な集団下校訓練

5月27日（金）の5時間目、「集団下校訓練」が行われました。

ワイワイと、教室を出てきた子どもたちに、引率の先生が「みんなの命を守る訓練だよ！」と声をかけると、一斉におしゃべりをやめ、集合場所で待機する姿が印象的でした。

その後、地域ブロックごとに長い列を作り、普段とは違ってやや緊張したようすで、足早に正門を出発して行きました。初めて訓練に参加する1年生に、上級生が、「危ないから、走らなくていいからね。」とやさしく声をかけるなど、どの子も集団の一員として真剣に、訓練にのぞんでいました。

熊本地震の直後ということもあって、防災意識も高まっていた時期だけに、平日にもかかわらず、保護者も訓練に参加し、それぞれ出迎えの解散場所で、地域部役員を中心に、緊急時の連絡体制について確認し合いながら、子どもたちの到着を待ちました。

無事、訓練が終わると、子どもたちは、出迎えの保護者のもとへ、かけよっていました。

台風やゲリラ豪雨など風水害の危険が高まるこれからの季節、いざという時、あわてることのないように、と、親子ともども、気持ちをあらたにしました。

---

⑤ 157号　紫原小学校PTA新聞　平成28年12月14日

バレーボール大会に参加して

2年P　中島　司

9月17日、紫原校区まちづくり協議会主催のバレーボール大会に、保護者や地域の方々とともに、すぎなの会の一人として参加しました。

4チームに分かれ、4人1組で交代しながら試合に臨んだのですが、その中のメンバーで初めて会う方もいらっしゃいます。初めは少し緊張していましたが、試合が進むにつれて声も掛け合い、笑顔も増えて、自然とまとまります。

私は、バレーボールは苦手でしたが、体を動かし、とても楽しい充実した時間を過ごすことができました。これからも、このような地域や学校の活動があったときは、ぜひ参加したいと思います。みなさんも一緒にいかがですか。

すぎなの会 活動

すぎなの会「うでずもうマシーン」

広木小学校秋祭りに参加して

PTA副会長　中馬　里美子

9月10日（土）に開かれた広木小学校おやじの会主催「秋祭り」に、6校のおやじの会がそろって出店しました。すぎなの会は「うでずもうマシーン」で子どもたちと力くらべ。妖怪に扮したお父さんたちに果敢に挑んで、勝った時の子どもたちの正にドヤ顔が印象的でした。日が暮れるまでお父さん方の威勢のいい声が飛び交い、和気あいあいと楽しい交流の一日となりました。

第11回 6校PTA父親親睦スポーツ大会
ソフトボール　全勝優勝
10月30日　西紫原中学校にて

今後もご協力を 資源回収

1年P　神野　奈央子

本年度2回目の資源回収が10月にありました。小雨が降る中にもかかわらず、今回もたくさんの方々に参加していただきありがとうございました。

保護者はもちろんのこと、子どもたちも笑顔で一生懸命お手伝いする姿がとても印象的で、日々の成長を感じることができました。

資源回収は、家庭から出る古紙やアルミ缶などのゴミをリサイクルに回し資源として再利用するとってもエコな活動です。限りある資源を有効に活用し、美しい地球を次の世代の子どもたちに残すため、これからもぜひ資源回収にご協力よろしくお願いします。

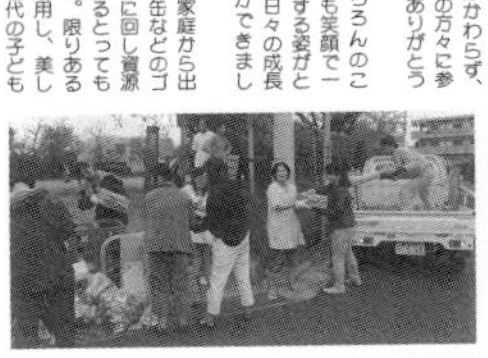

スポーツ少年団の紹介②

紫原ソフトボール スポーツ少年団

主将　南　智也

紫原ソフトボール少年団は、現在男子12名、女子1名で、火・金曜日の放課後と、試合をのぞく土・日曜日に練習しています。

活動内容は、各大会への参加、夏休みお楽しみ会、クリスマス会、地域の清掃などがあります。

また、ソフトボールを通して、チームワークの大切さ、感謝の気持ちを忘れないように心掛けています。

毎年3月に行われる県大会での優勝を目指し、チーム一丸となって、練習に励んでいます。一緒にソフトボールを楽しみませんか？

平成28年12月14日　紫原小学校PTA新聞　157号 ④

特集 あいさつのある毎日を！ 家庭編

コミュニケーションの基本はあいさつ　家族のふれあい大切に

全校あげての「さわやかあいさつ運動　オアシス・ハイ」が始まって半年がたちました。11月のフリー参観週間には、校舎のあちこちで子どもたちの元気な「こんにちは」のあいさつが聞かれ、取り組みが浸透しているのを感じました。

今年度は、PTA各学年部でもあいさつ運動の推進には特に力を入れています。

あいさつは心のバロメーター

あいさつは人と人とをつなぐ大切なコミュニケーション。家庭でのあいさつ、心がけていることについて聞いてみました。

「いただきます」
「ごちそうさま」

食事の時は必ず、みんな揃ってあいさつする。／食器を下げるときにはもう一度「ごちそうさま」を言うようにしている。洗ってくれる人への感謝の気持ちをこめて。

「こんにちは」のあいさつは、自分から。相手に聞こえるよう大きな声で、ちゃんと相手の目を見てするよう言い聞かせている。

「行ってきます！」「いってらっしゃい」慌ただしい朝、どんなにバタバタしていても玄関で顔を見て見送るようにしている。／朝、イライラすることがあってもなるべく笑顔で送り出している。

「ただいま！」「お帰りなさい」帰宅した時のやりとりする表情で元気に帰ってきたか、学校で何かあったのか確認している。／学校から帰ってきたら「お帰りのぎゅう」をしている。男の子だが、まだ嬉しそうで機嫌も良くなる。

「ごめんなさい」兄弟が多いので、兄弟ゲンカになったときは、どちらか一方が悪いではなく、必ずお互いに言うようにしている。

「ありがとう」おじいちゃん・おばあちゃんの家に行って帰る時には必ず「ありがとう。またね」とハグしている。

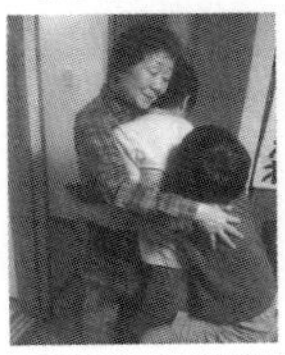

「おじいちゃんの家に行ったときは必ずおばあちゃんの仏壇の前で手をあわせています。」

子どもの毎日の様子を見守り、礼儀や感謝、思いやりの心を育てる機会として、毎日のあいさつ習慣を大切に考えています。

「あいさつ運動」―学年部の取り組み―

今年度は、PTA各学年部でも、「笑顔でハキハキあいさつを」（1年）、「大きな声で笑顔であいさつしよう」（3年）、「やってみよう！先手あいさつ」（4年）、「先手あいさつを心がけよう！」（5年）、「地域や学校できちんとあいさつができる子どもを育てよう」（6年）と、あいさつの励行を活動目標に掲げ、「あいさつ運動」の推進に力を入れています。

3年部が実施したチェックシート「あいさつできたかな？」による子どもたちのあいさつ自己点検の結果です。

Q1．友達にあいさつができた？
Q2．先生にあいさつができた？
Q3．元気に言えた？
Q4．えがおで言えた？
Q5．心をこめて言えた？

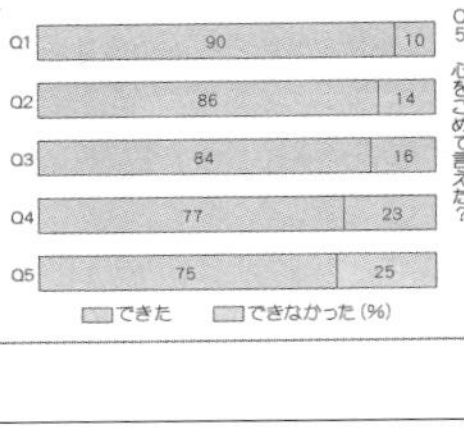

友だちや先生に元気よくあいさつができていると答えている子どもたちも、「えがお」や「心をこめて」の項目はちょっと自信がなさそう。

あいさつの習慣が身に付いてきた子どもたち。大人がお手本になり、相手に気持ちが届くあいさつを心がけていきたいものです。

各賞受賞広報紙紹介

中学校の部

第39回　中学校の部

文部科学大臣賞

＜こもれび＞ …… 福島県福島市立飯野中学校父母と教師の会

日本ＰＴＡ全国協議会 会長賞

＜しらかば＞ …… 北海道北見市立高栄中学校ＰＴＡ

＜森＞ …… 岐阜県岐阜市立長森中学校ＰＴＡ

＜ウェーブ＞ …… 北九州市立小倉南特別支援学校保護者教師会

日本教育新聞社 社長賞

＜瑞穂＞ …… 岐阜県瑞穂市立穂積中学校ＰＴＡ

＜イキルチカラ＞ …… 福井県坂井市立丸岡中学校ＰＴＡ

＜和田＞ …… 鹿児島県鹿児島市立和田中学校ＰＴＡ

教育家庭新聞社 社長賞

＜メタセコイア＞ …… 岩手県矢巾町立矢巾北中学校ＰＴＡ

＜五中ＰＴＡ新聞＞ …… 群馬県前橋市立第五中学校ＰＴＡ

企画賞

＜青葉＞ …… 栃木県宇都宮市立陽南中学校ＰＴＡ

写真賞

＜かがやき＞ …… 茨城県守谷市立御所ケ丘中学校ＰＴＡ

レイアウト賞

＜わさだにし＞ …… 大分県大分市立稙田西中学校ＰＴＡ

佳作

＜ときわ＞ …… 千葉県松戸市立常盤平中学校ＰＴＡ

＜西谷中＞ …… 横浜市立西谷中学校ＰＴＡ

＜絆＞ …… 長野県長野市立西部中学校ＰＴＡ

＜はぐくみ＞ …… 富山県南砺市立福野中学校育友会

＜鶴羽ヶ丘＞ …… 広島県尾道市立高西中学校ＰＴＡ

＜華陽＞ …… 山口県防府市立華陽中学校ＰＴＡ

＜ハピネス＞ …… 宮崎県えびの市立真幸中学校ＰＴＡ

＜ピロティ＞ …… 宮崎県宮崎市立赤江東中学校ＰＴＡ

＜大樹＞ …… 宮崎県日向市立財光寺中学校ＰＴＡ

＜朝日＞ …… 鹿児島県奄美市立朝日中学校ＰＴＡ

文部科学大臣賞

福島県福島市立飯野中学校

審査総評

「イマドキの飯中生」などアンケートを生かしたり、「おいしい給食ができるまで」など、読み応えのある特集記事が掲載されていました。卒業記念号も、親から子へのメッセージを加えるなど、ひと工夫されています。

こもれび

平成28年度　第1号

発 行 日　平成28年7月20日
発行責任者　松本　敬
編 集 者　広報委員会

新しい風を起こせ1年生！

4月6日の入学式を終えてから3ヶ月以上が経ちました。ついこの間までランドセルを背負った小学生だった子どもたちが、今やすっかり「中学生」。難しくなった勉強に頑張って対応し、それぞれに部活動に熱心に打ち込んだり、すっかりたくましくなりましたね。

1年生の皆さん、中学校には慣れましたか？大人の世界でよく言われる言葉を教えます。「慣れて来た頃が一番あぶない」です。人間は慣れてくると必ず「油断」が出ます。皆さんは伝統ある飯野中学校の一員です。普段の生活に「自分はもう小学生ではない」と自覚して、一歩一歩飯野中の先輩方に近づくよう頑張って素晴らしい中学生になってくださいね。

発行所　福島市飯野町西志保井1-1　飯野中学校父母と教師の会　　第124号

1

福島市川俣町学校給食センターを取材しました

特集
おいしい給食ができるまで

給食センターの調理室　衛生面が徹底されていました

↑野菜は３回にわけて洗います！

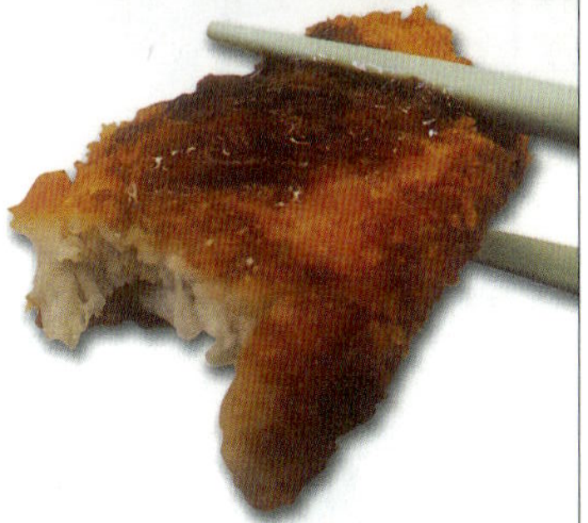

取材当日のメインメニュー、カジキカツ！とってもジューシーで美味でした！

意外と知らない「学校給食」

学校給食は、明治二十二年に山形県鶴岡市の小学校で、貧しい家庭が多く子どもたちの栄養を改善するために、おにぎりや漬物、焼き魚などが提供されたことがはじまりとされています。

福島市飯野町では、平成十九年三月に川俣町と共同で「福島市・川俣町学校給食センター」を設置し、平成十九年四月二十七日から給食の提供を開始しました。

生徒たちには当たり前になっている学校給食ですが、ご存じのように飯野町と川俣町出身の親御さんは給食を食べたことがありません。「給食がどのようなものなのか」「どのようにつくられているのか」などと思う方も多いと思います。

広報委員会では給食センターを訪問し、給食がどのように作られ、生徒たちに届くのかを取材しました。ページ数の都合によりほんの一部のご紹介になりますがご覧ください。

なお生徒たちには事前に給食についてのアンケートを実施しました。アンケートの結果は給食センターの方に届けてまいりました。生徒のみなさん、ご協力ありがとうございました。

START!

7:30 食材搬入・検収

給食に使う生鮮食品が届けられます。届いた食品は栄養士・調理員が異物混入や腐敗等がないか厳しくチェックします。

7:40 下処理開始

調理員のみなさんの連係プレーにより素早く下処理されます。もやしは１本１本チェックし、少しでも傷んでいるものがあれば取り除かれていました。

POINT!
その日に使う食品は全てサンプルを取り、産地にかかわらず川俣町体育館で放射性物質検査をされます。後ほど異常なしの連絡が入りました。

8:50 調理開始

下処理が終わるといよいよ調理開始です！今日の献立はいわき海星高校の生徒が実習で獲ってきたカジキのカツ、川俣シャモの肉団子スープ、野菜の胡麻和えです。手際良く作業が進められていました。

↑火が通っているか温度を測ります

胡麻和え↓

←↑本日のメインカジキカツ！

給食センターの調理員の方々です

POINT!
調理が終わったあとの掃除は見事なまでの徹底ぶりでした。安心できますね！

10:30 飯中へGO！

全ての食缶が入れられたコンテナが一斉にトラックに積まれ、各学校へ出発です。

11:40 校長先生の検食

POINT!
届いた給食は、校長先生が点検項目に基づき検食し、記録します。
量は適当か、味の濃さはどうかなど、考えながら食べています。お疲れ様です！

12:10 給食開始！

いかがでしたか？紹介した以外にも多くの作業がありました。給食センターのみなさん、いつも美味しい給食をありがとうございます！

飯中生への給食についてのアンケート結果！

Q1

給食で好きなメニューは何ですか？３つまで教えてください。

1位	カレーライス	56票
2位	揚げパン	52票
3位	わかめご飯	31票
4位	から揚げ	22票
5位	りっちゃんサラダ	18票

Q2

給食で今後食べてみたいメニューは何ですか？３つまで教えてください。

1位	寿司(たぶん生寿司)	19票
2位	アイス(たぶん高級な)	17票
3位	ステーキ	12票
3位	パフェ	12票
5位	グラタン	9票

※給食センターでは生ものは提供しておりません

Q3

給食センターの方々に感謝のことば、聞きたいことがあれば教えてください。

- ●給食を楽しく食べられるのは給食センターの方々のおかげです。本当にありがとうございます。
- ●いつもみんなのことを考えながらおいしい給食を作ってくださってありがとうございます。
- ●いつもありがとうございます。いつもの給食で、家で食べない野菜が食べられるようになったので好き嫌いがなくなりました。
- ●いつもおいしい給食をありがとうございます！午後の活動の原動力は「給食」です！いつも楽しみにしています。これからもよろしくお願いします！
- ●朝早くから何百人分の給食を作ってくださってありがとうございます。お体に気をつけて、これからもおいしい給食を作ってください。
- ●あんなにたくさんの給食をどうやって作っているのですか？
- ●いろんな献立をどうやって考えているんですか？

↑後ほど給食センターの方から回答をいただく予定です！

給食委員長
2年 高橋　瑞希 さん

毎日おいしい給食を作っていただきありがとうございます。毎日朝早い時間から沢山の量を作ってくださっていると聞き、とても驚きました。だからこれからも、おいしい給食を残さずに食べたいと思います。

飯中生のみなさん、これからも給食をよろしくね！

福島市川俣町学校給食センター 栄養技師
國分爽子 先生

福島市川俣町学校給食センター 栄養教諭
井間眞理子 先生

当センターでは、飯野町と川俣町の小学校９校、中学校３校分合わせて約1,460人分の給食を毎日提供しています。所長、事務員、栄養士２名、調理員15名、運転手５名が一丸となり、みなさんの元へ給食を届けていますよ。育ち盛りのみなさんが健康に過ごせるように、食材選びやメニュー考案、調理をしています。毎日残さず食べてもらえることが私たちの一番の喜びです。

4

5

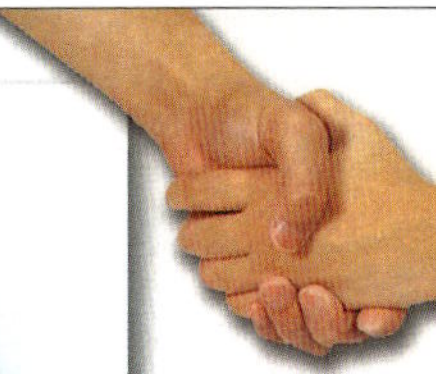

「友だち」についてのアンケート結果

思春期を迎えている私たちの子どもたち。中には親と一緒に歩くのが恥ずかしい、親子の会話が少なくなったという家庭も多いと思います。しかし思い出してみてください。私たち保護者も中学時代は同じことを経験しました。いつまでも親に甘えていないで、自立の心を育てることも重要な家庭の教育です。

そんな私たちの子どもたちには、共に勉強・スポーツに励み、共通の趣味や悩みを語り合える存在の「友だち」がいます。時には親よりも(?)頼りになる存在です。広報委員会では生徒たちの「友だちとはどういうものか」について調査しました。

Q1 あなたにとって「友だち」とは何ですか？

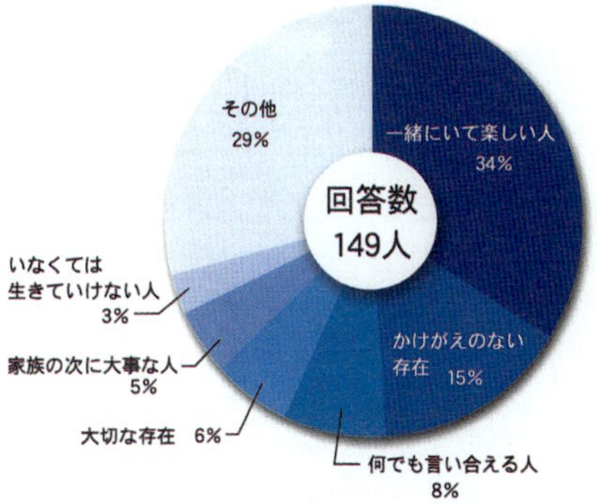

友だちの「定義」というものは存在しないかもしれません。飯中生の意見を聞いてみると、とても安心する回答が得られました。自我に目覚め、親と話す機会が少なくなる中学時代。共に笑い、共に悩む青春時代に欠かせないのが「友だち」です。時には意見が合わずケンカすることがあっても、後になれば笑い話、ということも教えていければいいですね。

その他　少数意見

- 嫌な事も忘れ一緒に笑い合える存在
- 何でも話せる人
- 一緒にいて嬉しくなる
- 信頼できる人
- 自分本来の調子で話せる人
- 一緒にいて落ち着く人
- 信頼と裏切り表裏一体の存在
- 喧嘩をしても友達のままで一緒にバカが出来、何も言わなくても相手の気持ちがわかる人
- 人生を明るくしてくれる人
- 永久に仲が良い人
- 苦しい時でも手を差し伸べてくれる人
- 最高の仲間
- 神
- 一緒に遊んだりする人
- 心が通じる人
- 話を聞いてくれる人
- 心の表裏が無い人
- 同じ夢、目標に向かう人
- 共通の趣味
- 卒業式で泣いてくれる人

Q2 友だち関係で悩みはありますか？それはどんな悩みですか？

(この質問については書きたくなければ書かないでくださいとお願いしました)

悩みの内容

- ギクシャクする時がある
- 仲が良かったのに急に態度が変わった
- 裏でこそこそ悪口を言っていたり、自分が嫌いな人を同じく嫌いにさせようとする
- 私と一緒にいて楽しいのだろうかと思う
- グループ内での人間関係
- クラスメートと友人の差が無い人がいる
- メガネを取らないで下さい↑?

悩みのある生徒が少ないのが意外でしたが、少なからず悩みを抱える生徒はいるようです。人間関係は大人になってからも続く「悩み」です。我々の経験を生かして子どもたちに最善の方法をアドバイスできれば良い方向に向かうでしょう。

Q3 あなたは自分の悩みなどを相談できる友だちはいますか？

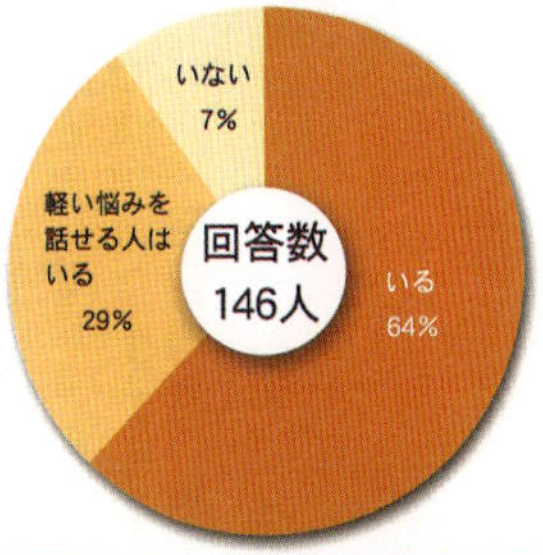

保護者としては自分に悩みを相談してくれればとても嬉しいですが、中学生はなかなか親には照れくさくて相談できないこともあるかと思います。そんな時に相談できる友だちがいることは非常に頼もしいことです。「何でも相談できる友だちは一生の宝物」ということをご家庭でも話し合っていただければ、友だちの良さを再確認できると思います。

Q4 あなたは異性の生徒に悩みなどを相談できる友だちはいますか？

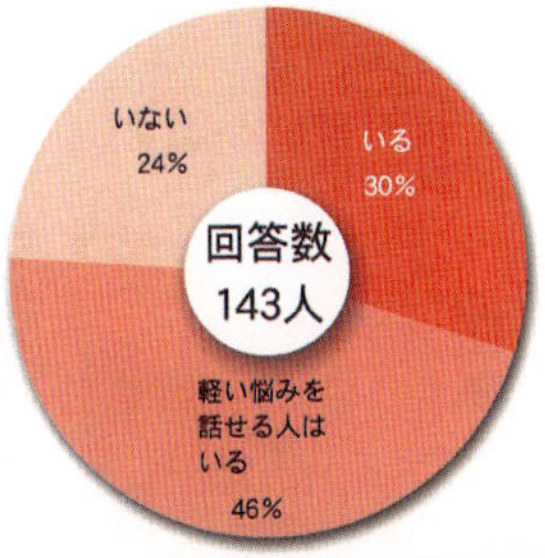

思春期にはなかなか照れくさくて異性のクラスメートとは話せない、というのは昔の話でしょうか？確かに飯中生の休み時間などを見ると男女関係なく仲が良く見えます。

しかし仲が良いといっても異性の生徒には、相手の立場を考えて接することも大切です。それを踏まえればすばらしい友だち関係が築かれます。我々からも教えていきましょう！

Q5 休日などに友だちと会って遊ぶ場合、どこで、何をして遊びますか？

その他　少数意見

- 家でお菓子を食べる、近い店で買い物
- 学習センターで宿題、バドミントン、ゲーム
- 大宮神社で猫と遊ぶ
- 外で鬼ごっこ

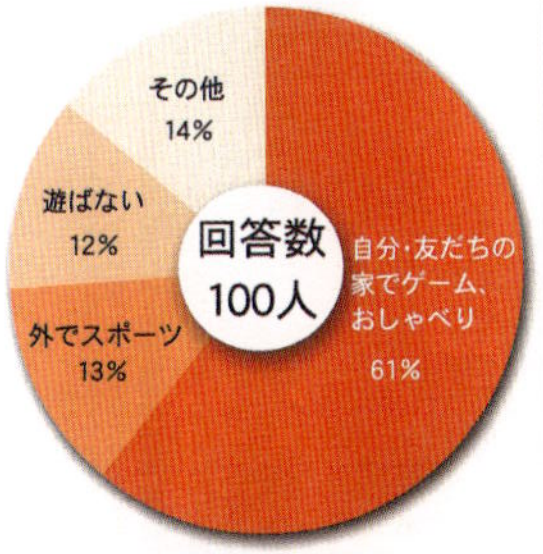

休日に子ども同士で何をやっているんだろう？というのは親であれば気になります。調査の結果、私たちの中学時代とほぼ同じ内容ですね。ただ現在はインターネットを利用したゲームや情報が氾濫しています。一歩間違えれば犯罪に巻き込まれてしまう可能性があるので、普段から「何をして遊んできたの？」と話しかける必要があると感じました。

鬼ごっこ、今もやるんですね！

Q6 普段、なかなか友だちに言えない感謝のことばなど言いたいことがあれば自由に書いてください。

- いつも色々とありがとうございます。これからもよろしくお願いします。
- いつも一緒にしゃべってくれたり、帰るときに誘ってくれたりしてありがとう。
- いつも遊んでくれてありがとう。
- いつも支えてくれてありがとう！ずっと友だち！
- これからもずっと友達でいよう。
- いつも自分のバカにつき合ってくれて、いつも自分のそばにいてくれてありがとう。
- いつも悩みを聞いてくれたり一緒にいてくれてありがとう。
- これからもたくさんおしゃべりしよう。
- いつも仲良くしてくれてありがとう。
- いつも色々な事を話したりしてくれてありがとうずっとずっと友達だよ。
- 一緒にいるとすごく楽しくて落ち着く。これからもよろしくね。
- 一緒にいてくれてありがとう、これからも友達でいて下さい。
- たくさん話せてたのしいです。Thank You very much!
- いつも感謝します。
- 私一人ではできないことをしてくれてありがとう。
- 友だちになってくれてありがとう、これからもがんばっていこう。
- いつも親切にしてくれてありがとう。
- わからないところをわかりやすく教えてくれてありがとう。
- これからも永遠に友だちでいよう。
- こんな僕ですが友だちになってくれてとても嬉しいです。これからも友だちでいてくれるとうれしいです。
- いつもそばにいてくれてありがとう、大好き！
- どんな時も仲良くしてくれてありがとう。
- 笑顔でいてくれてありがとう。
- サポートありがとう。
- 頼ってくれてありがとう。

調査の結果、飯野中の生徒たちは友だち関係がとても良好で、友だちへ感謝の気持ちも持っていることがわかりました。しかし少数意見になりますが、ちょっとした誤解が原因と思われるトラブルは多少なりともあることが予想されます。我々保護者は「最も身近な相談相手」でもあるので、子どもたちの心の変化から目を離さないことが大切ですね。

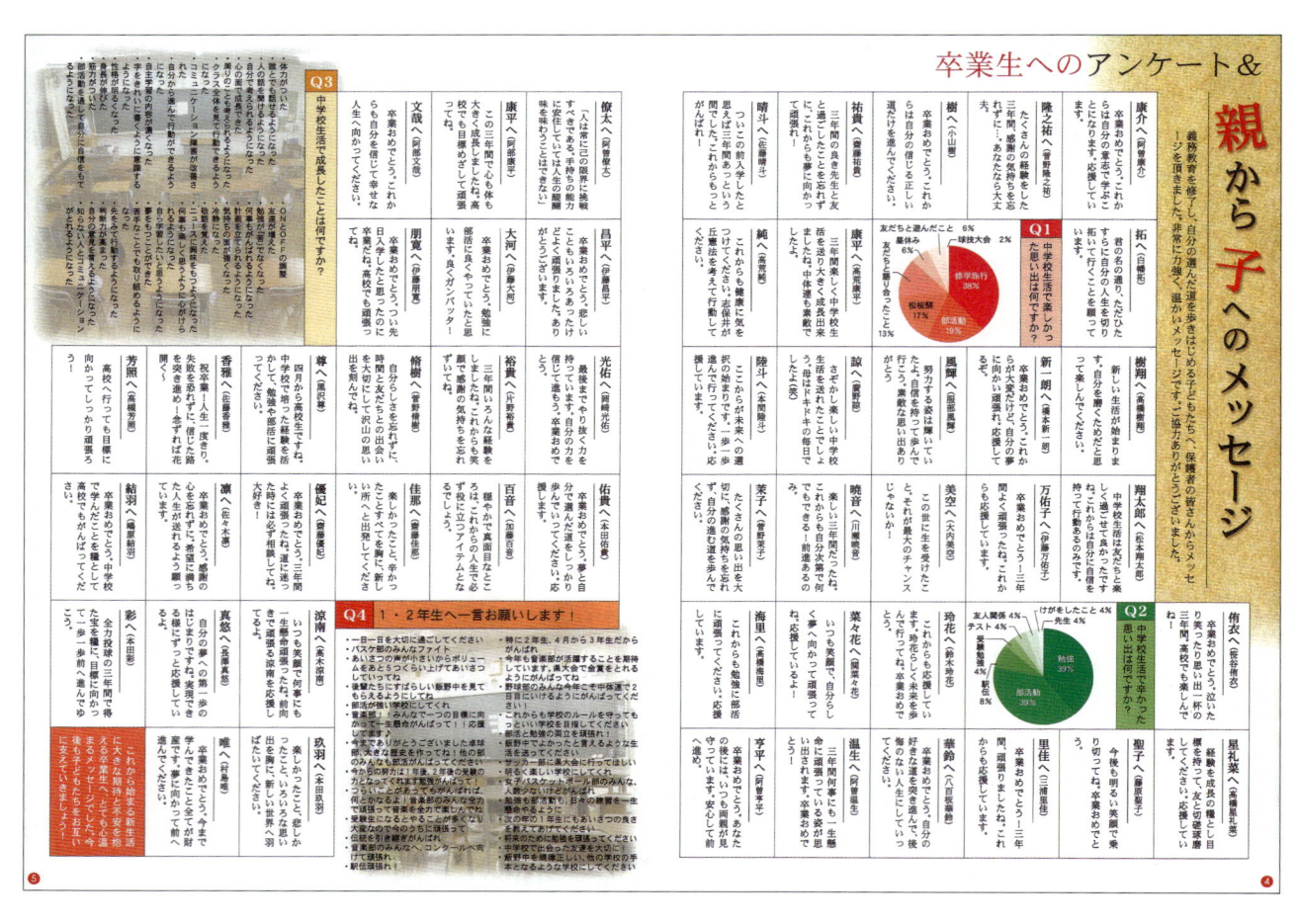

卒業生へのアンケート＆親から子へのメッセージ

義務教育を修了し、自分の選んだ道を歩きはじめる子どもたちへ、保護者の皆さんからメッセージを頂きました。非常に力強く、温かいメッセージです。ご協力ありがとうございました。

康介へ（阿曽康介）
卒業おめでとう。これからは自分の意志で学ぶことになります。応援しています。

隆之祐へ（菅野隆之祐）
たくさんの経験をした三年間、感謝の気持ちを忘れずに…。あなたなら大丈夫。

樹へ（小山樹）
卒業おめでとう。これからは自分の信じる正しい道だけを進んでください。

祐貴へ（齋藤祐貴）
三年間の良き先生と友と過ごしたことを忘れずに、これからも夢に向かって頑張れ！

晴斗へ（佐藤晴斗）
ついこの前入学したと思えば三年間あっという間でした。これからもっとがんばれ！

拓へ（白幡拓）
君の名の通り、ただひたすらに自分の人生を切り拓いて行くことを願っています。

Q1 中学校生活で楽しかった思い出は何ですか？

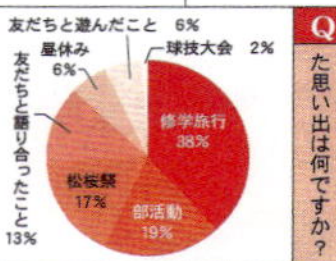

康平へ（高荒康平）
三年間楽しく中学校生活を送り大きく成長出来ましたね。中体連も素敵でしたよ。

純へ（高荒純）
これからも健康に気をつけてください。志保井が丘憲法を考えて行動してください。

樹翔へ（高橋樹翔）
新しい生活が始まります。自分を磨くためだと思って楽しんでください。

新一朗へ（橋本新一朗）
卒業おめでとう。これからが大変だけど、自分の夢に向かい頑張れ。応援してるぞ。

風輝へ（服部風輝）
努力する姿は輝いていたよ。自信を持って歩んで行こう。素敵な思い出ありがとう

諒へ（廣野諒）
さぞかし楽しい中学校生活を送れたことでしょう。母はドキドキの毎日でしたよ（笑）

陸斗へ（本間陸斗）
ここからが未来への選択の始まりです。一歩一歩進んで行ってください。応援しています。

翔太郎へ（松本翔太郎）
中学校生活は友だちと楽しく過ごせて良かったです。これからは自分に自信を持って行動あるのみです。

万佑子へ（伊藤万佑子）
卒業おめでとう！三年間よく頑張ったね。これからも応援しています。

美空へ（大内美空）
この世に生を受けたこと。それが最大のチャンスじゃないか！

暁音へ（川瀬暁音）
楽しい三年間だったね。これからも自分次第で何でもできる！前進あるのみ。

茉子へ（菅野茉子）
たくさんの思い出を大切に、感謝の気持ちを忘れず、自分の進む道を歩んでください。

侑衣へ（笹谷侑衣）
卒業おめでとう。泣いたり笑ったり思い出一杯の三年間。高校でも楽しんでね！

Q2 中学校生活で辛かった思い出は何ですか？

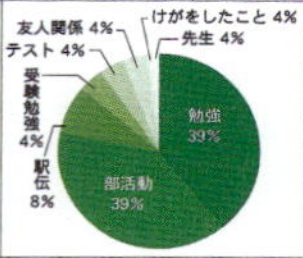

玲花へ（鈴木玲花）
これからも応援しています。玲花らしく未来を歩んで行ってね。卒業おめでとう。

菜々花へ（関菜々花）
いつも笑顔で、自分らしく夢へ向かって頑張ってね。応援しているよ！

海里へ（高橋海里）
これからも勉強に部活に頑張ってください。応援しています。

星礼菜へ（高橋星礼菜）
経験を成長の糧とし目標を持って、友と切磋琢磨してください。応援しています。

聖子へ（藤原聖子）
今後も明るい笑顔で乗り切ってね。卒業おめでとう。

里佳へ（三浦里佳）
卒業おめでとう！三年間、頑張りましたね。これからも応援しています。

華鈴へ（八百板華鈴）
卒業おめでとう。自分の好きな道を突き進んで、後悔のない人生にしていってください。

温生へ（阿曽温生）
三年間何事にも一生懸命に頑張っている姿が思い出されます。卒業おめでとう！

亨平へ（阿曽亨平）
卒業おめでとう。あなたの後には、いつも両親が見守っています。安心して前へ進め。

僚太へ（阿曽僚太）
「人は常に己の限界に挑戦すべきである。手持ちの能力に安住していては人生の醍醐味を味わうことはできない」

康平へ（阿部康平）
この三年間で心も体も大きく成長しましたね。高校でも目標めざして頑張ってね。

文哉へ（阿部文哉）
卒業おめでとう。これからも自分を信じて幸せな人生へ向かってください。

昌平へ（伊藤昌平）
卒業おめでとう。悲しいこともいろいろあったけどよく頑張りました。ありがとうございます。

大河へ（伊藤大河）
卒業おめでとう。勉強に部活に良くやっていたと思います。良くガンバッタ！

朋寛へ（伊藤朋寛）
卒業おめでとう。つい先日入学したと思ったのに卒業だね。高校でも頑張ってね。

Q3 中学校生活で成長したことは何ですか？

- 体力がついた
- 誰とでも話せるようになった
- 人の話を聞けるようになった
- 自分で考えられるようになった
- 心の面で成長できた
- 周りのことも考えられるようになった
- クラス全体を見て行動できるようになった
- コミュニケーション障害が改善された
- 自分から進んで行動ができるようになった
- 自主学習の内容が濃くなった
- 字をきれいに書くように意識するようになった
- 性格が明るくなった
- 身長が伸びた
- 筋力がついた
- 部活動を通して自分に自信をもてるようになった
- ONとOFFの調整
- 友達が増えた
- 勉強が「苦」でなくなった
- 何事もがんばれるようになった
- 計画を立てられるようになった
- 気持ちの面が強くなった
- 冷静になった
- 敬語を覚えた
- ニュースに興味をもつようになった
- 何事も楽しく思うように心がけられるようになった
- 自ら学習したいと思うようになった
- 夢をもつことができた
- 苦手なことでも取り組めるようになった
- 先をみて行動するようになった
- 判断力が高まった
- 自分の意見を言えるようになった
- 知らない人とコミュニケーションがとれるようになった

光佑へ（岡崎光佑）
最後までやり抜く力を持っています。自分の力を信じて進もう。卒業おめでとう。

裕貴へ（片野裕貴）
三年間いろんな経験をしましたね。これからも笑顔で感謝の気持ちを忘れずにいてね。

脩樹へ（菅野脩樹）
自分らしさを忘れずに、時間と友だちとの出会いを大切にして沢山の思い出を刻んでね。

尊へ（黒沢尊）
四月から高校生ですね。中学校で培った経験を活かして、勉強や部活に頑張ってください。

香雅へ（佐藤香雅）
祝卒業！人生一度きり。失敗を恐れずに、信じた路を突き進め！念ずれば花開く〜

芳照へ（高槻芳照）
高校へ行っても目標に向かってしっかり頑張ろう！

佑貴へ（本田佑貴）
卒業おめでとう。夢と自分で選んだ道をしっかり歩んでいってください。応援します。

百音へ（加藤百音）
穏やかで真面目なところは、これからの人生で必ず役に立つアイテムとなるでしょう。

佳那へ（齋藤佳那）
楽しかったこと、辛かったことすべてを胸に、新しい所へと出発してください。

優妃へ（齋藤優妃）
卒業おめでとう。三年間よく頑張ったね。道に迷った時には必ず相談してね。大好き！

凜へ（佐々木凜）
卒業おめでとう。感謝の心を忘れずに。希望に満ちた人生が送れるよう願っています。

結羽へ（嶋原結羽）
卒業おめでとう。中学校で学んだことを糧として高校でもがんばってください。

Q4 1・2年生へ一言お願いします！

- 一日一日を大切に過ごしてください
- バスケ部のみんなファイト
- あいさつの声が小さいからボリュームをあと５つくらい上げてあいさつしていってね
- 後輩たちにすばらしい飯野中を見てもらえるようにしてね
- 部活が強い学校にしてくれ
- 音楽部！！みんなで一つの目標に向かって一生懸命がんばって！！応援してます♪
- 今までありがとうございました卓球部、大きな歴史を作ってね！他の部のみんなも部活がんばってください
- 今からの努力は１年後、２年後の受験の力となってくれます勉強がんばって！
- つらいことがあってもがんばれば、何とかなるよ！音楽部のみんな全力で頑張って音楽を全力で楽しんでね
- 受験生になるとやることが多くなり大変なので今のうちに頑張って
- 伝統を引き継ぎがんばれ
- 音楽部のみんなへ、コンクールへ向けて頑張れ
- 駅伝頑張れ！
- 特に２年生、４月から３年生だからがんばれ
- 今年も音楽部が活躍することを期待しています。県大会で金賞をとれるようにがんばってね
- 野球部のみんな今年こそ中体連で２日目にいけるようにがんばってください！
- これからも学校のルールを守ってもっといい学校を目指してください
- 部活と勉強の両立を頑張れ！
- 飯野中でよかったと言えるような生活を送ってください
- サッカー部に県大会に行ってほしい
- 明るく楽しい学校にしてくれ
- 女子バスケットボール部のみんな、人数少ないけどがんばれ
- 勉強も部活動も、日々の練習を一生懸命やるように
- 次の年の１年生にもあいさつの良さを教えてあげてください
- 将来のために勉強を頑張ってください
- 中学校で出会った友達を大切に！
- 飯野中を規律正しい、他の学校の手本となるような学校にしてください

涼南へ（高木涼南）
いつも笑顔で何事にも一生懸命頑張ったね。前向きで頑張る涼南を応援してるよ。

真悠へ（長澤真悠）
自分の夢への第一歩のはじまりですね。実現できる様にずっと応援しているよ。

彩へ（本田彩）
全力投球の三年間で得た宝を糧に、目標に向かって一歩一歩前へ進んでゆこう。

玖羽へ（本田玖羽）
楽しかったこと、悲しかったこと、いろいろな思い出を胸に、新しい世界へ羽ばたいてください。

唯へ（村島唯）
卒業おめでとう。今まで学んできたこと全てが財産です。夢に向かって前へ進んでください。

これから始まる新生活に大きな期待と不安を抱える卒業生へ、とても心温まるメッセージでした。今後も子どもたちをお互いに支えていきましょう！

松桜祭

飯中生が選んだ「楽しかった発表」ランキング!!

十月三十日に行われた松桜祭では、生徒たちは日ごろの練習の成果を存分に発揮して、とてもすばらしい発表を披露してくれました。広報委員会では生徒たちにアンケートをお願いして、楽しかった、感動した発表を三つまで選んでもらいました。保護者とはまた違った視点で見ていた生徒たちのランキングです！

松桜祭実行委員長
本田 玖羽さん

統合六十周年という節目の年に実行委員長として関わることが出来て、とても光栄に思います。今回この役を務めて自分自身の課題を見つけることが出来ました。最高の松桜祭を感じられて本当に幸せです。

第1位 3年2組発表「歴史、レキシ、REKISHI」〜愛という名のスパイス添え〜

修学旅行をテーマにして、クラス一丸となってすばらしい劇を発表してくれました！全員が個性を発揮して、会場が大盛り上がりでした。女の子に変装した男子生徒が登場したときにはちょっとビックリ！

第2位 Re:ゼロから始めるヲタ芸生活 ただそれだけのヲタ芸

有志発表のトリを務めた「ヲタ芸」！５人の息の合ったダンスは、生徒はおろか保護者まで感嘆の声が上がりました。暗幕で暗くした体育館に光る「サイリウム」を振り回す生徒の演技に大拍手が送られました！

前生徒会副会長
本田 彩さん

私たち三年生にとって最後の松桜祭は一生忘れることのない最高の思い出になりました。クラスが一致団結して活動でき、本当に幸せでした。一・二年生、一組のみんな、そして先生方、地域の方々がいてくださったおかげです。最高の思い出をありがとうございました。

前生徒会長
高槻 芳照さん

僕にとって今年の松桜祭は、中学校最後、そして生徒会としての集大成でした。思い入れが強い分、松桜祭が大成功に終わってとても嬉しく思います。これからは受験に向かって、三年生全員で頑張りたいです。

第3位 合唱コンクール

松桜祭といったらコレでしょうね！合唱コンクール！生徒一人一人の真剣な気持ちが伝わる素晴らしい発表でした！感動をありがとう！

PTA会長
松本 敬さん

生徒一人ひとりが真剣に発表に取り組み、生徒の思いが本気で伝わるすばらしい松桜祭でした。発表を見ているとかなりの練習を積んで今日の発表につながっていることがひしひしと感じられ、生徒たちの人間としての成長も感じられました。ご指導していただいた先生方へ感謝いたします。

工藤裕也 校長先生

一番の印象は、三年生の合唱です。どちらの学級もすばらしく、聞き手を感動させる力がありました。また、学年発表・有志発表が、全校生参加型の文化祭にふさわしい内容でした。来年度は、さらに有志発表の申し込みが増え、事前のオーディションが活発になることを期待します。

前生徒会副会長
阿曽 亨平さん

今年の松桜祭は、笑いあり、涙ありで大成功のうちに終わりました。合唱や学年学級発表を通して、クラスの絆も深まりました。今回の松桜祭のような伝統が、これから何年何十年と続いていくことを願っています。

第4位 3年1組発表 担任探して約十里

担任の先生がいなくなってしまった！という衝撃(ﾟ▽ﾟ)のテーマを、楽しく、面白く演じていました。最後まで目が離せない展開でした！

第5位 メロンパン さみしいよ…

タイトルを見て「もしかして恐怖系？」と思ったら…やっぱりコワ〜イお話でした。しかし最後のNG集を見て大笑い！でも迫真の演技に引き込まれましたね！

生徒会役員引継！

エンディングセレモニーの中で生徒会役員引継が行われました。旧役員の皆さん、お疲れさまでした。新役員の皆さん、飯野中生徒会をさらに発展させていきましょう。

旧		新	
会長	高槻 芳照	会長	齋藤 愛莉
副会長	阿曽 亨平	副会長	佐藤 玖都
〃	本田 彩	〃	高荒 愛結
書記	関 菜々花	書記	伊藤 磨美
〃	齋藤 愛莉	〃	菅野実沙季
会計	高荒 純	会計	廣野 恭平
〃	佐藤 玖都	〃	阿部 広夢
監査	菅野隆之祐	監査	高橋 孝祐
〃	高橋 拳	〃	安齋 陽紀

新生徒会長
齋藤 愛莉さん

こちらも大盛り上がりでした！

阿部さん×ダンサーズF クラリネット・リサイタル
聴きほれちゃいましたね。ステキです。

音楽部発表 ヒーロー!ヒロイン!!登場
さすが大活躍の音楽部でした！

2年生発表「立志」〜あなたの志は何ですか?〜
「志」について考えさせられました。

1年生発表 福祉とは？
初めての松桜祭、がんばりました！

日本ＰＴＡ全国協議会　会長賞　　北海道北見市立高栄中学校

審査総評

イラストなどを配して、見やすさを優先した特集は、読者にも親しみやすいでしょう。記事の一つ一つに、読ませる配慮があることが伝わってきます。

高栄中PTAだより

しらかば

107号

平成28年9月28日

CONTENTS

●生徒数/男子：219名　女子：206名【合計：425】

発 行：北見市高栄中学校PTA広報部　北見市高栄西町10丁目12-1　TEL0157-22-1921
印 刷：有限会社 サンケイプリント社

特集 教えてください 親の言い分！ 子どもの言い分！

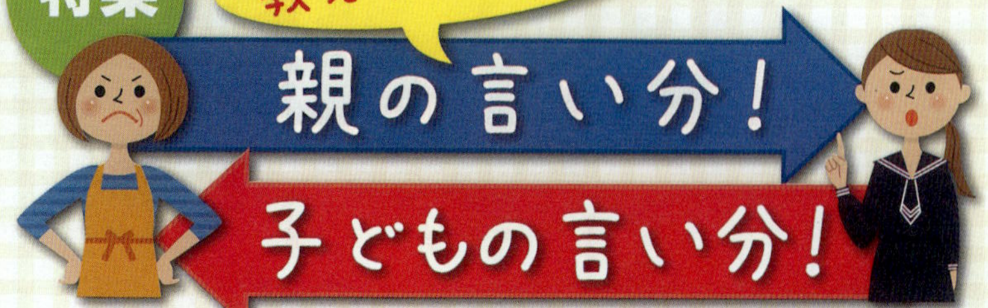

今回の特集は高栄中の「親」と「子ども」のそれぞれの言い分を比べてみました。アンケートの質問ごとにまとめてみますと、高栄中の親子関係が見えてきました。

この違いは？ 得意な料理 好きな料理

言われて嫌な気持ちになる言葉

少しきつい言葉が並んでしまいました。中学生も親もどうしても時には感情的になってしまうこともあります。でも、必ず言った後に反省しているのですよね…。「ああ、言い過ぎたカモ…」

4

親子で一緒に出かけますか？

子どもと一緒に出かけるのはどんな時？

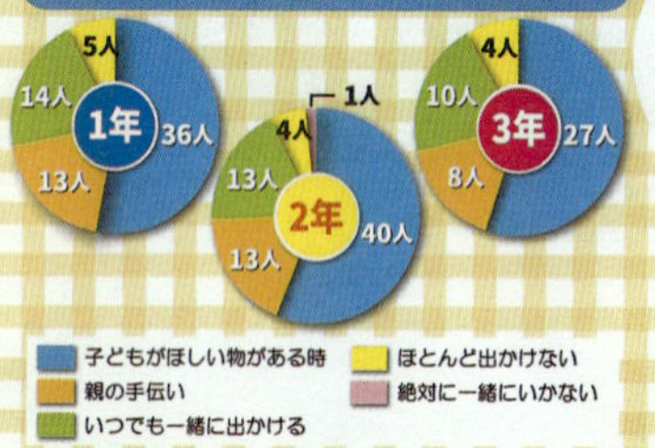

親と一緒に出かけるのはどう思う？

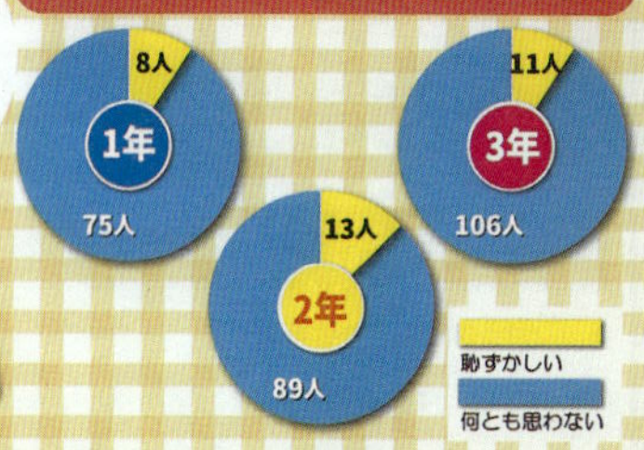

やっぱり子どもがほしいものがある時に親も一緒に買い物に出かけています。子どもはそれが目当てですね。ただし、実際に子どもに聞いてみると、予想以上に親と一緒に出かけるのを「恥ずかしく思っていない」生徒がほとんどです。お母さん、お父さん、ちょっと安心しましたか？

お互いのファッションセンスをどう思いますか？

子どもの服装をどう思う？

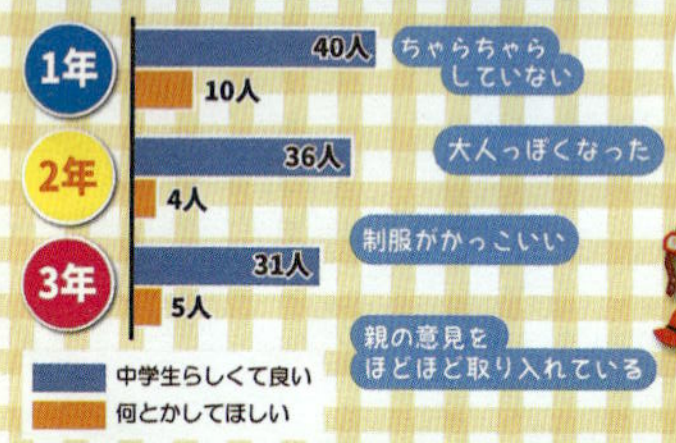

親の服装をどう思う？

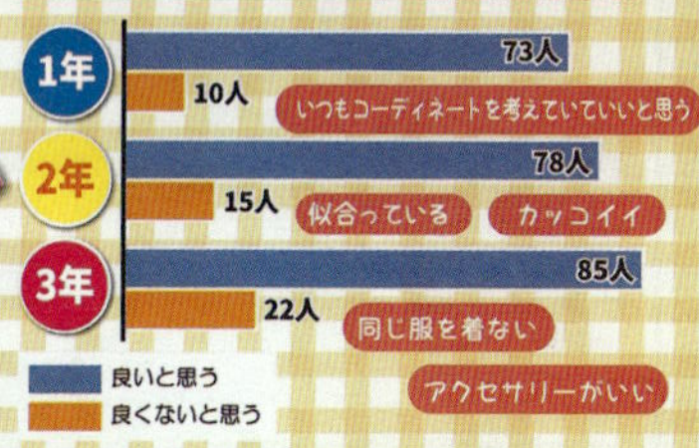

どの学年も生徒は親の服装をとても好意的に思っています。上下のコーディネートやアクセサリーなど、親のおしゃれをしっかり見ている子どもの様子がわかります。子どもの服装もほとんど「中学生らしくて良い」とのことです。年齢相応の服装は良い印象を与えますからね。

お互いに離れて暮らしたいのはいつですか？

いつ「親離れ」してほしい？

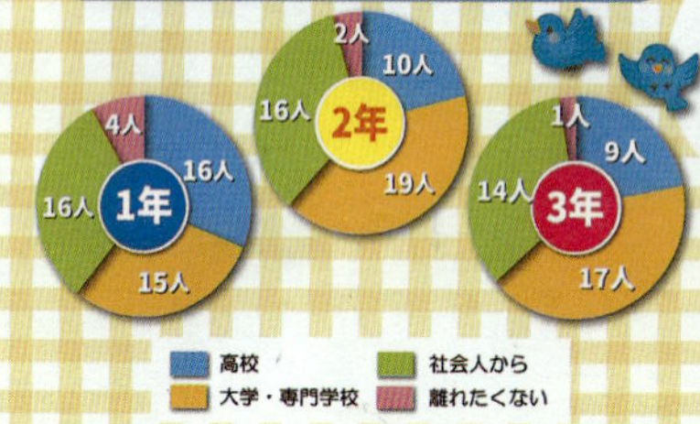

親から離れて暮らしたいのは…

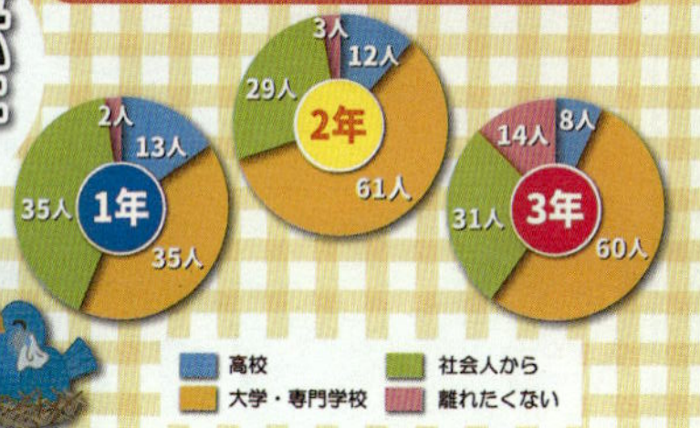

最後は「子離れ」と「親離れ」がテーマです。上にあるように普段は悪口を言い合っている親子関係でも、いつか離れることを想像したらまだまだ先の方がいいと思っていることがわかります。
特に３年生の生徒からは１４名の生徒が「離れたくない」とのことです。子どもの本音ですね！

今回は11月中ごろ、全校生徒と保護者にアンケートを取らせて頂きました。保護者の方々からの回収率は極めてよかったので、このテーマに関心を持たれていたことがわかります。高栄中親子は友達のように日ごろから買い物に一緒に行き、服装もお互いに認め合い、いつかお互い離れて暮らすその日まで、毎日楽しんで生活しています。たとえ、悪口を言いあっても、これからも親子仲良くしましょうね！　（保護者回答数　142人）

5

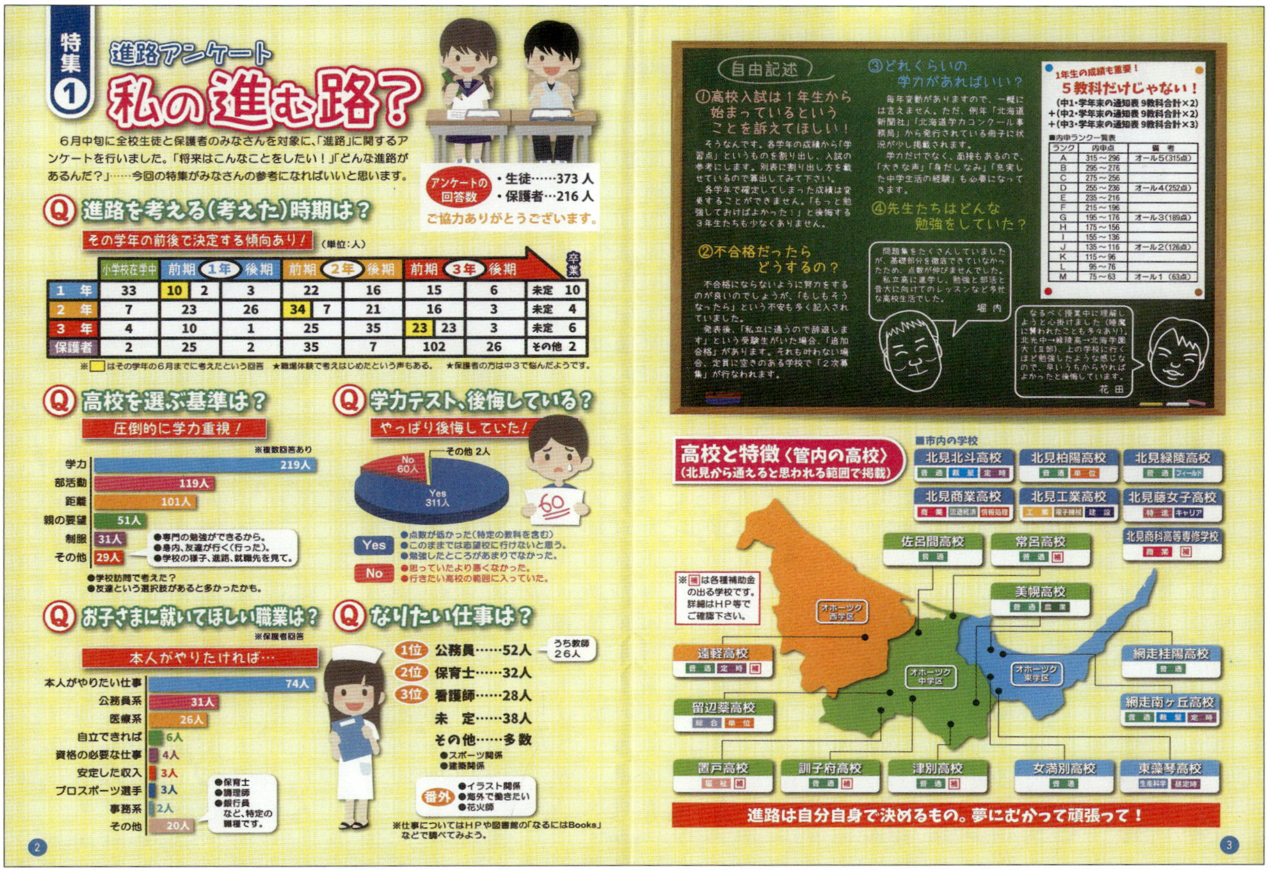

特集 1

進路アンケート

私の進む路？

６月中旬に全校生徒と保護者のみなさんを対象に、「進路」に関するアンケートを行いました。「将来はこんなことをしたい！」「どんな進路があるんだ？」……今回の特集がみなさんの参考になればいいと思います。

アンケートの回答数　・生徒……373 人　・保護者…216 人
ご協力ありがとうございます。

Q 進路を考える(考えた)時期は？

その学年の前後で決定する傾向あり！　(単位:人)

	小学校在学中	1年 前期		1年 後期	2年 前期		2年 後期	3年 前期		3年 後期	卒業
1 年	33	10	2	3	22		16	15		6	未定 10
2 年	7	23		26	34	7	21	16		3	未定 4
3 年	4	10		1	25		35	23	23	3	未定 6
保護者	2	25		2	35		7	102		26	その他 2

※[黄色]はその学年の６月までに考えたという回答　★職場体験で考えはじめたという声もある。　★保護者の方は中３で悩んだようです。

Q 高校を選ぶ基準は？

圧倒的に学力重視！

※複数回答あり

- 学力　219人
- 部活動　119人
- 距離　101人
- 親の要望　51人
- 制服　31人
- その他　29人

●専門の勉強ができるから。
●身内、友達が行く(行った)。
●学校の様子、進路、就職先を見て。

●学校訪問で考えた？
●友達という選択肢があると多かったかも。

Q 学力テスト、後悔している？

やっぱり後悔していた！

Yes 311人　No 60人　その他 2人

Yes
●点数が低かった(特定の教科を含む)
●このままでは志望校に行けないと思う。
●勉強したところがあまりでなかった。

No
●思っていたより悪くなかった。
●行きたい高校の範囲に入っていた。

Q お子さまに就いてほしい職業は？

※保護者回答

本人がやりたければ…

- 本人がやりたい仕事　74人
- 公務員系　31人
- 医療系　26人
- 自立できれば　6人
- 資格の必要な仕事　4人
- 安定した収入　3人
- プロスポーツ選手　3人
- 事務系　2人
- その他　20人

●保育士
●調理師
●銀行員
など、特定の職種です。

Q なりたい仕事は？

1位 公務員……52人（うち教師 26人）
2位 保育士……32人
3位 看護師……28人
未　定……38人
その他……多数
●スポーツ関係
●建築関係

番外
●イラスト関係
●海外で働きたい
●花火師

※仕事についてはＨＰや図書館の「なるにはBooks」などで調べてみよう。

2

自由記述

①高校入試は１年生から始まっているということを訴えてほしい！

そうなんです。各学年の成績から「学習点」というものを割り出し、入試の参考にします。別表に割り出し方を載せているので算出してみて下さい。

各学年で確定してしまった成績は変更することができません。「もっと勉強しておけばよかった！」と後悔する３年生たちも少なくありません。

②不合格だったらどうするの？

不合格にならないように努力をするのが良いのでしょうが、「もしもそうなったら」という不安も多く記入されていました。

発表後、「私立に通うので辞退します」という受験生がいた場合、「追加合格」があります。それも叶わない場合、定員に空きのある学校で「２次募集」が行なわれます。

③どれくらいの学力があればいい？

毎年変動がありますので、一概には言えません。ただ、例年「北海道新聞社」「北海道学力コンクール事務局」から発行されている冊子に状況が少し掲載されます。

学力だけでなく、面接もあるので、「大きな声」「身だしなみ」「充実した中学生活の経験」も必要になってきます。

④先生たちはどんな勉強をしていた？

問題集をたくさんしていましたが、基礎部分を徹底できていなかったため、点数が伸びませんでした。
私立高に進学し、勉強と部活と音大に向けてのレッスンなど多忙な高校生活でした。
堀内

なるべく授業中に理解しようと心掛けました（睡魔に襲われたことも多々あり）。北光中→緑陵高→北海学園大（Ⅱ部）、上の学校に行くほど勉強したような感じなので、早いうちからやればよかったと後悔しています。
花田

1年生の成績も重要！

5教科だけじゃない！

(中1・学年末の通知表 9教科合計×2)
+(中2・学年末の通知表 9教科合計×2)
+(中3・学年末の通知表 9教科合計×3)

■内申ランク一覧表

ランク	内申点	備考
A	315～296	オール5(315点)
B	295～276	
C	275～256	
D	255～236	オール4(252点)
E	235～216	
F	215～196	
G	195～176	オール3(189点)
H	175～156	
I	155～136	
J	135～116	オール2(126点)
K	115～96	
L	95～76	
M	75～63	オール1 (63点)

高校と特徴〈管内の高校〉
(北見から通えると思われる範囲で掲載)

■市内の学校
- 北見北斗高校　普通／教星／定時
- 北見柏陽高校　普通／単位
- 北見緑陵高校　普通／フィールド
- 北見商業高校　商業／流通経済／情報処理
- 北見工業高校　工業／電子機械／建設
- 北見藤女子高校　特進／キャリア
- 北見商科高等専修学校　商業／補

- 佐呂間高校　普通
- 常呂高校　普通／補
- 美幌高校　普通／農業
- 遠軽高校　普通／定時／補
- 留辺蘂高校　総合／単位
- 置戸高校　福祉／補
- 訓子府高校　普通／補
- 津別高校　普通／補
- 女満別高校　普通
- 東藻琴高校　生産科学／昼定時
- 網走桂陽高校　普通
- 網走南ヶ丘高校　普通／教星／定時

オホーツク西学区　オホーツク中学区　オホーツク東学区

※[補]は各種補助金の出る学校です。詳細はＨＰ等でご確認下さい。

進路は自分自身で決めるもの。夢にむかって頑張って！

3

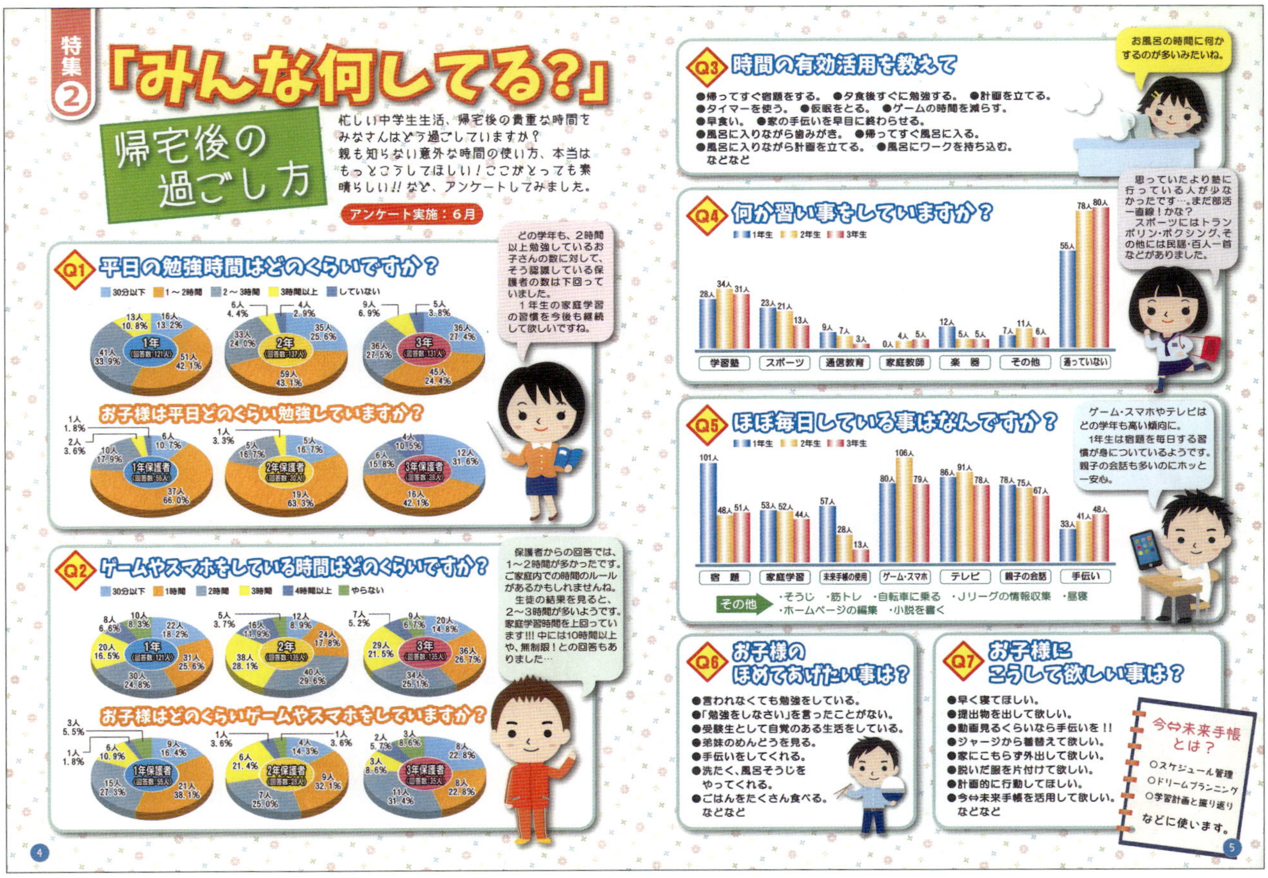

特集 2

「みんな何してる?」

帰宅後の過ごし方

忙しい中学生生活、帰宅後の貴重な時間をみなさんはどう過ごしていますか？
親も知らない意外な時間の使い方、本当はもっとこうしてほしい！ここがとっても素晴らしい!! など、アンケートしてみました。

アンケート実施：６月

Q1 平日の勉強時間はどのくらいですか？

30分以下　1～2時間　2～3時間　3時間以上　していない

1年(回答数:121人)：16人 13.2%／51人 42.1%／41人 33.9%／13人 10.8%
2年(回答数:137人)：35人 25.6%／59人 43.1%／33人 24.0%／6人 4.4%／4人 2.9%
3年(回答数:131人)：36人 27.4%／45人 24.4%／36人 27.5%／9人 6.9%／5人 3.8%

お子様は平日どのくらい勉強していますか？

1年保護者(回答数:56人)：6人 10.7%／37人 66.0%／10人 17.9%／2人 3.6%／1人 1.8%
2年保護者(回答数:30人)：5人 16.7%／19人 63.3%／5人 16.7%／1人 3.3%
3年保護者(回答数:38人)：12人 31.6%／16人 42.1%／6人 15.8%／4人 10.5%

どの学年も、２時間以上勉強しているお子さんの数に対して、そう認識している保護者の数は下回っていました。
１年生の家庭学習の習慣を今後も継続して欲しいですね。

Q2 ゲームやスマホをしている時間はどのくらいですか？

30分以下　1時間　2時間　3時間　4時間以上　やらない

1年(回答数:121人)：22人 18.2%／31人 25.6%／30人 24.8%／20人 16.5%／8人 6.6%／10人 8.3%
2年(回答数:135人)：12人 8.9%／24人 17.8%／40人 29.6%／38人 28.1%／16人 11.9%／5人 3.7%
3年(回答数:135人)：20人 14.8%／36人 26.7%／34人 25.1%／29人 21.5%／7人 5.2%／9人 6.7%

お子様はどのくらいゲームやスマホをしていますか？

1年保護者(回答数:55人)：9人 16.4%／21人 38.1%／15人 27.3%／6人 10.9%／1人 1.8%／3人 5.5%
2年保護者(回答数:28人)：4人 14.3%／9人 32.1%／7人 25.0%／6人 21.4%／1人 3.6%／1人 3.6%
3年保護者(回答数:35人)：8人 22.8%／8人 22.8%／11人 31.4%／3人 8.6%／2人 5.7%／3人 8.6%

保護者からの回答では、1～2時間が多かったです。ご家庭内での時間のルールがあるかもしれませんね。
生徒の結果を見ると、2～3時間が多いようです。家庭学習時間を上回っています!!! 中には10時間以上や、無制限！との回答もありました…

4

Q3 時間の有効活用を教えて

●帰ってすぐ宿題をする。　●夕食後すぐに勉強する。　●計画を立てる。
●タイマーを使う。　●仮眠をとる。　●ゲームの時間を減らす。
●早食い。　●家の手伝いを早目に終わらせる。
●風呂に入りながら歯みがき。　●帰ってすぐ風呂に入る。
●風呂に入りながら計画を立てる。　●風呂にワークを持ち込む。
などなど

お風呂の時間に何かするのが多いみたいね。

Q4 何か習い事をしていますか？

	1年生	2年生	3年生
学習塾	28人	34人	31人
スポーツ	23人	21人	13人
通信教育	9人	7人	3人
家庭教師	0人	4人	5人
楽器	12人	5人	5人
その他	7人	11人	6人
通っていない	55人	78人	80人

思っていたより塾に行っている人が少なかったです…。まだ部活一直線！かな？
スポーツにはトランポリン・ボクシング、その他には民謡・百人一首などがありました。

Q5 ほぼ毎日している事はなんですか？

	1年生	2年生	3年生
宿題	101人	48人	51人
家庭学習	53人	52人	44人
未来手帳の使用	57人	28人	13人
ゲーム・スマホ	80人	106人	79人
テレビ	86人	91人	78人
親子の会話	78人	75人	67人
手伝い	33人	41人	48人

その他　・そうじ　・筋トレ　・自転車に乗る　・Ｊリーグの情報収集　・昼寝　・ホームページの編集　・小説を書く

ゲーム・スマホやテレビはどの学年も高い傾向に。
1年生は宿題を毎日する習慣が身についているようです。親子の会話も多いのにホッと一安心。

Q6 お子様のほめてあげたい事は？

●言われなくても勉強をしている。
●「勉強をしなさい」を言ったことがない。
●受験生として自覚のある生活をしている。
●弟妹のめんどうを見る。
●手伝いをしてくれる。
●洗たく、風呂そうじをやってくれる。
●ごはんをたくさん食べる。
などなど

Q7 お子様にこうして欲しい事は？

●早く寝てほしい。
●提出物を出して欲しい。
●動画見るくらいなら手伝いを!!
●ジャージから着替えて欲しい。
●家にこもらず外出して欲しい。
●脱いだ服を片付けて欲しい。
●計画的に行動してほしい。
●今⇔未来手帳を活用して欲しい。
などなど

今⇔未来手帳とは？
○スケジュール管理
○ドリームプランニング
○学習計画と振り返り
などに使います。

5

決めたぜ、全国・全道大会へ

高栄中オンリーワンが ナンバーワンに!

玄関ホールに全校生徒の We are the One!

野球部は見事全道大会を制し、北見市内校初の全国大会出場!

7月30日・31日・8月1日 北見市東陵運動公園野球場

全道制覇!北海道のチャンピオンに!!

高栄中学校 野球部の軌跡

【全道大会決勝】
北見高栄中 3－1 札幌柏丘中

【全国大会1回戦】
北見高栄中 3－0 岡山高松中

【全国大会2回戦】
北見高栄中 4－8 東京上一色中

8月19日・20日

全国中学校軟式野球大会 新潟県鳥屋野運動公園野球場

本当によく頑張った。そしてありがとう。君たちから学んだこと、受け取ったこと、そのすべてを大切にしていくと約束する。いつまでも忘れることのない最高のメンバー。本当にありがとう。

野球部 顧問 遠藤 明史

「野球人としての技術力だけでなく、人間としてどのような成長が出来たのか」を考えて、今後の人生に生かしてください。この中の誰かが北海道を背負って甲子園に行くのを楽しみにしています。

野球部 顧問 鈴木 望夢

これまで対戦したチームの想いや支えてくれた仲間・友人・先生方・応援して下さった保護者や地域の方々、野球に関わる多くの方々の応援を背に全力プレーで、最後まであきらめずにやりきることが出来ました。本当にありがとうございました。

野球部一同

陸上部

結果は納得のいくものでなかったけど、全道の舞台に立てて良かったです。
後輩はこれからも頑張って下さい!!
3年 大島 菜月

7月25日～27日 北見市東陵運動公園

剣道部

全道のチームに負けないようにチーム一丸となって戦えて嬉しかったです。
2年生は1年生を引っぱっていけるように頑張って下さい。
3年 早川奈津穂

7月29日～30日 札幌市中央体育館

卓球部

最後の一球まであきらめずに試合をしました。
卓球部の1・2年生はこれからも頑張って下さい。
3年 貝出 萌寧
貝出 萌華

7月29日～31日 八雲町総合体育館

水泳部

楽しかった。本番で自己ベストを出すことができ、練習の成果が発揮できた。
来年、後輩も頑張ってほしい。
3年 大野 圭輝

7月29日～31日 帯広の森運動公園内市民プール

さぁ、今年もやってきました『中学生あるある』!

今回は「部活」だ!

運動系

●サッカー部でコートを作っているとゴールの向きが合わずに10分くらいかかる。
[焼きおにぎり]

●野球部は①みんなケツがでかくなる。②野球部でガタイのいい(体が大きい)人は「お前キャッチャーだろ?」と言われる。③スパイクで走っているとき、くるぶしをけってめっちゃ痛い。
[王女]

●剣道部で夏になると袴の下には何もはかない先生が増える。

●七・八段の先生の試合が異次元。

●合宿のバスが一番楽しい。
[yamu yamu]

●柔道部で相手は坊主で強そうなのに、戦うとそうでもなかった(JUDOで)。
[ハゲマン人]

●バレー部でボールが顔にあたる。
[京翔]

●卓球部でよく球が落ちているから踏みそうになる。
[ひよこ]

●バスケットボール部で、ジャンプしてネットに触りたがる。
[てんぷう]

●陸上部でクラウチングのかたちを日常的についついとってしまう。(靴ひもを結ぶときなど)。
[匿名希望♡]

●水泳部で、大会で名前を間違えられる。

●飛び込みでゴーグルが外れる。
[ゲオ]

●テニス部で、試合でサーブをミスしてストレート負けしてしまう。
[匿名希望]

美術部・吹奏楽部コーナー

●美術部って何してるの?と同じ人から何回も聞かれる。
[はにわ]

●あいさつ、返事、めっちゃ重視。

●定期演奏会でめっちゃ泣く。

●部員の前でしゃべるときはみんな咳払いしてから、しゃべる。
[吹奏楽部]

●文化祭の時と美術の授業の時の美術部の異常な頼られ感。

●いつのまにか「元〇〇部」の集まりになっている個性的な美術部。
[女神]

●圧倒的眼鏡率。
[いつも部屋のすみっこで三角座りしてる人]

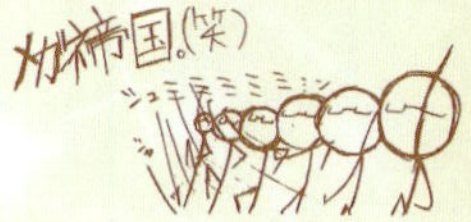

●新入生に第2美術室を見つけてもらえない。
[カンナツキ]

昨年の「高栄中あるある」に続く第2弾でした。インターネットで検索しても、「あるある」はたくさん出てきます。人生の中での貴重な中学生活を「あるある」のように楽しんで下さい!

帰宅部から

●部長が誰だかわからないし、学校で部活関係の行事があるときは出ないで帰りたい。
[帰宅部R]

●放課後が切ない。
[A]

●部活動に入っている人からの目線がすごい。
[ゲイ]

日本ＰＴＡ全国協議会 会長賞　　岐阜県岐阜市立長森中学校

審査総評

いじめをテーマにした広報委員による討論会が光ります。紙面にある「ＰＴＡだより」が学校教育活動の記事とのバランスを取っています。

森
岐阜市立長森中学校
PTA広報委員会 第219号 2016.7
イジメって無くせる？
PTA広報委員会DVD鑑賞＆討論会
体験した・学んだ・楽しんだ
各学年 研修旅行
創立70周年感謝記念特集
これ、知ってる？
長中校区いろいろ
平成28年度
長森中学校
PTAスローガン
共感
～共に思い、共に語り、育てよう家庭力～
『共感』の書：1年 小椋 きらり　表紙写真：生徒会・PTA合同挨拶運動

いじめを考えよう Part1

いじめって無くせないの？

～広報委員によるDVD鑑賞・討論会～
親に出来ることは何か？ DVDの感想や経験談等、熱い議論が交わされました。

子どもたちにも見せたい！

鑑賞が終わって、まず皆さんの口から出たのが、この言葉でした。いじめというのは決して他人事ではなく、少なからず保護者自身の過去にも経験があると思います。昔から「村八分（むらはちぶ）」という言葉があるように、人が暮らしていく中で、残念ながら避けては通れないものかもしれない…。

しかし、そのまま仕方ないで済ませたくない。子どもたちに、いじめの無い暮らしは可能だと思って欲しい。そんな気持ちで、今回の鑑賞会を企画しました。

平成２７年度の２学年保護者を対象に鑑賞が行われたこの作品。その際に鑑賞できた保護者は一部でしたが、反響は大きなものでした。ぜひ生徒にも見て欲しいとの意見が多く、当時の２年生（現・３年生）が鑑賞しました。

作品には、いじめの傍観者であった主人公が、クラスメイトがいじめられている様子を知っていながら、何も出来ずにいるうち、彼が自殺してしまうことが描かれています。何もしなかった自分に後悔していると、何故か時間がいじめの発生前に戻っており、少しずつ態度を変えることでいじめを無くしていくストーリーです。

いじめを無くすのは周りから

特別なことはしなくてもいい。ほんの少しずつ周りが変わることで、いじめの重症化を防げる。このＤＶＤでは、周りが変わるにはどうすればいいか、例を挙げて説明しています。例えば、当初「あいつ、ほんとにドンくさいよな」との投げかけに「そうだよね」と笑っていた主人公。それを「そうかな」と感心ない感じに変える、そんな小さな変化でも効果はあると伝えています。エンターテイナー気取りの中心人物たちに「やりにくいな」、「つまらないな」と感じさせることが重要であると。

『傍観者』、『観衆』から『通報者』、『仲裁者』になるのはなかなか難しいことです。急増しているＳＮＳによるいじめなど、表面上見えにくい場合は更に困難でしょう。いじめの構図が多様化している今こそ、「安易な同意」に怖さがあると感じました。

親は絶対にあなたを守るよ

広報委員の皆さんから、様々な内容の体験談が語られ、当時を思い出し涙ぐむ方もみえました。それらのどの話からも共通して感じたことは、親は何としても子どもを守ろうと頑張るということです。

子どもたちには、親に話すと「ちくった」とか言われ、もっといじめられるという恐怖があり、親に相談しにくいことは容易に理解できます。しかし、お子さん本人が話してくれないときも、実は他の保護者の方から情報が入る場合があります。話してくれた側のプライバシーや、それが原因のいじめなどが起こらぬよう注意し、問題解決に結びついたというケースも多いです。親自身もなかなか他に相談しにくいと思いますが、学校側ともよく相談して、早期に解決していける、そういう環境ができることを望みます。

2

【ある広報委員さんの感想】

このドラマは、いじめる側といじめられる側、どちらの視点でもなく、まず「いじめのメカニズム」を知り、クラスメイトとしてどう「いじめの図式」を崩していくか、という内容でした。

いじめる側は悪気がなくエンターテイナー気分でクラスメイトをからかっている場合がある。それを周りの人は面白がらないこと、容認をしてはいけないこと。それに気づいた人は、いじめる側やいじめられる側に働きかけるのではなく、クラスメイト・クラスの雰囲気づくりに働きかけることの大切さがわかりやすく解説されていました。

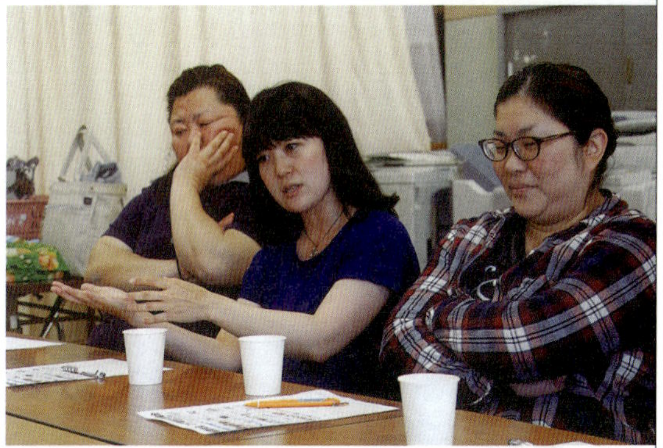

ＤＶＤ鑑賞後の討論会では、２０人前後の委員の中で、お子さんがいじめられた経験がある人が思った以上に多いことに皆さん驚きの表情でした。

わが子がいじめられていないかという心配、反対にわが子が知らず知らずのうちにだれかを傷つけていないだろうかという心配、そして、わが子が、いじめの傍観者・容認者になっていないだろうかという心配。さまざまな気持ちで討論をしました。

親として子どもに何を伝えることができるだろうか…いじめが起きにくいクラスの雰囲気づくりのために、クラスメイトと笑顔で「あいさつ」をする。学校の活動は一生懸命し、いじめられても仕方がないと思われる対象にならない。人を傷つけている人の行動を楽しまない。間違った方向のエンターテイナーを作り上げないことを、わが子に話をしました。

いじめをなくすことを学校任せにするのではなく、家庭でできることは、家庭で行っていきたいと思いました。

この企画が、ご家庭で、また保護者どうしで、いじめについついて考えるきっかけになれば幸いです。そして、まだこのDVDを観ていない1・2年生にも鑑賞の機会が出来ると良いなと思っています。

DVDの原案となったホームページ
「いじめと戦おう！～対策と克服法～」
管理人であり、本作の監修者　玉聞伸啓氏のコメント

『このドラマを鑑賞する生徒は、物語が進むうちに自身の気持ちが徐々に変わっていくことに気づくと思います。前半では、いじめに"他人ごと"な傍観者目線だった自分自身が、後半ではいじめをなくそうとする主人公を応援したくなっているんじゃないでしょうか？ではなぜ、そう変わったのか？その心情の変化こそが、いじめを防止するポイントにつながります。

そこをぜひ、生徒のみなさんで話し合ってみてください。』

協力：東映株式会社・教育映像部

3

PTAだより

平成28年度 長森中学校　PTAスローガン

【共感】～共に思い、共に語り、育てよう家庭力～

PTA総会開催　5月7日（土）

平成２７年度に引き続き、土曜日の授業参観後に学級懇談・ＰＴＡ総会・部活総会が行われました。

ＰＴＡ総会には５１０世帯が出席し、岡部好四郎校長先生からは目指している生徒の姿のお話をお聞きしました。「今、私は 〇〇を頑張っています」と胸を張って言える生徒の育成を目指している長森中ですが、残念ながら受け身の生徒が多いのが現状。「いい意見を持っているのに発表出来ない」、「わかっているのに手が挙げられない」などの様子に表れているそうです。

一人一人が持っている力を開花させ、一人になっても目標に向かって全力で頑張る、そんな生徒に育てたいと方針を語られました。詳しくはＰＴＡ広報紙４月号外を参照ください。

平成27年度 PTA広報紙表彰

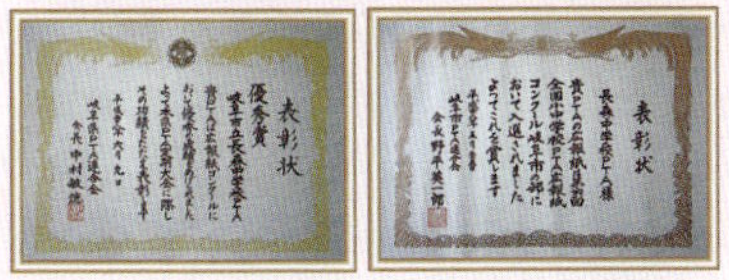

このたび、昨年度のPTA広報紙が岐阜県の優秀賞・岐阜市の入選に選ばれました。昨年度広報委員の皆様、おめでとうございます。

これを励みに、今年度も広報「森」を作り、PTA会員をはじめ、地域の皆様に情報発信していきます！

熊本地震募金総額123,272円 ご協力ありがとうございました

５月７日(土)ＰＴＡ総会終了後、熊本地震の義援金募集が行われました。先般もお知らせしましたが、皆様からお預かりした義援金は総額123,272円となりました。全額を岐阜県ＰＴＡ協会でとりまとめ、送金させていただきました。皆様のご協力に厚く感謝いたします。

熊本地震では、長森中学校生徒保護者のお二人が岐阜県の医療チームＤＭＡＴの一員として熊本に派遣されました。東北の震災でも現地にて活動をされたお二人からメッセージをいただきました。

岐阜市民病院勤務
大畠博人さん、中野克哉さん

４月１８日から２０日まで、熊本県で災害派遣医療チーム(DMAT:Disaster Medical Assistance Team)として医療支援活動に参加しました。熊本赤十字病院内に設置されたDMAT活動拠点本部で、日本各地から参集したDMAT隊員の活動に必要な支援(情報収集・連絡・調整・人員または物資の提供等)を行いました。余震が続く不安の中で各医療施設では、ライフライン障害や物資不足の環境でも必死に患者を受け入れる様子が印象的でした。

被災地での活動の基本は「自己完結」です。必要なものは自分たちで持ち込み、現地でものを購入することはありません。決して現地の方々の生活を邪魔してはいけないのが鉄則です。被災地ではまだライフラインが十分に復旧せず、多くの方々が当たり前の生活を送ることができていません。私たちは、当たり前に生活できていることに感謝し、その中でそれぞれにできることを考えて行動に移してく必要があると感じました。

一日も早い被災地の復興を願います。

熊本へ出発に際し院長から激励を受ける隊員の皆様（4月18日）

岐阜新聞社提供

岐阜市PTA大会　5月25日（水）

例年国際会議場で行われていた岐阜市ＰＴＡ大会が、今年度は会場を岐阜市民会館に移し開催されました。

長森中学校の監査でもある、岐阜市ＰＴＡ会長 野平英一郎会長から挨拶があり、岐阜市ＰＴＡが力を入れている『家庭力向上』について、参加者の皆さんに力強く訴えました。また、平成２７年度ＰＴＡ広報紙が優秀賞を受賞しました。

後半は、ラジオＤＪ『レモンさん』こと山本シュウさんの爆笑講演でした。ホワイトボードとお手伝いの役員を駆使し、次から次へと話が進む、子育てのススメ講座。昭和のＩＣチップが組み込まれている保護者世代と平成チップの若者を比べ、「昭和のチップ」という言葉が繰り返されるたび会場が笑いに包まれ、ムリせず子育てするコツを伝授して頂きました。楽しい講演をありがとうございました。

岐阜市ＰＴＡ連合会会長 野平 英一郎 挨拶(要約)

会長に就き２年目、どんな優秀な先生や教育システムを駆使しても家庭力の方が優先すると「家庭力向上」を訴え続けて参りました。今年は家庭力向上の実践の年であります。家庭力向上に向け、ＰＴＡ活動のスローガンを変更しました。

「志を高く持ち、夢に向かって
力強く生き合う子どもを育てる」

1. 「生き抜く」から「生き合う」へ
   ～恒久平和のもと共に生き合う力の構築
2. 「志を高く持ち」
   ～岐阜市の子どもたちは、高い学力を持ちながら
   それに伴う将来の夢を持っていない～

統計では全国で最下位であります。何故でしょうか？岐阜市から内閣総理大臣、ノーベル賞受賞者を排出したい！しかし、残念ながら何かが足りない…それは、志を育む土壌だと思います。

子どもたちが、将来、活躍の場で、「君はどこの出身だ？」「岐阜です」「なるほど、岐阜か！」と言われるような土壌の開拓を、今、私たちが着手していかなければなりません。家庭力向上(親力向上)で、私たち自身が高い志を持ち、背中で語れる大人づくりを目指し、進めて参りたいと思います。

この一年間、どうか「ご理解」、「ご協力」そして「ご努力」を宜しくお願い申し上げます。

給食試食会　6月2日（木）

２、３学年の研修旅行中に保護者向け給食試食会が開催されました。まず始めに保健体育委員会の米山美幸委員長が挨拶し、１学年主任の森野宏樹先生から、ご自分の体験談を含め給食のお話をお聞きしました。

ご説明くださる河瀬先生　米山保健体育委員長

続いて栄養嘱託員の河瀬昭子先生の講話がありました。成長期に大切な栄養素の説明や、県内素材の利用の話を聞き、給食の献立がよく考えられていることを認識しました。河瀬先生が力を入れて説明されたのが衛生面への気遣いです。実際に使用する白衣・帽子・手袋などを身につけながら、如何に安全に留意しているか教えて頂きました。試食させて頂いた給食は、すまし汁のダシが厚削りぶしを煮出して取ってあるなど、優しい味が印象的でした。

これからも安心でおいしい給食をよろしくお願いします。

◇試食会当日の献立◇
ナスの肉味噌かけ、
小松菜のおかかあえ、
すまし汁、米飯、牛乳

岐阜県PTA大会　6月9日（木）

国際会議場において、岐阜県ＰＴＡ大会が開催されました。入選した平成２７年度ＰＴＡ広報の表彰も行われました。

『６月９日(木)国際会議場において、岐阜県ＰＴＡ連合会の大会に参加しました。平成２７年度の長森中学校ＰＴＡ広報紙が岐阜県の表彰を受け、賞状を受理して参りました。

後半は安藤塾・塾長 安藤大作氏の講演を拝聴致しました。「心の中にある『わだかまり』をずっと持ち続けるのはしんどい。それでは前に進めない。だから、勇気を持って相手に言ってみよう。」言葉にしなくては伝わらないということを教えて頂きました。』（母親委員 岩山 陽子）

PTAだより・・・

PTA研修旅行 11月16日(水)
《成人教育委員会・保健体育委員会合同》

PTA会員が共に見聞を広めるPTAの研修旅行が実施されました。今年度の研修は岡部好四郎校長先生同行の福井県への旅です。蒲鉾の工場見学の次は「越前和紙の里パピルス館」にて紙すき体験。吉本興業級のとても楽しい説明を聞いてから、楮(こうぞ)を原料とした手すき和紙のハガキを4枚ずつ作成しました。その後、「越前そばの里」に移動し、武生製麺の工場見学の後に昼食をいただきました。最後は「おさかな市場」を経由で帰路につき、研修を満喫しました。

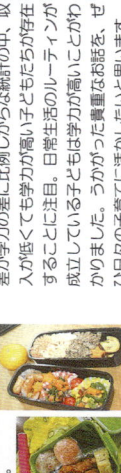

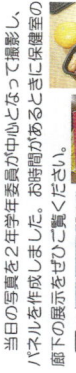

面白すぎる解説の後、いざ、紙すき!

岡部校長先生も皆さんも作品見せて～

お楽しみの昼食タイム

お弁当の日《2年学年委員》

10月22日(土)、2年学年委員会中心に、お弁当の日が実施されました。出来れば何か自分も手伝ってお弁当を持参しようと呼びかけたこの取り組み。

当日の写真を2年学年委員が中心となって撮影し、パネルを作成しました。お時間があるときに保健室の廊下の展示をぜひご覧ください。

第5ブロック 早川教育長講演会

11月5日(土)、東部コミュニティセンターにて、岐阜市教育委員会 早川 三根夫教育長のお話を直接聞ける講演会が開催されました。

ドリル学習は、やり方次第で無意味になることもあるとの話にまず驚き。収入の格差が学力の差に比例しがちな統計の中、収入が低くても学力が高い子どもたちが存在することに注目。日常生活のルーティンが成立している子どもは学力が高いことがわかりました。うかがった貴重なお話を、ぜひ日々の子育てに活かしたいと思います。

岐阜市PTA実践発表会

11月18日(金)、長良川国際会議場で開催された岐阜市PTA実践発表会に参加しました。今年度の発表校は、則武小学校、鏡島小学校、岩小学校、東長良中学校の4校でした。

どの発表も特色がわかる素晴らしい発表でしたが、中でも印象的だったのは学級崩壊に向き合った則武小学校の発表です。もし自分たちが当事者だったらどう対処しただろうと考えながら発表を聞きました。また、鏡島小学校PTAが取り組んだPTA活動の省力化は、ほとんどが共働き家庭となった今、とても大切なことだと感じました。他校の取り組みを自分たちの活動にも生かしていきたいです。

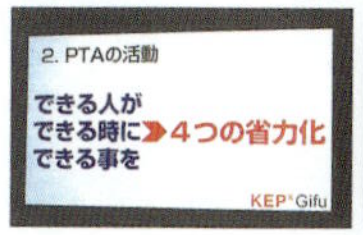

第2回 第5ブロック交流会

12月3(土)、東部コミュニティセンターにおいて、第5ブロック小・中学校のPTA会長、母親委員、専門委員長が集まり、交流会が行われました。

今年度、PTA活動をしてきて中で良かった点、問題点などを発表し合い、他校からアドバイスをもらいました。また、他校の活動から見習いたいところを見つけることが出来る貴重な機会となりました。

話し合い終了後には全員が一室に集まり、各委員会で話された内容が報告されました。地域生活委員会の発表では、長森中の伊藤委員長が代表で発表し、子どもたちの安全は地域の方の協力のおかげであることなどを報告しました。

どの委員会でも、役員内の分担の方法が難しいという意見が出ました。特に、委員長の負担が大きいことは、どの委員会でも問題にされており、解決が難しい問題を共有することとなりました。

地域と共に生きる長森中学校

地区懇談会《PTA地域生活委員会》

7月26日(火)、各校区公民館において地区懇談会が開催されました。

地区懇談会は、地域で活動して頂いている青少年育成会など地域の役員の方々、長森中学校の先生方、各地区の保護者が会し、本音で語り合える貴重な機会となりました。ご協力いただきました皆様、ご多忙中のご参加に厚く感謝申し上げます。来年度以降も開催予定です。PTA会員の皆さまの積極的なご参加をお待ちしています。

●各校区共通テーマとして話し合った「決めて、守ろう！我が家のルール」について 現状、課題、解決策など、懇談会で話された内容を教えてください。

長森西校区長 中島貞江	長森北校区長 澤田雅子	長森東校区長 青山好美	日野校区長 河野 幸
▸中学生のうちはスマホを持たせない。 ▸親がスマホの内容をチェックする。 ▸スマホのことだけでなく、「自分のことは自分でする」というルールを決めた家庭も。 ▸周りの支えも大切。頼りになる人を見つける。	▸スマホを使う時間、やるべきことをやってから使用など、家庭独自のルールを決めている。 ▸スマホならではのトラブルもあるが部活の連絡などで利用しないわけにいかない。 ▸保護者どうしの情報交換も必要。	▸ルールを決めたけれど守られていない。約束は一方的に決めず、話し合って決めることが重要。 ▸LINEなどSNSによるイジメにあったり、逆にイジメたりする怖さがある。 ▸夜11時過ぎ子どもとポケモンGoに出かけるなど親のモラルも反省すべき。	▸スマホの利用時間がオーバーすることが多い。 ▸外出時は誰とどこへ行き、いつ帰るか話すべき。 ▸一日の出来事を話す、共に食事するなど、親子で会話をする時間を持つ。 ▸子どもの前では、親自身も出来るだけスマホを使用しないのが理想。

●校区ならではの話題、学年ごとの問題点などはありますか。

▸1年：自立した子に育てるには、家庭の中で仕事を与えるのが効果的。 ▸2・3年：スマホの使い方、持たせ方が問題。フィルタリングを設定する。自室には持ち込ませない。 ▸地域の方より：親の目が届かない時も子どもは地域で見守られている。	▸登下校の際、左右の確認もしないで交差点を渡る生徒がいる。横一列で歩くなどのマナー違反も。 ▸旗当番などで注意喚起をしているものの、なかなか行き届かず、危険な状態が続いたまま。 ▸交通安全教室の開催も検討すべきでは。	▸東校区だけでなく全体の地区懇談会実施に関する問題点が提起された。 ▸参加者が少ない。 ▸来賓の方と先生の駐車場が別なのに区別がつかないため混乱した。駐車券の発行など対応してほしい。 ▸校区長が駐車場係を。	▸夢を持っていない子どもが多い。子どもが夢を持つためには親の生きる姿勢が大切。 ▸日野校区は自転車通学であるため様々な問題がある。通学路違反、ヘルメット着用無し、危険運転など、気付いたら注意しなければならない。

挨拶運動《生徒会・各小学校・PTA地域生活委員会》

10月31日(月)～11月4日(金)の間、長森中学校区5校（長森中学校・長森西小学校・長森北小学校・長森東小学校・日野小学校）合同の挨拶運動が実施されました。長森中学校では、生徒会の委員会、部活動単位などで玄関前に立ち、挨拶をして仲間を温かく迎えました。また、校区内の小学校にも出向き、小学校の運動と共同で挨拶をしました。見覚えのある顔を見つけた小学生がうれしそうにハイタッチする姿が見られました。

長森西小学校

長森北小学校

長森東小学校

日野小学校

日本ＰＴＡ全国協議会　会長賞

北九州市立小倉南特別支援学校

審査総評

進路や家族の気持ちなどに焦点を当て、知りたい情報が特集され、独自性がありました。手書き、イラスト多用のコーナー（さ迷える広報委員）など、紙面構成に〝遊び心〟もありました。

小倉南特別支援学校ＰＴＡ　　平成 28 年 7 月 15 日発行

ウェーブ Vol.37

特集

そうだったんだ　意外と知らない高等部

発行：小倉南特別支援学校　／　発行責任者：松尾真紀　／　編集：広報委員会

そうだったんだ　意外と知らない 高等部

特別支援学校の高等部って、どんな学習をする場所なのか、皆さんご存知ですか？

本校の高等部では、主に5つの内容の作業学習が行われています。一人一人にどの作業活動が向いているのか、どのような支援が必要なのか、担任の先生の他、実習助手の先生、進路指導の先生、多くの先生方が関わって、卒業後の進路選択に向けて貴重な体験学習が行われています。今回、赤瀬先生に新しくなった実習室と高等部教育の一部を紹介していただきました。また奥田校長先生に、本校高等部の教育について熱く語っていただきました。

●目的が分かりやすい教室の環境

高等部には5つの作業班があります。

- 農業班（野菜の栽培やべったら漬け作り）
- 陶芸班（ゆう薬を使った本格的な陶器製作）
- 工芸班（さをり織りや季節飾りの製作）
- 家庭班（ビーズ作品やリボン記章作り）
- 和紙工班（牛乳パックから紙をすき、祝儀袋などの紙製品を製作）

今回は、家庭・工芸・さをり・陶芸室などを見学させていただきました。一つの実習内容に専用の部屋があり、作業活動の道具などの環境が、きれいに整理整頓されています。各教室で、いろいろな授業があるのではなく、この実習室ではこの作業というように、実習内容がはっきりと分かるようになっています。さらに同じ作業を長い時間実施することにもなります。将来の仕事の環境に近い形になるように工夫されているのですね。

さをり室

陶芸室

工芸室

●一人一人の手順書や作業環境

細かいビーズ作品の製作には、一人一人の現在の理解力や能力に合わせた手順が視覚的に示されており、使用する道具などの準備も実習助手の先生方によって、個別にセッティングされていました。作業を進めていきながら支援の内容は段階的に変わっていくそうです。この環境があれば、自立して作業を実施できるという訳です。

ビーズ製作マット

一人一人の製作環境

●コミュニケーションや作業手順などの視覚支援

教室の各所に作業の手順やスケジュール、コミュニケーションを助ける写真やイラスト、文字による視覚支援があります。

●カームダウンの支援

陶芸室に、キャップ締めの作業活動コーナーがありました。長時間の立ち仕事や力仕事をしていて、集中力が切れた時など、部屋を出るのではなく、同じ教室で違う活動をして気分転換をするのだそうです。

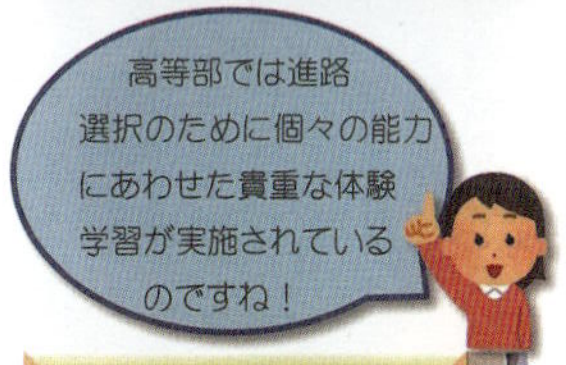

キャップ締め自立課題コーナー

2

教えて、校長先生！

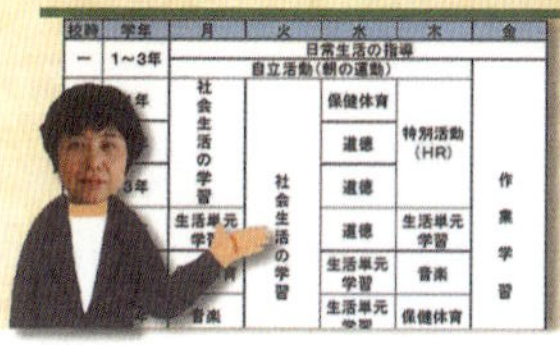

高等部での
新しい学習
『社会生活の学習』
『作業学習』

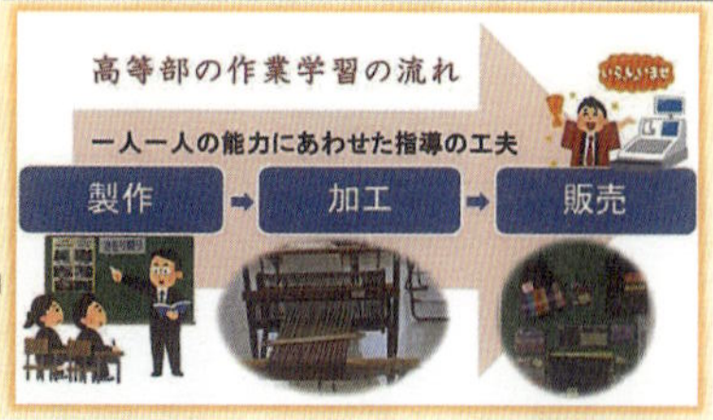

●高等部は、卒業後の進路を見すえた学習に取り組んでいます。

高等部では、卒業後にその子らしい充実した生活を送るための進路選択・決定に向け、校内での日々の学習や実習、事業所等での実習に取り組んでいます。

いろいろな経験を積む中で、失敗することもあるでしょう。私は、高等部にいるうちに失敗も経験してほしいと思います。失敗した時、どう対処すればよいのか、その方法を含めて学ぶことが大切なのです。

●ところで、保護者の皆さんは、なんのために高等部に行くのか、考えたことはありますか。

高等部は「卒業後を見据えた教育の場」です。卒業後のわが子は、どんな生活を送れば幸せになるのか、その答えを見つけるために努力するところなのだと念頭に置いて子どもたちを高等部に入学させてください。どんな学習や実習が行われているのか、小・中学部のうちから、学校説明会や学校開放週間を積極的に利用して、直接見て、知ってください。そして、「高等部は、卒業後の生活を希望に満ちたものにするために頑張るところ」と、お子さんに話してあげましょう。そのことを、その子なりに理解し、心において学ぶと学ばないとでは、３年間の充実具合は全く違ってくると思うのです。

近年、高等部に入学してくる生徒の実態は非常に多様化しており、就労を目指す生徒の割合も増加傾向にあります。そのため、あいさつやコミュニケーションの取り方などの基本的社会生活スキル、就労に向けた力を育てる学習まで行っています。就労支援専門家等外部教師のアドバイスももらっています。昨年度からはビルメンテナンスの専門家に指導を受け、校外で清掃の実地研修もしています。生徒たちは、本当に生き生きと取り組んでくれています。

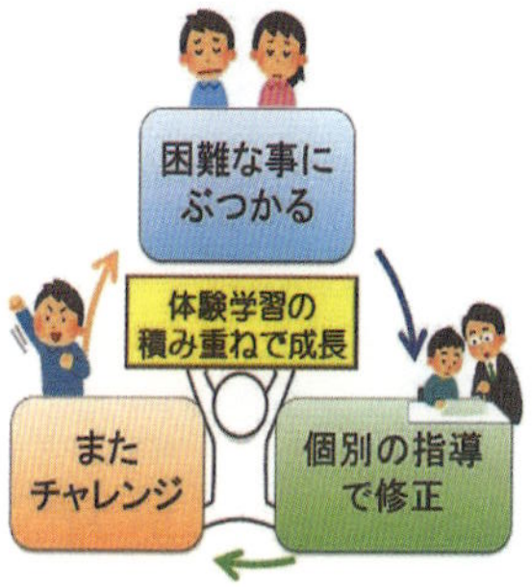

しかし本校高等部は、就労を目指す生徒のためだけのものではありません。福祉的就労や生活介護に進む生徒も、日々の学習や実習を一人一人のペースで積み重ねています。できること、好きなことをひとつでも増やし、複数の事業所での生活をぜひ経験してほしいと思っています。

親の思う「良い事業所」が、その子にとっての「良い事業所」とは限りません。ある事業所では元気のなかった子どもが、他の事業所では生き生きと楽しそうな、全く違う表情を見せることもあります。

なお、実習はあくまでも実習先の事業所に「させていただく」ものです。受け入れてもらうための面接や、事前の打ち合わせ、実習中の生徒の送迎は保護者の役目となります。それが保護者にとって負担になることは学校としても承知しています。けれどもお子さんの校外での様子、得意なこと、苦手なこと、課題とその対処の仕方など、社会に出る前にしっかり知っておいていただきたいのです。

●進路を決めるのは学校ではありません。本人であり、その子を支える保護者なのです。

学校を出たとたん、途方に暮れ、こんなはずではなかったと悔やむことのないよう、在学中に十分考え、試してもらいたいと思います。私も、高等部の先生方も皆、子どもたちの幸せな卒業後のためにはどうすればよいかを、常に考えながら指導を行っています。

保護者と教師が手をとり合い、子どもたちのために努力していけたらと思っています。

校長先生、ありがとうございました。

3

<親に質問>
Q.きょうだいの仲は良いですか？
Q.きょうだいのことで心配していることは？

考えよう きょうだいのこと

<きょうだいに質問>
Q.障がいのあるきょうだいがいて良かったことは？
Q.困ったり、嫌だったことは？

子どもはみんなかわいいけれど、気付けばいつも障がいのある子どもの世話ばかり。きょうだいたちは、そんな毎日をどう感じているのでしょう。さみしい？怒っている？親の気持ち・子どもの気持ち、アンケートで見えてきました。

アンケート結果

きょうだいの割合

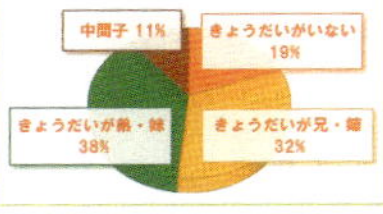

アンケート実施　H28年9月～10月
小倉南特別支援学校全生徒:216名
回答数:90名　回答率:42%

親が死んだ後、一人きりになってしまう。

家での遊び相手、コミュニケーションの相手がいない。

将来一人になった時、相談相手がいないのでは。きょうだいがいれば見守ってくれたかもしれないのに…

●一人っ子の場合は、子ども同士のコミュニケーション不足と親亡きあとの不安がメインになっています。

親亡きあと、天涯孤独になることを思うと、胸が苦しい。

普通の子どもと触れ合う機会が減っている。友達も出来ない。

親　障がいのあるきょうだいがいることで、親との関係がとても良い。お互いに悩みや喜びを共感できる。夫婦関係も良くなった。

姉　可愛い、癒しの存在。姉として、自分も成長させられていると思う。

兄　困ることを時々するけど、いないと日常がつまらないと思う。

●きょうだいが兄・姉の場合は、仲がいいが85%の高い割合で、仲が悪いという回答は0%でした。

親　姉が何かしら声掛けしてくれるなど、療育を手伝ってくれる。

姉　障がいに対する考え方や価値観が育ち、将来の職業選択に影響があった。（特別支援学校の教師・作業療法士など）

親　きょうだいが受験生になって、受験勉強の邪魔をしないか心配。

姉　今はお友達を家に遊びに連れてきにくいし、将来結婚するようになった時、支障になるのではと心配。

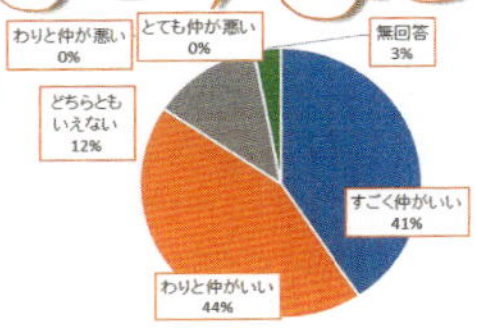

親　成長するにしたがって、きょうだいやお友達も障がいがあることを理解していくので心配。

妹　みんなと違っておもしろい行動をするなど障がい者の行動を学ぶことができる。（楽しませてくれる）

弟　大声を出すから嫌だ。遊んでくれないから嫌だ。

●きょうだいが弟や妹の場合、とても仲が悪い5%、仲がいいと答えた割合は一番少ない結果になっています。

親　障がいのあるきょうだいの存在を、お友達に隠したがる我が子の気持ちをどう受け止めるべきか。

親　お互いがきょうだいに対する愛情をもてないのではと心配。

妹　自分は悪くないのにお兄ちゃんでなく、両親から自分だけが注意される。

親　同じ境遇の他のきょうだいと話せる機会があると、親には言えない気持ちを吐き出せるのではないかと思う。

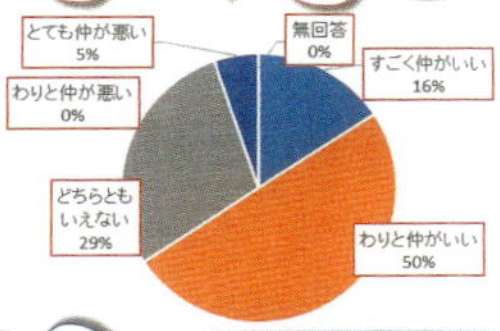

姉　弟と関わることで障がい理解が進み、今は放課後等デイサービスで働いている。

親　家族でよく一緒に出かける。親とだけでなくきょうだいとの関わりあいが良い。

兄　一緒にゲーム出来て嬉しい。ゲームやテレビの順番を守ってくれないので困ることもある。

●中間子の場合は、きょうだいが複数ということ。きょうだいにかかってくる負担が分散されているのかも。

姉　旅行や映画、ディズニーランドなどに行きたいけど、一緒だと行けない。

姉　表裏がなく、いつも笑っていて、目がキラキラしているところが好き。

親　親として、きょうだいには精神的な負担をかけずに、将来は自由な選択をして欲しい。

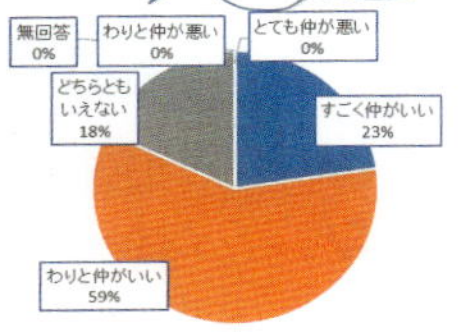

きょうだいのために、できること

悩みをもつきょうだいに、保護者は何をしてあげられるのでしょう。
本校支援部の樋口陽子先生にお話を伺いました。

樋口先生は八幡西区を拠点に活動する動作法の訓練会「親子訓練　ミツバチの会」の支援を行う専門職ボランティアグループ「ミツバチサポートクラブ」の代表を務めておられます。「ミツバチの会」は動作法の訓練だけでなく、障がいのある子ども達とその保護者の自立や社会参加につながるための勉強会やイベントなどを行っており、平成21年からは、きょうだい支援事業も行っています。

きょうだいが主役の交流の場を

保護者からすれば、きょうだいに対する一番の悩みは、「ゆっくり関わってあげられないこと」と多く伺っています。きょうだいもそれを不満に思い、我慢することはあたり前なのだと感じていると、きょうだい自身から聞いています。

やがて成長すれば、障がいのあるきょうだいをどうやって支えていくべきか、親亡きあとはどうするかなどの問題も出てきますし、周囲の障がい者への無理解に悩まされることもあるでしょう。

悩みは尽きません。家族の問題は、障がい者のことに限らず、だれでも一生つきあっていかねばならないものですから。

けれど自分の家庭が周りとは違う、困っているのは自分だけ、そう感じて悩みを一人で抱えこむのはよくないと思います。

どんな悩みも、共感してくれる仲間や、適切なアドバイスがあれば解決の糸口が見つかるはずです。

私が関わる「ミツバチの会」でも、保護者は皆、きょうだいのことを心配していることが分かり、みんなで何かやりたいね、という声が上がり支援事業を開始しました。そして保護者向け勉強会として専門家を招いて研修会を実施し、親がきょうだいのためにすべきことを学んでいます。

また、きょうだいのための活動の場では、家庭に障がい児がいることで、日頃できない体験をさせることを目指しています。親と離れ、きょうだいとボランティアスタッフだけで、公共交通機関を利用してのお出かけ体験や夏のキャンプ、料理、スポーツチャンバラなど楽しいイベントを実施しています。また、障がいを正しく理解するためのハンディキャップ体験や、必要に応じて個別のカウンセリングも行っています。

子どもたちは、楽しく活動に参加しています。大掛かりなイベントを企画すると、それはそれで喜びますが、「一番楽しかった企画は何？」と尋ねると「ドッジボール」「かくれんぼ」なんて拍子抜けする答えが返ってきたりします。

気を使うことなく思いっきり遊べることが嬉しいのだろうなと思います。

そしてこの活動の最大の意味は、同じような境遇の子ども同士が仲良くなることにあると思います。**仲良くなったきょうだい同士が、成長した後お互いの悩みや愚痴を言い合ったり、相談したりできる相手になれば、心強いと思いませんか。**

きょうだいも、中学、高校生ともなると自分の世界ができてきて、親が誘ってもなかなか参加してくれなくなりますから、なるべく小学生くらいまでに交流の機会を持たせた方がいいようです。

本校でも、保護者の皆さんで企画して、きょうだいの集まる会を開いてはどうですか。

例えば、夏休みに、本校の運動場で、ボランティアの大学生をお願いしてドッジボール大会を開くとか・・・。大掛かりなイベントでなくていいのです。とにかく集まる機会を、それもなるべく定期的に作ってあげられたらいいと思いますよ。

また、全国にはきょうだいをサポートする様々な団体があります。ネットで検索すると出てきますので、成長したきょうだいの方は、覗いてもらえたらと思います。

本人やきょうだいに関する悩みがあれば、支援部にご相談ください。お話を伺って一緒に考えて、解決に向かうよう、できるだけサポートします。

樋口先生ありがとうございました！

きょうだいがいて、わかること

中学部３年竹下元君のお姉さんは２３才。現在、作業療法士として活躍しています。
障がいのある弟のきょうだいとして育ったことを、成長した今、どんな風に感じているのでしょう。

人の見方を教えてくれた

弟と出会ったのは私が８才の時でした。新しい命の誕生に感動し、「お姉ちゃんになったんだ」と実感した瞬間でした。

しかし、自閉症という障がいのある弟と共に生活していくということは、一筋縄ではいかないこともたくさんありました。弟は何も悪くない、弟のせいにしてはいけないと、自分に言い聞かせながら周りの視線に耐えたり、やりたいことを我慢したりしたこともありました。弟が普通の子どもだったらなと思ったこともあります。

幼いころ、弟は人ごみが苦手で、外出先では常に顔を手で覆っていました

ただ、弟はどんな時も純粋で、意地悪な心を持たずに大きくなっていきました。そんな弟の存在は常に私に『人の見方』を教えてくれていました。人には皆得意なこと、苦手なことがあり、それが個性だと思います。集団の中で生じる人間関係のもつれやわだかまりの波を上手く乗り越えていくためには、多少ずる賢く言動を操作したりしてしまいます。純粋だからこそ、つまづきがあったり、コミュニケーションが苦手で困っていたりする人もいるのだと学びました。そして、私は自然に人の良い所を見つける努力をするようになりました。

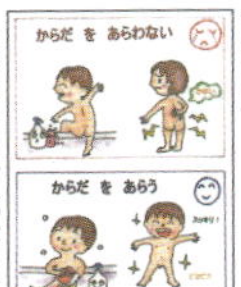

中学生のころ、弟のための絵カードを作成しました

その中で、何か人の役に立ちたい、少しでも人の心の支えになりたいと思うようになり、以前から身近に感じていた作業療法士になる決心をしました。

社会人になってもうすぐ２年、まだまだ未熟者ですが、多くの人と関わり、喜びや悲しみを共感することで、自分が成長させられていると実感しています。もし、弟がいなかったら、感じ方がずいぶん変わっていたと思います。これからも家族として、姉として、支援者として、弟のそばにいたいと思っています。

◆◆◆◆◆◆◆◆◆◆◆◆◆◆◆◆◆

積極的に弟の成長に関わってきたことが、自身の成長にもつながったきょうだいの姿は頼もしいですね。

読んでみませんか

Ｑ＆Ａで子どもの悩みに答える！
「きょうだい」　白鳥めぐみ　諏方智広　本間尚史　著

支援部から、きょうだいの問題解決のヒントとなる本を紹介していただきました。

著者の三人は、皆、障がいのある弟をもち、幼いころからの自らの経験をもとに、きょうだい支援の活動をしている方々です。

「どうしてお兄ちゃんだけ病院に行くの？」「障がいがあるのはかわいそうなことなの？」といった幼い悩みから、「僕だってがんばっているのに」「やっぱり友達には話せない」「家にいてものんびりできない」などの思春期の悩み、そして成長してからの「同僚には自分から話すべき？」「親につきあう」「結婚相手には、いつ・どう伝える？」といった悩みまで、多くのきょうだいとの関わりや当事者ならではの知識と経験からの、わかりやすくて実践的なアドバイスがたくさんです。

「一人で悩まないで。同じように悩んでいる仲間が全国にたくさんいるよ」というエールが心に響く一冊です。他にも本があります。読まれた方は、支援部にどうぞ。きょうだい児にプレゼントするのも良いですね。

「全国障害者とともに歩む兄弟姉妹の会」のパンフレットが学校に届いています。
興味のある方は保護者控室前に置いてありますのでご覧ください。

迷える広報委員（こひつじ）　新しい教室にてさまよう ―

プレハブ棟に入っていた陶芸・木工などの作業室が、新しい建物に移転しました。
どんな部屋になったのかな？どんな勉強しているのかな？こひつじがさっそく、さまよってきましたよ。

ＰＴＡ活動報告

事業委員会

■ PTAバザー

１１月３０日、恒例のバザーが開催されました。

委員の皆さんは、作品作りから会場設営、販売とずっとがんばってきました。今年は、全学年の生徒達が先生と一緒に会場に入り、お菓子を買ったりかわいい手作り品を手に取ったりしながら買い物を楽しみました。学校の近隣の方、保護者、事業所スタッフの皆さんなど、たくさんの来場者でにぎわいました。

福祉厚生委員会

９月２７日に花壇の苗植えを、１２月１４日には玄関下駄箱掃除をしました。学校美化のため、活動しています。

安全委員会

１１月１０日、ベルマーク仕分け作業をしました。

ベルマークはいつでも受け付けています。保護者控室にお持ちください。

第41回北九州市特別支援学校PTA連合会研修大会

１１月１０日に開催された今年の大会では、小倉総合特別支援学校が「つなごう！保護者の輪～新たなＰＴＡへの一歩～」、北九州中央高等学園が「みんなで支える子どもたちの未来」と題し、それぞれのＰＴＡ活動についての発表を行いました。

どの学校も、皆で工夫して活動をしていることが分かる内容でした。

人権教育委員会

■ 施設見学会

◆Ａ班「カレッジ北九州」「インクル浅野」
　　「小倉少年鑑別支所」
◆Ｂ班「ぎゃらりぃ　ゆう」
　　「たんぽぽ」「あおぞら作業所」

９月７日にＡ班、９月１４日にＢ班の見学会が開催されました。広報委員はＢ班に参加してきました。

<ぎゃらりぃ　ゆう>　小倉南区葛原高松

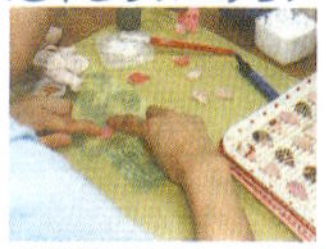

保護者が設立した作業所です。作業所の看板にはあえて作業所とは記名されていません。古布のアートフラワーを中心としたクオリティの高い作品を作っています。いつでも見学または作品の購入ができます。

<あおぞら作業所>　小倉南区下貫

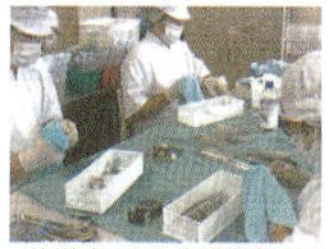

歯科で使う器具を洗浄、準備を行う作業所です。洗浄は体力や集中力が必要です。皆さん細やかな作業も集中して行っていました。

<生活介護　たんぽぽ>　小倉南区下貫

利用者２０名前後に対し、スタッフが１０名前後で手厚いサポートが受けられます。男性スタッフも多いので、男性の利用者も安心です。

卒業後の子どもたちの受け入れ先となる施設の様子を、直に見ることのできる施設見学。実際に訪れてみると、施設によって、特徴や雰囲気は随分違うことが分かります。

日本教育新聞社 社長賞

岐阜県瑞穂市立穂積中学校

審査総評

「子の自立・親の自立」を年間テーマに掲げ、震災、職業体験、生活習慣など多面的な切り口で迫り、充実していました。日々の出来事も、細かくフォローし、紙面化して情報提供をしています。

— Hozumi Junior High School PTA

瑞穂

132号
2016.7

発　行　穂積中学校PTA 広報委員会
責任者　廣瀬　正人
題　字　西部　巧　校長
印　刷　新潮印刷株式会社

～届けよう、今の瞬間を　伝えよう、みんなの声とともに～

生徒のみなさんは、自分でお弁当を作れましたか？保護者のみなさんは固唾を呑んで見守れたでしょうか。

ツクールDay'sは今年で8年目。初めて経験されるご家庭もあれば、ベテランのご家庭もあり、さまざまな朝の風景（バトル？）が見られたことでしょう。「子どもが自分で献立を考え、材料を買い、作る」ことを目標とし、保護者は手も口も出さないという、保護者にとって試練のようなルール。でも、無事に作り終えた時のお子さんの表情、いかがでしたか・・・？

今年度の広報紙「瑞穂」のテーマは「子の自立・親の自立」です。子どもだけでお弁当を作る、これも立派な自立です。子どもたちの生きる力を育みたいと願う私たちにとって、自立は避けて通れない人生のテーマ。

この機会に、子どもの自立、そして私たちの自立について、一緒に考えてみませんか？

第1回 ツクールDay's 6月6日

弁当戦隊ベントージャー

1年生に大人気！また会いたいよ。

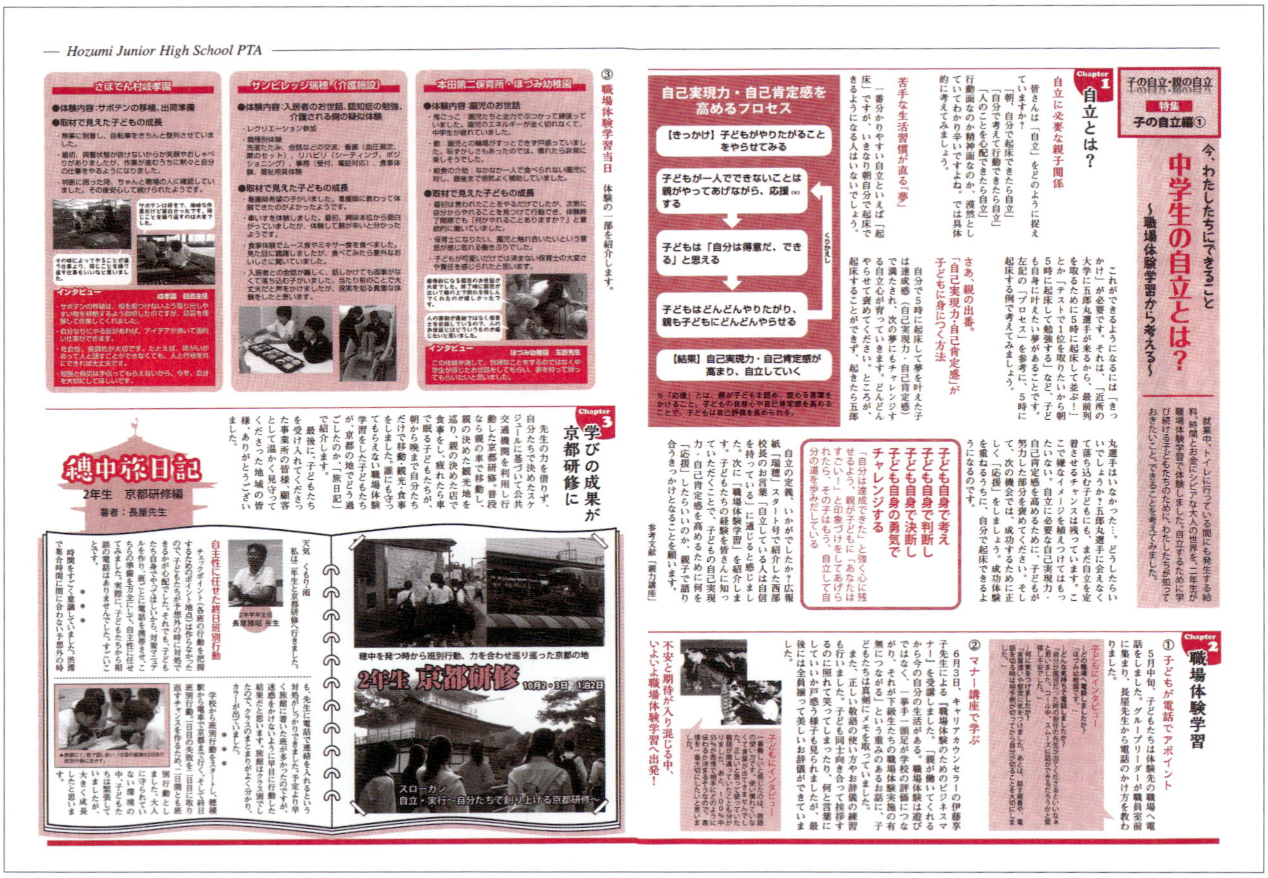

— Hozumi Junior High School PTA

子の自立・親の自立
特集
子の自立編①

今、わたしたちにできること 中学生の自立とは？
～職場体験学習から考える～

就業中、トイレに行っている間にも発生する給料。時間とお金にシビアな大人の世界を、二年生が職場体験学習で体験しました。自立するために学び続ける子どもたちのために、わたしたちが知っておきたいこと、できることを考えてみました。

Chapter 1 自立とは？

自立に必要な親子関係

皆さんは「自立」をどのように捉えていますか？
「朝、自分で起床できたら自立」
「自分で考えて行動できたら自立」
「人のことを心配できたら自立」
行動面なのか精神面なのか、漠然としていてわかり辛いですよね。では具体的に考えてみましょう。

苦手な生活習慣が直る「夢」

一番分かりやすい自立といえば「起床」ですが、いきなり朝自分で起床できるようになる人はいないでしょう。

これができるようになるには「きっかけ」が必要です。それは、「近所の大学に五郎丸選手が来るから、最前列を取るために5時に起床して並ぶ！」とか「テストで1位を取りたいから朝5時に起床して勉強する」など、子ども自身に叶えたい夢があることです。左記の「プロセス」を参考に、5時に起床する例で考えてみましょう。

さあ、親の出番。「自己実現力・自己肯定感」が子どもに身につく方法

自分で5時に起床して夢を叶えた子は達成感（自己実現力・自己肯定感）で満たされ、次の夢にもチャレンジする自立心が育っていきます。どんどんやらせて褒めてください。ところが、起床することができず、起きたら五郎丸選手はいなかった…。どうしたらいいでしょうか？五郎丸選手に会えなくて落ち込む子どもにも、まだ自立を定着させるチャンスは残っています。ここで嫌なイメージを植えつけてはもったいない。自立に必要な自己実現力・自己肯定感を高めるために、子どもが努力した部分を褒めてください。そして、次の機会では、成功するために正しく「応援」をしましょう。成功体験を重ねるうちに、自分で起床できるようになるのです。

自己実現力・自己肯定感を高めるプロセス

【きっかけ】子どもがやりたがることをやらせてみる
↓
子どもが一人でできないことは親がやってあげながら、応援（※）する
↓
子どもは「自分は得意だ、できる」と思える
↓
子どもはどんどんやりたがり、親も子どもにどんどんやらせる（くりかえし）
↓
【結果】自己実現力・自己肯定感が高まり、自立していく

※「応援」とは、親が子どもを認め、褒める言葉をかけること。子どもの自尊心や自己肯定感を高めることで、子どもは自己評価を高められる。

子ども自身で考え 子ども自身で判断し 子ども自身で決断し 子ども自身の勇気でチャレンジする

「自分は達成できた」と強く心に残せるよう、親が子どもに「あなたはすごい！」と印象づけをしてあげられたら、その子はもう、自立して自分の道を歩みだしている

自立の定義、いかがでしたか？広報紙「瑞穂」スタート号で紹介した西部校長のお言葉「自立している人は自信を持っている」に通じると感じました。次に「職場体験学習」を紹介します。子どもたちの経験を皆さんに知っていただくことで、子どもの自己実現力・自己肯定感を高めるために何を「応援」したらいいのか、親子で語り合うきっかけとなることを願います。

参考文献「親力講座」

Chapter 2 職場体験学習

① 子どもが電話でアポイント

5月中旬、子どもたちは体験先の職場へ電話をしました。グループリーダーが職員室前に集まり、長屋先生から電話のかけ方を教わりました。

子どもにインタビュー
—どの職場へ電話しましたか？
「ほづみ幼稚園です。」
—どんな気持ちで電話しましたか？
「自分が園児だった時の担任の先生が出てくださるといいなぁと思いました。コール中、スムーズに話ができるだろうかと緊張し不安でした。」
—何に気をつけましたか？
「言葉遣いや態度に気をつけました。あとは、話す順番や、電話を切る時は相手側が切ってから自分が切ることを大切にしました。」

② マナー講座で学ぶ

6月3日、キャリアカウンセラーの伊藤享子先生による『職場体験のためのビジネスマナー』を受講しました。「親が働いてくれるから今の自分の生活がある。職場体験は遊びではなく、一挙手一頭足が学校の評価につながり、それが下級生たちの職場体験実施の有無につながる」という重みのあるお話に、子どもたちは真剣にメモを取っていました。

また、正しい敬語の使い方やお辞儀の練習も行いました。子ども同士向き合って挨拶するのに照れて笑ってしまったり、何と言葉にしていいか戸惑う様子も見られましたが、最後には全員揃って美しいお辞儀ができていました。

子どもにインタビュー
「一番難しいと感じたのは、敬語の使い方です。使い慣れていなくて言葉が出てきませんでした。正しいと思って使っていた敬語が間違っていたことも分かりました。あと、100%中55%が表情で相手にどのように伝わるか決まるそうなので、表情を一番大切にしたいと思いました。」

不安と期待が入り混じる中、いよいよ職場体験学習へ出発！

③ 職場体験学習当日

体験の一部を紹介します。

さぼてん村岐孝園
●体験内容：サボテンの移植、出荷準備
●取材で見えた子どもの成長
・無事に到着し、自転車をきちんと整列させていました。
・最初、興奮状態が抜けないからか笑顔やおしゃべりがありましたが、作業が進むうちに黙々と自分の仕事をやるようになりました。
・判断に困った時、ちゃんと職場の人に確認していました。その後安心して続けられたようです。

「サボテンは好きで、地味な作業だけど面白かったです。同じことを繰り返すのは大変でした。」
「その時によってやることが違う仕事より、同じことを繰り返す仕事もいいなと思いました。」

インタビュー 岐孝園 日置主任
・サボテンの移植は、根を傷つけないよう取り出しやすい物を移植するよう指導したのですが、意図を理解して作業してくれました。
・自分なりにやる気があれば、アイデアが湧いて面白い仕事ができます。
・社会性、協調性が大切です。たとえば、障がいがあって人と話すことができなくても、人と行動を共にできれば大丈夫です。
・勉強と病気は手伝ってもらえないから、今を、自分を大切にしてほしいです。

サンビレッジ瑞穂（介護施設）
●体験内容：入居者のお世話、認知症の勉強、介護される側の疑似体験
・レクリエーション参加
・職種別体験
洗濯たたみ、会話などの交流、看護（血圧測定、薬のセット）、リハビリ（シーティング、ポジショニング）、事務（受付、電話対応）、食事体験、福祉用具体験
●取材で見えた子どもの成長
・看護師希望の子がいました。看護師に教わって体験できたのがよかったようです。
・車いすを体験しました。最初、興味本位から面白がっていましたが、体験して[illegible]辛いと分かったようです。
・食事体験でムース食やミキサー食を食べました。見た目に躊躇しましたが、食べてみたら意外なおいしさに驚いていました。
・入居者との会話が難しく、話しかけても返事がなくて落ち込む子がいました。当たり前のことで大丈夫だと声をかけましたが、現実を知る貴重な体験をしたと思います。

本田第二保育所・ほづみ幼稚園
●体験内容：園児のお世話
・鬼ごっこ：園児たちと全力でぶつかって頑張っていました。園児のエネルギーが全く切れなくて、中学生が疲れていました。
・歌：園児との輪唱がすっとできず戸惑っていました。恥ずかしさもあったのでは。慣れたら非常に楽しそうでした。
・給食の介助：なかなか一人で食べられない園児に対し、最後まで根気よく補助していました。
●取材で見えた子どもの成長
・最初は言われたことをやるだけでしたが、次第に自分からやれることを見つけて行動でき、体験終了間際でも「何かやれることありますか？」と意欲的に働いていました。
・保育士になりたい、園児と触れ合いたいという意思が感じ取れる働きぶりでした。
・子どもが可愛いだけでは済まない保育士の大変さや責任を感じられたと思います。

インタビュー ほづみ幼稚園 玉置先生
この体験を通して、無理なことをするのではなく中学生が感じたお世話をしてもらい、夢を持って帰ってもらいたいと思いました。

Chapter 3 学びの成果が京都研修に

先生の力を借りず、自分たちで決めたスケジュールに基づいて公共交通機関を利用し行動した京都研修。普段なら親の車で移動し、親の決めた観光地を巡り、親の決めた店で食事をし、疲れたら車で眠る子どもたちが、朝から晩まで自分たちだけで移動・観光・食事をしました。誰にも守ってもらえない職場体験学習をした子どもたちが、京都の地でどう過ごしたのか、「旅日記」で紹介します。

最後に、子どもたちを受け入れてくださった事業所の皆様、顧客として温かく見守ってくださった地域の皆様、ありがとうございました。

参考文献「親力講座」

穂中旅日記
2年生 京都研修編
著者：長屋先生

天気 くもり・雨
私は二年生と京都研修へ行きました。

2年学年主任 長屋雅昭 先生

自主性に任せた終日班別行動

チェックポイント（各班の行動を把握するためのポイント地点）は作らなかったので、子どもたちが予想外の時に対処できるかが心配でした。それでも、子どもたち自身でやってほしいから、対策マニュアルを作り、班ごとに電話を携帯させ、こちらの準備を万全にして、自主性に任せてみました。実際に、子どもたちから相談の電話はありませんでした。すごいことです。

＊＊＊

時間をすごく意識していました。渋滞で集合時間に間に合わない予想外の時も、先生に電話で連絡を入れるという対処がしっかりできました。予定より早く旅館に着いた班が多かったのですが、迷惑をかけないように早目に行動した結果だと思います。旅館はクラス別でしたので、クラスのまとまりがよく分かり、カラーが出ていました。

＊＊＊

学校から班別行動をスタートし、穂積駅から電車で京都まで行く。そして終日班別行動。一日目の失敗を二日目に取り返すチャンスを作るため、二日間とも班別行動としました。大人に守られていない環境の中、子どもたちは緊張していましたが、大きく成長したと思います。

▲旅館にて、班で話し合い、1日目の経験を2日目の班別行動に生かす。

穂中を発つ時から班別行動、力を合わせ巡り巡った京都の地

2年生 京都研修 10月2・3日 1泊2日

スローガン
自立・実行～自分たちで創り上げる京都研修～

— Hozumi Junior High School PTA

子の自立・親の自立
特集
震災と中学生
その1 ～過去を知り今を考える～

熊本地震と日本の大震災から学ぶ
「生存率99.8%は奇跡じゃない」
心は子ども、姿は大人の中学生が震災時どう生きるのか

今年四月、熊本県熊本地方を震央とする熊本地震が発生しました。熊本城の惨状や、学校の校庭に作られた「SOS」の文字に、東日本大震災を思い起こして胸を痛めた方もいらっしゃることでしょう。

今回、広報紙「瑞穂」では、震災時における中学生のあり方を見つめ、保護者のみなさんや地域へ発信したいと思い特集しました。震災時、地域のみなさまから期待される中学生に、何ができるのか、期待して大丈夫なのか紙面を通して共に考えてみませんか。

Chapter 1 小中学生の生存率99.8%は奇跡じゃない

先の東日本大震災において、岩手県釜石市の防災教育が実を結び、小中学生が高い生存率で津波の難を逃れたのは有名な話です。病気で学校を休んでいた子など釜石市では残念ながら5人の小中学生が亡くなりました。それでも、一人ひとりが「逃げる」ことを実践してくれたおかげで、小学生1927人、中学生999人の命が助かり、生存率は99.8%でした。この話は、

「中学生は弱者を連れて、
とにかく逃げなさい」

という教えを実践した証と言われています。

しかし、教えを守って高齢者を助けようとし、命を落とした少女がいたことも事実です。

「守られる側」ではなく「守る側」でも、逃げることの大切さ

弱者を守ることも大切です。でも、まだ子どもである中学生が自分を守って逃げることも大切です。

私たち保護者は中学生の子どもに、弱者を助けなさいと言えるでしょうか。私たちは釜石市の亡くなった彼女たちの声に耳を傾け続けることで、自分の命も子どもの命も他者の命も救うことができるのではないかと思います。

では、実際、どうすればいいでしょうか？

Chapter 2 現場を想う・知る わたしたちには何ができるか

避難所に避難してきた時、中学生にできることはないか考えてみました。

●運動好きで力自慢の子は、重い荷物や物資を運ぶ
●子どもが好きな子は、不安になっている小さい子を笑顔にする
●お笑いが好きな子は、みんなが楽しめる場所を作る
●きれい好きな子は、気持ちよく過ごせるように掃除をする
●人の痛みがわかる子は、心に寄り添い、一緒に悲しみ、泣く
●お話が好きな子は、話を聞き、勇気づける

あなたにもできること、ありますよ。

現場の声を聞こう

つどいの泉 施設長 宮下さんのお話

阪神淡路大震災のボランティアに行ったことがあります。その時の避難所は、段ボールなどでの仕切りのない状態で、倉庫には物資が山積みになっていました。さばけていなかったんです。届けなければならないけど、何がどこに必要なのか、情報も人も足りない状況でした。だから、車で情報収集もしましたよ。

避難所には、悲しんでいる人、気が立っている人など、平常心でいられない人も多く、なかなか声もかけられないのです。そっとして見守るのも大切なボランティアだと感じました。

状況に応じて判断が必要ですから、大人に聞いて行動したり、日ごろからボランティアに参加し、何かあったときに行動を起こせるようにしておくことも大事かと思いますよ。

体験しないと想像が難しい避難所生活。望むことも望まれることも、人それぞれ違います。いざという時に進んで行動ができるよう、今からできることを見つけましょう。

守るべき優先順位を決める。
自分にとってかけがえのないものとは何か？を考えておくことは重要 守るべきもののためならば、だれでも賢く、強くなれる。

Chapter 3 もし本当に震災が起きたら ～避難所での心の現実～

震災が起き、避難所で過ごすことになったとします。子どもたちの心の中を想像してみましょう。

「何か言われたら、どうしよう」
「物資が欲しいと声に出して言えない」
「現実を忘れようと、つい騒いでしまう」
「泣きたいのに、笑ってしまう」
「イライラをどうしていいかわからない」
「涙が止まらない」
「一人になりたいけど、わがままだよね…」
「自分だけ助かってしまった」
「いつまで頑張ればいいの？」

無力感 恐怖不安 家族の心配 罪悪感 涙もろい 怒りイライラ 不眠

心は子ども、姿は大人

中学生は、保護者から見ればまだまだ子どもですが、世間から見れば大人扱い。実はまだ危機対処能力が低く、知らず知らずのうちに心に負荷をかけてしまうのです。

さらに気をつけたいのが、思春期は見抜かれることを嫌う時期です。照れくさくて不機嫌になったり、繊細な心を隠すために不愛想になります。子どもっぽい行動をしないよう無言で応対することもあるため、大人は逆上せず受けとめたいですね。

子どもの心のケア

次のようなストレス症状の疑いがある中学生を見かけたら、適切な接し方が必要です！

持続的な再体験症状
・体験した出来事を思い出し、悪夢を見たりする。
・体験した出来事が目の前で起きているかのような生々しい感覚がよみがえる 等

体験を連想させるものからの回避症状
・体験した出来事と関連するような話題などを避けようとする。
・体験した出来事を思い出させないなど記憶や意識が障害される。
・人や物事への関心が薄らぎ、周囲と疎遠になる 等

感情や緊張が高まる覚せい亢進症状
・よく眠れない、イライラする、怒りっぽくなる、落ち着きがない、物事に集中できない極端な警戒心をもつ 些細なことで驚く 等

このような子どもへの適切な接し方とは

ストレス症状を示す中学生への接し方
●今の状況は続かないと伝える。
●普段と変わらない接し方で、子どもに安心感を与えるようにする。
●「頑張って」は禁句。「大丈夫よ」「守るからね」と言葉をかける。
●ストレスを抱えることは普通であり、症状は必ず和らぐことを伝え、孤独感を持たせない。など

大人も辛い状況ですが、知っておくことで大人自身も助けられますね。

普段の子どもの様子を知っていないと、見抜けない

思春期の中学生は、不特定多数の人を前にすると、いろいろな「心の仮面」をつけることがあります。

熊本地震の爪痕は今でも色濃く、熊本県内の子どもたちの一部4277人にカウンセリングが必要だと新聞などで報じられました。子どもの心のケアが簡単なことではないと思い知らされる記事ですね。

この特集企画に出会えたことで、震災と中学生の関係性を知り、学び、考える機会に恵まれました。

震災に直面すると、人生の大先輩である高齢者のみなさまも、生まれて数年の幼い子どもたちも、赤ちゃんを抱えた新米ママたちも、口に出せない〝SOS〟を心に抱えることになるでしょう。もし被災してしまったら…遺された多くの事例や心のケアの大切さを思い出して、地域で助け合って乗り切りたいと感じました。そして、そんな大人の姿を中学生の子どもたちに見せたいですね。

防災とは、被害者・加害者・傍観者にならないための究極のモラル。
災害時は防災訓練のようにはいかず、思いもよらないことが起こる。心の防災訓練も忘れずに。

番外編 防災新常識

その1 トイレ作っといれ（作っといで）の話

災害時に火急を要するのがトイレの問題です。自分で備える方法がこちらです。

便座にポリ袋をセット
洋式トイレの便座を上げおおうように大きめのポリ袋を被せる。ポリ袋に余裕があれば2枚重ねて下のポリ袋はテープで固定する。

ちぎった新聞紙を入れる
ちぎった新聞紙を便器内のポリ袋の中に入れる。消臭剤があれば用を足したあとにまく。上のポリ袋の取り出し口を縛り、ゴミとして処理する。

お金、おっかねくない（おっかなくない）の話

もしも、被災して紙幣が破れたり、硬貨が溶けたりしても、安心してください。銀行で鑑定して引き換えてもらえることがありますよ。

硬貨
溶けたり変形した硬貨は、重さで判別して引き換えてもらえる。崩れた部分も含めて提出すれば引き換えてもらえる可能性も。

紙幣
紙幣は3分の2以上が残っているものであればその紙幣の全額で5分の2以上3分の2未満であれば半額で引き換えが可能。

参考文献は、特集その2にまとめて記載します

穂中旅日記

1年 若狭研修編 古沢先生
3年 修学旅行編 廣田先生

1年生 若狭研修

天気　嵐のち晴れ
私は一年生の子どもたちと若狭研修へ行きました。

1年学年主任
古沢紀芳先生

入学してすぐ研修を行った

入学して間もない子どもたちは、自分がどう振舞ったらいいのか、お互いの様子を見て模索する状態でした。そのタイミングで研修に行き、寝食を共にすることによって、子ども同士が『関わらざるを得ない・やらざるを得ない・話さざるを得ない』ようになります。ただ学校で3日間過ごすよりも、効果的でした。

研修後の変化

お互いのことがわかってきたので、よそよそしい感じから和んだ感じに変わりました。オリエンテーションなどで、誰がリーダーシップをとれるのか、誰が周囲に気を配れるのかというようなお互いの特徴も見えたので、その後班長などの係決めがスムーズに行えたのは、研修での経験が生かされた証だと思います。

指導員の指示で慎重にオールを下ろす仲間を真剣に見つめる子どもたち

3年生 修学旅行

天気　くもり
私は三年生の子どもたちと修学旅行へ行きました。

3年学年主任
廣田貞子先生

『最常』の意味

子どもたちが学級委員会で決めた造語です。一年生の時は『常』、二年生の時は『上常』でしたので、さらに上を目指して『最常』にしました。最高の姿で日常を大事にするという思いが込められています。

〝最常の姿〟が見られた

サミットの影響なのか道路が空いていて、バスが現地に予定より早く着いてしまいました。それでも子どもたちは、自分たちで班行動の行き先を変えたりして、うまく時間を使っていました。言われたことを素直にきちんとできるし、時間にも正確なので、より仲間同士の関わりが深くなりました。より安定した姿で生活が送れていると思います。

東京到着。ドキドキの班活動の始まり

穂中トピックス

これぞ穂中の合唱祭 きらめく歌声で、心ひとつに 会場を感動で包み込む

合唱祭の開催
瑞穂市総合センター サンシャインホール

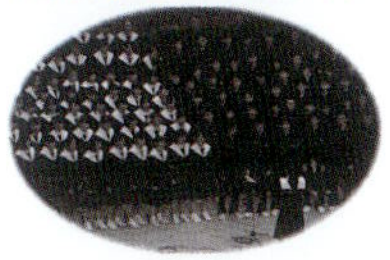

11月28・29日に穂積中学校合唱祭が行われ、子どもたちは学級合唱や学年合唱など合わせて25曲を歌い上げました。

今年度の最優秀賞と優秀賞に輝いたのは3年3組と3年2組でした。また、各賞は3年生が金賞2クラス・銀賞1クラス、2年生が金賞1クラス・銀賞2クラス、1年生が銀賞2クラス、特別賞にI学級が選ばれました。賞に選ばれたクラス数が多いことから、過去に類を見ないハイレベルな合唱祭だったことが分かります。

総評では、校長先生から「レベルが高く、特に3年生は僅差。真剣になる姿が素晴らしかった」とお褒めの言葉をいただきました。また、審査員の花倉先生からも「どのクラスもNHKの合唱コンクールのようだった」と高い評価をいただき、非常に苦しい選出だったとお話くださいました。選出ポイントは、強弱表現やテンポなど曲の作り方のうまさと、聴く人を惹きつける美しい迫力を感じられるかどうかだそうです。

13～15才の体格差が歌声にそのまま表れる合唱。3年という短い年月でこんなに成長することにいとおしさと少しの寂しさを感じました。各学年で成長は違っても、聴き手の胸に「真剣にやる」ということが熱く伝わった2日間でした。

ふれあう幼児と中学生、子どもと子ども？大人？

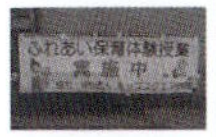

技術・家庭科幼児ふれあい体験学習の実施

6月と12月の2期にわたり、幼児ふれあい体験学習が行われました。キッズスクエア瑞穂の皆様のご協力のもと、成人教育委員会やPTA会員の有志がサポートしながら、3年生の子どもたちが赤ちゃんや幼児のお世話を体験しました。

幼児は視野が狭く、遊んでいると頭上の子どもたちが見えません。自分から体を寄せて頭を低くし、幼児の目線に合わせようとする女子の姿に感心しました。また、男子が包み込むようにしっかりと抱いていた赤ちゃんが、体を預けて眠りました。布団に寝かそうとするも難しく、腕が辛かったようですが、小さな命に責任を持つ姿は頼もしく感じました。

大切なお子様を預けてくださった地域のお母様やキッズスクエアの皆様、ありがとうございました。

子どもたちよ！ お父さんは不器用だがカッコいい

父親の会のお父さんにインタビュー
（複数のコメントをストーリー仕立てでまとめてあります）

入会したのは、妻の代わりにPTAに協力できるからだった。活動内容が力仕事など男性の得意分野だし、活動日数が少ないのもいい。そんなノルマをこなすような気持ちで参加したのに、委員との交流は意外と居心地のいいものだった。確実に人の役に立つし、感謝されるのも悪くない。

しかし、慣れてくると課題が見えてきた。資源分別回収でのことだ。車から自転車を降ろそうとすると子どもたちも手伝いに来るのだが、どう接していいか分からない。しかも他人の子どもだ。どこまでできるのか予測できない。結局、子どもに声をかけることなく委員同士で片づけてしまった。

＊　＊　＊

父親の会の活動に慣れてきた。子どもたちに声をかけると笑顔が返ってくる。父親が「学校という子どもの領域」に来て子どもを見るのはいいことだ。家で子どもと会話するきっかけにもなる。子どもの同級生の顔を知っていたから「同級生の○○くんを見かけたよ」と声をかけると、そこから会話が始まった。逆のこともある。子どもの方から「今日学校でお父さんを見たよ」と声をかけてきた。子どもが父親に寄りつかないのは、父親が子どもから逃げているからかもしれない。そう思った。

父親の会のお父さん

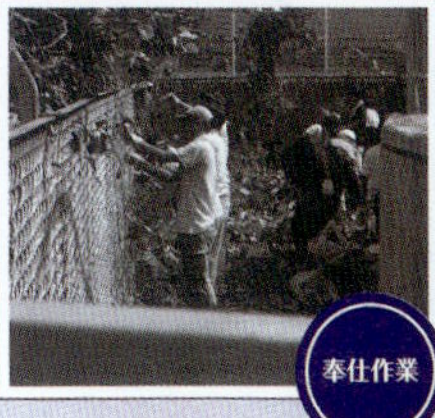

夏休みの間に太陽の恵みをいっぱい浴びた雑草が校庭を占拠。わかたけ祭ができるようにと現れたのは父親の会のお父さんたちです。はびこる雑草を次々に取り除いてくれました。おかげで無事にわかたけ祭ができました。

日本教育新聞社　社長賞　　福井県坂井市立丸岡中学校

審査総評

全体的に記事にボリュームがあります。各号にある、生徒を含めた３人の座談会「TRYあんぐる」で読ませ、特集「イカスチカラ」で命やつながりの大切さを考えさせます。行事も細かく記事化されていました。

イキルチカラ
2016 July 丸岡中学校PTA 第117号
郷音
3人の座談会「TRYあんぐる」
PTA行事紹介「アラカルト」
特集「イカスチカラ」
地域の声「Hot ホット ほっと ボイス」
クラス紹介
青春チャレンジ隊が行く!
ビタミンBOOK
題字：武曽結菜　photo：吹奏楽部 坂井市古城マラソンのファンファーレ

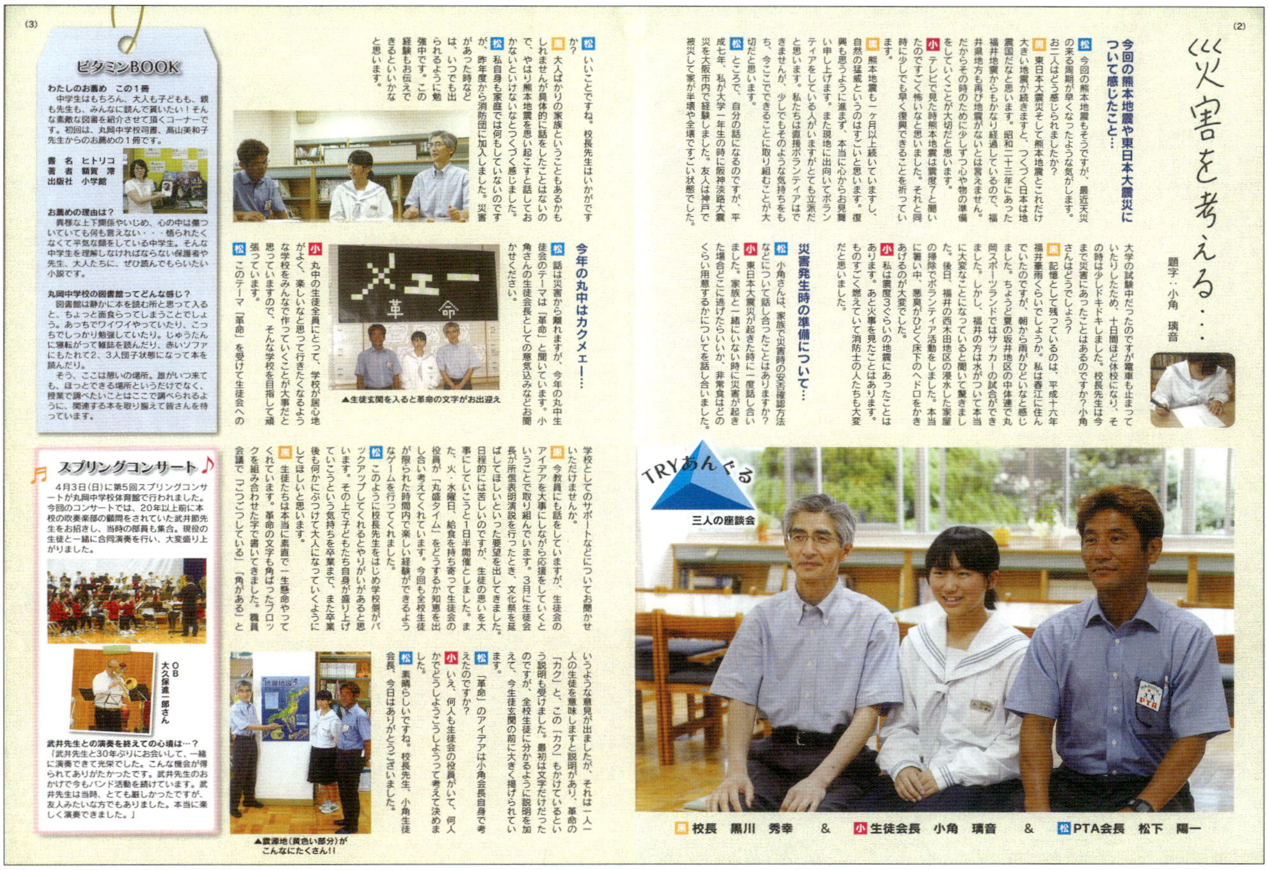

(2)

災害を考える・・・

題字：小角　璃音

黒 校長　黒川　秀幸　&　小 生徒会長　小角　璃音　&　松 PTA会長　松下　陽一

今回の熊本地震や東日本大震災について感じたこと…

松　今回の熊本地震もそうですが、最近天災の来る周期が早くなったような気がします。お二人はどう感じられましたか？

黒　東日本大震災そして熊本地震とこれだけ大きい地震が続きますと、つくづく日本は地震国だなと思います。昭和二十三年にあった福井地震からもかなり経過しているので、福井県地方も再び地震がないとは言えません。だからその時のために少しずつ心や物の準備をしていくことが大切だと思います。

小　テレビで見た時熊本地震は震度7と聞いたのですごく怖いなと思いました。それと同時に少しでも早く復興できることを祈っています。

黒　熊本地震も一ヶ月以上続いていますし、自然の猛威というのはすごいと思います。本当に心からお見舞い申し上げます。また現地に出向いてボランティアをしている人がいますがとても立派だと思います。私たちは直接ボランティアはできませんが、少しでもそのような気持ちをもち、今ここでできることに取り組むことが大切だと思います。

松　ところで、自分の話になるのですが、平成七年、私が大学一年生の時に阪神淡路大震災を大阪市内で経験しました。友人は神戸で被災して家が半壊や全壊ですごい状態でした。大学の試験中だったのですが電車も止まっていたりしたため、十日間ほど休校になり、その時は少しドキドキしました。校長先生は今まで災害にあったことはあるのですか？小角さんはどうでしょう？

黒　記憶として残っているのは、平成十六年福井豪雨くらいでしょうか。私は春江に住んでいたのですが、朝から雨がひどいなと感じました。ちょうど夏の坂井地区の中体連で丸岡スポーツランドではサッカーの試合ができました。しかし、福井の方は水がついて本当に大変なことになっていると聞いて驚きました。後日、福井の西木田地区の浸水した家屋の掃除でボランティア活動をしました。本当に暑い中、悪臭がひどく床下のヘドロをかきあげるのが大変でした。

小　私は震度3ぐらいの地震にあったことはあります。あと火事を見たことはあります。ものすごく燃えていて消防士の人たちも大変だと思いました。

災害発生時の準備について…

松　小角さんは、家族で災害時の安否確認方法などについて話し合ったことはありますか？

小　東日本大震災が起きた時に一度話し合いました。家族と一緒にいない時に災害が起きた場合どこに逃げたらいいか、非常食はどのくらい用意するかについてを話し合いました。

(3)

松　いいことですね。校長先生はいかがですか？

黒　大人ばかりの家族ということもあるかもしれませんが具体的に話をしたことはないので、やはり熊本地震を思い起こすと話しておかないといけないなとつくづく感じました。

松　私自身も家庭では何もしていないのですが、昨年度から消防団に加入しました。災害があった時などは、いつでも出られるように勉強中です。この経験もお伝えできるといいかなと思います。

今年の丸中はカクメェー…

松　話は災害から離れますが、今年の丸中生徒会のテーマは「革命」と聞いています。小角さんの生徒会長としての意気込みなどお聞かせください。

小　丸中の生徒全員にとって、学校が居心地がよく、楽しいなと思って行きたくなるような学校をみんなで作っていくことが大事だと思っていますので、そんな学校を目指して頑張っています。

松　このテーマ「革命」を受けて生徒会への学校としてのサポートなどについてお聞かせいただけませんか。

黒　今教員にも話をしていますが、生徒会のアイデアを大事にしながら応援をしていくということで取り組んでいます。3月に生徒会長が所信表明演説を行ったとき、文化祭を延ばしてほしいといった要望を出してきました。日程的には苦しいのですが、生徒の思いを大事にしていこうと1日半開催としました。また、火・水曜日、給食を持ち寄って生徒会の役員が「丸盛タイム」をどうするか知恵を出し合い考えてくれています。今回も全校生徒が限られた時間内で楽しい経験ができるようなゲームを行ってくれました。

松　このように校長先生をはじめ学校側がバックアップしてくれるとやりがいがあると思います。その上で子どもたち自身が盛り上げていこうという気持ちを卒業まで、また卒業後も何かにぶつけて大人になっていくようにしてほしいと思います。

黒　生徒たちは本当に素直で一生懸命やってくれています。革命の文字も角ばったブロックを組み合わせた字で書いてきました。職員会議で「ごつごつしている」「角がある」というような意見が出ましたが、それは一人一人の生徒を意味しますと説明があり、革命の「カク」と、この「カク」もかけているという説明も受けました。最初は文字だけだったのですが、全校生徒に分かるように説明を加えて、今生徒玄関の前に大きく掲げられています。

松　「革命」のアイデアは小角会長自身で考えたのですか？

小　いえ、何人も生徒会の役員がいて、何人かでどうしようこうしようって考えて決めました。

松　素晴らしいですね。校長先生、小角生徒会長、今日はありがとうございました。

▲生徒玄関を入ると革命の文字がお出迎え

▲震源地(黄色い部分)がこんなにたくさん!!

ビタミンBOOK

わたしのお薦め　この1冊

中学生はもちろん、大人も子どもも、親も先生も、みんなに読んで貰いたい！そんな素敵な図書を紹介させて頂くコーナーです。初回は、丸岡中学校司書、高山美和子先生からのお薦めの1冊です。

書　名　ヒトリコ
著　者　額賀　澪
出版社　小学館

お薦めの理由は？

異様な上下関係やいじめ、心の中は傷ついていても何も言えない・・・悟られたくなくて平気な顔をしている中学生。そんな中学生を理解しなければならない保護者や先生、大人たちに、ぜひ読んでもらいたい小説です。

丸岡中学校の図書館ってどんな感じ？

図書館は静かに本を読む所と思って入ると、ちょっと面食らってしまうことでしょう。あっちでワイワイやっていたり、こっちでしっかり勉強していたり。じゅうたんに寝転がって雑誌を読んだり、赤いソファにもたれて2、3人団子状態になって本を読んだり。

そう、ここは憩いの場所。誰がいつ来ても、ほっとできる場所というだけでなく、授業で調べたいことはここで調べられるように、関連する本を取り揃えて皆さんを待っています。

スプリングコンサート♪

4月3日(日)に第5回スプリングコンサートが丸岡中学校体育館で行われました。今回のコンサートでは、20年以上前に本校の吹奏楽部の顧問をされていた武井節先生をお招きし、当時の部員も集合。現役の生徒と一緒に合同演奏を行い、大変盛り上がりました。

OB　大久保進一郎さん

武井先生との演奏を終えての心境は…？

「武井先生と30年ぶりにお会いして、一緒に演奏できて光栄でした。こんな機会が得られてありがたかったです。武井先生のおかげで今もバンド活動を続けています。武井先生は当時、とても厳しかったですが、友人みたいな方でもありました。本当に楽しく演奏できました。」

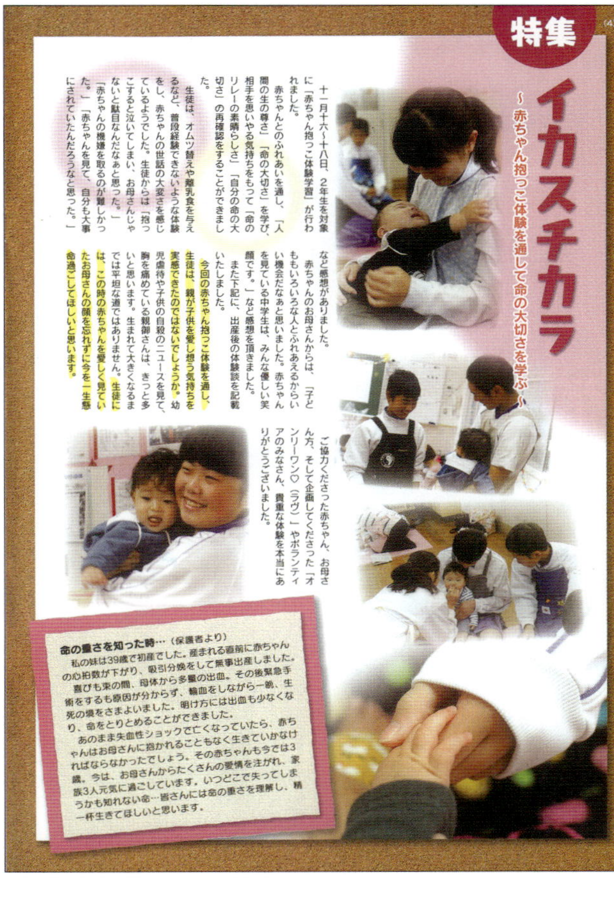

(4)

特集　イカスチカラ

～赤ちゃん抱っこ体験を通して命の大切さを学ぶ～

十一月十六～十八日、2年生を対象に「赤ちゃん抱っこ体験学習」が行われました。

赤ちゃんとのふれあいを通し、「人間の生の尊さ」「命の大切さ」を学び、相手を思いやる気持ちをもって「命のリレーの素晴らしさ」「自分の命の大切さ」の再確認をすることができました。

生徒は、オムツ替えや離乳食を与えるなど、普段経験できないような体験をし、赤ちゃんの世話の大変さを感じているようでした。生徒からは「抱っこすると泣いてしまい、お母さんじゃないと駄目なんだなぁと思った。」「赤ちゃんの機嫌を取るのが難しかった。」「赤ちゃんを見て、自分も大事にされていたんだろうなと思った。」など感想がありました。

赤ちゃんのお母さんからは、「子どももいろいろな人とふれあえるからいい機会だなぁと思いました。赤ちゃんを見ている中学生は、みんな優しい笑顔です。」など感想を頂きました。

また下記に、出産後の体験談を記載いたしました。

今回の赤ちゃん抱っこ体験を通し、生徒は、親が子供を愛し想う気持ちを実感できたのではないでしょうか。幼児虐待や子供の自殺のニュースを見て、胸を痛めている親御さんは、きっと多いと思います。生まれて大きくなるまでは平坦な道ではありません。生徒には、この時の赤ちゃんを愛しく見ていたお母さんの顔を忘れずに今を一生懸命過ごしてほしいと思います。

ご協力くださった赤ちゃん、お母さん方、そして企画してくださった「オンリーワン♡（ラヴ）」やボランティアのみなさん、貴重な体験を本当にありがとうございました。

命の重さを知った時…（保護者より）

私の妹は39歳で初産でした。産まれる直前に赤ちゃんの心拍数が下がり、吸引分娩をして無事出産しました。

喜びも束の間、母体から多量の出血。その後緊急手術をするも原因が分からず、輸血をしながら一晩、生死の境をさまよいました。明け方には出血も少なくなり、命をとりとめることができました。

あのまま失血性ショックで亡くなっていたら、赤ちゃんはお母さんに抱かれることもなく生きていかなければならなかったでしょう。その赤ちゃんも今では3歳。今は、お母さんからたくさんの愛情を注がれ、家族3人元気に過ごしています。いつどこで失ってしまうかも知れない命…皆さんには命の重さを理解し、精一杯生きてほしいと思います。

(14)

青春チャレンジ隊が行く！

体験編

部活動体験ということで、女子バスケットボール部にお邪魔してきました！女子バスケ部は、菖澤萌先生、中山瑠菜先生、花ざかり女子27名が活動する元気いっぱいの部活です。

青春チャレンジ隊、2名が最初のアップから終了まで年甲斐もなく張り切って参加させていただきました。

さすが！現役中学生!!笑顔で練習をこなしていました。

チャレンジ隊も頑張りました！すっかり忘れてました、この雰囲気～!!

《体験メニュー》
- 5分間走
- フットワークトレーニング
- ハンドリング
- シュート練習
- 見学

菖澤　萌先生より

「まだまだこんなもんじゃないですよ。もっともっと、いっぱい走りこみますよ～～。(笑)」

ヒエ～～～ッ!!　(チャレンジ隊)

竹内キャプテンより

「うまかったですよ。(ｗｗｗ)」

ありがとうございます。(苦笑)　(チャレンジ隊)

チャレンジ隊より

みんな仲良く、和気あいあいとして楽しそうでした。

やっぱり、若い!!走っても走っても疲れないのね・・・。

何十年ぶりかの部活！あの頃を思い出しました。(笑)　明日からも頑張るぞ～～～～！

取材編

学校でいちばん楽しみな時間！それは給食！食べることは生きること!!

今回は学校給食の献立を作成している管理栄養士、東美佳さんにお話を伺ってきました。

Q　東管理栄養士の簡単な自己紹介をお願いします。

A　滋賀県近江八幡市出身の40代です。

Q　管理栄養士を目指したきっかけを教えてください。

A　手に職をつけたい、普段の生活に役立てたい程度の軽い気持ちでした。

▲クリーンルーム体験

学校給食について。

Q　献立を作成するときに気をつけていることはありますか。

A　食材や献立、味付けが偏らないように気をつけています。

また、夏場には腐りやすい食材、例えば、マヨネーズや高野豆腐などは使用しないようにしています。

Q　学校給食の献立を作成するようになって、感じたことやご自身が変わったことはありますか。

A　福井県外で育ったので、福井の郷土料理は、未知の世界でした。福井の郷土料理を調べているうちに、自分の生まれ育った土地の郷土料理が自分の食の基礎になっているんだと、改めて実感しました。

Q　学校給食に携わるようになって、うれしかったことや辛かったことはありますか。

A　やっぱり、給食終了後に空っぽになった食缶を見るとうれしいです。反対に、たくさん残っているのを見ると辛いし、悲しいですね。

▶キレイに完食！　▶ちょっと残念…

ランチサービスでは残食を量り、今後の献立作りに役立てているそうです。

▲残さず食べてもらえるように日々研究だそうです

Q　給食では、一日に必要な栄養の、どれくらいが摂取できるのですか。

A　一日に、必要な栄養の約3分の1以上が給食でバランス良く摂取できます。

今回は、特別に給食調理場所（部外者立入禁止）の写真も、撮ってきて頂きました。

特に衛生面に気をつけている様子がよくわかりました。

こんなに気配りして頂いて、給食ができているのですね。残さず、感謝して給食をいただきましょう。

取材にご協力頂いた管理栄養士の東さん、(有)ランチサービスさん、ありがとうございました。

広報委員のつぶやき

☆去年に引き続き最高のメンバーが集まった広報委員会！本当に感謝です。今年度の丸中PTA広報紙「イキルチカラ」をよろしくお願いします。　(北村直樹)

☆自分達なりに精一杯頑張りました。熱い思いが伝わりますように・・・　(澤　信子)

☆卒業してから20数年・・・。久しぶりに丸中に『通って』ます。今も変わらず活気ある丸中の様子をお届けします。　(分見　梢)

☆地域の皆さんの感謝の声、身近で聴くことができてすごく感動しました！　(石隅みどり)

☆今回の部活動体験、体力がなかった(笑)。栄養士さんがインタビューに積極的に答えてくださったり、周りの皆さんがとても協力的だったりで大変助かりました。　(坪田まゆみ)

平成28年7月19日　第117号　本誌へのご意見・ご要望をお聞かせ下さい。　丸岡中学校PTA　広報委員会

PTAアラカルト

文教委員会

九月十七日(土) 文化祭ステージ

福井県在住のご当地アイドルマイガールフレンズのシークレットライブが行われました。直前まで生徒たちには秘密で計画されていたため、二人が出てくると会場は大盛り上がり。

▲突然映し出された映像に騒然・・・

多くの生徒が立ち上がり、ご当地ヒーローのはっぴーすマンさんや、最後には校長先生も前に出て大盛況のうちに幕を下ろしました。

全国のアイドルフェス、バラエティ番組やドラマで活躍中のマイガールフレンズさんに、丸中でのライブについて伺いました。

Q 今回サプライズという形でライブをしてもらいましたが。

A サプライズはしたことがなかったから、ワクワクしました。大成功したときはめっちゃ嬉しかった！以前テレビ番組でドッキリを仕掛けられたことはあったけど、今回は仕掛けた側だったので難しかったです。

実は二人とも秘密にするのが苦手で、すぐに言ってしまうそうです。

Q 中学校の文化祭でのライブはどうでしたか？

A 同世代の、自分たちを知らない人たちの前でやるのは緊張しました。学校祭などでライブをするのも初めてだったけど、みんながすごくノリが良くて盛り上がってくれて嬉しかった。

Q 丸岡中学校の印象について

A 地元だと結構アイドルっていうと冷たい視線を向けられたりするのだけど、丸中のみんなは元気いっぱいだなと思いました。今日は楽しくやれました。

▲食品バザーのお手伝い♪

Q 普通の中学生とは全く違う体験をしていますが、良かったと思うことはありますか？

A 普通は十四歳くらいの時はあまり大人の人と関わることはないと思います。私たちはテレビ等に出させてもらって、たくさんの大人の人と関わることができるのが良かったと思います。

今ではステージ上ではあまり福井弁が出ることは少なくなりましたが、地元でのインタビューなどでは福井弁になってしまうそうです。できれば今後も福井弁を残して、福井をアピールしていきたいと言っていました。

仲良しで元気いっぱいなマイガールフレンズのお二人でした。今後もますますの活躍を期待しています！

▲くには(妹・左)、くにか(姉・右)の双子です♪ ふたり合わせて「くにくに」です!! よろし～くにくに!

マイガールフレンズ(福井県在住)
5月28日にシングル「GO!!」でタワーレコードよりメジャーデビュー。今年、お台場フジテレビの夏イベント 7万5千人の東京アイドルフェスティバルに初出場。フジテレビなど在京キー局のバラエティー番組やドラマなどに出演。

▲文化福祉委員による熊本募金 ご協力ありがとうございました

総務委員会・各委員会

文化祭バザー

九月十七日(土)、毎年盛況の文化祭バザーが開催されました。

物品バザーでは保護者・地域の皆様方のご協力により、多数の品物を提供いただき大変な賑わいとなりました。

屋外での食品バザーでは、途中雨足が強くなるあいにくのお天気でしたが、売り切れが続出するほどの盛況ぶりでした。今年も卒業生によるボランティアにも大変助けられました。

PTAバザーの趣旨をご理解頂いた皆様のご協力に感謝申し上げます。売上のすべては例年同様、生徒・学校のために使わせて頂きます。ありがとうございました。

▲今年もありがとうございます

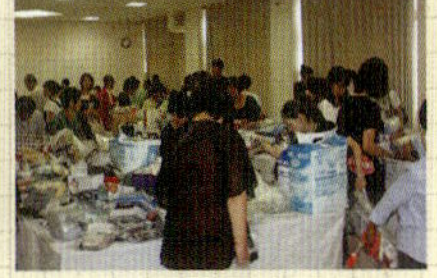
▲値付け作業、ご苦労様です

素敵にイキル

先生方の素顔を身近に感じていただく企画としてアンケートしてみました。今回は高山先生と中山先生にご協力いただきました。

3年8組担任　高山泰浩(やすひろ)先生
担当教科　保健体育
部活顧問　男子バレーボール顧問

中学生の時の高山先生

Q：教師になっていなかったらどんな仕事をしていたと思いますか？
A：考えたことがありません

Q：中学校の先生をやっていて良かったと思うときは？
A：一人一人の成長していく様子を側で見ていられること

Q：趣味は何ですか？
A：バレーボールしかありません

Q：先生自身の長所と短所は何ですか？
A：長所　我慢強いこと
短所　家では家事を一切しないこと

Q：休日の過ごし方は？
A：部活または子どものスポ少

Q：好きなテレビ番組は？
A：スカッとジャパン

Q：好きな言葉は？
A：凡事徹底

Q：担当教科以外で得意な教科は？
A：中学生の頃は、数学と社会が得意でした

Q：いちばん落ち着く場所はどこ？
A：体育MC（体育教官室）

Q：自分が幸せと感じる瞬間は？
A：生きていることですかね・・・

Q：中学生の時の部活は何ですか？ ポジション　成績は？
A：バレーボール
ウィングスパイカー
県大会3位　北信越大会ベスト8

Q：最後に生徒に一言　A 本気で物事に取り組むすばらしさを知ろう！

2年6・7組副担任　中山瑠菜(るな)先生
担当教科　社会
部活顧問　女子バスケットボール部副顧問

中学生の時の中山先生

Q：教師になっていなかったらどんな仕事をしていたと思いますか？
A：銀行員・・・？

Q：中学校の先生をやっていて良かったと思うときは？
A：生徒が『中山先生～！！』と笑顔で話しかけてくれるとき

Q：趣味は何ですか？
A：バスケットボール　おしゃべり

Q：先生自身の長所と短所は何ですか？
A：長所　社交的
短所　頭と体がかたい

Q：休日の過ごし方は？
A：おいしいスイーツを食べに行く

Q：好きなテレビ番組は？
A：ホンマでっかTV

Q：好きな言葉は？
A：どうせやるなら楽しんで！

Q：担当教科以外で得意な教科は？
A：体育、英語

Q：いちばん落ち着く場所はどこ？
A：実家のリビングのソファの上

Q：自分が幸せと感じる瞬間は？
A：実家の車庫で、家族とBBQをしながら笑って話しているとき

Q：中学生の時の部活は何ですか？ ポジション　成績は？
A：女子バスケットボール
フォワード　県大会優勝

Q：最後に生徒に一言　A 私の名字は"中山"です。"中川"ではありません！

地域委員会

資源回収

十一月六日(日)に、第二回資源回収を実施しました。

天候も良く、朝早くから多くの人にご協力いただき、無事に終了することができました。本当にありがとうございました。

また収集所近隣の皆様には、早朝よりご迷惑をおかけし申し訳ございませんでした。

皆様のご奉仕により得られた収益は、学校のために大切に活用させていただきます。

朝の街頭指導

十月十八日～二十日の三日間、先生および二年生の保護者の協力のもと自転車利用時のルールとマナー向上のためにPTA街頭指導が行われました。

交通事故の被害者や加害者にならないようルールとマナーをチェックしていました。天気の悪い中、ご協力ありがとうございました。

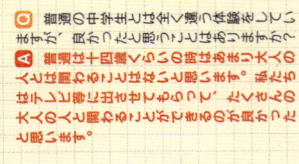

日本教育新聞社　社長賞

鹿児島県鹿児島市立和田中学校

審査総評

トピックスが多く掲載されている一方、レイアウト上の読みやすさがあります。「ＰＴＡ会員研修視察」や「ＰＴＡ活動研究委嘱公開」なども単なる出来事記事に終わらせず、企画仕立てにした点も効果的でした。

第105号（1）　　和田中学校ＰＴＡ新聞　　平成28年7月14日

生徒数　737名（男子370名　女子367名）
P戸数　658戸　　職員　54名
編集　発行：ＰＴＡ広報部
発行責任者：今村正興
鹿児島市立和田中学校内
鹿児島市和田二丁目44-3
TEL099-268-8421
ホームページ：http://keinet.com/wadac/

和田中PTAとは

Parents（ペアレント）
Teacher（ティーチャー）
Association（アソシエーション）
和田中の子どもたちの日常生活と教育向上のために、保護者と教職員が結成・運営する組織。

学校スローガン
和田中イノベーション Catch the Goal!
～みんなで新たな世界へ～

委嘱公開テーマ
学校・家庭・地域が一体となって子どもの健全育成に努めよう
～親も一緒に和田中イノベーション～

おかげさまで!!

PTA会長
今村　正興

平成二十七年度、PTA会員の皆様にはご協力いただき、ありがとうございました。平成二十八年度も引き続きご協力をいただきますよう、よろしくお願いいたします。

さて、PTA会長をさせていただき三年目に入りますが、この二年間会員の皆様をはじめ、役員の方々や先生方に支えられ、おかげさまで何とか務めさせていただくことができました。ありがとうございました。

いよいよ今年がラストイヤーになりますが、本年度は和田中学校創立七十周年をはじめ、PTA研究委嘱公開など、何十年に一度の行事が一緒になり、会員の皆様や役員の方々、先生方にはたくさんのお願いごとをすることになると思います。

どの行事も皆様のご協力なしではやり遂げられないものばかりです。どうぞご協力のほど、よろしくお願い申し上げます。

ただ、この「何十年に一度」は、視点を変えてみると、今現在、子どもが和田中に在籍しているからこそ「何十年に一度」というチャンスに出会えていると思えてきませんか？我が子より、おかげさまでなかなかない機会に巡り合わせてもらったのです。県・市研究委嘱公開というものが私もどのようなものか分からず、勉強会や公開校に足を運び、実際に目で見てきました。その中で、委嘱公開への取組はPTAが一つになれるすごいチャンスだということも学びました。子どもたちのために今できることをどこの学校も真剣に語り、創り上げていました。こんなに一つになれるチャンスはそうないのではと思っています。

子どもたちが与えてくれる様々な課題をチャンスだと思い、取り組んだ結果、それが私たちの新しい出会いになり、次の何かに繋がります。そんな機会を与えてくれる子どもたちにも「おかげさまで」と伝えたい気持ちです。

私は、子どもたちへのおかげさまがなければ、PTAに関わることも、おやじの会に入ることもなかったと思いますし、もちろんPTA会員の皆様に出会うこともなかったと思います。

「おかげさま」が結ぶ様々なことが、また新しい「おかげさま」を作ってくれることに感謝している次第です。

前文で書かせていただいた通り、本年度は創立七十周年行事や県・市PTA委嘱公開など、たくさんの行事がありPTA会員の皆様をはじめ、役員の方々、先生方にお願いごとをたくさんさせていただくと思います。

PTA会員や先生方が頑張っていただいたことで、学校が落ち着いてきています。今年度、学校が掲げている「キャッチ・ザ・ゴール」というテーマを私たち親も意識して頑張ってみませんか。一年間終わってみるとおかげさまで楽しかったと話せるように、ご協力のほどよろしくお願いいたします。

（どこが楽しかったかは、またみんなで語りましょう。）

今年度がスタート！PTA総会
～全員参加で委嘱公開へ～

五月八日（日）、平成二十八年度のPTA総会が開催されました。出席者二七八名（委任状二五一名）により前年度の活動及び決算報告、今年度の活動計画、予算等が承認されました。

総会では転入職員の紹介があり、PTAより歓迎の花束が贈られました。また、PTA新旧役員紹介では前年度PTA活動に大きく貢献されました豊永幸浩さん、宮原ゆかりさん、草水孝子さんに、今村正興PTA会長より感謝状が贈られました。

今年度和田中学校は、PTA活動研究委嘱公開校となっています。PTA努力目標にも掲げております「一人一役によるPTA活動の推進」とともに、委嘱研究公開発表に向けて全員参加で取組んでいきましょう！

広報部アンケート企画 Part1

PTA総会出席者へアンケートのご協力をいただきました。その結果をご紹介します。（回収率40%）

おしえて！わが家の家訓

- 気持ちの良いあいさつをしよう
- 思いやりや感謝の気持ちを忘れない。
- 物を大切にしよう
- うそをつかない
- 夕食は家族そろって食事する
- ①正義②礼儀③難儀　3つの義（儀）の徹底
- 人に迷惑をかけない
- 笑顔で一家和楽！
- 家族で何でも話し合い、考えや思いを言葉で伝え合おう
- お父さんが家族の中心だよ
- 自分のことは自分でする
- 鍵は必ずかける
- 自分がされて嫌なことは他人にもしない

※表現が異なりますが内容が重なるものはまとめさせていただきました。

お子さまの携帯電話について教えてください。

Q1.携帯電話（スマートフォン）を持たせていますか？
Q2.フィルタリングなどインターネット利用の制限を設定していますか？
Q3.携帯電話を持たせるにあたって約束事やルールを決めていますか？

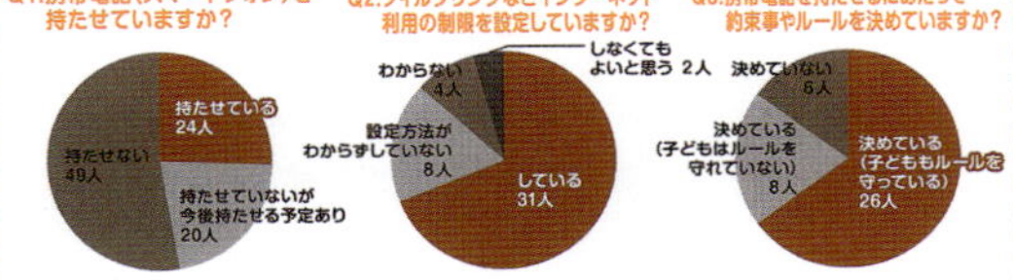

慈眼寺

右をみながら左を向け。そして同時に「目」を閉じろ。ってできますか？

宮本　武士

アメリカインディアンの子育て四訓というのがあります。どこかで聞いたことがあるのではないかと思います。

『㈠乳児はしっかり肌を離すな㈡幼児は肌を離せ、手を離すな㈢少年は手を離せ、「目」を離すな㈣青年は目を離せ、心を離すな』

中学生になった子どもたちは今㈢の段階でしょうか。交友関係も広がり、行動範囲も時間も広がり、私たちは忙しい。そんな時代で実際「目」を離すなと言われてもなかなか難しいことだと私自身子を持つ親として感じていることです。

「目」を増やせたらどうでしょう。

我々教師が生徒に指導をするとき複数で行うようにしています。一人が向き合い、一人が話を聞き、一人がフォローをする。題名の『右をみながら左を向け。そして同時に「目」を閉じろ』です。三人ならできます。子育ての親の役割は非常に重要です。ですが、「目」を離すなと言われても一人では二つしか「目」はありません。複数ならどうでしょう。私はそれがPTA活動の醍醐味ではないかと思っています。我々教師の「目」。保護者の「目」。友だちの保護者の「目」。…。たくさんの目があれば、子どもたちも安心して成長できるのではないかと思います。たくさんの暖かい「目」のなかで子どもたちは安心して成長するのだと思います。

やがて来る「目」を離すとき。たくさんの「目」から集めた心の共有を子どもたちとできればと思っています。学校にそんな暖かい「目」が集まること。PTA活動とはそういうことでないのかと感じています。

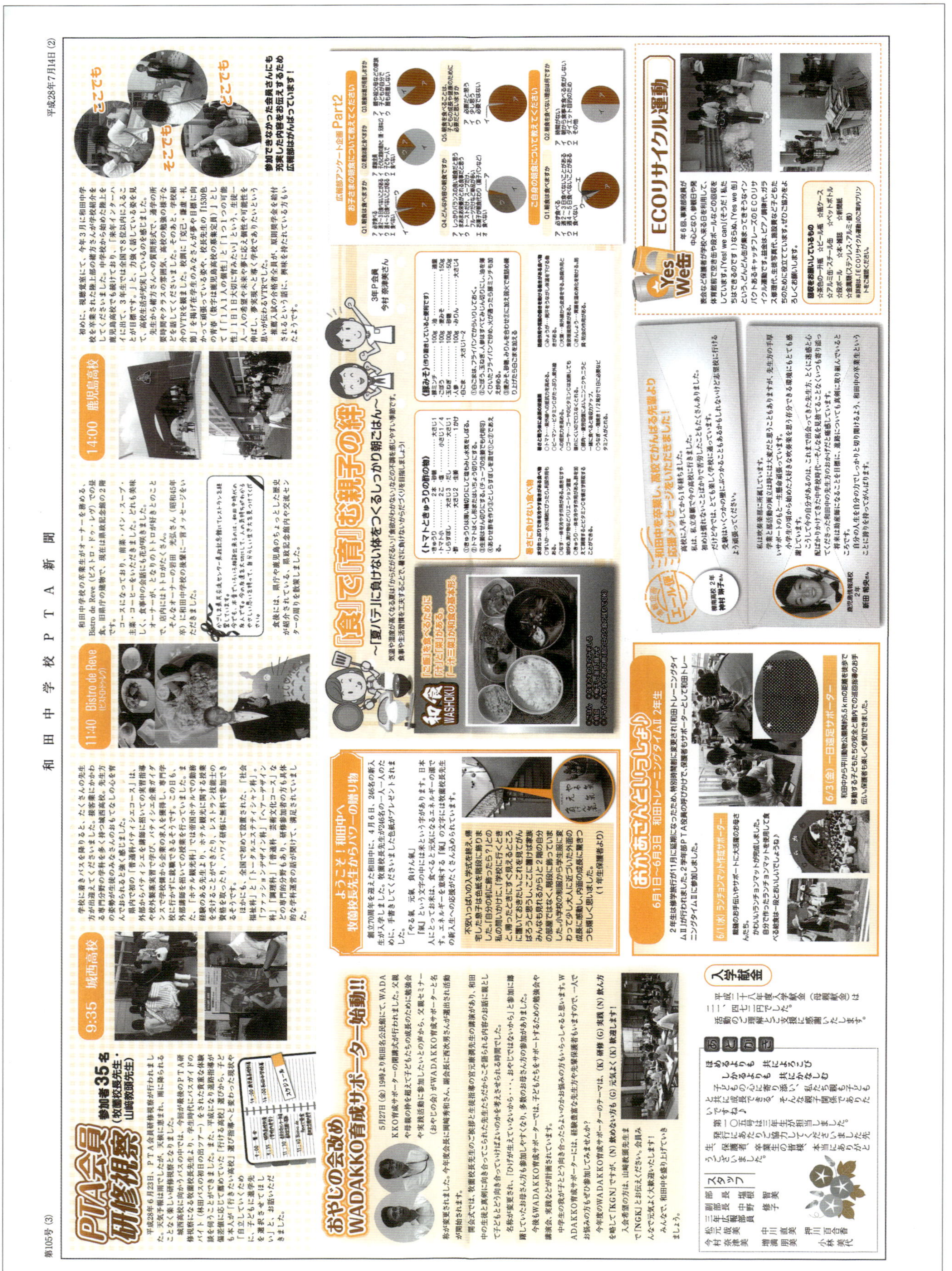

和田中学校PTA新聞

第105号(3)　平成28年7月14日(2)

PTA会員研修視察

参加者35名（牧薗校長先生・山崎教頭先生）

9:35 城西高校

11:40 Bistro de Reve

14:00 鹿児島高校

おやじの会改め WADAKKO育成サポーター始動!!

ようこそ！和田中へ 牧薗校長先生からパワーの贈り物

入学献金

「食」で「育」む親子の絆 〜「夏バテ」に負けない体をつくるしっかり朝ごはん〜

広報部アンケート企画 Part2

おかあさんといっしょ♪ 6月1日〜6月3日 和田トレーニングタイムⅡ 2年生

ECOリサイクル運動

和田中を卒業し、高校でがんばる先輩より応援メッセージをいただきました！

おかあさんといっしょ♪

～お味噌汁づくり～　2年生

1 学期の調理実習で子どもたちが作った味噌で、今回の調理実習は味噌汁作り。

それぞれのグループで食材を決め、当日はお手伝いのお母さん方と一緒に調理しました。自分たちで作った味噌汁と、だしがらでお母さん方が作ったふりかけ、先生が作った豚みそのおにぎりで、おいしい時間を過ごしました。

食材を無駄にしない！ふりかけレシピ

―― 材料 ――

だしがら
酒・しょうゆ・みりん・砂糖（すべて適量）

―― 材料 ――

1. かつお節は水けをきる。
2. フライパンにかつお節と調味料を入れ火にかけ、汁気がなくなるまで炒めて完成。

2年１組　学級委員長　岩﨑　貴子

6名の保護者にご参加いただき、各班に 1 名ずつお手伝いで入ることができました。私は、息子のいる班でした。味噌汁の具材が重なってしまい、豆腐３丁、厚揚げにわかめ、ネギでした。私は、豆腐の切り方と厚揚げの切り方を変えて違う見た目と触感を教えました。みんな家でお手伝いをしているようで、切り方や手際がとてもよかったです。完成した味噌汁は、味も香りもよく、おいしくいただきました。隣の班の味噌汁は、玉ねぎと卵が入っていたので甘くまろやかでした。同じ味噌を使っても中身の具材で、味も見た目も全く違う味噌汁になりました。サポーターとして参加した私たち保護者も子どもたちと一緒に活動ができ、とても良い機会となりました。

平成27／28年度　鹿児島県鹿児島市PTA連合会委嘱

和田中学校PTA活動研究委嘱公開が行われました

研究主題　家庭・学校・地域が一体となって子どもの健全育成に努めよう
～親も一緒に和田中イノベーション～

日程　平成28年11月26日(土)　13:00～16:20　場所　鹿児島市立和田中学校

研究概要　家庭・学校・地域が一体となって子どもの健全育成に努めよう
～親も一緒に和田中イノベーション～

和田中学校では昨年度から「和田中イノベーション」を掲げて学校変革に取り組んでいる。これは、新しい切り口、新しい考え方で生徒の主体性を大切にした校風づくりを目指すというものである。

そこで、PTAとしても学校と一緒に新たなPTA活動のあり方を模索し、全員参加のPTA活動を推進している。この活動を、今後に繋いでいけるよう全員が関わる活動の土台作りを行っている。

日　程

12:30	13:00	13:20		14:00		15:20				16:20
受付	アトラクション	全体会		移動	分科会	移動・休息	全体会			
		開会行事	基調発表		分科会発表 意見交換 指導助言		分科会報告	意見交換	講評	閉会行事
30'	20'	15'	15'	10'	60'	20'	20'	20'	10'	10'

それぞれの分科会の会場までご案内

司会進行　PTA副会長　柿元将さん

3曲演奏しました。

第1分科会　第2分科会（広報部・研修部）　第3分科会（保体部・事業部）　第4分科会（生活指導部・地域PTA）

1　アトラクション(13:00～13:20)
　○　和田中学校吹奏楽部
2　全体会(13:20～13:50)
　(1)開会行事(15')
　　あいさつ　鹿児島市立和田中学校PTA会長　今村　正興
　　　　　　　鹿児島県PTA連合会会長　川原　慎一様
　　　　　　　鹿児島市教育委員会
　(2)基調発表(15')
3　分科会(14:00～15:00)
　(1)第1分科会(学年部) …………… 体育館
　(2)第2分科会(広報部・研修部) …………… サブアリーナ(体育館2階)
　(3)第3分科会(保体部・事業部) …………… 学校図書館
　(4)第4分科会(生活指導部・地域PTA) ……… 被服室
4　全体会(15:20～16:20)
　(1)分科会報告(20')
　(2)意見交換(20')
　(3)講評(10')　鹿児島県教育委員会
　(4)閉会行事(10')
　　あいさつ　鹿児島市PTA連合会　会長　牧　眞弘様
　　　　　　　鹿児島市和田中学校　校長　牧園　浩志

エプロン姿で委員長さんたちがおもてなし

あたたかいお茶やお菓子を食べながら展示パネルをご覧になっていました。

たくさんのご来賓の方々がお越しくださいました。

展示パネルは充実した内容で、立体的に見える工夫もされていてとても見やすかったとのご意見をいただきました。

手づくりのみそレシピ集が人気で、皆さん持ち帰っていました。
可愛げありがとうカードを1つ1つ見てくださり、感動したとのアンケートのご回答がありました。ぜひ採り入れたい取組との声も多くいただきました。

委嘱公開アンケート集計結果

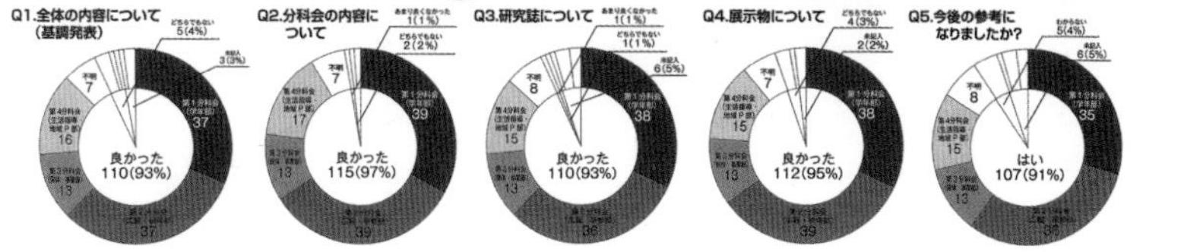

基本的生活習慣の確立

～子どもたちの発達段階に応じた心と体の健康～

研修部主催
第５回　家庭教育学級
10月５日（水）小会議室

前年度に引き続き、養護教諭の野添浩美先生に講師をしていただき家庭教育学級が開催されました。今年度は、たくさんの方の参加がありました。野添先生も私たちと同様、子育て中の親として、ご自身の経験からのお話もありました。日常抱えている子育ての悩みや不安を語り合い、感動と安心感で涙する保護者も多数いた有意義な学習会となりました。

ＰＴＡひろば

PTAバザー　10月28日(金)

バザーのお礼　事業部　吉田・西

PTA バザーにおきまして会員の皆様をはじめ先生方のご協力をいただきたくさんの提供品が集まりました。喫茶コーナーでの販売品も好評でした。準備や後片付け作業にもたくさんのお手伝いをいただきありがとうございました。

バザー収益金 85,075円

喫茶スペースは、おいしいお食事をしながら多くの方々の交流の場として賑わっていました。

色々な商品が並んだ販売コーナーでは、地域の方や会員がお買い物を楽しんでいました。

バザー当日準備 in事業部

朝早くから、事業部員や販売の方が会場設営や開店準備をしていました。

会員からの提供品は、値付け作業やラッピング、袋詰めなど、事業部役員を中心にバザーに向けて準備してきました。当日は、長机にまるでショップのようにきれいにディスプレイされました。

バザー in広報部

文化祭と PTA バザーが同時に開催されるので、たくさんの方が来校します。一家庭一仕事で、広報部部員が駐車場整理を担当しました。駐車場への案内や子どもたちが安全に通行できるよう、車を誘導します。途中、雨も降り出しましたが、2名の警備員の方と一緒に傘をさしながら頑張りました。

カメラ女子が行く

PPAP
広報部必需品
P(Pen ペン)
P(Paper メモ帳)
A(Armband 腕章)
P(Picture 写真)

広報部は、新聞制作のため分担して PTA 行事の取材や撮影に行きます。広報部専用のデジカメもありますが携帯電話のカメラ機能も、機能が良いので、携帯電話で撮影することも多いです。シャッターチャンスを逃しません！

奉仕作業　8月21日(日)

きれいな環境で２学期がスタートできるように

早朝より、１年生の子どもたちと全保護者、先生方で奉仕作業が行われました。教室やトイレ、玄関など校舎内も、きれいな環境で子どもたちに２学期をスタートしてほしいと願いを込め、お母さん方が隅々まで磨きました。校庭では、子どもたちが協力しながら作業する姿が見られました。今年の夏は、野山に生息するマダニにかまれウィルス感染したニュースが多く、校庭作業担当の方は、長袖長ズボンで対策をしながら作業に励んでいました。また、たくさんのお父さん方の参加もいただき、校庭の樹木の剪定や側溝の泥上げなど、日頃できない作業で学校がきれいになりました。

和田中・和田小・錦江台小・三校合同講演会

10月11日(火)和田中体育館で開催されました

演題「天のはからい」～国際化におけるこれからの子供たち～

鳥野ユリ子（吾妻千海）先生は、吾妻流千光会会主・国際文化交流会ＴＥＮ代表・鹿児島城西高等学校講師（芸術文化コース：日舞担当）・鹿児島市国際交流市民の会理事・鹿児島県文化振興会議委員でいらっしゃいます。1985 年より日本の文化を広く世界に紹介するボランティア団体「国際文化交流会ＴＥＮ」を創設され、国内外で日本文化を紹介するとともに日舞を通じて国際交流に役立つ青少年の育成に努められています。約 20 ヶ国、60 数ヶ所での講演活動と、15 ヶ国 37 名の留学生の受け入れるなどの経験から、国際化に対応できる子どもを育てるためのポイントについてご講演いただきました。

子どもには何か１つ、自国の文化伝統を身に付けさせることで、海外でも国内でも、自信をもって行動できる人間に育ててほしい。勿論、英語は必須ですが、書く英語ではなく話す英語を特に身に付けさせることが大事である。また、日本の文化・教養は「礼に始まり礼に終わる」という一貫した精神性をもっており、日本人の礼儀正しさ謙虚さを理解して表現できる人に育てることが必要であることをお話しいただきました。

今回の演題であります「天のはからい」につきましては、問題解決の方法として、自分を高める努力と人のために行動をすることが最大の解決策であり、人のためにできることを毎日一生懸命、日々思い行動することで必ず道は開かれることを、鳥野先生の沢山のご経験の中から事例を挙げてお話し頂きました。

会場となる和田中体育館では、講演会前に和田中・和田小・錦江台小の役員や係の方と教頭先生が会場設営や準備をします。

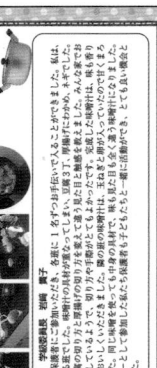

教育家庭新聞社　社長賞　　岩手県矢巾町立矢巾北中学校

審査総評

ＰＴＡ活動と学校行事との記事のバランスが取れています。企画特集としてＰＴＡ組織・活動をテーマアップしたものは、未来志向があり、啓発的な誌面になっていました。

矢巾北中PTAだより
メタセコイア

ヒノキ科（または杉科）メタセコイア属の針葉樹。

メタセコイアって？

➔ タイトルの由来は特集ページへ

平成28年度
第１号
No.40

発行日：平成28年7月15日
発行者：矢巾北中学校PTA

2016PTAスローガン
「えがお」～喜びあふれる1年にしよう～

晴れ渡る皐月の空に

CONTENTS 目次

生徒数433名（男子225名・女子208名）　家庭数393世帯　教職員数38名　2016年6月24日現在

特集 PTAって？

今年度、21年目を迎えた本校ですが、PTAも新たにステップアップしていくために
今号では基本に立ち戻り、PTAの お金事情 について調べてみました。

そもそも PTA とは

P … Parent（親）
T … Teacher（先生）
A … Association（団体）

本校のPTAは学校・地域・家庭が協力して
生徒の健全育成を図ると共に、会員相互の親睦を
深め、文化意識を高めることを目的としています。
（PTA会則より）

実は先生方からも会費を頂いています。感謝!! <(_ _)>ぺこり

北中の規定

クラブ助成費
ユニフォームや部費で買えない物などの購入

応援行動費
旅費
（交通費・バス代・宿泊代）
中体連・中文連など

平成２８年度の集金額 集金内訳（年額）		
・PTA会費（一般会計）	4,000円	一世帯
・クラブ助成費（クラブ助成）	1,000円	
・応援行動費	4,000円	生徒一人
・生徒会費	2,800円	クラブ活動、専門委員会、文化祭等費用
・日本スポーツ振興センター	460円	教育活動中の怪我等の見舞い
・岩手県学校安全互助会	350円	同上（入院などに対する見舞金）
・県P連見舞金給付事業	600円	教育活動中以外の怪我等の見舞い
・共済部（津波基金）	20円	罹災見舞金

その他の集金額（学年関係費、教材費等）は学年ごとに異なります。

子どもが2人以上在学していても一世帯につき5,000円です。

PTA会費の4000円は **事務費** や **事業費**（専門部の活動費用）、**教育振興費** などに充てられています。

今年度は 新たに **部活動補助費** も予算化されております。（100万円）

大会参加はPTA会費だけではなく、**矢巾町** から **各種大会参加費の補助金** をいただいて運営しております。

詳細は

12月22日（木）日直—芽多瀬 恋亜

矢巾町の各種大会参加費補助金について

11月に町の教育委員会へお邪魔し、教育委員会事務局の田村英典様に取材しました。
（Q：総務部　A：田村様）

Q 矢巾町の大会補助金について概要を教えて下さい。

A 矢巾町では、『子ども達の活躍を応援しよう』と平成15年度から体育大会への補助を始めました。平成23年度からは文化部の大会参加へも補助をしています。

Q 町ではどのような基準で補助をしていますか？

A 国、県など地方公共団体、学校教育団体などが主催し、先生が引率して生徒が参加する県大会以上の大会において交通費や宿泊費を補助しています。

Q 補助率はどのようになっていますか？

A 交通費や宿泊費の８割を補助しています。
昨年度は 合計900万円弱を補助しています。
近年、様々な部活動の活躍で補助金額も伸び続けています。
一方、この補助金は国や県の補助がない矢巾町の単独事業です。
今後とも町として応援をし続けていきたいと考えています。

総務部：貴重なお時間をありがとうございました。

感謝！
補助金の申請はすべて、顧問の先生方や主幹教諭の野里先生が行ってくれています。

MEMO 他校ではPTA事務員をPTA会費で雇用しPTAの事務をやっている学校もあるそうです。

ちなみに近隣の市町村では・・・

北上市や紫波町	全ての大会において2分の1の補助
盛岡市	東北大会以上に補助
滝沢市	全ての大会において9割補助

（総務部調べ）

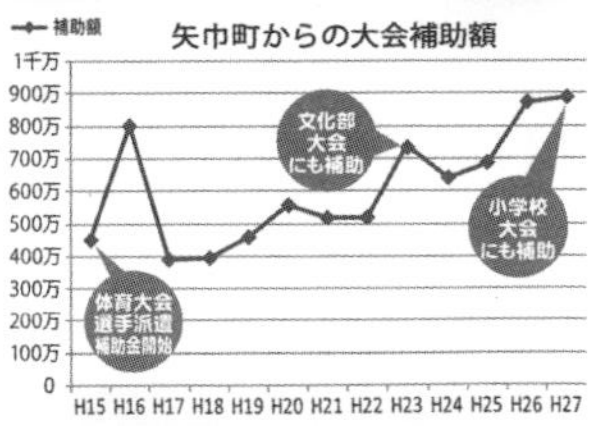

Point 取材を通して矢巾町から 子ども達の活動のために手厚いご支援をいただいている事が分かりました。
私達自身もPTAに関心を持ち、お金についてもどのように使われているのかしっかり見届ける必要がありますね。

次号では、今年度のPTA活動報告と他校で実践しているPTA活動等についてご紹介します。

北中生にまつわる ちょっとイイ話

フリモント派遣では、ホームシックになったり、具合が悪くなったりする生徒もなく、みんな元気かつ積極的に行動していました。
現地の中学校で行ったプレゼンテーションも好評で大成功の12日間となりました。

北中ルーキーズ ROOKIES ～教師編～

鈴木 亜弥 Aya Suzuki

▲ソフト部県新人大会優勝の記念写真

女子バスケットボール部顧問
（2年 副担任・数学担当）

▲中学卒業アルバムより

陸上部・特設スキースケート部顧問
（1年 副担任・理科担当）

藤島 遼太 Ryota Fujishima

生徒の「スゴイ！」にやりがい

発する言葉 大切にしたい

本校の期待の新星をご紹介。今号は、今年度新採用で赴任されたお二人の先生にインタビューしました。

Q.中学生時代はどんな生徒でしたか？

藤島先生（以下 藤T） 陸上部で短距離選手。県大会の準決勝までいきました。中学の頃は、やんちゃで明るい子どもで、反抗期には家出未遂も…。些細な事で親子喧嘩し、友達の家に半日隠れました。でも親の心配を知り、自ら「泊まってます」と連絡して（笑）。その後、一人暮らしをしてから親の有り難みを感じ、今では感謝しています。

鈴木先生（以下 鈴T） ソフトボール部（強豪、前沢中出身）で部活に明け暮れました。当時は、親も含め信じられない人の話はシャットアウト（笑）。信用している先生方の話だけをよく聞きました。意地っ張りで変な正義感を振り回す扱い難い子どもでした。

Q.教師を目指した動機とやりがいは？

藤T 教員一家で育ち、親が卒業生から慕われている姿を見たり、叔父から理科の魅力を聞いたり、自分自身が小学生の時に理科の研究発表の学校代表をした経験等から、子どもの頃から理科の教師になろうと決めていました。

今、教師をしていて、実験の時に「スゴイ！」と、食いつく反応をする生徒を見るとやりがいを感じます。実験以外の授業も興味を持つように研究中です。

鈴T 私は高校時代の恩師の影響です。迷った時にいつも背中を押してくれ、人生の話も色々聞き、それまでの私の考えが変わり「こんな先生になりたい！」と。実際に教師になり、生徒の笑顔を見ている時や、成長を感じた瞬間は、その過程に携われている事に「やっててよかった～」と感じます。

Q.赴任半年を経て矢巾北中の印象は？

鈴T 話をすると、ちゃんと伝わる素直な生徒が多いです。何かに取り組む時のパワーもすごい！

藤T 赴任時の歓迎の合唱がすばらしかった。皐月祭や銀河祭等、物事に一生懸命取り組んでいて、挨拶もすごく気持ち良く、反応の良い素直ないい生徒達です。

Q.担当科目の克服ポイントを伝授ください

藤T 理科は、身近な現象に関心を持ち、観察や実験を楽しむこと。用語の暗記だけではなく関連性をおさえることを大事にして欲しい。それにより記述問題にも対応できる応用力が身に付きます。

鈴T 数学は、短時間で良いので毎日復習する事。一年生の内容を二年生で使い…という積み重ねなので、毎日少しでも触れあう事が大切です。

Q.「影響を受けた言葉」（メタセコイア 第一号掲載）との出会いを教えてください

鈴T 『Live your dream, and share your passion』ホルスティー社のマニフェストが好き。大学時代、多忙で余裕がない時期に友達からこの言葉を教わり、改めて自分の本当にやりたい事を考え直しました。結果、余分な物を全部削ぎ落とし、自分にとって必要なもの、信念を大事に教師を目指す事が出来ました。

藤T 『心が変われば行動が変わる。行動が変われば習慣が変わる。習慣が変われば人格が変わる。人格が変われば運命が変わる』私が、中学3年時の担任に言われた言葉です。「勉強しようという気持ちがないと行動は伴わないし、行動しなければ習慣付く事もない。習慣付く事で、成績が上がったり周囲の見る目が変わったり人格が変わったり進路や運命も変わるんだ。」と。すごく響き、部活から受験勉強への切り替えが出来、それ以来ずっと覚えている言葉です。

Q.休日の過ごし方やリフレッシュ法は？

藤T 地元（秋田）で思い切りフットサルをする事、同級生と遊ぶ事。カラオケで思いきり歌う事、半身浴も。

鈴T 私はDVDを見たり、家の中で大声で歌ったりです。

Q.最後に改めて、教職にかける意気込みを！

藤T よき先生との出会いで今の自分があり、教師は生徒の未来を創る職業だと思っています。生徒のための学校であることを第一に考えて行動していきたい。

鈴T 生徒が教師から受ける影響は大きいので、自分が発する言葉を大切にしたいです。そして、がんばっている生徒の背中を押してあげられるような教師になりたいです。

北中生にまつわる ちょっとイイ話

銀河祭でのクラス合唱の時、ある指揮者の生徒がポケットから何やらメモのような物を取りだし、クラスの子達に見せた。
その瞬間クラスメート達は「ぶっ！」と笑ってしまった。その笑いで緊張が解けたのか、いきいきと歌う生徒達。気になるあのメモ。
あれはいったい何だったのか？　後から同じクラスの生徒に聞いたら………担任の顔写真だったそうです（笑

厚生部環境整備活動

親子窓ふき清掃

10月2日(日)、爽やかな秋晴れのもと、厚生部主催の「PTA親子窓ふき清掃」が行われました。

200名を超える保護者の参加を得て、普段の清掃では手が行き届かない所を重点的に清掃しました。高い所は男性陣、低い所や細かな部分は女性陣という様に役割分担し、保護者と生徒で協力し合い取り組むことができました。

普段は「無言清掃」を心掛けている生徒達だと思いますが、この日ばかりは親子で清掃の工夫をしながら会話したり、保護者同士の交流もあったり、親も子も、交流と学びの場となったのではないでしょうか。

何事にも男女協力し合って取り組む姿勢から団結力が強まり、銀河祭のあのすばらしいハーモニーに繋がるのでしょうね！

お忙しい中、参加いただいた保護者の皆様、ご協力ありがとうございました。

参加者の声

●日頃お世話になっている校舎の清掃。子どもは恥ずかしいから近寄ってきませんでしたが、クラスでの様子を感じながら清掃させて頂きました。お母様方とも交流することができて良かった。（3年4組女子のお母さん）

●ギャラリーの窓ふきをしました。特にさんなどが汚れていて大変でした。（2年3組女子のお母さん）

●子ども達と一緒にする活動は、中学生になるとなかなかないので大切な時間でした。男子、女子が協力してやっている姿はほほえましかったです。（2年4組女子のお母さん）

●子どもと一緒に作業をすることで普段のクラス、班の様子を知ることが出来て良かったです。どの子もよく働いていて矢北の子達は立派だなと思いました。（1年5組女子のお母さん）

ご意見

●案内に書いてなかったと思うのですが新聞紙があったら（窓ふきの最後に使う）良いと思います。（3年4組女子のお母さん）

●昇降口は窓もそうですが、ドアのレールがかなり汚れていたので、そこも掃除しましたが、手が回らなかった部分もありました。（3年4組男子のお母さん）

●高い所を拭くのが難しかったのでワイパーの数がもう少し多いといいなと思いました。（1年5組女子のお母さん）

PTA研究大会 参加報告

全国、東北、岩手県などなど・・・。PTAにも様々な研究大会があります。参加したPTA役員の報告です。

第42回岩手県PTA研究大会 和賀大会

平成28年11月6日(日) in北上市

『ひろがれ 夢！つながれ 絆！かがやけ 笑顔！ みがけ 親力！ はばたけ岩手っ子！』

第3分科会「健全育成」
「子どもと親が共に学び育つために」
副会長　佐々木　松次

「社会教育制度や現実の問題」を研究されている前岩手大学教育学部長 新妻先生からユーモアを交えながらの90分の講義を聞いてまいりました。

今の子ども達は、自転車を大きくなるまで3～4台は買って貰っているでしょう。しかし田舎育ちの先生の小さいころは自転車など買い与えてもらうことなく、大人の目を盗んでは大人の自転車を三角乗りでガンガン乗り回して遊んでいた時代。そして学校から帰れば家の手伝いか外遊び。遊ぶ道具もなく、野球をするにもタイヤやダンボールをベースにしたり色々工夫しながら(ごっこ遊び)見立て能力が自然と身についていたそうです。

「モノ」が何でも揃う過剰状態であり、それによって子ども達が育つ条件が剥奪されている時代。「モノ」に関しての知識はすぐに調べられ「モノ語り」は出来るが、「ヒト語り」は出来ない等々、まさに私達保護者も気付かされる点がたくさんありました。

人との関わりが希薄な時代、メディア依存にならず、何でもない事でも大人から話しかけてみてはいかがでしょうか。

そして、上原耕太郎先生の講演会。ご自身手作りのTシャツを何枚も重ね着し、話の内容に合わせて早脱ぎされながら熱く語ってくださいました。その中で、特に印象的だったのは、目まぐるしく変化する世の中に対応できる人間になっていくために、私達大人は何をすべきかということでした。正直、難しいテーマだと感じました。しかしながらそれは、シンプルかつ私達の親そのまた親、ずっと前から当たり前になされてきたことでした。

①子どもを信じる…"心配だ、心配だ"と不安を煽らず、"大丈夫だ"と言い続ける。

②頑張る源は食生活…朝食抜きでは脳が働かない。三食しっかりと!

③変化に対応する子どもを育てる…親自身が学び続ける姿を見せる。

特に三つ目について、私達親は、「勉強したの?早くやりなさい。」と何度も言いがちです。しかし、本や新聞を読んだり、地域や学校の活動に参加したり、何かを学ぶ姿勢を見せ続けることが大事であり、そこで得た情報を食卓等で話題にし対話する。それが自分の考えを言える子どもに育てる一つの手立てであると。

今まさに求められているのは、自分で考え行動する、そして言葉で表現できることです。スマホやパソコン等のIT機器にばかり頼らず、"人が人を育てる"それが家庭なのだと学びました。実は、この三つを簡単だと言える私ではありません。特に一つ目について、つい「大丈夫か?」と不安を煽る母親の代表です。自分自身に言い聞かせつつ「大丈夫だ!」と後押ししてやれる親になりたいです。

第6分科会「家庭教育セミナー」
「私達親ができること・すべきこと」
副会長　高橋　聡子

私が参加した第6分科会「家庭教育セミナー」は、黒沢尻北小の児童達による合唱からスタート。小学生とは思えぬ美しいハーモニーに魅了されました。

矢巾北中生もそうですが、合唱が与える感動は、魂を揺さぶるものだと実感しました。

第48回日本PTA東北ブロック研究大会 弘前大会

平成28年9月10日(土)・11日(日) in青森県弘前市

「伸びゆく心、未来を拓くたくましい子ども、ともに考え、ともに育もう」

「東北ブロック研究大会弘前大会に参加して」
PTA会長　中目　玲

今大会では、第5分科会「家庭と中学校教育」に参加しました。

「キャリア教育」という言葉が登場したのは、今から約17年前の平成11年です。

中教審の答申では、「キャリア」とは「人は、他者や社会とのかかわりの中で、職業人、家庭人、地域社会の一員等、様々な役割を担いながら生きている。(中略)人はこのような自分の役割を果たして活動すること、つまり「働くこと」を通して、人や社会にかかわることになり、そのかかわり方の違いが「自分らしい生き方」となっていくものである。このように人が生涯の中で様々な役割を果たす過程で、自らの役割の価値や役割との関係を見いだしていく連なりや積み重ねが、「キャリア」の意味するところである。」とし、「自分の知的、身体的、情緒的、社会的な特徴を一人一人の生き方として統合していく過程」が「キャリア発達」としています。なにやら難しい話ですが、要するに「社会の中で自分の役割を果たしながら、自分らしい生き方を実現していくこと」が大切ということです。

人生では、義務教育を経て、高校、大学と進学したとしても、22歳では社会に出ることになります。大卒で定年まで仕事に就くとすると、働く期間は38年です。とても長い期間です。この時間を「自分らしく」過ごすことができたなら人生は充実したものとなるでしょう。

とどまることなく変化する社会において、自分らしく生き抜き、自らの人生を切り開いていくために、学生、それも義務教育の段階から、「将来の自分」についてある程度のビジョンを子ども達が持てるように、先生方・保護者・地域が一体となって取り組んでいくことの必要性を改めて実感しました。

活動報告 教養部

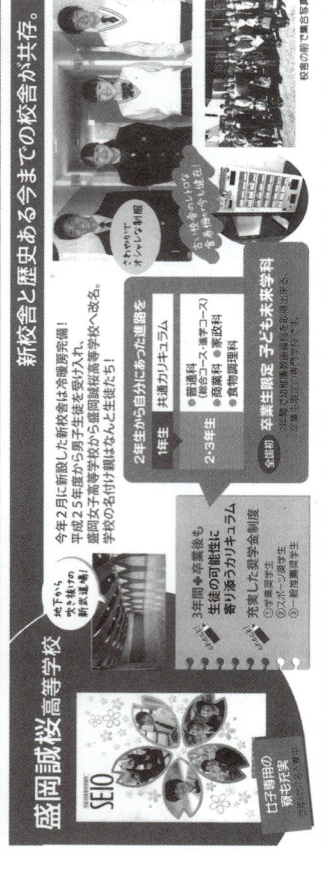

高等学校視察レポート

10月18日(火)爽やかな晴天の中、教養部主催の高校視察が行われました。今回の訪問校は盛岡第四高等学校、盛岡商業高等学校、(途中、開運の湯のお座敷で昼食を戴き)盛岡誠桜高等学校の3校に行って参りました。
高橋栄子先生、野里先生に引率していただき、3年生の保護者8名、2年15名、1年6名の合計29名が参加。
パンフレットやアンケートを元にそれぞれの学校の特徴を紹介します。

盛岡第四高等学校

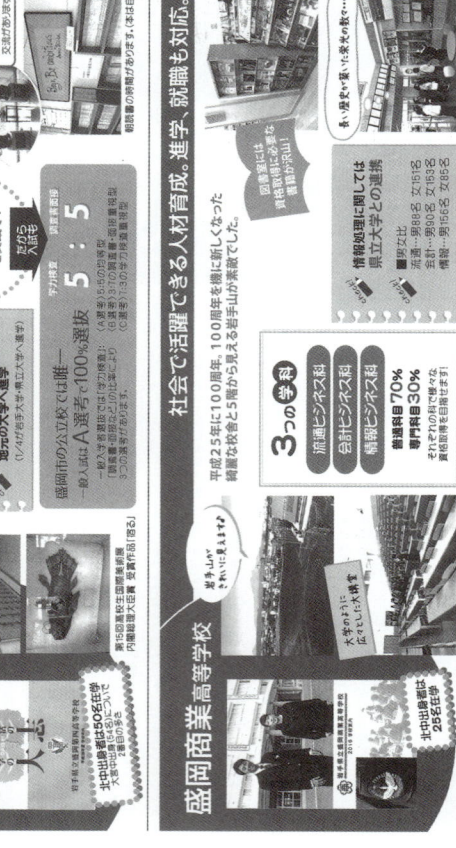

勉強も100% 部活も100%。どちらも全力投球!

廊下は生徒さんのたくさんの作品でいっぱい!

北中出身者は50名在学
大宮中出身(54名)について2番目の多さ

第15回高校生国際美術展
内閣総理大臣賞 受賞作品「宿る」

勉強50%部活50%ではなく両方100%!
文武両道を目指す校風は入学試験の選考方法にも反映されています。

- 大学の推薦は20～30名程度
- 280名のうち、約70名は地元の大学へ進学（1/4が岩手大学・県立大学へ進学）

文武両道を実践で！ だから入試も

盛岡市の公立校では唯一
一般入試はA選考で100%選抜

学力検査 5 : 5 調査書面接

一般入学者選抜では「学力検査」:「調査書・面接など」の比率により3つの選考があります。
〈A選考〉5:5の均等型
〈B選考〉3:7の調査書・面接重視型
〈C選考〉7:3の学力検査重視型

副校長先生による学校案内

学校にシーサー!?

姉妹校、沖縄の八重山高校と交流があります。

朝読書の時間があります。(本は自由)

盛岡商業高等学校

社会で活躍できる人材育成。進学、就職も対応。

岩手山がきれいに見えます♪

北中出身者は25名在学

大学のように広々とした大講堂

平成25年に100周年。100周年を機に新しくなった綺麗な校舎と5階から見える岩手山が素敵でした。

3つの学科
- 流通ビジネス科
- 会計ビジネス科
- 情報ビジネス科

普通科目70%
専門科目30%
それぞれの科で様々な資格取得を目指せます!

情報処理に関しては県立大学との連携

■男女比
流通…男88名 女151名
会計…男90名 女153名
情報…男156名 女85名

図書室には資格取得に必要な書籍が沢山!

長い歴史が築いた栄光の数々…!

盛岡誠桜高等学校

新校舎と歴史ある今までの校舎が共存。

女子専用の寮も充実
今年は51名入寮中

地下から吹き抜けの新武道場!

今年2月に新設した新校舎は冷暖房完備!
平成25年度から男子生徒を受け入れ、
盛岡女子高等学校から盛岡誠桜高等学校へ改名。
学校の名付け親はなんと生徒たち!

3年間+卒業後も生徒の可能性に寄り添うカリキュラム

充実した奨学金制度
①学業奨学生
②スポーツ奨学生
③一般推薦奨学生

2年生から自分にあった進路を

1年生	共通カリキュラム
2・3年生	●普通科（総合コース・進学コース） ●商業科 ●家政科 ●食物調理科

全国初 卒業生限定 子ども未来学科
2年間で幼稚園教諭資格を取得出来る、卒業生限定の専門学校です。

さわやかでオシャレな制服

古い校舎のレトロな食券機が今も健在!

校舎の前で集合写真

参加者の声（抜粋）

●昨年に続き2度目の参加。質問等多くありとても良かった。
●昼食時間が短かった。せっかくの豪華なランチ、周りの保護者の方々と会話を楽しみながら食事が出来たらと思いました。
●子どもが希望する学校だったので参加しました。
●あっという間に来るであろう受験に対して、親として何かアドバイス出来る様に見学しましたが、とても参考になり参加して良かったと思います。
●帰宅後、子どもと話をして、子どもの考えや高校の様子などをお互い理解でき、良い時間を作ることが出来ました。

「開運の湯」のお座敷で豪華なランチ!

北中川柳 テーマ「銀河祭」

「3年生　歌声さすが　神ってる!」（1年5組男子のお母さん）

「歌声に　私もつられて　口ずさみ」（1年1組女子のお父さん）

教育家庭新聞社　社長賞

群馬県前橋市立第五中学校

審査総評

タブロイド判の広報紙として、フロントページから中のページへと、生活習慣や夢を扱った「特集」記事をつなげて意欲的でした。

生　徒　数
(平成28年7月1日現在)

1 学 年	163人
2 学 年	162人
3 学 年	169人
合　　計	494人

五中PTA新聞

発行／前橋市立第五中学校
ＰＴＡ広報部会
〒371-0801
前橋市文京町3－20－5
TEL 027－221－5975
FAX 027－221－5851
印　刷／上武印刷株式会社

特　集

理想の生活習慣を考える

今回の五中ＰＴＡ新聞のアンケートは、リアルタイムでの五中生の生活時間についてです。一年生は入学して落ち着いた頃、二年生はこれから部活動や学校行事など本格的に代替わりを実感する頃、そして三年生は受験シーズン本番へと、それぞれの役割を夏から秋に向けてこなしていかなければなりません。今回のアンケートを参考に子どものライフスタイルを見直してみるきっかけにしていただければと思います。

五中生へアンケート

帰宅時間を把握して健全な生活を

初めの質問は学校からの帰宅時間についての問いです。これは部活動への所属の有無による違いもあります。Ｑ１をご覧いただくとわかると思いますが、全体で約八七％が何らかの部活動を行っています。そこで、部活動への入部の有無での帰宅時間をグラフに掲載してあります。部活動をしている生徒では、一年生は半数以上が六時半までに帰宅しており、二・三年生は七時が基本のようです。また、部活動をしていない生徒に関しては四時半頃に、遅くても五時には帰宅しているようです。もちろん、学校から家までの距離や友人との帰宅中のちょっとしたおしゃべりが少し遅れるびいたなどで帰りが少し遅れることはあるでしょう。これらの時間を大体の目安にして、お子さんの帰宅時間を把握してみてはいかがでしょうか。

続いての質問は塾や習い事に通っているかというものです。こちらの問いでは、二年生女子を除いては、七〇％くらいの生徒が何らかの学校外の活動をしているという結果が出ました。

それでは、大体一人平均で週何日、習い事をしているのでしょうか？習い事をしている子の平均を取ってみますと、一年は男子で三・五日、女子で三日、二年は男子で二・二日、女子は二・六日、三年は男子で三・三日、女子で二・六日という結果になりました。中には毎日何かしらの塾や習い事をしているという生徒も見受けられます。お子さんの体調管理は親の大切な役割です。特にこの季節は夏バテによるやる気の低下や熱中症、場合によっては食中毒なども起こりえます。親のサポートが何よりも必要な時期なのです。

また、その時の帰宅時間も質問しています。学校内の活動や部活動などと違い、帰宅時間の制約がないので、どうしても帰宅時間は遅くなりがちで、多くが九時以降の帰宅です。三年男子ではほぼ半数が十時以降の帰宅になっています。これからの受験シーズンに向かってますます帰宅時間が遅くなることが予想されます。塾帰りの疲れた体、危険の多い夜の道など帰宅時間が遅くなることは子どもにとって負担も多く、事故や非行の原因にもなります。帰宅時間や連絡手段などは親子でしっかりと話し合いましょう。

夏休みに向けて夜更かしに注意

次の質問は塾以外での平日の勉強時間はというものです。大体の生徒が一～二時間といったところです。塾や習い事に通っている時間の少ない二年女子が二～三時間と少し多いといった感じです。少数ではありますが、各学年に一時間以下という生徒がいるのも事実です。

さらに、子どもたちに何のために勉強をするのかを聞いてみました。こちらは複数回答を取っているので、表にしてあります。一番多いものが宿題で、その次が復習。テスト用や受験用の勉強なども含めて授業で教わったことを覚

Q2-1　あなたは今、塾や習い事（学校外のクラブ活動）に通っていますか？

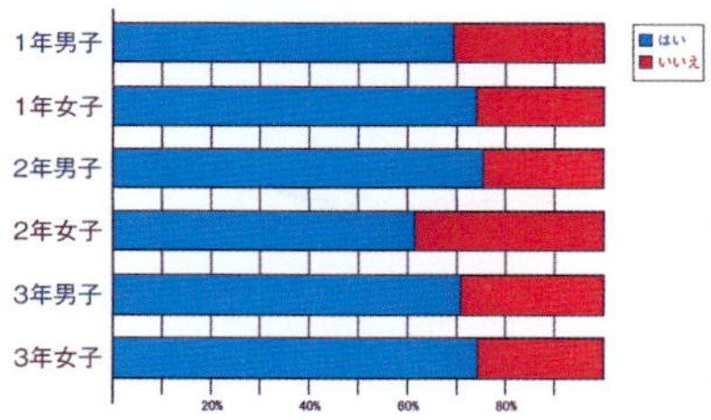

Q2-2　はいの方、週に何日通っていますか？

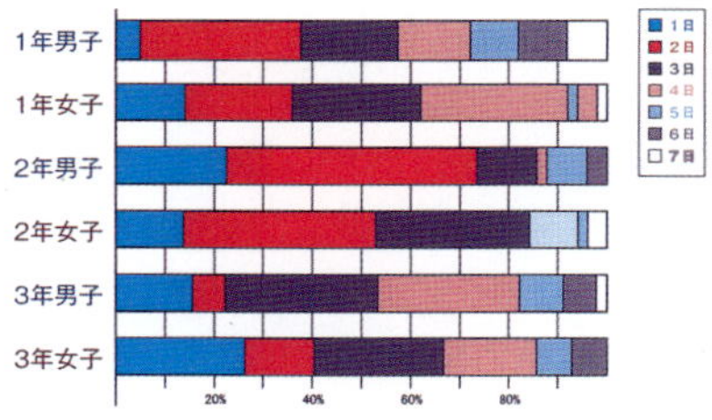

Q2-3　だいたい何時頃に帰宅しますか？

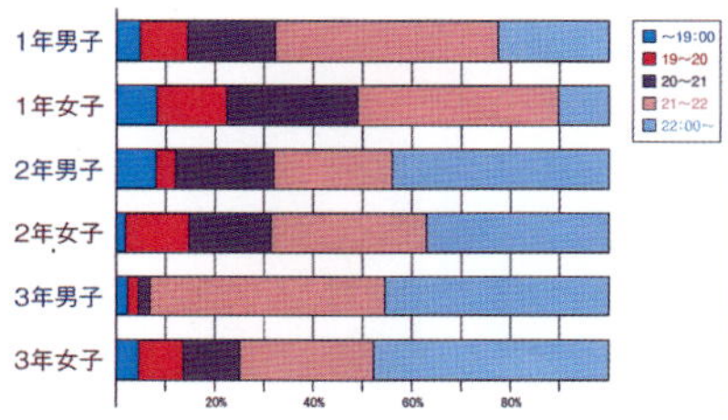

Q1-1　あなたは、学校の部活動に所属していますか？
Q1-2　はいの方、だいたい何時頃に帰宅しますか？
Q1-3　いいえの方、だいたい何時頃に帰宅しますか？

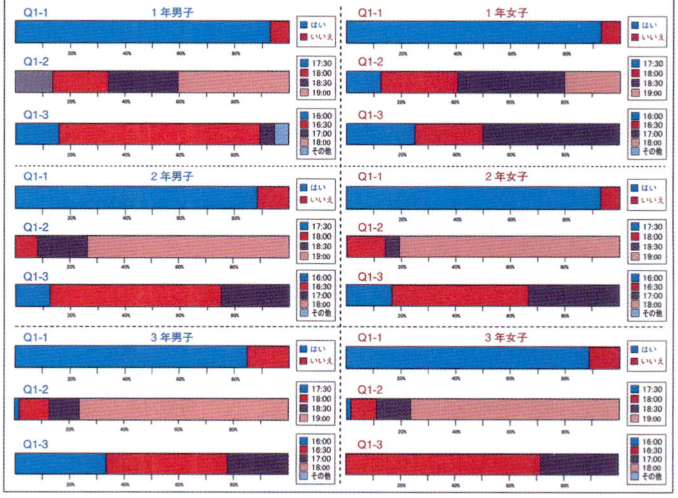

(3)　平成28(2016)年12月20日　　五中ＰＴＡ新聞　　第97号

成長期に大切な栄養を簡単に

平成28年度家庭教育セミナー「カラダ目覚める勝負飯〜子どもの朝ご飯を考える〜」

矢島孝子先生　　中川恵美先生

十月二十一日（金）本校調理室にて平成二十八年度ＰＴＡセミナーが行われました。五中地区管理栄養士の中川恵美先生と矢島孝子先生をお迎えし、忙しい朝に簡単に作れ、すぐにエネルギーチャージできるメニューを実際に調理し試食を行いました。

成長期の栄養と睡眠の大切さ

《よく寝て、よく食べる》

中学生のこの時期に一番栄養が必要なのは、ご存知の方も多いと思います。

身長が伸びるピークは、女子は小学校高学年からですが、男子は十三〜十五才と言われています。筋肉量や筋力が増える時期は、十三〜十六才と言われています。この時期にしっかり栄養をとることが大事です。

部活などもあり、寝る時間を削って体を一生懸命動かしている中学生もいると思いますが、成長ホルモンは活動中ではなく寝ている間に出て体が大きくなるのです。また、成長ホルモンは夜中十二時位に出てくるので、遅くても十二時には寝ているように心がけましょう。

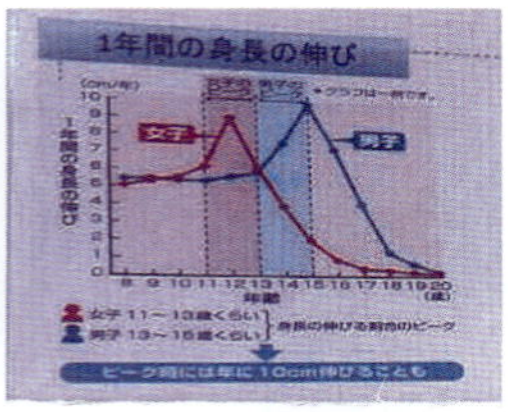

しっかり食べたいおすすめ食材

《バランスよく取ろう》

ＤＨＡ：脳を活性化させる
アジ、サバ、イワシなどの青背の魚・大豆・なたね油に多く含まれる。

このようなものを食べたからと言って頭が良くなるわけではありません。食べたうえでしっかり勉強しましょう。頭に入りやすく、集中力がつきやすい食材です。

たんぱく質：組織を作る
肉、魚、卵、大豆に多く含まれる。筋肉や血液を作ったり、骨を伸ばす。

レシチン：記憶力を高める
大豆、ピーナツ、卵黄、米、レバーに多く含まれる。

カルシウム：骨を丈夫にする
牛乳、乳製品、小魚、青菜、大豆などに多く含まれる。骨の質を良くして強く丈夫にするので、成長期にとても必要な栄養素です。イライラを落ち着かせ、気持ちを穏やかにする働きも。

ビタミン：体の調子を整え、免疫力のある体を作る
野菜、果物、豚などに多く含まれる。たんぱく質をしっかり体に吸収させるのに必要。

【ビタミンＡ】緑黄色野菜に多く含まれ、喉や鼻の粘膜を強くして、細菌が体に入りにくくする。

【ビタミンＢ群】Ｂ１は大豆、種実類、豚肉、Ｂ２はレバー、卵、牛乳、納豆、ごまに多く含まれ、脳の中で記憶力を助ける働きがある。

【ビタミンＣ】野菜、果物に多く含まれ、たっぷり取れば、風邪の予防にも。

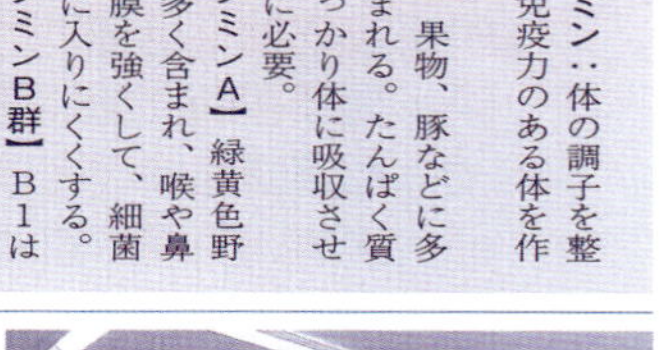

忙しい朝でも、主食＋主菜＋副菜＋汁物で、理想の朝ごはんを目指しましょう。

それでも朝は時間が無い。そんな時は、汁物にたくさんの野菜と豆腐を入れたり、一品でたんぱく質と野菜がたくさん取れる豚汁などもオススメです。

《参加者の感想》

先生のお話を聞き、バランスよく食べる事や早めに寝て充分な睡眠を取ることが、特に成長期にこんなにも大切なんだと改めて感じました。調理はとても簡単で、ボリュームがあって美味しくバランスのよい食事ができて、楽しく大満足のセミナーでした。

＜参考メニュー＞

★ひじきときのこのごはん

材料（４人分）

- 米……………………………２合
- なめたけ……………………小１瓶
- ツナ缶………………………小１缶
- 乾燥ひじき…………………２g
- 油揚げ………………………１枚

作り方

①炊飯器に研いだ米となめたけを汁ごと入れて、２合の水加減にする
②ツナ缶、ひじき、短冊に切った油揚げを入れて炊く

★簡単キッシュ

材料（４人分）

- ベーコン……………………２枚（30g）
- トマト………………………中１個(150g)
- ほうれん草…………………１束(200g)
- 卵……………………………４個
- 牛乳…………………………120cc
- マヨネーズ…………………大さじ４
- 塩・こしょう………………少々
- ピザ用チーズ………………大さじ４（20g）

作り方

①ベーコンは５mm幅、トマトは１cm角、ほうれん草は茹で、３cm幅に切る
②ボールに卵、牛乳、マヨネーズ、塩、こしょうを入れて混ぜ合わせる
③フライパンにベーコンを入れて炒め、トマト、ほうれん草、②とチーズを加えて蓋をして蒸し焼きにする

※電子レンジ調理もOK!
耐熱皿に①を入れて、②をかけてチーズをのせ、ふんわりとラップをかけて600ｗで約４分加熱する

★ツナのりサラダ

材料（４人分）

- キャベツ……………………100g
- ツナ…………………………小１缶
- のり…………………………１枚
- しょうゆ……………………大さじ１
- 酢……………………………大さじ２

作り方

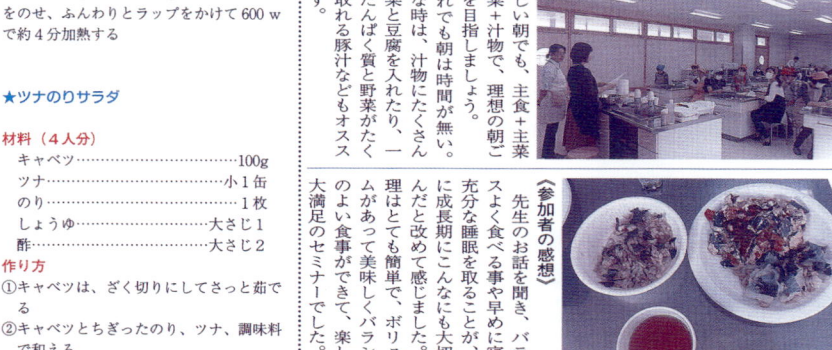

①キャベツは、ざく切りにしてさっと茹でる
②キャベツとちぎったのり、ツナ、調味料で和える

新年度を迎えるにあたり

校長・教頭・ＰＴＡ会長からのあいさつ

誇りを引き継いで

校長　宮﨑　徹

このたび、第五中におせわになることになりました宮﨑徹です。赴任以来、五中生のあいさつの声の大きさ、姿勢、機敏な行動など、毎日すごいパワーを感じています。そして、生徒一人一人が第五中学校を誇りに思っている様子が伺え、大変素晴らしいことであると感じています。このような学校で働くことができることをうれしく思うとともに責任感で身が引き締まる思いです。

さて、学習指導要領の改訂で新たな教育の方向性が示されようとしています。これからの教育については「どのように学ぶか」という、学びの質や深まりを重視することも必要であるとされています。これまでも取り組んできたことであると思いますが、今後においても「何のために学ぶのか」という目的意識や巡り会った友達との関わりを大切にし、更なる充実を目指して努力していきたいと思います。どうぞよろしくお願いいたします。

気づき行動する力

教頭　古谷　哲宏

五中生の頑張る姿は様々な場面で目にしますが、印象的な出来事として昨年度末の卒業式の片付けが思い出されます。

式翌日の土曜日の朝、部活動に集まった生徒だけで式場の片付けを行いました。数十名の一・二年生が一斉に作業を始めました。最初、指示通り動いていた生徒は、途中から作業の進度を見ながら各自必要な作業を見つけて取りかかり、わずか三十分程で椅子や紅白幕の片付けを終了させました。

この指示されなくても自分で気づき行動できる生徒は、清掃や委員会などの常時活動から学級内や部活動での人間関係づくりまで力を発揮します。「周囲の状況に気づかない」「気づいても行動できない」生徒から「気づき行動できる」生徒を育てていくことで一層素晴らしい五中になります。

職員が率先垂範し、前述の生徒育成に努めたいと考えています。地域や保護者の皆様にも引き続きご協力・ご支援をよろしくお願いいします。

父力・母力・家族力

ＰＴＡ会長　星野　祝子

三年目となる今年度も引き続きＰＴＡ会長を務めさせていただくことになりました。二年間の中では、五中の子どもたちが安心して学校生活を送れるように、また、保護者の方々が参加しやすいＰＴＡ活動を目指し運営方法の精選をしてまいりました。先生方と保護者の皆様のご協力で広い活動から厚みのある活動へと変革させていただくことができました。

五中は各行事を通じ地域のご支援をいただいております。子どもたちは地域の方々の惜しみない愛情をいただき健やかに学校生活を送っています。ボランティア活動を通じて心の成長も大きいものがあります。私たちＰＴＡも「できる時にできることを、親として持てる力を子どもたちのために注いでいくこと」を目指して活動を充実していきたいと考えています。五中の父力・母力・家族力を集結して子どもたちを支えていく。その力がやがて地域を支える大きな力となり、活力となることを願います。

本年度もどうぞよろしくお願いいたします。

平成28年度 PTA年間行事予定

4月	●委員会正副委員長選出 ●自転車点検協力(15日) ●学習参観、PTA総会(26日)
5月	●市P連合広報研修会(11日)
6月	●PTA歓送迎会(3日)
7月	●進路指導「未来の扉」発行 ●学習参観、ＰＴＡ集会 ●「五中ＰＴＡ新聞」第96号発行
9月	●体育大会の協力(21日)
10月	●「体めざめる朝ごはん」講座
11月	●マラソン大会協力(10日)
12月	●「五中ＰＴＡ新聞」第97号発行
2月	●一斉反省会、PTA年度末総会(27日)
3月	●卒業式協力(13日) ●学習参観、ＰＴＡ集会

PTA本部役員あいさつ

副会長
佐藤　直樹
頑張ります！皆様のご協力、宜しくお願い致します。

副会長
石橋　満加
皆様のお役にたてるように、精一杯頑張ります。

副会長
尾崎美由紀
子供達のために、皆様と楽しく活動していきたいと思います。

副会長
金澤　文枝
皆さんと協力して子供達のために頑張ります。

副会長
平野奈緒子
２年目副会長の平野です。精一杯がんばります！

書記
岡澤　裕紀
PTAの皆様と協力し、楽しく活動していきたいと思います。

書記
生方　里砂
頑張りますのでよろしくお願いいたします。

会計
田中　由美
不慣れですが皆様のご指導を頂き頑張りたいと思います。

会計
槇田　静江
皆様からのご指導を頂きながら頑張りたいと思います。

新入生歓迎会　4/11

4月11日（月）、新入生歓迎会が体育館にて行われました。

部活紹介では、どの部活もとても工夫を凝らした発表で新入生たちは、どの部活に入部しようかと楽しそうに見入っていました。

自転車点検　4/15

4月15日（金）、平成28年度の自転車点検が行われました。

当日は強風で、自転車が倒れ大変でしたが、一台ずつ項目に従って無事に点検が終了しました。

ご家庭でもこまめに点検することを心掛けましょう。

ＰＴＡ新年度総会　4/26

4月26日（火）、ＰＴＡ新年度総会が行われました。

ご多用の中、大変多くの皆様にご参加いただき感謝申しあげます。

今回は462名の保護者の方々がご参加下さいました。

編集後記

たくさんの方々のご協力のもと本日、五中ＰＴＡ新聞第96号を無事発行いたしました。お忙しい中ご協力いただいた皆様には広報部一同、心より感謝申し上げます。

今回、五中生の放課後の時間の使い方についてのアンケート調査を行いました。どの学年も帰宅後から就寝までの限られた時間の中で忙しく過ごしている様子が伺えました。

各ご家庭で生活リズムは違いますが、時間の使い方を考える上で参考になったと思います。

次号も新聞を通じて五中の活動をご覧いただけるよう、更によりよい誌面をお届けできるように頑張ります。

一年間どうぞよろしくお願いいたします。

（広報部）

企画賞

栃木県宇都宮市立陽南中学校

審査総評

「スマートフォンの利用実態」を生徒編、保護者編に分け、連続掲載し、家族での利用の見直しについて考えるヒントを掲載するなど企画性を発揮していました。

2016.10.1　YONAN JUNIOR HIGH SCHOOL PTA NEWS AOBA　VOL.125 PAGE.1

宇都宮市立陽南中学校
PTA広報紙

青葉

子供にスマホ与えた？
～中学生の携帯電話事情特集～

第125号
発行日　平成28年10月1日
発　行　宇都宮市立陽南中学校PTA
発行者　平沼　毅
編集者　広報部
印刷所　(株)井上総合印刷

特集　スマートフォン等利用実態（中学生編）

スマートフォンとは「スマート=賢い」「フォン=電話」、つまり多機能電話の事を指します。2005年まではビジネスマンに使われてきたスマートフォンですが、2006年頃から広く老若男女が知るようになり、今では多くの方が持つようになりました。

最近では、中学生のスマートフォンの使い方が原因でおきた事件や歩きスマホなどの事故なども耳にするようになりました。危険を回避するために、今の現状を把握し、改善できるきっかけになればと思い、アンケート集計をしてみました。

平成28年7月に、陽南中の各学年（1〜4組）を対象にアンケートを行い、スマートフォン等の利用実態を調べました。
（3年生…118名　2年生…119名
1年生…138名）

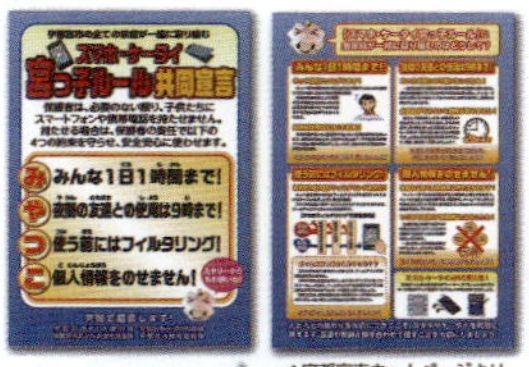

▲宇都宮市ホームページより

このようなリーフレットを見たことありますか?
中学生の理想的な正しい使い方を説明しています。

①あなたは下記の端末を持っていますか？

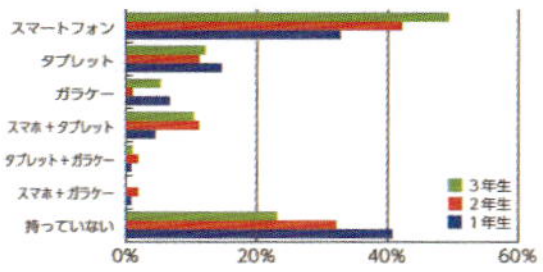

スマートフォンの所有率は3年生がもっとも高く49.15%タブレットの所有率は1年生(14.49%)が高かったです。すべてあわせたスマートフォン所持率は49.87%。タブレット所持率は21.87%でした。(複数所持の場合も含む)

②いつ頃から持ちはじめましたか？

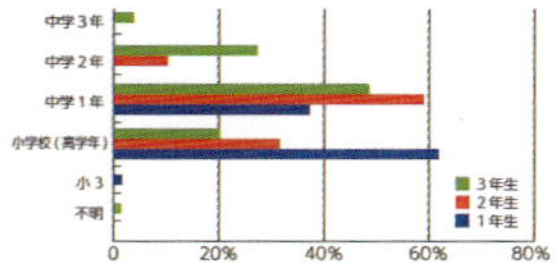

1年生が小学校(高学年)からスマートフォン等に接する割合が高い(61.64%)のには、びっくりしました。中学校に進学してから持ち始める割合が多いのでは?と感じました。(1年生　36.99%　2年生　58.75%　3年生48.24%)

③平日１日のスマホ等の利用時間

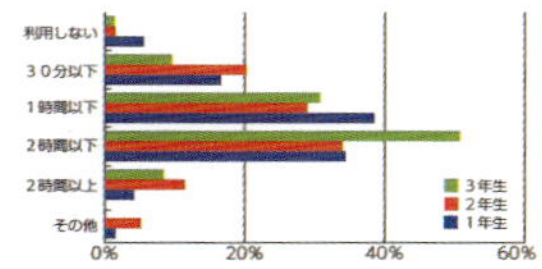

1年生は平日にスマホを利用しない人も多くいました。
上学年にあがるほど、長時間の利用が多くなる傾向にありました。「2時間以下」と答えた人の割合が多かったです。勉強との両立や目への負担を考えますと、もう少し減らせるといいですね。

④スマホ等で一番よく利用するものは？

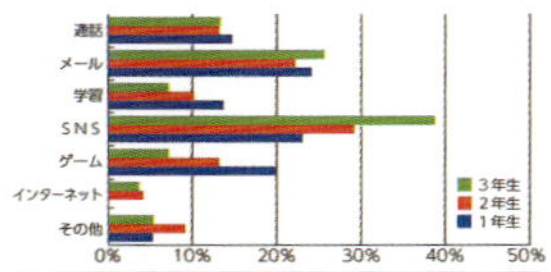

どの学年もSNSの利用が多いようです。1年生はメールとSNSの割合がさほど変わりませんが、2、3年生はメールよりSNSの割合がかなり多いようです。「その他」には、「音楽を聴く」「動画を閲覧する」「アラームとして使用する」などがありました。

⑤フィルタリングを設定していますか？

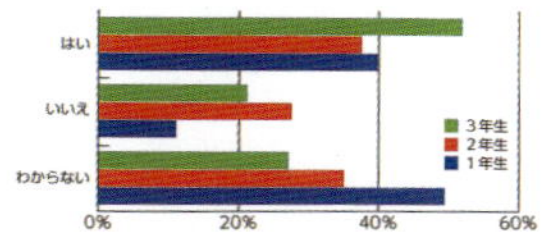

フィルタリング設定をしているかをわかっていない生徒さんが、意外に多いと感じました　(特に1年生)。
もう一度、保護者の方と契約内容等を確認していただけましたらと思います。

⑥よく利用するアプリを教えて下さい。

3年生	LINE	58.54%
	Twitter	12.20%
	Yahoo!	9.76%
	YouTube	7.32%
	Google	5.69%
2年生	LINE	54.00%
	Yahoo!	15.00%
	ゲーム	6.00%
	Twitter	7.00%
	YouTube	5.00%
1年生	LINE	63.74%
	Yahoo!	14.29%
	ゲーム	8.79%
	Google	7.69%
	YouTube	2.20%

いろんなアプリ名が出てきました。各学年、上位5つのアプリを書き出してみました。どの学年にも人気なのは「LINE」。グループトークや無料通話などができます。部活やクラスでグループトークをすることもあるようです。YouTubeも人気のようです。

⑦利用に関して家庭でのルールはありますか？

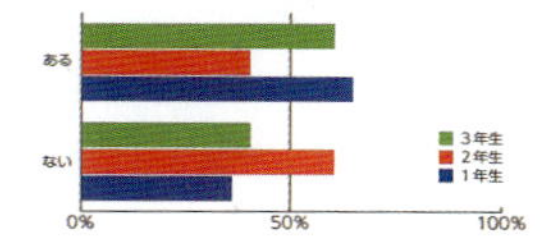

1,3年生は「ある」と答えた人が半数を超えていましたが、2年生は「ない」の方が半数を超えていました。
家庭でのルールをもう一度見直してみませんか?

⑧どのようなルールですか？

時間制限
- ･夜10時以降は使わない
- ･夜9時以降は使わない
- ･使用した分は勉強をする
- ･0時以降のLINEはやらない
- ･1日　1時間

- ･責任を持って使う
- ･Wi-Fiのつながっている場所のみ使用可
- ･テストの3日前は使用禁止
- ･有料のものは、やらない･見ない。
- ･アプリのインストールは要相談
- ･課金しない
- ･自分の部屋に持ち込まない
- ･見知らぬ人と連絡をとらない
- ･相手の気持ちになりメッセージを送る

その他

全学年の回答をまとめてみました。圧倒的に「時間制限」が多かったです。
内容に関してはさまざまでした。「自分の部屋に持ち込まない」としている家庭が予想以上に多かったです。

⑨トラブルや嫌な思いをしたことはありますか？

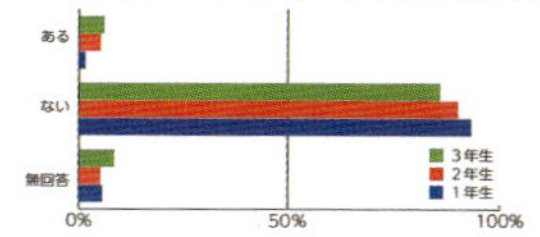

どの学年も「ない」と答えた人が多かったです。
「ある」と答えた人は、1年生で1.37%　2年生で5.00%　3年生で5.88%でした。無回答の人も多くいました。

⑩トラブルにあったら、だれに相談しますか？

3年生	保護者	44.07%	保護者+友達+先生	7.63%
	保護者+友達	13.56%	保護者+兄弟姉妹	3.39%
	友達	10.17%		
2年生	保護者	33.61%	保護者+兄弟姉妹	4.20%
	相談しない	11.76%	保護者+友達+兄弟姉妹	3.36%
	保護者+友達	10.76%		
1年生	保護者	41.30%	保護者+友達+先生	4.35%
	保護者+友達	15.94%	保護者+友達+兄弟姉妹+先生	2.90%
	友達	5.80%		

【上位5回答を記載】

どの学年も、「保護者」「友達」へ相談すると答えた人が多かったです。選択肢全部に○をつけた人もたくさんいました。
普段からトラブルにあわないように、気を付けましょう!

集計を終えて…
　宇都宮市の「スマホ･ケータイ宮っ子ルール共同宣言」の内容がまだ定着していないのでは?と感じました。使い方によっては、勉強の妨げになったり、犯罪を起こす原因ともなるスマートフォン。もう一度、ご家庭でルールを見直してみませんか?
　最近は、大人の歩きスマホなども多くみかけます。運転中に人気アプリゲームをして事故になるニュースも何度も耳にしました。子どもの見本になる大人が正しい使い方をすることで、子どもたちの使い方も変わってくるのではないでしょうか?　色々な事を調べたり、知識を高めることのできるスマートフォン。メリットになる使い方をしませんか?

PTA行事

陽南5校球技大会

平成二十八年九月四日(日)陽南中学校で陽南5校球技大会が行われました。

ソフトボールは、第一試合緑小、第二試合は二年前から参加の教職員チームと対戦しました。両試合とも大量得点を取ってBブロック一位となりました。

決勝戦は、前年度優勝の陽光小との対戦となりましたが、最後までしっかりと押さえ優勝を手にしました。

ソフトバレーは、第一試合陽南小に二対〇で勝利。第二試合は横西小と熱戦の末、惜しくも敗れBブロック二位となりましたが、Aブロック二位の陽光小との対戦は勝利しました。

大変暑い一日でしたが、選手の皆さんはエネルギッシュでとても素晴らしいプレーを見せてくれました。

選手の皆さん、役員の皆さん、本当にお疲れさまでした。

市P連バレーボール大会

一日目は平成二十八年十月三十日(日)、星が丘中で行われました。一試合目一条中、二試合目陽西中、三試合目星が丘中と対戦し、全試合ともセットカウント二対〇で見事ブロック優勝しました。

二日目は平成二十八年十一月十三日(日)河内体育館で決勝トーナメントが行われました。

準決勝　陽南中対晃陽中

選手と応援団一丸となってエンジンを組み試合開始。一セット目は十三対十五で負けてしまいましたが、二セット目は十五対十三で勝利し、試合はフルセットに持ち込まれました。三セット目は陽南中の良い流れのまま十五対十一で見事決勝戦進出です。

決勝戦　陽南中対陽東中

選手と応援団でエンジンを組み、キャプテンの「優勝するよ」の掛け声で試合開始。両チームともスパイク・サービスエースを決めて一点を争う試合でしたが、一セット二セット共に十四対十六で惜しくも負けてしまいましたが、準優勝でした。

チームワーク抜群の陽南チームの選手の皆さんが「来年こそは優勝」と意気込みを語ってくれました。

陽南中PTAバザー

平成二十八年十一月二十六日(土)、晴天の中、PTAバザーが行われました。

体育館の前には、十時前から長蛇の列となり、お目当ての物を買いに来た人達であふれていました。

部活ごとに一生懸命呼び込みをする生徒たちや買い物をしに来た生徒、招待された近隣の小学生も多く見られました。

たこ焼き、揚げパン、ポップコーン、けんちんうどん、焼きそば、アクリルたわしなど沢山のお店が出店していました。その中でも三学年委員さんが売っていた肉巻きドッグが大盛況でした。

朝早くから、テントの中や校舎の調理室で一生懸命準備をされた関係者の皆様、本当にお疲れ様でした。そしてご協力ありがとうございました。

陽南中のボランティア活動　平成28年度下半期

よこかわ子どもフェスタ

■日時　平成二十八年九月十七日(土)
■場所　横川地区市民センター

参加生徒の感想

三年五組　長澤 一輝

はじめて参加をして、ボランティアはとてもいいことだと思いました。流しそうめんやフルーツを流したり、かき氷やポップコーンを作りました。とても疲れたけど、お客さんの笑顔で元気をもらい最後までしっかりがんばることが出来ました。

人の為に働くということは自分の為になるということをボランティアで学びました。

緑が丘地区体育祭

■日時　平成二十八年十月九日(日)
■場所　緑が丘小学校校庭

参加生徒の感想

二年一組　浦郷 乃々香

活動に参加をして、たくさんの人の支えがあって成り立っていることを学びました。

三年七組　大和田 杏珠

私は陽光地区に住んでいるので、地区が違うけれど、他の地区の方々とふれ合うことができて楽しかったです。

陽光地区体育祭

■日時　平成二十八年十月九日(日)
■場所　陽光小学校校庭

参加生徒の感想

三年八組　齊藤 暖佳

競技に出たり、全員で協力をして係の仕事をしたりして楽しかったです。またボランティアがあったらやりたいと思います。

三年八組　小山 駿彰

みんなが自分の役割をしっかりと把握して行動していました。学校生活でもいかせる事を学びました。

陽南地区体育祭

■日時　平成二十八年十月九日(日)
■場所　陽南小学校校庭

参加生徒の感想

一年二組　神部 菜々子

初めての活動で不安などがありましたが、地域の人がやさしく接してくれました。これからはいろいろな活動に参加したいです。

三年八組　秋元 愛美

協力をしてとても楽しく仕事をすることができました。責任を持って自分のやることをきちんとできた気がします。

写真賞

茨城県守谷市立御所ケ丘中学校

審査総評

フロントのページを飾る生徒たちの表情や、人物インタビューの表情などが、記事内容を引き立て、紙面を明るいものにしています。

生徒数：男 317 名　女 301 名　計 618 名
ＰＴＡ会員数：566 名

発行：2017 年(平成 29 年) 3 月 8 日
守谷市立 御所ケ丘 中学校
ＰＴＡ 会報委員会

かがやき

2017
69

子どもたちの【新しいふつう】をいっしょに考えよう

★編集部から
・平成28年5月21日に、第32回体育祭が行われました。秋から春に移行して5回目です。

Soul Connection ～魂の共鳴～
クラス対抗の体育祭

盛り上がる理由

5月21日に行われた体育祭について、北村先生（以下●）に伺いました。

★どうして御所中の体育祭はあれ程盛り上がるのでしょうか？

●体育祭の準備期間はゴールデンウィーク明けからの2週間しかありません。まずは、クラスごとの作戦会議から始まります。私のクラスでは電子黒板で昨年の写真を見せどうしたら勝てるのか、話し合いました。

★最初からクラス対抗なんですね。

●そうです。種目ごとに責任者を1人ずつ決めます。その後の7時間に渡る全体練習、そして予行を通して、先生がアドバイスしたり、責任者や学級委員を中心に話し合います。どのクラスも試行錯誤し、ベストを見つけていくのです。

★3学年 理科担当の渡邊先生は、今教えている『力の合成』を綱引きに当てはめ、『合力をいかに大きくするか』を力説したそうです。生徒達もいつもの5倍くらい真剣に聞いていたと（笑）

●門外不出の秘密会議は給食や昼休みの時間にも行われます。担任を含めたクラス全員の『勝ちたい！』という想いが体育祭の盛り上がりを支えているのです。

★毎年スローガンもありますが。

●クラスでのスローガンや旗作りも、士気を上げるのに一役買っています。クラスごとに作られたスローガンは生徒会で審査され、その年の学校全体のスローガンが1つ選ばれます。今年は3年5組が選ばれました。

Soul Connection ～魂の共鳴～

「みんなの思いをつなげて、クラス一丸となって、優勝に向かい戦う」

★まさにクラスの『団結力』ですね。生徒達は係の仕事もあるようですが。

●11の係があり、それぞれ委員会ごとに決まっています。放送係は放送委員会、召集係は美化委員会という感じです。先生ではなく生徒が主体的に運営する体育祭なんです。

★競技だけでなく、運営も生徒が主役なんですね。

●今年は予行で計った時間よりも、かなり早い進行になりました。これも生徒達が自主的に動き、自分の役目をしっかり果たしていたからだと思います。

★全ての生徒が係を持っているのですか。

●半分です。委員会は前期と後期に分かれているので、半分の生徒達は応援にまわります。

今年は自分のクラスを応援するだけでなく、学年を越えて同じ組同士を応援する姿が見られ、私も驚きました。

★最後に一言お願いします。

●ぜひ、保護者の方に子供達の活躍を見に来て欲しいです。

★ありがとうございました。全員が、全力で走り、応援し、気持ちを1つに優勝を目指す体育祭。御所中の誇りだと思いました。

迫力満点の体育祭

★新学年がスタートして1ヶ月あまり。まだクラス内には新鮮な空気さえ感じられる中で開催された体育祭。皆さん、子供達の雄姿はいかがだったでしょうか。

★小学校の運動会とは違った迫力満点の体育祭に圧倒された方もいたでしょう。親子の会話は減りがちなのに、グラウンドでは楽しそうに友人達と会話をする子供のはじける笑顔や、競技に挑む時の真剣な眼差しなど家とは違った子供達の姿に出会えた方もいた事でしょう。

★御所中の子供達は皆純粋で優しく真面目だと思います。係の子は前日までの準備も含めて黙々と仕事をこなし、クラス対抗だけれどズルをする子もいない。テント下の子供達もクラス旗片手に大きな声援を送り、皆で体育祭を作り、盛り上げていました。

★帰宅した子供達の真っ黒に汚れたジャージは頑張った証。保護者の方はお弁当の用意やお洗濯等大変だった事と思います。ありがとうございました。

★私達は会報委員として、頑張る子供達のそばで沢山の写真を撮ってきました。悔しい顔、嬉しい顔…そこには十人十色の表情があり、どの子もとても輝いていました。その『かがやき』が生まれた理由を、紙面を通して伝えられたら幸いです。

おしえて、川崎さん！
☆かがやき☆子育て応援団☆

PTA会長の川崎さんって、実は大学の心理学の先生なんです。そんな川崎さんに、子育てについて聞いてみました。

心理学から、中学生を観ると

心理学を教えていることからこのコラムを頼まれたのですが、心理学でも、じつは動物実験が私の専門で、P会員の皆様の中に発達・青年心理学者がいましたら、代わっていただけると助かります（笑）。とりあえず、そうした専門家の近くにいるということで、中学生という難しい年代の子どもとどう向き合うのか書いてみたいと思います。

小学校まではうまくいっていた親子関係、中学生になって急にぎくしゃくしだして不安になる親も多いものです。これは子どもが思春期に入り、感じることや考えることが少しずつ変わってきているからで、子どもの成長の証です。とはいえ、その時代の子とどう接していいのか困っているお父さん、お母さん達も多いので一緒に考えてみましょう。

まず、親が一番面食らうのは子どもが反発し、口答えをするということでしょうか？ いわゆる第二次反抗期というやつです。比較的まともな反論を感情的にぶつけてくるので、ついこちらも感情的になって言い合いになってしまったりしますよね。たとえば、部屋を片付けるように言うと、「今、片付けようと思っていたのに、そんなこと言われたらやる気が失せてしまう。子どもを信じてない証拠だ。」とか言ったりする。どこにでもある光景ですが、当事者には困ったことですよね。「親に向かってなんという口の利き方だ！そんなやつはうちの子じゃないからとっとと出て行きなさい！」とか言って家からたたき出す、というのも面白い（失礼！）かも知れませんが、実際には問題をこじらせるだけで解決には結びつかないものです。大人の対応としてはやはり冷静になって、片付けができないといろいろと困ったことになるということを論理的に（少なくとも、そう見えるように）話すのがよいと思います。それでも特に男の子はいらいら感をつのらせ、感情的になったり、時には暴力的になったりもします。女の子は部屋に閉じこもって親を無視したりします。そういうときには無理に話をしようとしたりせず、放っておくのが一番です。時間が経って、冷静になった頃を見計らって、落ち着いたところで話すのがよいと思います。

では、どうすれば？

とはいえ、親も人間ですから親自身が冷静になれないこともあります。そういうとき、つい感情的になってまずいことを言ったり、言い過ぎたりしてしまいます。一人の人間として、まずい対応だったと思えたら、素直に「言い過ぎたよ」と謝れる勇気も大人の対応です。それから、子どもの話も良く聴いて、「それも確かにありだよな」と思うところがあったら、素直に認めて「よく気がついたね」と褒めてあげることです。決して意固地になってはいけません（笑）。そういうところ、子どもはよく見ています。自分の親が自分にどんなふうに接してくれたかは、子どもが大人になったときの行動の参考にされたりもします。

親に必要な大人の対応、でもそれがなかなかできないのが実際の大人ですよね。親も、子育てを通じて日々勉強、人間修行をしていくものなのだと思います。PTAはそういう修行者の集まりです。愚痴をこぼしながら、情報交換をしながら、教えたり教わったりしながらみんなでこの時期を乗り切っていきましょう。（平成28年6月6日）

★編集部から

川崎さんのお話、とても参考になりますね。川崎さんに質問や相談のある方は、k2kawasaki@yahoo.co.jp へメールを送ってください。

川崎さんも御所中PTAの大事なリソースの一人なので、専門家としてどんどん活用して、親同士のよい循環を生み出して行きましょう。

★狩野秀道さんのインタビューは、2016年11月12日に図書室で行われました。

★はじめに

PTA本部の上田です。私の娘も中3なのでPTA活動を終えるにあたって、何か未来につながるアイディアをまとめておきたいと思いました。

そこで、御所ケ丘中が荒れていた時期にPTA会長だった狩野秀道さんと、当時教員だった福田理明先生にインタビューを行って、安定した学校を維持するためのヒントと、これからのPTA活動に対する提言をいただくことにしました。

私達は、これから何を意識したら安定した学校を維持して、さらに発展させることができるのか？67号の小口校長インタビュー、川崎会長が進めているサークル活動、本号の狩野さんや福田先生の話に共通するキーワードは、地域とつながりです。

地域とつながり。それが大事なことは誰も疑わないと思いますが、いざ文章にしようとするとモヤッとしてしまって、カチッと明確に表現するのは難しいです。その辺りについて、地域とつながりがもつ人間や物事の本質を、読者のみなさんと共有しながら、一緒に考え始めるきっかけにしたいです。

また、卒業生のみなさんには、今の御所ケ丘中の何気ない日常が、実は先人達の苦労の上に成り立っていることを再認識して、さらに競争力を身に付けていってほしいです。（終）

次世代の御所ケ丘中へ
元PTA会長 狩野 秀道さん

御所ケ丘中が荒れていた時代の話からヒントをもらって、これからのPTAを考えてみましょう。まず保護者の視点から。

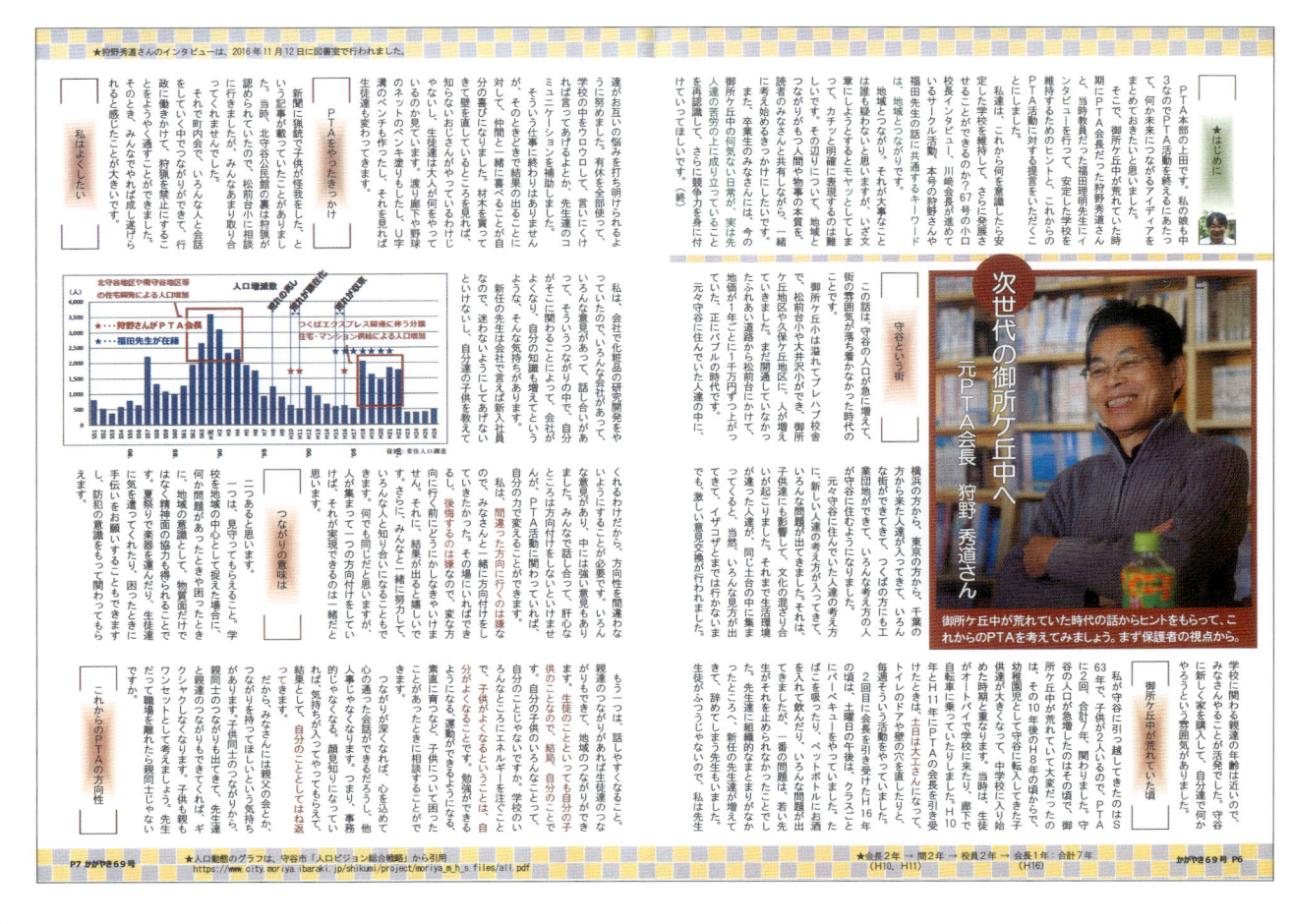

守谷という街

この話は、守谷の人口が急に増えて、街の雰囲気が落ち着かなかった時代のことです。

御所ケ丘小は溢れてプレハブ校舎で、松前台小や大井沢小ができ、御所ケ丘地区や久保ケ丘地区に、人が増えていきました。まだ開通していなかったふれあい道路から松前台にかけて、地価が1年ごとに1千万円ずつ上がっていた、正にバブルの時代です。

元々守谷に住んでいた人達の中に、横浜の方から、東京の方から、千葉の方から来た人達が入ってきて、いろんな街ができてきて、つくばの方にも工業団地ができて、いろんな考え方の人が守谷に住むようになりました。

元々守谷に住んでいた人達の考え方に、新しい人達の考え方が入ってきて、いろんな問題が出てきました。それは、子供達にも影響して、文化の混ざり合いが起こりました。それまで生活環境が違った人達が、同じ土台の中に集まってくると、当然、いろんな見方が出てきて、イザコザとまでは行かないまでも、激しい意見交換が行われました。

御所ケ丘中が荒れていた頃

学校に関わる親達の年齢は近いので、みなさんやることが活発でした。守谷に新しく家を購入して、自分達で何かやろうという雰囲気がありました。

私が守谷に引っ越してきたのはS63年で、子供が2人いるので、PTAに2回、合計7年、関わりました。守谷の人口が急増したのはその頃で、御所ケ丘中が荒れていて大変だったのは、その10年後のH8年の頃からで、幼稚園児として守谷に転入してきた子供達が大きくなって、中学校に入り始めた時期と重なります。当時は、生徒がオートバイで学校に来たり、廊下で自転車に乗っていたりしました。H10年とH11年にPTAの会長を引き受けたときは、土日は大工さんになって、トイレのドアや壁の穴を直したりと、毎週そういう活動をやっていました。

2回目に会長を引き受けたH16年の頃は、土曜日の午後は、クラスごとにバーベキューをやっていました。たばこを吸ったり、ペットボトルにお酒を入れて飲んだり、いろんな問題が出てきましたが、一番の問題は、若い先生がそれを止められなかったことでした。先生達に組織的なまとまりがなかったところへ、新任の先生達が増えてきて、辞めてしまう先生もいました。

生徒がふつうじゃないので、私は先生達がお互いの悩みを打ち明けられるように努めました。有休を全部使って、学校の中をウロウロして、言いにくければ言ってあげるよとか、先生達のコミュニケーションを補助しました。

そういう仕事に終わりはありませんが、そのときどきで結果の出ることに対して、仲間と一緒に喜べることが自分の喜びになりました。材木を買ってきて壁を直しているところを見れば、知らないおじさんがやっているわけじゃないし、生徒達は大人が何をやっているのか見ています。渡り廊下や野球のネットのペンキ塗りもしたし、U字溝のベンチも作ったし、それを見れば生徒達も変わってきます。

PTAをやったきっかけ

新聞に猟銃で子供が怪我をした、という記事が載っていたことがありました。当時、北守谷公民館の裏は狩猟が認められていたので、松前台小に相談に行きましたが、みんなあまり取り合ってくれませんでした。

それで町内会で、いろんな人と会話をしていく中でつながりができて、行政に働きかけて、狩猟を禁止にすることをようやく通すことができました。

そのとき、みんなでやれば成し遂げられると感じたことが大きいです。

私はよくしたい

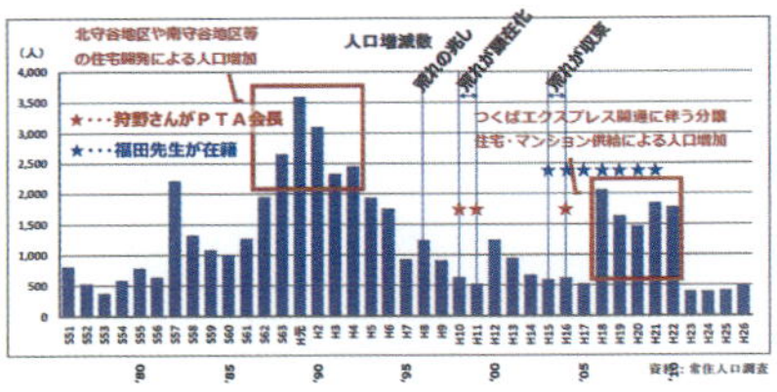

私は、会社で化粧品の研究開発をやっていたので、いろんな会社があって、いろんな意見があって、話し合いがあって、そういうつながりの中で、自分がそこに関わることによって、会社がよくなり、自分の知識も増えてというような、そんな気持ちがあります。

新任の先生は会社で言えば新入社員なので、迷わないようにしてあげないといけないし、自分達の子供を教えてくれるわけだから、方向性を間違わないようにすることが必要です。いろんな意見があり、中には強い意見もありました。みんなで話し合って、肝心なところは方向付けをしないといけませんが、PTA活動に関わっていれば、自分の力で変えることができます。

私は、間違った方向に行くのは嫌なので、みなさんと一緒に方向付けをしていきたかった。その場にいればできるし、後悔するのは嫌なので、変な方向に行く前にどうにかしなきゃいけません。それに、結果が出ると嬉しいです。さらに、みんなと一緒に努力して、いろんな人と知り合いになることもできます。何でも同じだと思いますが、人が集まって一つの方向付けをしていけば、それが実現できるのは一緒だと思います。

つながりの意味は

二つあると思います。

一つは、見守ってもらえること。学校を地域の中心として捉えた場合に、何か問題があったときや困ったときに、地域の意識として、物質面だけではなく精神面の協力も得られることです。夏祭りで楽器を運んだり、生徒達に気を遣ってくれたり、困ったときに手伝いをお願いすることもできますし、防犯の意識をもって関わってもらえます。

もう一つは、話しやすくなること。親達のつながりがあれば生徒達のつながりもできて、地域のつながりができます。生徒のことといっても自分の子供のことなので、結局、自分のことです。自分の子供のいろんなことって、自分のことじゃないですか。学校のいろんなところにエネルギーを注ぐことで、子供がよくなるということは、自分がよくなることです。勉強ができるようになる、運動ができるようになる、素直に育つなど、子供について困ったことがあったときに相談することができます。

つながりが深くなれば、心を込めて心の通った会話ができるだろうし、他人事じゃなくなります。つまり、事務的じゃなくなる。顔見知りになっていれば、気持ちが入ってやってもらえて、結果として、自分のこととしてはね返ってきます。

だから、みなさんには親父の会とか、つながりを持ってほしいという気持ちがあります。子供同士のつながりから、親同士のつながりも出てきて、先生達と親達のつながりもできてくれば、ギクシャクしなくなります。子供も親もワンセットとして考えましょう。先生だって職場を離れたら親同士じゃないですか。

これからのPTAの方向性

★会長2年 → 間2年 → 役員2年 → 会長1年：合計7年
（H10、H11）（H16）

★人口動態のグラフは、守谷市「人口ビジョン総合戦略」から引用
https://www.city.moriya.ibaraki.jp/shikumi/project/moriya_m_h_s.files/all.pdf

レイアウト賞　大分県大分市立植田西中学校

審査総評

防災家族会議や生徒のネット利用など、記事内容を生かすレイアウトになっています。タブロイド判の表裏にページの紙面構成ですが、記事も充実していました。

わさだにし

平成28年度
第117号

発行所
大分市立植田西中学校
PTA会長　大伴　栄寿

編　集　PTA広報部
印刷所　三恵印刷㈱
電　話　097-567-1155

年間テーマ 子どもの笑顔を守りたい!!

シーズン1 防災家族会議を開こう！

え？僕たちはちゃんと学校で避難訓練しよんで。
最近地震やら、ゲリラ豪雨やら心配やな～もし、学校に行ってる間に何か災害が起こったらお母さんはどうすればいいん？
どんなっち、あんな…。えーっと…。
どんなことしよんの？お母さんにも教えちょってよ！
ちょっと心配やけん教頭先生に聞いてくるわ！

植田西中のホームページはこちら！
更に詳しい「学校防災計画」も掲載されています。

Q 子どもの引き渡しはどんな手順になりますか？

A 引き渡しの場面では混乱・錯綜することが考えられるので、あらかじめ引き渡しの手順を明確にしなければなりません。今回は震災を想定しての引き渡しについてお話しします。

まず、学校に待機させ引き渡しになるのか、下校するかの判断基準があります。例えば震災の場合、学校を含む地域の震度が基準です。

●**震度5弱以上**…保護者が引き取りに来るまで学校に待機させる。時間がかかっても保護者が引き取るまでは生徒を学校で保護しておく。

●**震度4以下**…原則として下校させる。交通機関に混乱が生じて、保護者が帰宅困難になることが予想される場合、事前に保護者からの届けがある生徒については学校で待機させ、保護者の引き取りを待つ。

また、大規模な地震では待機が長時間に及ぶこともあるので、生徒の心のケアができるようにスクールカウンセラーや学校医との連携を図り、近隣からの火災の対応や、津波などの対策も十分とれるようにします。長時間の待機に備え、食料の確保や宿泊の対応も考えます。

引き渡し方法は、夏休みに検討の予定です。

Q 植田西中の校舎の耐震性はどうですか？また点検はどれくらいの頻度で行われていますか？

A 耐震工事は体育館（平成19年）、南校舎（平成23年）、北校舎（平成24年）に終えています。点検は、教育委員会が年一回、また学校から報告があればその都度行いますし、校舎内とグラウンドは教職員が月一、目測の点検を行っています。また、ほぼ毎朝管理職が校舎周りを点検しています。

Q 植田西中には防災グッズの備えや非常用電源がありますか？

A 体育館に避難用グッズ、南校舎3階の教室に防災グッズがストックされています。

非常用電源は体育館ステージ奥の控え室にあります。

南校舎3階生徒会室の防災グッズ

学校や地域での防災対策を家族で共有し、いざという時に各家庭でどのような行動をするのか、話し合っておくことが大事ですね。

「チーム西中」　校長　松木　孝晃

【平成28年度のスローガン】

今年度、本校の重点目標は三つです。

1 学力の定着・学力保障
2 心の教育・自治力の育成
3 保護者・地域・小学校との協働

この3つを織り込んで、下のようにスローガンを決定しました。『関係小学校との一貫した指導』を基盤に、保護者・地域のご支援・ご協力を承り、生徒は仲間と豊かな人間関係を築きながら、教職員も生徒も保護者も西中が好き、『チームになれば何でもできる。みんなで（学校・地域・家庭）「一丸」になって、西中を盛り上げて行きましょう』というイメージで設定しました。ベテランと中堅教員がそろった、今年度の25名の常勤スタッフは「チーム西中」を合い言葉に、大好きな植田西中のスローガンのもと、精一杯努めて参ります。生徒のことで気になることや心配事、学校への情報・提言がございましたら、どうぞご遠慮なくスタッフにお伝えください。よろしくお願い申し上げます。

WASADA
チーム西中
笑顔とプラス1

「三位一体」の活動　PTA会長　大伴　栄寿

体育大会や市総体も終了し、子どもたちも少し落ち着いて学校生活を送れるようになりました。皆様方には、常日頃より積極的にPTA活動にご協力いただき、感謝申し上げます。執行部といたしましては、「全員参加のPTAをめざして」を活動目標に、各専門部の活動がスムーズにできるよう調整することを心がけています。

先日、これまでの植田西中学校PTA活動の功績が認められ、大分県PTA連合会より表彰状をいただきました。本当に素晴らしい伝統です。これからも、保護者、教職員、生徒が三位一体となって、それぞれの立場から西中を盛り上げていきましょう。

頑張ろう!!
チーム西中!!

地域の西中応援団 ご紹介

小野鶴新町自治会長　栗林敏勝さん

39年前、植田西中ができた時から子どもたちを見守ってくださっている栗林さん。

今の植田西中生の印象を聞いてみると、「挨拶も子どもたちの方から進んでよくしてくれますよ。」と、お褒めのお言葉をいただきました。

また、栗林さんは交通指導員もされていて「去年の卒業生がお礼状をくれたんですよ。」と嬉しそうにおっしゃっていました。

よくやったぞ子どもたち！

小野鶴新町では、昨年11月に植田西中学校を避難所とした避難訓練が行われました。

『わさだにし117号』は防災について取り上げていますので、その訓練の内容を詳しく教えていただきました。

この地域で一番心配されている「ゲリラ豪雨の水害」を想定した本番さながらの避難訓練だったそうです。

まず地区の組ごとに集まり、人数を確認し公園に避難。河川の増水を想定して、中学校の体育館に移動しました。さらに水位が上昇したとして、校舎の2階と3階へ移動。学校側の食料や備品の装備、非常用の電話の回線での対応もスムーズで、終始問題なく訓練できたそうです。

この避難訓練は生徒のいない日に実施されましたが、平日の昼間、もし実際に災害が起こった場合は、生徒たちと地域の方々がお互いに協力して災害を乗り越えなければなりません。

そんな時に、ずっと植田西中を見守ってくださっている栗林さんのような方が自治会長として居てくださることは、私たち保護者にとって本当に心強いことです。

栗林さん、どうぞこれからも子どもたちのことをよろしくお願いいたします。

野球部 優勝おめでとう！

大分市総合体育大会

6月8日から10日にかけて市内各地で大分市総合体育大会が行われ、それぞれが持てる力を十分に発揮しようと各競技で熱戦が繰り広げられました。そして、野球部は見事優勝に輝き、大分市の頂点に立ちました!!運動部の3年生にとっては最後となるこの大会、後輩たちに誇りをもって花道を退場する立派な背中を見せることができたのではないでしょうか。県総体への切符を手にした皆さん、後を引き継ぐ1・2年生は次の目標に向かって頑張ってほしいと思います。

結果は次の通りです。

県体出場	野球部	優勝
	バドミントン部	個人6位
	水泳部	200m背泳・100mバタフライ 個人8位／50m自由 個人4位／400mメドレーリレー6位／100m自由形4位
	柔道部	73kg級 個人3位
	陸上部	女子100m 個人7位
	男子ハンドボール部	
	女子ハンドボール部	

サッカー部	1回戦敗退
男子バスケットボール部	2回戦敗退
女子バスケットボール部	2回戦敗退
女子ソフトテニス部	リーグ敗退
女子バレーボール部	1回戦敗退
空手部	1回戦敗退

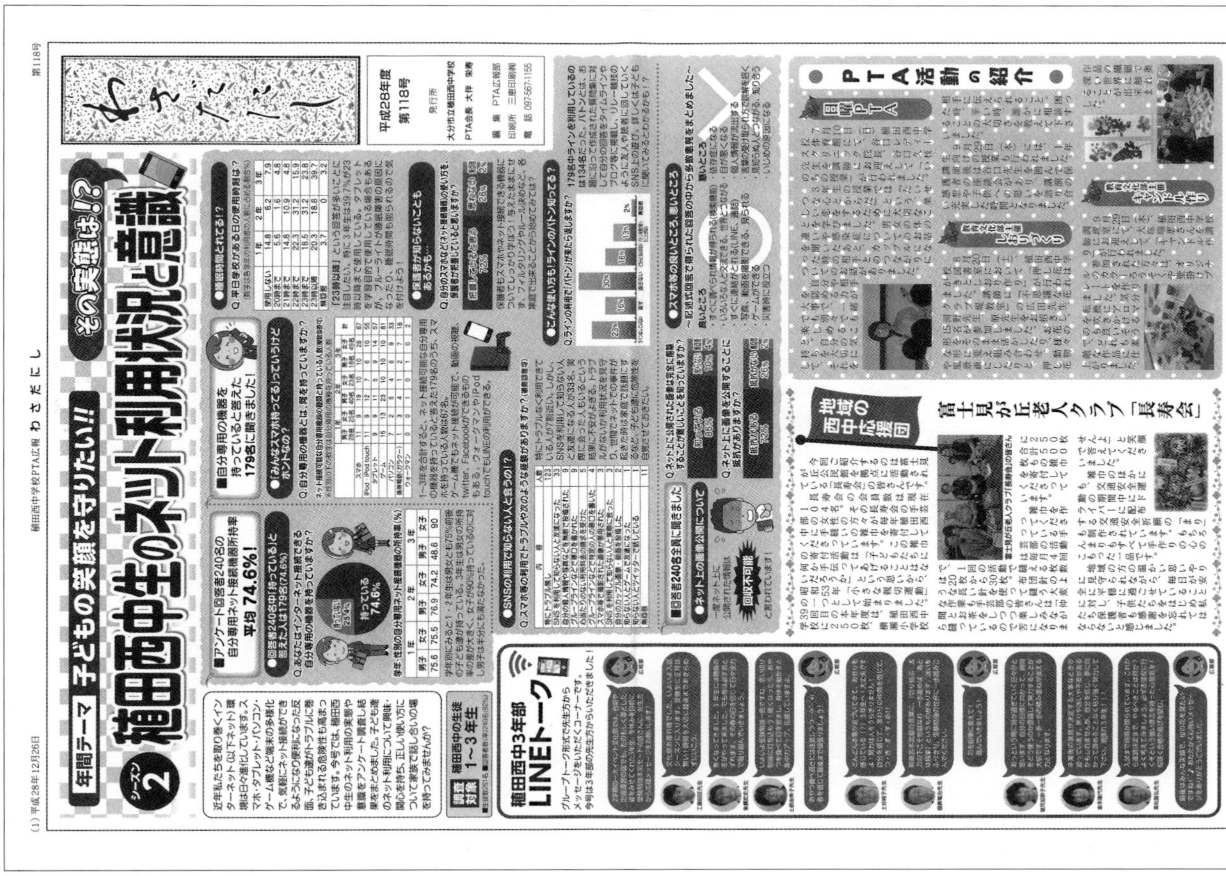

第118号

稙田西中学校PTA広報　わさだにし

(1) 平成28年12月26日

わさだにし

平成28年度 第118号

発行所 大分市立稙田西中学校

PTA会長 大伴 栄寿

編集 PTA広報部

印刷所 三恵印刷株式会社

電話 097-567-1155

年間テーマ 子どもの笑顔を守りたい!!

シーズン 2 稙田西中生のネット利用状況と意識

その実態は!?

稙田西中3年部 LINEトーク

PTA活動の紹介

地域の西中応援団

富士見が丘老人クラブ「長寿会」

(1)　稙田西中学校PTA広報 わさだにし　平成29年2月28日

わさだにし

平成28年度 119号

発行所 大分市立稙田西中学校

PTA会長 大伴 栄寿

編集 PTA広報部

印刷所 三恵印刷株式会社

電話 097-567-1155

年間テーマ 子どもの笑顔を守りたい!!

シーズン 3 ～笑顔は元気な身体から～ 中学生の食事と生活リズム

中学生の時期は身長や体重が増加する成長期に入り、多くの栄養素が必要となります。部活や塾通いで食事のリズムが乱れがちになり、栄養障害を起こしやすい時期でもあります。偏った食事や欠食は、栄養の過不足を起こして、成長の妨げや体調不良を起こしかねません。子どもが元気に毎日を過ごし、笑顔でいられるように、毎日の食生活を見直してみませんか?

夕飯には、1日に使ったエネルギーを補給し、筋肉や脳などを回復させる役割があります。旬の食材をなるべく取り入れ、腹八分目を守りましょう。

夜、血糖値を上げるものを食べると成長ホルモンが分泌されないので夜食はオススメできません。ただ夜遅くまで勉強してお腹がすくのであれば、糖分や油分の多いお菓子やジュースは避け、よく噛んで脳を刺激するスルメイカや消化の良いお粥、眠気を防ぐにはお水を飲むのも効果的です。

朝食には体内時計のリズムと生活リズムのずれを解消する働きもあります。脳のエネルギー源になるブドウ糖が多く含まれる、お米やパンを中心に、肉・魚・豆類などのタンパク質や、乳製品を加え、1日を活動的に過ごすためのスイッチを入れましょう!

夕食で体力回復

就寝前に食事やカフェインは禁物

朝食で脳のエネルギー補給

活動的に過ごした後は、2時間以内に糖質の多い炭水化物やビタミンCの多い果物(おにぎり・バナナ・みかんなど)を摂取すると疲労回復を助けてくれます。必要な栄養素を摂るために、タンパク質やカルシウムが補給できるヨーグルトやチーズ・牛乳をおやつにするのもオススメです。

栄養のバランスが良く、季節の食材も豊富な給食。献立にも様々な工夫があり、2月は節分にちなんで大豆や大豆製品の他、いろいろな豆をとり入れたそうです。毎月設けられている「おおいた産給の日」には、地元大分県産の食材が登場します。3月は「かます」だそうです。残さずしっかり食べましょう♪

0　3　6　9　12　15　18　21

夜　昼

部活や試合の後には栄養補給

おいしい給食♪しっかり食べよう

成長期の中学生が摂取したい栄養素

タンパク質

朝食でタンパク質を摂ると、昼間の集中力UP!夜もスムーズに眠れることが最近の研究で分かってきているよ♪

カルシウム

今は骨量が増加する時期!カルシウムを積極的に摂ろう!骨をじょうぶにするために適度な運動もね♪

鉄分

鉄分も身長体重の急速な増加に対応するために必要!動物性食品のレバーやカツオ、あさりなどはヘム鉄を多く含み吸収率が高いからぜひ取り入れてね♪

1年の終わりに ～まとめ～

年間テーマ「子どもの笑顔を守りたい!」にそって、117号「防災」、118号「インターネット事情」、119号「食生活」と、皆さんに興味関心を持っていただける内容にスポットを当てて取材し、お伝えしてきました。3号を通して、子どもをとりまく環境を知っていただくことが「子どもの笑顔を守るために何が出来るか?」を考えるヒントや、何か行動を起こすきっかけになればと広報部一同願っています。最後まで読んでいただきありがとうございました。

卒業おめでとう

「未来ある君たちへ」
校長　松木　孝晃

卒業おめでとうございます。卒業する皆さんに、私から贈る言葉として作家の伊集院静氏の書いた詩の一部を紹介したいと思います。「上り坂と、下り坂があれば、上り坂を行くんだ。甘い水と、苦い水があれば、苦い水を飲みなさい。追い風と、向かい風なら、断然、向かい風を歩くんだ。どうして辛い方を選ぶかって?楽な道、甘い水は君たちに何も与えてくれないし、向かい風の中にだけ他人の辛酸の声が聞こえるんだ。真の大人というものは、己だけのために生きない人だ。誰かのためにベストを尽くす人だ。金や出世のためだけに生きない、卑しくない人だ。品性のある人こそが、真の大人なんだ。」

皆さんのこれからの人生は、決して楽なことばかりではなく、自分の思い通りにいかない時もあろうかと思います。しかし、そんな時こそ、この詩を思い出してください。人の真価は、困難に遭遇した時、どう立ち向かうかによって決まり、その後の人生に大きな影響を及ぼすものです。自分の選んだ道は間違っていないだろうか、と迷う生き方ではなく、進んだ道こそが、自分にとって最善であると思える生き方をすることが大切なのです。皆さん、胸を張り、プライドを持って生きる、真の大人になってください。

「3年生へ」
3学年主任　土谷　純子

卒業おめでとう!!

あなたたちと一緒に稙田西中学校にやってきて3年間ずっとそばで学校生活をおくってきました。入学したての頃はみんなあどけなく、体も小さく声がわりもしていない人が沢山いましたが、わずか3年で心も体も大きく成長し巣立っていこうとしています。今はとてもさみしい気持ちです。これからは自分らしく"一笑懸命"に頑張っていって下さい!!

3年1組担任
國廣　竜治

3年生のみなさん、卒業おめでとうございます。心よりお慶び申し上げます。

みなさんとは、2年間のつき合いでしたが、修学旅行にも一緒に行けましたし、思い出がいっぱいできました。私のミーハーな趣味の話にも、嫌な顔ひとつせずにつき合って下さりありがとうございました。みなさんとお別れするのは非常にさみしいですが、今後の御多幸を祈っています。

3年2組担任
後藤　武史

卒業おめでとう!この3年間、日々全力で駆け抜けてきましたね。これまでの思い出を胸に、また新たな道に旅立っていくことになります。その道は良いことばかりではないかもしれません。時に厳しい壁が立ちはだかることもあるでしょう。そんな時は立ち止まってもいい、少し休んでもいい、回り道をしてもいい。でも一歩一歩前へ進んでいってください。いつまでも応援しています。

そよかぜ担任　塩月　加奈子

3年生のみなさん、卒業おめでとうございます。3年前の小学生の面影をいろこく残した入学の時から、驚くほど大きく心身共に成長しました。素直にいろいろな経験を自分の糧として伸びていく姿を頼もしく感じていました。もうすぐ、お別れの時を迎えると思うととてもさみしいのですが、これからも、自分らしく一歩ずつ、あせることなく頑張っていってください。

3年3組担任
工藤　昭征

3年生のみなさん、ご卒業おめでとうございます。「毎日がドラマみたい」というくらい、中学3年生の1年間は、忙しく充実した日となったのではないでしょうか?気がつけばもう卒業ですね。寂しい気がしますが、大きく成長した君たちが今後更に様々なことを経験し、立派な社会人として活躍することを祈っています。3組のみなさん、1年間楽しい毎日をありがとうございます。5年後に「手紙」が届くのを待っていてくださいね。

「輝け!3年生」
かがやき担任　金本　瑞代

卒業おめでとうございます!中学校での3年間は、人生のほんのわずかな期間かもしれませんが、みなさんの人生に少しでも関われたことをうれしく思います。みなさんが、春から進む道を切り開き、希望をもって新しいスタートラインに立てることを祈っています。さらに、みなさんが、家庭や県内や国内、或いは世界や宇宙のどこかで、自分らしく輝き活躍することを、大いに楽しみにしています。

審査総評

ＰＴＡのための啓発的な記事と、生徒たちの活躍する記事とのバランスが取れています。部活動の問題や思春期の問題についても、正面から取り組んでいました。

第140号
ときわ
PTA会議室へようこそ♪
とんなことしてるの？
おしえて役員さ～ん
夢へ向かって　はじめの一歩
進路学習会
学年主任の先生より
かかやけ常中生!!
総体＆コンクールスケジュール
行ってみよう！
高校説明会・文化祭
食べてきました☆
給食試食会
連Pバレーボール部　体験記！
近隣夏祭り情報♪

PTA会議室へようこそ♪

～役員会編～

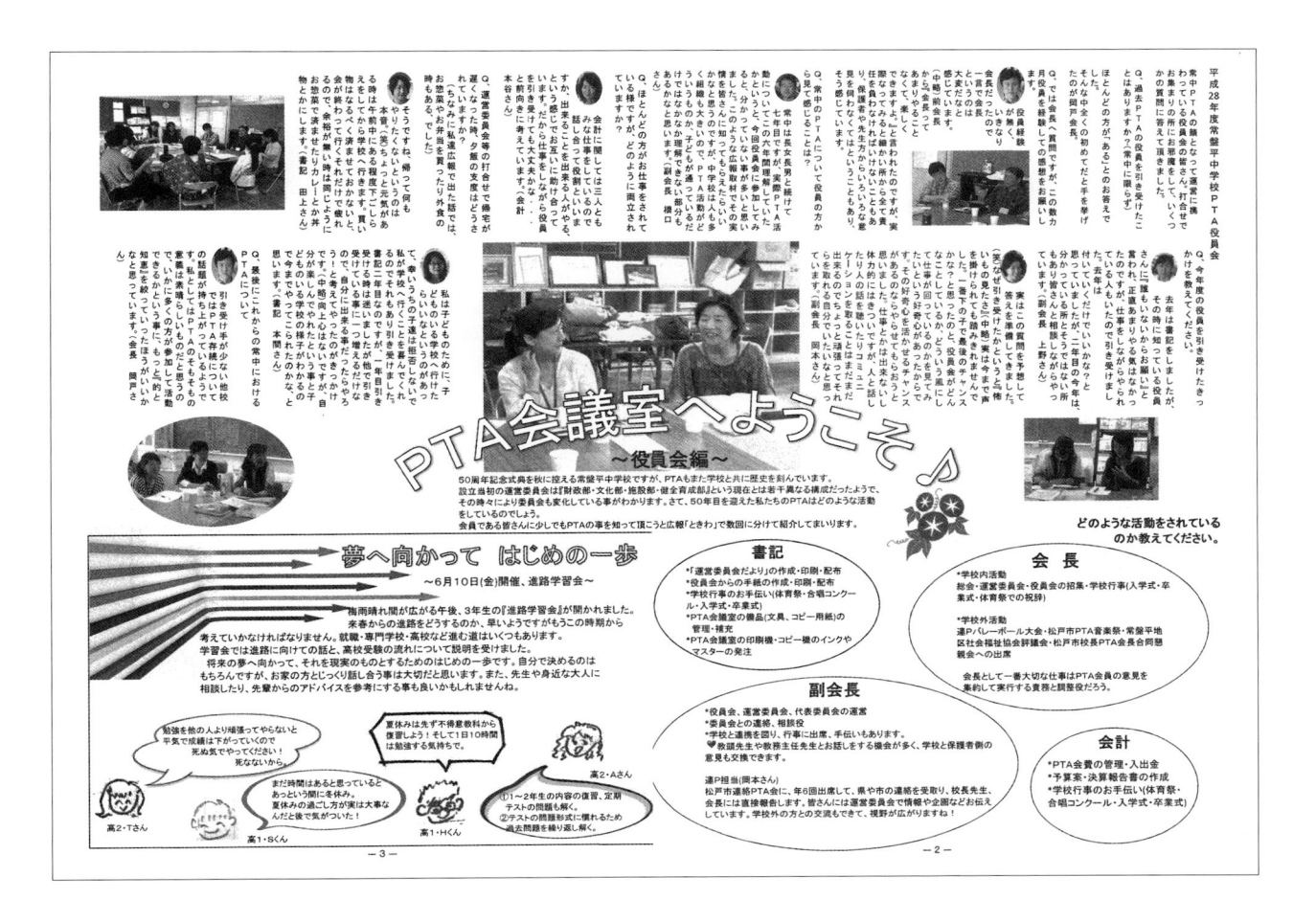

50周年記念式典を秋に控える常盤平中学校ですが、PTAもまた学校と共に歴史を刻んでいます。
設立当初の運営委員会は『財政部・文化部・施設部・健全育成部』という現在とは若干異なる構成だったようで、その時々により委員会も変化している事がわかります。さて、50年目を迎えた私たちのPTAはどのような活動をしているのでしょう。
会員である皆さんに少しでもPTAの事を知って頂こうと広報「ときわ」で数回に分けて紹介してまいります。

平成28年度常盤平中学校PTA役員会

常中PTAの顔となって運営に携わっている役員会の皆さん。打合せでお集まりの所にお邪魔をして、いくつかの質問に答えて頂きました。

Q、過去PTAの役員を引き受けたことはありますか?(常中に限らず)

ほとんどの方が「ある」とのお答えでした。
そんな中全くの初めてだと手を挙げたのが岡戸会長。

Q、では会長へ質問ですが、この数カ月役員を経験しての感想をお願いします。

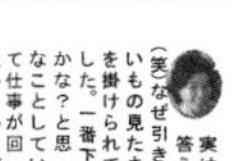

役員経験が無く、いきなり会長だったので一言で会長というのは大変だなと感じています。
(中略)前会長から『会長ってあまりやることなくて、楽しくできますよ。』と言われたのですが、実際なってみると細かい所から全て責任を負わなければいけないこともあり、保護者や先生方からいろいろな意見を伺わなくてはということもあり、そう感じています。

Q、常中のPTAについて役員の方から見て感じることは?

常中は長女長男と続けて七年目ですが、実際PTA活動についてこの六年間理解していたかというと、分かっていない事が多いと思いました。このような広報取材でその実情を皆さんに知ってもらえたらいいかなと思うのですが、中学校は人も多く組織も大きいので、PTA活動がどういうものか、子どもが通っているだけではなかなか理解できない部分もあるかなと思います。(副会長　樋口さん)

Q、ほとんどの方がお仕事をされている様ですが、どのように両立されていますか?

会計に関しては三人ともみな仕事をしているので話し合って役割といいますか、出来ることを出来る人がやる、という感じでお互いに助け合っています。だから仕事をしながら役員を引き受けても大丈夫かな・・・と前向きに考えています。(会計　本谷さん)

Q、運営委員会等の打合せで帰宅が遅くなった時、夕飯の支度はどうされていますか?
(ちなみに私達広報で出た話では、お惣菜やお弁当を買ったり外食の時もある、でした)

そうですね、帰って何もやりたくないというのは本音。(笑)ちょっと元気がある時は午前中にある程度下ごしらえをしてから学校へ行きます。買い物はなるべく済ませておかないと、会が終わって行くそれだけで疲れるので、余裕が無い時は同じようにお惣菜で済ませたりカレーとか丼物とかにします。(書記　田上さん)

Q、今年度の役員を引き受けたきっかけを教えてください。

去年は書記をしましたが、その時に知っている役員さんに『誰もいないからお願い』と言われ、正直あまりやる気はなかったのですが、仕事をしながらやられている人もいたので引き受けました。去年は付いていくだけでいいかな?と思っていましたが、二年目の今年は、分かっている所とそうではない所もあり皆さんと相談しながらやっています。(副会長　上野さん)

実はこの質問を予想して答えを準備してきました。(笑)なぜ引き受けたかというと『怖いもの見たさ』(中略)実は今まで声を掛けられても踏みきれませんでした。一番下の子で最後のチャンスかな?と思ったのと、役員会がどんなことをしているか、どういう風にして仕事が回っているのかを見てみたいという好奇心があったからです。その好奇心を活かせるチャンスがあるのならやらせてもらおうと思いました。仕事とかは出来ないし体力的にはきついですが、人と話したり人の話を聴いたりコミュニケーションを取ることはまだまだ出来るのでちょっと頑張ってそれらを取れる自分でいたいなと思っています。(副会長　岡本さん)

私は子どものために、子どものいる学校へ行けたらいいなというのがあって、幸いうちの子達は拒否しないで私が学校へ行くことを喜んでくれるのでそれもあり引き受けました。書記二年目なのですが、一年目引き受ける時は迷いましたが他で引き受けている事に一つ増えるだけなので、自分に出来る事だったらやろう!と考えてやったのがきっかけです。(中略)向上心はないですが、自分が楽しんでやれたという事と子どものいる学校の様子がわかるので今までやってこられたのかな、と思います。(書記　本間さん)

Q、最後にこれからの常中におけるPTAについて

引き受け手が少ない他校ではPTA存続について話題が持ち上がっているようです。私としてはPTAのそもそもの意義は素晴らしいものだと思うので、いかに多くの方が参加して活動できるかという事に、もっと『的と知恵』を絞っていったほうがいいかなと思っています。(会長　岡戸さん)

どのような活動をされているのか教えてください。

会　長

*学校内活動
総会・運営委員会・役員会の招集・学校行事(入学式・卒業式・体育祭での祝辞)

*学校外活動
連Pバレーボール大会・松戸市PTA音楽祭・常盤平地区社会福祉協会評議会・松戸市校長PTA会長合同懇親会への出席

会長として一番大切な仕事はPTA会員の意見を集約して実行する責務と調整役だろう。

書記

*「運営委員会だより」の作成・印刷・配布
*役員会からの手紙の作成・印刷・配布
*学校行事のお手伝い(体育祭・合唱コンクール・入学式・卒業式)
*PTA会議室の備品(文具、コピー用紙)の管理・補充
*PTA会議室の印刷機・コピー機のインクやマスターの発注

副会長

*役員会、運営委員会、代表委員会の運営
*委員会との連絡、相談役
*学校と連携を図り、行事に出席、手伝いもあります。
❤教頭先生や教務主任先生とお話しをする機会が多く、学校と保護者側の意見も交換できます。

連P担当(岡本さん)
松戸市連絡PTA会に、年6回出席して、県や市の連絡を受取り、校長先生、会長には直接報告します。皆さんには運営委員会で情報や企画などお伝えしています。学校外の方との交流もできて、視野が広がりますね!

会計

*PTA会費の管理・入出金
*予算案・決算報告書の作成
*学校行事のお手伝い(体育祭・合唱コンクール・入学式・卒業式)

夢へ向かって　はじめの一歩

～6月10日(金)開催、進路学習会～

梅雨晴れ間が広がる午後、3年生の『進路学習会』が開かれました。
来春からの進路をどうするのか、早いようですがもうこの時期から考えていかなければなりません。就職・専門学校・高校など進む道はいくつもあります。
学習会では進路に向けての話と、高校受験の流れについて説明を受けました。
将来の夢へ向かって、それを現実のものとするためのはじめの一歩です。自分で決めるのはもちろんですが、お家の方とじっくり話し合う事は大切だと思います。また、先生や身近な大人に相談したり、先輩からのアドバイスを参考にする事も良いかもしれませんね。

勉強を他の人より頑張ってやらないと平気で成績は下がっていくので死ぬ気でやってください!死なないから。
高2・Tさん

まだ時間はあると思っているとあっという間に冬休み。夏休みの過ごし方が実は大事なんだと後で気がついた!
高1・Sくん

夏休みは先ず不得意教科から復習しよう!そして1日10時間は勉強する気持ちで。
高1・Hくん

①1～2年生の内容の復習、定期テストの問題も解く。
②テストの問題形式に慣れるため過去問題を繰り返し解く。
高2・Aさん

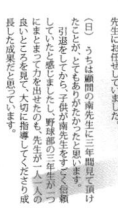

テーマ

『中学生の部活動』

校長先生と保護者の座談会

10月5日(水)校長室をお借りして、田中校長とお子さんが部活動に加入している一年生から三年生の保護者五名で座談会(広報委員会主催)を行いました。ご自身の中学生時代の思い出やお子さんの部活動で気になること、感じたことを話して頂きました。

文中(日)日比野さん／(松)松元さん／(岡)岡戸さん／(渡)渡邉さん／(長)長瀬さん

(司会)今日はお忙しい中のご参加をありがとうございます。早速ですが、保護者の中で常中卒業生がいらっしゃるのでお聞きします。ご自身の時代部活動はどうでしたか?

(長)　私の時代は上下関係が厳しくて先輩は怖いというイメージが強かったです。でも今の子達は、先輩後輩関係なくすごく仲良くやっているので「あーいいな」と思いますね。

(日)　私の時代は常中の生徒数が一番多い頃なんですね。一学年七百人以上いたので部活動も狭い中、一生懸命にやっていました。
もちろん、良い成績を取っていたのですが、どんなに忙しい部活でも親が介入し、お手伝いすることもなく、先生と生徒だけでやっていたのが今と違うなと感じています。

(司会)校長先生ご自身の体験は?

(校)　自分が東京の下町出身で、敷地が狭い学校でしたのでこの千葉県のクラス数、校庭の広さ、部活の盛んな様子などとても驚いたことを記憶しています。
それに自分自身の時は、朝練習はほとんどなかったと思います。

(司会)その朝練習ですが、常中ではほとんどの部活で行われていますね。

(校)　そうですね。常中は部活の数が『運動系10文化系6合計16』あり、そのうち朝練をやっていないのが文化系の4つ位ですかね。
常中には武道以外の大体の部活があります。子供の加入率は全校で90.9%。
この率は市内では、かなり高い方だと思います。その中で特に三年生がやりきっている。
今年の資料しか分からないのですが、三年生が今年度90.4%ということで三年間やりきった生徒が多いのが本校の特徴だと感じました。

(司会)では引退した三年生の保護者の方へ。お子さんを見守り続けて感じたことをお願いします。

(松)　うちは部長だった立場と個人の気持ちとのコントロールが難しかったように感じました。
親としては、部長としてうまくやれていたのかな?プレッシャーもあっただろうなと気になりましたね。私が横から大人の意見を言ってしまうので、言いすぎると逆に部活のことを話さなくなりました。
結局、最後は『自分で言ったことには責任を持ってね』と私から伝えて、余計なことを言わず先生にお任せしていました。

(日)　うちは顧問の南先生に三年間見て頂けたことが、とてもありがたかったと思います。
引退をしてから、子供が南先生をすごく信頼していたと感じましたし、野球部の三年生が一つにまとまって力を出せたのも、先生が一人一人の良いところを見て、大切に指導してくださり成長した成果だと思っています。

(司会)引退した三年生の後は、いよいよ二年生中心の部活動となりますが、その保護者としてどうお子さんを見ていますか?

(岡)　そうですね、親としては勉強をどうするのかなと。高校へ進学するためには勉強も頑張らなくてはという想いもあるのですが…。
以前は「疲れた」と言って居眠りすることもあり心配だったのですが、少しずつ部活にも慣れてきましたね。
でも何よりよかったのは、授業以外で触れることがない先生と土日や放課後に接することで、先生の良い面などを子供が分かったことです。
それと友達との絆。
部活で同じ目標に向かって練習することで絆が非常に強くなって…。「友達っていいね!」って。
(皆さんうなずく)
勉強面は心配でしたが部活を一生懸命やっている分、勉強もそれなりにがんばる底力はついたのかなと思います。

(司会)さて、中学に入学して半年が経った一年生ですが今までの様子をみていかがでしょうか。

(渡)　もう必死ですね。(笑)うちの子はバスケ部なのですが、膝を故障してしまい、しばらく体力作りをしていました。でもそれだけでヘトヘトで、部屋で静かだな?と思うと寝ていたりしてとにかく必死な毎日です。
先輩達とは仲が良いようですが、ただ先輩を立てるために早く登校しなくちゃという気持ちがあって…。
でも私は、それはいいことだと思っています。中学に入って先輩との関係で上の人を立てることも重要だと感じているのでその気持ちを忘れないでほしいです。

(長)　うらやましーい。
うちは登校が遅くて「もっと早く出て!」という感じ。でも息子は「別にいいじゃん、間に合うし…」みたいなところがあって「間に合うじゃないんだけど!」と思いますよ。
それに部活から帰るとすぐに寝てしまい本当に疲れてる感じ。

(長)　塾だから早く早くって言うと「うるさい!早くって言わないで」って(笑)

(司会)確かに子供達は朝早くから暗くなるまで部活をしているようですが、昔は朝練もなかったと校長先生は仰っておられましたが…。

(校)　そうですね。自分がやっていた頃はそういう時代でしたが、教員になってからは今と変わらない状態でやってますね。
実は、常中の部活動が活発で素晴らしい成績を収めている理由を考えてみたのですが、まず一つは生徒が頑張っているということ。生徒自身がお互い切磋琢磨し、刺激がある良い環境だと思います。
二つ目は先生が一生懸命やっていると感じることです。
部活というのは本来生徒の自発的・自主的な活動というのが名目上あり、それは大事なのですが、やはり顧問の先生の熱意や働きかける言葉によって子供は本当に変わってくるなと思いますね。

常中の顧問の先生方は、複数体制で出来るだけ子供に寄り添って『色々指導していこう!熱く語っていこう!』という先生が多いです。そういえば、松戸市内の教員の中で常中出身の先生は結構多いんですよ。やはり自分自身が充実した中学生活を送ってなおかつ影響を受けた先生の姿を追うという人が多いのかなと思いましたね。
今三年生の面接をやっていますが、意外に先生になりたいと言う生徒が多いんですね。中学生が接する大人といえば親と教員がほとんどですが、中学生活で親や教員が与える影響は多感な中学生にはすごくあるんだと思います。ちょっと他の学校には無いんじゃないかな?

(司会)ところで今世間では先生方や子供の忙しさから朝練の中止や外部指導に委託する動きがありますか。

(校)　松戸もですが千葉県の中では朝練をやっているところが多いと、平成四年頃にやはり話題になりました。
ならば朝練の課題も含めて効用を考えてみようと市でまとめたことがありました。その時自分も関わっていたのですが、二十年経って教員の問題と子供達の負担が大きくなっているのではないかと声が上がっています。そこで改めて部活動の見直しを図ろうという動きが松戸の中で起きています。
今はバランスを考えながら適正に部活をやっていくことが大事ですね。

(司会)部活動の中でのもう一つの問題が、費用だと思うのですがそれについてはどうでしょう。

(日)　野球部は総体に関しては半端じゃないお金が出ましたね。(今年のチームは全国大会に出場)それを抜いたとしても道具をたくさん使うのでその費用は多いし、また遠征に行くので毎月バス代もかなりかかりました。家計を圧迫するくらい出たので結構辛かったですね。
ただ本人が一生懸命だったのと、うちは夫婦揃って応援していたのでそういう楽しめる時間を頂いたという意味では安いのかもしれないです。

(渡)　実は私、中学生のとき吹奏楽部で、そこは全国大会で金賞をとる学校でした。私の記憶で行ったのは水戸など近辺でしたね。
今思えば近辺でもお金はかかっていたはずで。当時は何もわからず自分のやりたい吹奏楽をやらせてもらい、全国大会に行きたいという想いでやっていました。自分が親になってお金がかかってたことが分かって…。
でも部活で上を目指して練習を頑張る時間は大切にしなきゃいけない。お金はかかるけれど頑張ってやっている姿を親に見せることで何かを親に返せているのかなという気がしてきますね。

(校)　私が以前居た中学校は吹奏楽部が強く、毎月のお金がかかっていました。スポーツの世界しか知らなかったのでこんなにお金がかかるの?とびっくりしましたね。

(渡)　そうですよね。楽器も自分のを買ってもらって…本当にお金がかかっていたんだと反省です。ただ中学の時はそんなこと全然考えなかったですけど。(一同笑い)

(司会)最後に部活動の引退時期について、場合によっては夏休み後半まで部活動となることをどうお考えですか?

(松)　うちは残念ながら夏休み初めの方で終わってしまったのであまり困るという実感はなかったです。

(長)　部活を引退した後はやっぱり勉強に集中するんですか?

(松)　塾の夏期講習が始まるのでそっちに気持ちがいくかな…。でも引退してすぐは部活がやりたいと言ってましたよ。

(長)　そこが心配なんですよね。部活を引退して勉強をちゃんとやってくれるのかな?自由な時間が増えたから遊んじゃうんじゃないかって…。

(日)　心配しなくてもみんなだいたい夏期講習を受けるので、それがみっちり夏休みの予定に入ってますよ。もう否応もなく勉強かな。

(笑)

(校)　千葉県の夏の大会は終業式前後に市のブロック大会、勝ち抜くと七月下旬に県大会、関東大会が八月十日前後、全国が八月二十日前後。全国までいけば夏休みをほぼ使ってしまうことにはなるのですが、多くの子供はだいたい七月中旬で引退し、まぁ一週間くらいはぼんやりとしているようですね。それから徐々に勉強をやっています。すぐに切り替えられる子もいれば引きずって簡単にできない子もいて、それも子供の気持ちによりますが。
昨日『学習と部活動』について調べたのですが、ベネッセの面白い調査資料をみつけました。『部活動への参加状況と平日の家庭学習時間』というものです。(内容は別欄に明記)これを見ると『部活に参加していて勉強できない・勉強する為に部活を辞めた』というは理由はこの調査だけだとあまり当てはまらないのかなと。家庭と本人の気持ち次第で学習と部活動の両立はできるのかなと思います。
先ほどの部活にかかる費用という部分もですが、色々な面で保護者の方が、温かい形でご協力くださっていると感じました。
常中の部活が盛んな三つ目の理由としてあげたいのが保護者のご協力とご理解があることでしょうね。顧問の先生方の苦労や力量を保護者の方もご理解くださっている現状があるのを4月に常中へきて感じました。本当にありがたいなと思います。

(司会)長い時間に亘り皆さんからの貴重なお話を伺うことができました。今日は本当にありがとうございました。

高校一・二年生を対象としたベネッセの調査

『部活動への参加状況と平日の家庭学習時間』
・部活に参加している子で勉強をほとんどやらない　…………　23.9%
・部活に参加していない子で勉強をほとんどやらない　………　27.3%
・部活に参加していたがやめた子で勉強をほとんどやらない　32.2%

『勉強を二時間以上やっている生徒の割合』
・部活に参加　…………………　約70%
・部活に参加していない　……　約62%
・参加していたが辞めた　……　約59%

(ただ部活動に参加していないのに三時間以上やる子供の割合をみるとこれが一番多くなっていました。…校長先生談)

佳作　横浜市立西谷中学校

審査総評

タウン誌さながらの見やすさがあります。年間のＰＴＡ会合や、学校行事などをスクールカレンダーとして付録とするなどに象徴されるように、随所にアイデアがある紙面です。

NISHIYA JuniorHighSchool Calendar 2016

PTAのスローガン『深めよう親子の絆～育てよう思いやりの心』

日	4月 April	5月 May	6月 June	7月 July	8月 August	9月 September	10月 October	11月 November	12月 December	1月 January	2月 February	3月 March
1	金	日 開校記念日	水 学家地連総会	金 地区懇談会	月	木 総合防災訓練 教育相談週間	土	火	木	日 [祝]元日	水 教育座談会 町懇談会	水 PTA運営委員会
2	土	月	木 開港記念日	土	火	金 教育相談週間	日	水	金 1年スキー教室保護者会	月	木 生徒会朝会	木
3	日	火 [祝]憲法記念日	金	日	水	土	月 文化祭週間	木 [祝]文化の日 授業参観 進路説明会/おゆずり会	土	火	金	金
4	月	水 [祝]みどりの日	土	月 非行防止教室	木	日	火 PTA運営委員会	金 代休	日	水	土	土
5	火 着任式・始業式 入学式	木 [祝]こどもの日	日	火 PTA運営委員会	金	月	水	土	月	木	日	日
6	水 対面式・離任式	金 3年進路 修学旅行説明会	月 PTA校区連絡会	水 区国際平和スピーチコンテスト	土	火 PTA運営委員会	木	日	火 3年保護者会	金 冬季休業終了	月	月
7	木 学級写真 新入生オリエンテーション	土	火 PTA運営委員会	木	日	水 前期期末テスト	金 3年英検1次試験	月 3年市学習状況調査 2年進路説明会	水 3年保護者会 PTA運営委員会	土	火 PTA 運営委員会	火 3年生を送る会(予定)
8	金 身体計測	日	水	金	月	木 前期期末テスト	土	火 3年市学習状況調査 PTA運営委員会	木 3年保護者会	日	水	水
9	土 PTA全体会 PTA専門委員会	月 地区別集会	木 全学年眼科検診	土	火	金 前期期末テスト	日	水 3年面談 市総体閉会式	金 全学年保護者会	月 [祝]成人の日	木	木 卒業式予行(予定)
10	日	火 尿検査 PTA運営委員会	金	日	水	土	月 [祝]体育の日	木	土	火 冬季休業後集会 PTA運営委員会	金	金
11	月	水	土	月 保護者会	木 [祝]山の日	日	火	金	日	水 教育相談日	土 [祝]建国記念の日	土
12	火 部活動仮入部開始 ~22日	木 2年内科検診	日 3年修学旅行	火 保護者会	金	月	水	土	月 全学年保護者会	木	日	日 卒業式準備(予定)
13	水 生徒会朝会 認証式	金	月 3年修学旅行	水 保護者会	土	火 生徒会朝会	木	日 西谷地区防災訓練	火 1・2年保護者会	金 避難訓練	月	月 卒業証書授与式(予定)
14	木 全学年歯科検診	土	火 3年修学旅行	木 保護者会	日	水	金 学校を開く週間 ~10/23	月 個別支援宿泊行事	水 1・2年保護者会	土	火	火 代休(予定)
15	金 授業参観/PTA新旧合同運営委員会	日	水 2年遠足/3年代休	金 保護者会	月	木	土	火 個別支援宿泊行事	木 1・2年保護者会	日	水	水
16	土	月	木	土	火	金	日	水	金	月	木 新入生保護者説明会	木
17	日	火 体育祭全体練習	金	日	水	土	月 2年合唱リハーサル	木	土	火	金 小中連携事業連絡会	金
18	月	水 市総体開会式	土	月 [祝]海の日	木	日	火 1年合唱リハーサル	金 3年後期中間テスト 教育講演会	日	水 個別支援合同学芸会(西公会堂)	土	土
19	火 全国学力状況調査	木 体育祭準備 1年内科検診	日	火 大掃除	金	月 [祝]敬老の日	水 3年合唱リハーサル	土	月	木	日	日
20	水	金 体育祭(予備日23日)	月	水 夏季休業前集会	土	火	木	日	火	金	月 学年末テスト	月 [祝]春分の日
21	木 3年・8組内科検診 ふれあい週間①	土	火	木 夏季休業	日	水	金	月 全学年後期中間テスト	水 大掃除	土	火 学年末テスト	火
22	金 ふれあい週間②	日	水	金	月	木 [祝]秋分の日	土	火 全学年後期中間テスト	木 冬季休業前集会	日 1年スキー教室	水 学年末テスト	水
23	土	月	木 耳鼻科検診	土	火	金	日	水 [祝]勤労感謝の日	金 [祝]天皇誕生日	月 1年スキー教室	木 1・2年市学習状況調査	木 大掃除
24	日	火	金 平和教育	日	水	土	月	木	土	火 1年スキー教室	金 1・2年市学習状況調査	金 修了式/PTA新旧役員引き継ぎ(予定)
25	月 ふれあい週間③	水 学家地連役員会	土	月	木	日	火	金 職業講話 職業体験	日	水 1年代休	土	土
26	火 ふれあい週間④	木 中間テスト	日	火	金 夏季休業終了	月 道徳公開授業	水 文化祭準備	土	月 冬季休業	木	日	日
27	水 1年心臓病検診	金 中間テスト PTA総会	月 生徒総会	水	土	火	木 文化祭	日	火	金	月	月
28	木	土	火 3年校内高校説明会	木	日	水 児童生徒交流日	金 文化祭	月	水	土	火	火
29	金 [祝]昭和の日	日	水	金	月 夏季休業後集会 職員清掃	木 個別支援合同体育祭(予備日30日)	土	火	木	日		水
30	土	月 避難訓練	木 朝会	土	火 教育相談週間	金	日	水	金	月		木
31		火 生徒会朝会		日	水 教育相談週間		月		土	火		金

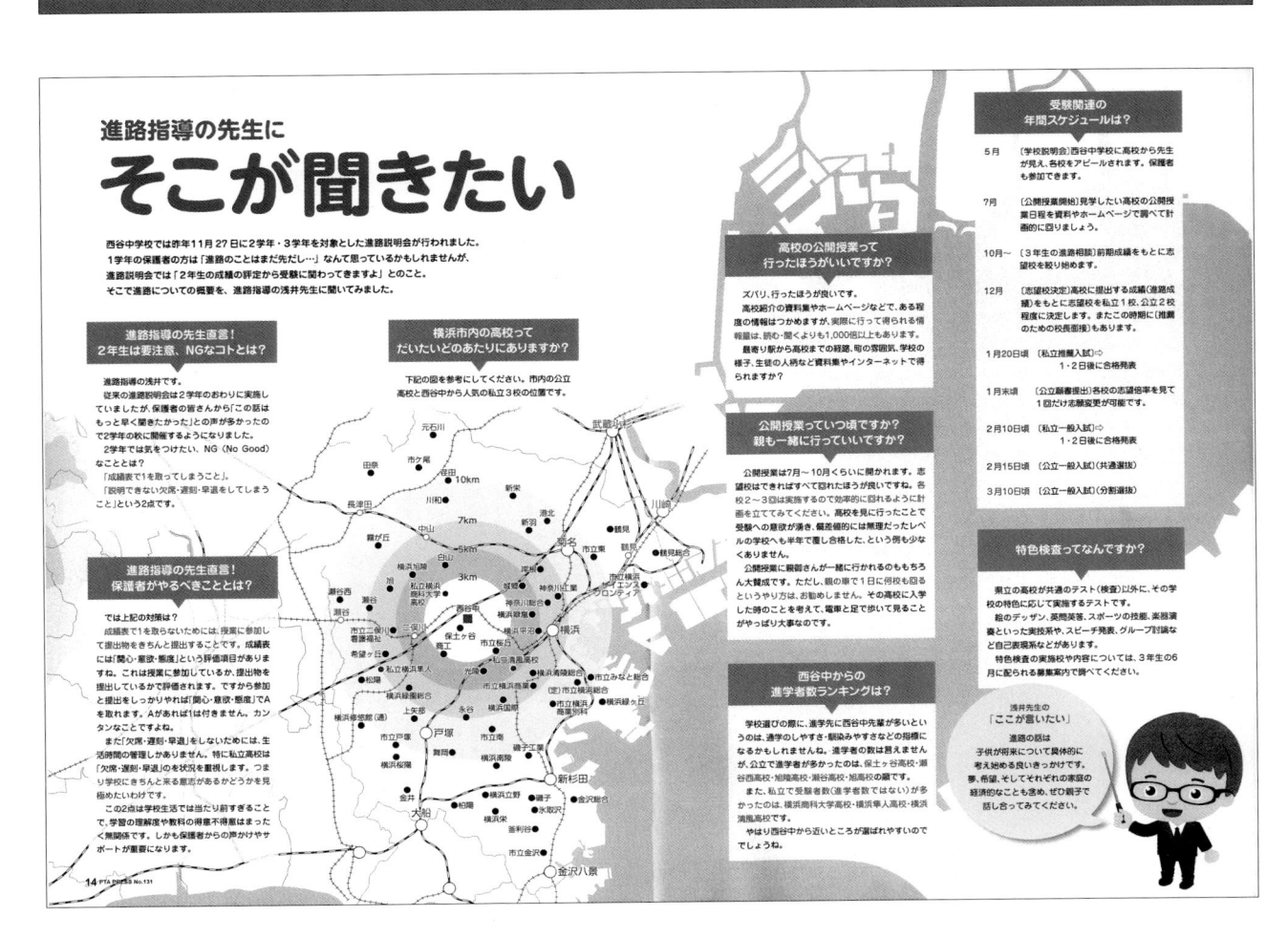

※平成28年4月1日現在の行事予定及び在職者を掲載しています。行事などの日程は変更になる場合があります。

横浜市立西谷中学校PTA広報委員会
平成28年5月発行

進路指導の先生に

そこが聞きたい

西谷中学校では昨年11月27日に2学年・3学年を対象とした進路説明会が行われました。
1学年の保護者の方は「進路のことはまだ先だし…」なんて思っているかもしれませんが、
進路説明会では「2年生の成績の評定から受験に関わってきますよ」とのこと。
そこで進路についての概要を、進路指導の浅井先生に聞いてみました。

進路指導の先生直言！ 2年生は要注意、NGなコトとは？

進路指導の浅井です。

従来の進路説明会は2学年のおわりに実施していましたが、保護者の皆さんから「この話はもっと早く聞きたかった」との声が多かったので2学年の秋に開催するようになりました。

2学年では気をつけたい、NG（No Good）なこととは？

「成績表で1を取ってしまうこと」。

「説明できない欠席・遅刻・早退をしてしまうこと」という2点です。

進路指導の先生直言！ 保護者がやるべきこととは？

では上記の対策は？

成績表で1を取らないためには、授業に参加して提出物をきちんと提出することです。成績表には「関心・意欲・態度」という評価項目がありますね。これは授業に参加しているか、提出物を提出しているかで評価されます。ですから参加と提出をしっかりやれば「関心・意欲・態度」でAを取れます。Aがあれば1は付きません。カンタンなことですよね。

また「欠席・遅刻・早退」をしないためには、生活時間の管理しかありません。特に私立高校は「欠席・遅刻・早退」のを状況を重視します。つまり学校にきちんと来る意志があるかどうかを見極めたいわけです。

この2点は学校生活では当たり前すぎることで、学習の理解度や教科の得意不得意はまったく無関係です。しかも保護者からの声かけやサポートが重要になります。

横浜市内の高校って だいたいどのあたりにありますか？

下記の図を参考にしてください。市内の公立高校と西谷中から人気の私立3校の位置です。

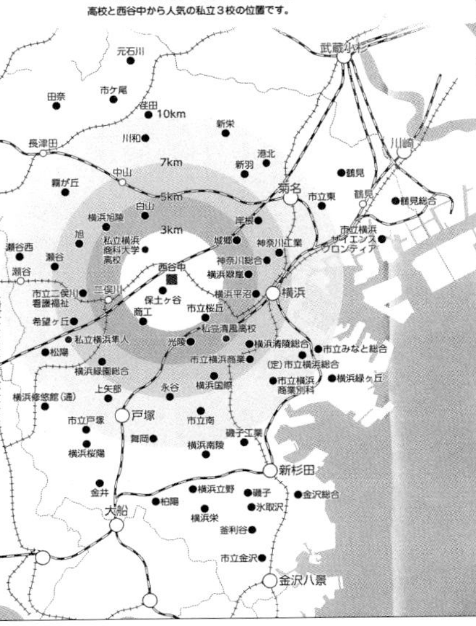

高校の公開授業って 行ったほうがいいですか？

ズバリ、行ったほうが良いです。

高校紹介の資料集やホームページなどで、ある程度の情報はつかめますが、実際に行って得られる情報量は、読む・聞くよりも1,000倍以上もあります。

最寄り駅から高校までの経路、町の雰囲気、学校の様子、生徒の人柄など資料集やインターネットで得られますか？

公開授業っていつ頃ですか？ 親も一緒に行っていいですか？

公開授業は7月～10月くらいに開かれます。志望校はできればすべて回れたほうが良いですね。各校2～3回は実施するので効率的に回れるように計画を立ててみてください。高校を見に行ったことで受験への意欲が湧き、偏差値的には無理だったレベルの学校へも半年で覆し合格した、という例も少なくありません。

公開授業に親御さんが一緒に行かれるのももちろん大賛成です。ただし、親の車で1日に何校も回るというやり方は、お勧めしません。その高校に入学した時のことを考えて、電車と足で歩いて見ることがやっぱり大事なのです。

西谷中からの 進学者数ランキングは？

学校選びの際に、進学先に西谷中先輩が多いというのは、通学のしやすさ・馴染みやすさなどの指標になるかもしれませんね。進学者の数は言えませんが、公立で進学者が多かったのは、保土ヶ谷高校・瀬谷西高校・旭陵高校・瀬谷高校・旭高校の順です。

また、私立で受験者数(進学者数ではない)が多かったのは、横浜商科大学高校・横浜隼人高校・横浜清風高校です。

やはり西谷中から近いところが選ばれやすいのででしょうね。

受験関連の 年間スケジュールは？

5月　〔学校説明会〕西谷中学校に高校から先生が見え、各校をアピールされます。保護者も参加できます。

7月　〔公開授業開始〕見学したい高校の公開授業日程を資料やホームページで調べて計画的に回りましょう。

10月～　〔3年生の進路相談〕前期成績をもとに志望校を絞り始めます。

12月　〔志望校決定〕高校に提出する成績(進路成績)をもとに志望校を私立1校、公立2校程度に決定します。またこの時期に〔推薦のための校長面接〕もあります。

1月20日頃　〔私立推薦入試〕⇨ 1・2日後に合格発表

1月末頃　〔公立願書提出〕各校の志望倍率を見て1回だけ志願変更が可能です。

2月10日頃　〔私立一般入試〕⇨ 1・2日後に合格発表

2月15日頃　〔公立一般入試〕(共通選抜)

3月10日頃　〔公立一般入試〕(分割選抜)

特色検査ってなんですか？

県立の高校が共通のテスト(検査)以外に、その学校の特色に応じて実施するテストです。

絵のデッサン、英問英答、スポーツの技能、楽器演奏といった実技系や、スピーチ発表、グループ討論など自己表現系などがあります。

特色検査の実施校や内容については、3年生の6月に配られる募集案内で調べてください。

浅井先生の
「ここが言いたい」

進路の話は
子供が将来について具体的に
考え始める良いきっかけです。
夢、希望、そしてそれぞれの家庭の
経済的なことも含め、ぜひ親子で
話し合ってみてください。

審査総評

全３回にわたる「親も知りたい受験事情」は、高校進学を見据え、入学試験の出題分析まで積極的な紙面作りをしています。「地域人」の登場も目配りがあります。

絆
きずな

長野市立
西部中学校
ＰＴＡ広報紙

平成28年11月
第141号

発行
長野市立西部中学校ＰＴＡ
編集
西部中学校ＰＴＡ広報部
題字
和田裕校長先生
印刷
中央プリント株式会社

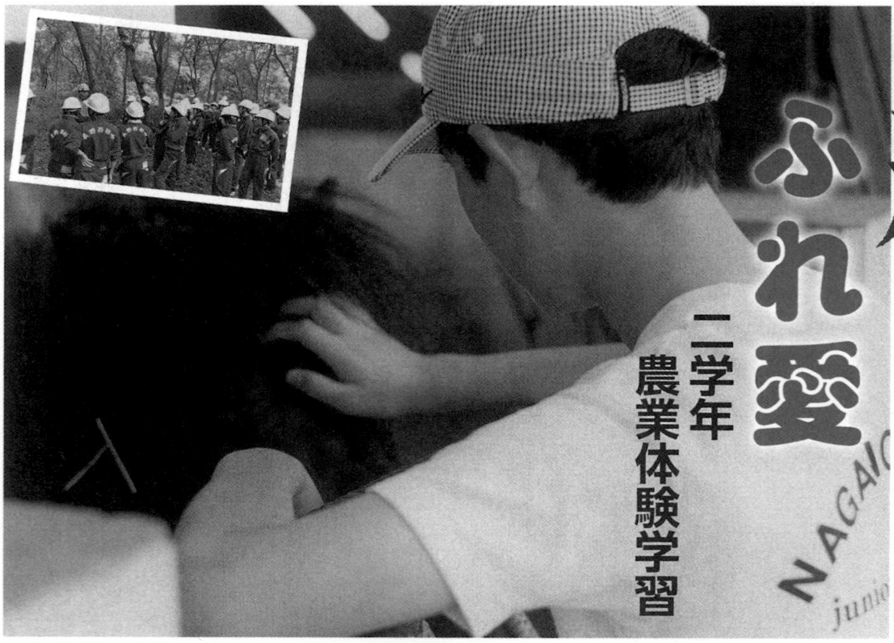

ふれ愛
二学年 農業体験学習

7月7日・8日、1泊2日で2学年の「農業体験学習」が、八ヶ岳農業実践大学校で行われました。昨年度まで、この時期に行われる2学年の宿泊行事は登山でしたが、3年間を見通したキャリア学習の展開を考慮して変更に至りました。当日は豊かな自然環境の中、農業・酪農・林業などのさまざまな体験学習を行いました。

公開探索

これは何のマークでしょう
ご存知の方、教えてください

謎？のマーク

左の写真をご覧ください。これは南校舎の、校庭に面した西側の壁面です。この壁面の上の方に、鮮やかなグリーンで直径二メートル以上もあろうかという丸型のマークがペイントされています。このマークは一体何なのでしょう。

校舎の壁面にペイントされているのですから、まず思い浮かぶのは「西部中学校の校章」です。でも本校の校章は、本紙面の題字の背景にあるよう「りんどうの花」をあしらったものです。

このマークは左右が対称で、漢字の「小」の字にも見えます。しかし南校舎が、かつて小学校の施設だったという事実はありません。

壁面マークは二つあった

もう少し調査を進めてみましょう。昨年度、あさひ体育館に耐震工事が施され、外装も一新されました。実は、工事前のあさひ体育館の北側、屋根の下あたりの壁面にも全く同じマークがペイントされていました。羽場教頭先生によると、昨年度の工事にあたり、このマークの趣旨や来歴は長野市の教育委員会でも判らず、結局塗りつぶす結果になったとのことでした。

あさひ体育館と南校舎の壁面の両方にあった巨大なマーク。さらに調べを進めてみると、あさひ体育館の竣工は昭和五十八年、南校舎は昭和五十九年でした。二つはきわめて近い時期に完成した施設です。その頃には、費用と手間をかけてこのマークをペイントする必要性があったのでしょう。しかし、こんなに目立つマークのその由来が、なぜ歴史の中に埋もれてしまったのでしょうか。

あさひ体育館（以前）

あさひ体育館（現在）

情報を募ります

昭和五十八〜五十九年は、今から三十年以上前です。当時本校の生徒だったという方が、現在の保護者にいるという可能性は充分にあります。そして、その方々ならば、何かをご存知かもしれません。

そこで、ここに紙上を借りて、マークについての情報を公開探索します。窓口は、ＰＴＡ広報部担当の山口先生に一本化します。しめきりは十一月末日です。有効な情報が寄せられた場合は、次号の『絆』紙上で紹介します。ご協力、よろしくお願いします。

（1）

シリーズ・親も知りたい受験事情②

あっ！　出題パターンがそっくりだ!!

昨年度・公立高校入試と県立中学入試の「国語」

おかげさまで学校内外からいろいろな声をいただいている「シリーズ・親も知りたい受験事情」です。二回目の今回は、受験事情についてより広く、かつタイムリーな情報を得ようと、昨年度の「絆」でもおなじみ、信学会・学習企画課長の齋藤嘉克さん（写真）に突撃インタビューを試みました。有益な話とともに、思いがけない発見がありました。

―三月に行われた公立高校の後期選抜試験（学力検査）は総じてどのような試験だったのでしょうか。

齋藤　端的に言えば、**思考力・判断力・表現力をフル活用する問題**でした。各教科、確実に文章で書いて答える問題が増えました。それは「論述」の問題、つまり**自分の言葉できちんと書く力が試された出題**と言っていいでしょう。

―全体の平均点が前年比でほとんど変わらない中、理科だけが平均点を大きく下げましたが。

齋藤　理科の試験は、基本用語を答える問題が減り、代わりに論述が増えました。論述問題で正答となるには二つの要素を入れて答えなければならない問題が多く、解きづらさがあったと思います。

―他教科の出題分析はいかがですか。

齋藤　数学は、最初のほうに並んだ基本問題は不変ですが、計算の過程や別の解法を求める問題が難しかったでしょう。英語は、英作文の型にはめて答えるものから自分の考えを加えて書く出題になり、配点も高くなりました。普段から自分の考えなどを英文で表現できるようにしておきたいですね。社会は、従来の大問三題のパターンから四題になりました。内容的にも、資料を読みとり、やはり自分の言葉で書くという出題がありました。国語は、長文読解問題の中で、八十～百字という今までには見られなかった文字数の課題作文が出題されました。でもこの出題は、前年十二月に行われた県立中学校（屋代高等学校附属中学校・諏訪清陵附属中学校）の入試問題とパターンがほぼそっくりです。（前頁）

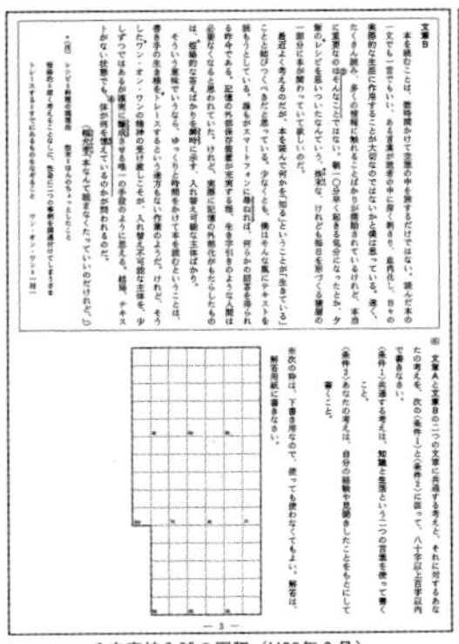

公立高校入試の国語（H28年3月）

県立中学校入試の国語（H27年12月）

(2)

―えっ！　これ本当ですか。ほとんど同じパターンの出題じゃないですか!!

齋藤　そうですね。まず、両方の試験ともに、二種類の文章が提示されています。これらは、その読解問題での最後にある出題です。ここで大切なのは、二つある条件にそった解答を書くことです。①二つの文章に「共通する点」を読みとって、指定された二語を使いながら指摘すること、②それに絡めて「自分の考え」を書くことですが、出題形式は全く同じと言っていいですね。

―驚きです。なぜこんな出題になったのでしょう。入試問題なのにあまりに安直な（？）気もしますが…。

齋藤　推測ですが、中学での入試の出題が「前例」となって、採点の方法などが整えやすかったのではないでしょうか。全県規模の高校入試（学力検査）となると、桁違いの人数の受検生ですから。ただ、中学入試では「百六十～二百字」、高校入試では「八十～百字」と、制限字数が半分に減っている点も注目したいですね。なお、信学会の「長野県高校入試学力テスト」の国語では、十二月以降の実施テストは積極的に課題作文の問題も採り入れていきます。受験生には役立ちますよ。

―いろいろ勉強になります。さて、こうした高校入試の変化は全国的な傾向なのでしょうか。

齋藤　もちろんです。むしろ長野県は（対応が）遅いくらいです。毎年四月に行われる全国学力学習状況調査（全国学力テスト）の結果で上位に位置している県の入試は、その全てで国語の作文や、数学の計算の過程までも問う問題が出されています。

―上位の県というと具体的には…。

齋藤　近年、伸びがめざましいと思うのは石川県です。あとは、学力で有名な秋田県、富山県などです。特に秋田県の高校入試では、国語は聞き取りの問題も出されています。これは、これから他県でも増えていくのではないでしょうか。また、山梨県は、作文を含む国語の入試のみ時間が五十五分間（他教科は四十五分間）と長めです。それだけ文章表現力が重視されているわけですね。

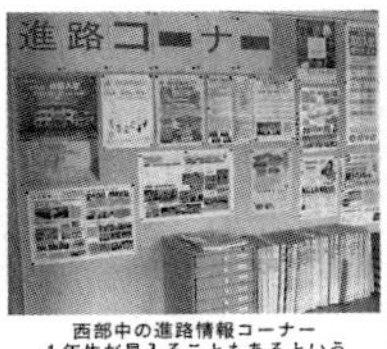

西部中の進路情報コーナー
1年生が見入ることもあるという

―それでは、数か月後に高校入試を控えた三年生やその保護者にアドバイスをお願いします。

齋藤　そろそろ生活のスタイルを朝型に変えていく頃でしょうか。夜更かしして、翌日まで起きていてもいいことはありません。脳は、起床から三時間して活性化します。そこへ学校の授業時間をもっていくわけです。これは、高校入試の本番当日の体調管理にもつながります。学習の中身は、新しいことに手を広げるより、**三年間の復習に徹して基礎基本の定着を図るのが**得策です。保護者は、とにかく見守ってほしい。受験生は一生懸命に勉強しています。ガミガミ言うのは控えましょう。

―二年生は、大学入試の変革元年にあたる学年ですね。

齋藤　そうです。今の中学二年生が高校三年生になる（＝大学を受験する）二〇二〇年は、従来のセンター試験に代わって「大学入学希望者学力評価テスト（仮称）」が導入されます。もちろん名前が変わるだけではありません。先に言ったような思考力・判断力・表現力など、**複数の教科が一つの問題で出題され、総合的に学力を試す**ような試験内容になり、難しくなります。今から広く学ぶ姿勢をつくりたいところですね。何かと大変な学年だと思います。

―一年生やその保護者への心構えや留意点をお願いします。

齋藤　高校入試には中学一年の学習範囲も出題されます。**日々の授業や復習を確実に**してほしいです。心がけの面で言えば、初志貫徹できる生徒は強いです。結果的に実現できるかどうかは別としても、**具体的な目標、志望校をもつ**ことです。さらにそれを口に出して言う、紙に書くなどすると効果的です。保護者は、これからの入試は「自分たちの時はこうだった」という考え方は通用しないと思ったほうがいいです。そのくらい高校入試、大学入試は大きく変化してきています。

まとめに代えて

齋藤さんのインタビューは、前半は高校入試の話でした。まず、国語の出題パターンの件は衝撃的でした。そして、長野県の公立高校の入試問題は、昨年から大きく変わったと思っていましたが、全国的に見れば、まだ遅れているようです。入試で先進的な試みをしている事例もいくつか教えていただきました。暗記やパターン訓練では済まない試験になっていることを痛感しました。

後半は、学年ごとに受験へのアドバイスをいただきました。特に二年生。保護者も含めて、焦る必要はありませんが、大学を目指している家庭は「二〇二〇年」に向けて、しっかりした学力をつけていきましょう。また、保護者としては「自分たちの時代のことは通用しない」というのはちょっと残念でしたが、子どもと一緒になって、もっと「今」について勉強していかなくては…と思いました。

（広報部取材）

(3)

交流活動は脈々と
トルコ共和国と西部中

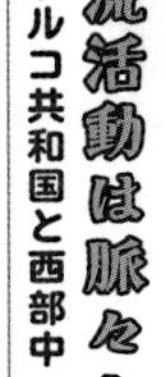

冬季長野五輪での「一校一国」をきっかけに始まったトルコ共和国と本校との交流。これまでに何度も「招待」や「訪問」を重ねてきました。昨年はイスタンブールのタンプナル校から生徒や先生を招き、今年は本校が訪ねる番でした。しかし、近年の国際情勢に加え、七月には国内でクーデター未遂があり、訪問は難しい状況になりました。しかし、交流活動は脈々と続けられています。

『海難1890』の感想届く

日本とトルコの友好百二十五周年を記念した映画『海難1890』。封切直後の昨年の十二月には西部中学校の全校生徒が長野駅前の映画館へ鑑賞に行きました。

この映画は、一八九〇年に和歌山県沖で起きたエルトゥールル号遭難事件で、現地の人々が献身的に救助にあたった姿と、一九八五年のイラン・イラク戦争勃発時に、テヘランに残された日本人救援のため、トルコ政府が救援機を飛ばした出来事をつないで描き、同時期にトルコでも公開されています。タンプナル校もこの映画を見に行ったそうで、生徒の感想文が届きました。幾つかを紹介しましょう。日本語訳は、昨年の来日でも通訳として同行した藤井勢津子さんです。

★メルハバ。私はジェレンといいます。先日クラスで映画鑑賞に行きました。「海難1890」という映画です。観た感想を書きます。心の中にいろいろな感情が湧きました。いくつかの場面では涙があふれました。「海難」は感情に訴える映画で、とても素晴らしい、切ない映画です。率直に言えば、私はこの映画から友情や友好の絆の大切さを学びました。

（ジェレン　トゥフェクチ）

★映画「海難」を観に行きました。すごく気に入りました。日本人とトルコ人がお互いに助け合うというところに感動しました。最初は日本人がトルコ人を助け、その後はトルコ人が日本人を助けたことがとてもよかったです。

（イルケ　スンクル）

★海難事故で大島に流れ着いたトルコの人々。日本の皆さんは、すぐに駆けつけてくれました。海から引き上げるよう努力をしてくれ、決してあきらめることなく助けてくれました。自分たちの食べ物もトルコ人にくれました。私たちトルコ人も、1985年のイラン・イラク戦争の勃発時、皆さん日本人を助けることができました。この友情は決して終わりません。終わることはありません。

（イプラ　ギュズ　バイラック）

★上映されている間ずっと、映画の中の人々と同じ気持ちになって観ました。心の中は愛、友情、友好の絆でいっぱいになりました。そして、皆さんのような交流校と友好を深められることを、とても幸せに思っています。

（イペッキ　オズテキン）

文通で交流

八月、藤井勢津子さんから連絡がありました。タンプナル校がある地区は、六月にテロ事件のあったアタトゥルク空港とイスタンブールの中心街の間にあります。「国内の治安情勢が不安定で、学校の周辺は現在、普通の生活ができているが、長年住んでいても、安心して西部中の皆さんを招待できるか来年度の見通しがつかない」とのことでした。

一方、西部中学校としては、今年も十月に長野商業高校の「長商デパート」で「西部中トルコ交流展」として、これまでの交流の歴史をまとめて展示発表をしました。また、英語科では、トルコへの英文の手紙を書く学習を計画しています。これが届けば、先方からは英文での返事がもらえる予定で、英語を媒介としてコミュニケーションを深めていくことが期待されています。

第6回招待（2015年）

トルコ⇔西部中の交流史

1997年	一校一国運動の相手国がトルコ共和国に決まり、姉妹校としてタンプナル校との交流を始める。
1998年	冬季長野五輪大会にで来日したトルコ選手を西部中が応援。
1999年	トルコ（イズミット）地震発生。校友会が義援金の募金活動を行う。
2001年	タンプナル校を西部中職員が訪問。
2002年	校友会役員がトルコ日本大使館を表敬訪問。
2003年	タンプナル校より職員２人来校（第１回招待）。
2004年	タンプナル校へ西部中生徒10人が訪問（第１回訪問）。
2005年	タンプナル校より来校（第２回招待）。
2006年	タンプナル校を訪問（第２回訪問）。
2007年	タンプナル校より来校（第３回招待）。
2008年	タンプナル校を訪問（第３回訪問）。
2009年	長野商業高校の「長商デパート」で西部中ブースを開設。トルコ物産展を始める。
2010年	タンプナル校より来校（第４回招待）。
2011年	タンプナル校を訪問（第４回訪問）。
2013年	タンプナル校より来校（第５回招待）。
2014年	タンプナル校を訪問（第５回訪問）。
2015年	タンプナル校より来校（第６回招待）。

(4)

発見！地域人②　The Locals around Our School

苔玉（こけだま）の魅力

桜　峯村（みねむら）せつ子さん

「苔玉は、簡単に作れて気持ちがホッと安らげるところが魅力かな」と、明るい表情で語るのは、西部中学校の地域公開講座で「苔玉作り」の講座を担当している峯村せつ子さんです。

峯村さんが、苔玉と出会ったのは今から二十年ほど前、地域の公民館で行われた「苔玉講座」に参加したときでした。それをきっかけに苔玉作りのとりこになってしまったそうです。その後、芋井公民館の敷地の裏手に苔が生えているのを見つけ、それを使って自ら公民館で講座を開いたのが、苔玉作りの講師になったきっかけです。

三年前、西部中学校の地域公開講座の講師の依頼を受けました。そしてこの三年間、講座に集った生徒、保護者、地域の皆さんに苔玉作りの楽しさや魅力を伝えてきました。数ある地域公開講座の開講講座の中でも「苔玉作り」は、生徒や保護者を問わず常に人気のある講座です。今年度の講座を受講した生徒たちからは「作業が大変なところもあったけれど、最後は綺麗にできたので感動した」「せっかく作った作品なので、ずっと大切に育てていきたい」といった感想が聞かれました。ものづくりを通して自然に親しんだり、心を豊かにしていったりしてほしいという峯村さんのねがいは、確実に子どもたちや保護者にも伝わっています。

峯村さんから見た西部中学校の生徒の印象を尋ねると「生徒たちは、三年前と変わらず、とても素直で、こちらも教えやすいですね」という返答でした。そして「自分で作った苔玉ですから、これからも大事に育てていってくださいね」と、終始笑顔で語ってくれました。

個性尊重の社会に

妻科　高橋法律事務所　弁護士　樋川（ひかわ）和弘（かずひろ）さん

樋川和弘さんは、妻科の高橋法律事務所に勤務する弁護士です。東京都出身の三十五歳、長野市には弁護士になる前の研修で初めて訪れ、そのまま気に入って移住したそうで、以来十年になります。

樋川さんは、テレビドラマに描かれた弁護士の姿にあこがれ、中学生のころから将来は法律家になろうと考えていたそうです。実際の弁護士の仕事について尋ねると「日々いろいろな事件を担当しています。お金のトラブル、男女間のトラブル、交通事故。ときには、悪いことをして捕まった少年の弁護や、人を殺してしまった方の弁護などをすることもあります」と。そして「ドラマのように華々しい仕事はありません。人と人との争いの中に入っていくので、とてもストレスがかかります。でも、事件を無事に解決したときに感謝されるのは、他の仕事ではなかなか味わえないだろう醍醐味だと思ってがんばっています」と語ります。

平成二十七年十二月、当時の一年生を対象に「いじめ防止授業」という出張授業を行ったことが西部中学校とのつながりです。この授業は、長野県弁護士会が小・中学校にボランティアで弁護士を派遣し、弁護士の視点から、いじめがどうして許されないのか、いじめをどうやったらなくすことができるか、生徒たちと一緒になって考えていくという内容でした。

この授業に託したねがいについて樋川さんは「人にはそれぞれ個性があります。学校という環境の中では、この個性がぶつかり合って、時にいじめに発展します。しかし、相手の個性を尊重し、いじめではなく譲り合いや話し合いで解決することが、ひいては自分の個性が他人から尊重されることにつながります。個々の個性が尊重される社会が、我々弁護士が目指す人権が守られている社会です。『いじめ授業』を通じて、そのことを少しでも感じてもらえたら嬉しいです」と明かしてくれました。

そして最後に「もし、今もいじめに困っている生徒がいたら、いつでも相談に乗りますよ！」と力強く締めてくれました。

(5)

佳作　富山県南砺市立福野中学校

審査総評　生活習慣、生活リズムなどの記事を企画し、啓発的です。学校行事なども写真を中心に掲載して見やすさを優先しています。「後輩の諸君！　こんにちは！」なども親しみやすいコーナーです。

はぐくみ

第140号

発行所
福野中学校　育友会
広報委員会

発行日
平成28年7月20日

28年度スローガン

すべては子供たちのために
～子供たちの未来のために活動しよう～

活動にすばらしい評価をいただきました！

昨年度のはぐくみです

米屋県P会長（左）
才崎福野小会長（中）
山口前広報委員長（右）

富山県PTA連合会が主催する平成27年度 富山県小・中学校PTA広報紙コンクールが行われ昨年度のはぐくみ136～139号が（26年度に続いて）優秀賞を受賞しました。

広報紙編集の際には

- **まずは育友会の活動を掲載する**
- **なるべく簡潔な文章での記事作成**
- **費用を抑えるためにもモノクロ印刷で**
- **年4回発行することで全体のページ数を確保する**

などに注力しました。

モノクロで発行することで会員の皆さんの目にとまりにくくなるのでは…と不安もありましたが6月4日（土）に行われた表彰式では「メリハリのあるレイアウトでカラーであるとかモノクロであるとか関係なく読ませる工夫が盛り込まれている」と、講評をいただくことができ嬉しく思いました。

育友会のホームページには「カラー版」が掲載してありますので読まれていない方は是非ご一読ください！

日々の活動をタイムリーにお届けします。

写真だけでなく、動画もアップしています！

育友会の活動情報を写真メインでお届けします。

Facebookはこちら

ホームページはこちら

行事予定カレンダーは随時更新しております。

育友会への問い合わせ、ご要望がございましたら問い合わせフォームに必要事項をご記入の上、ご送信お願いします。

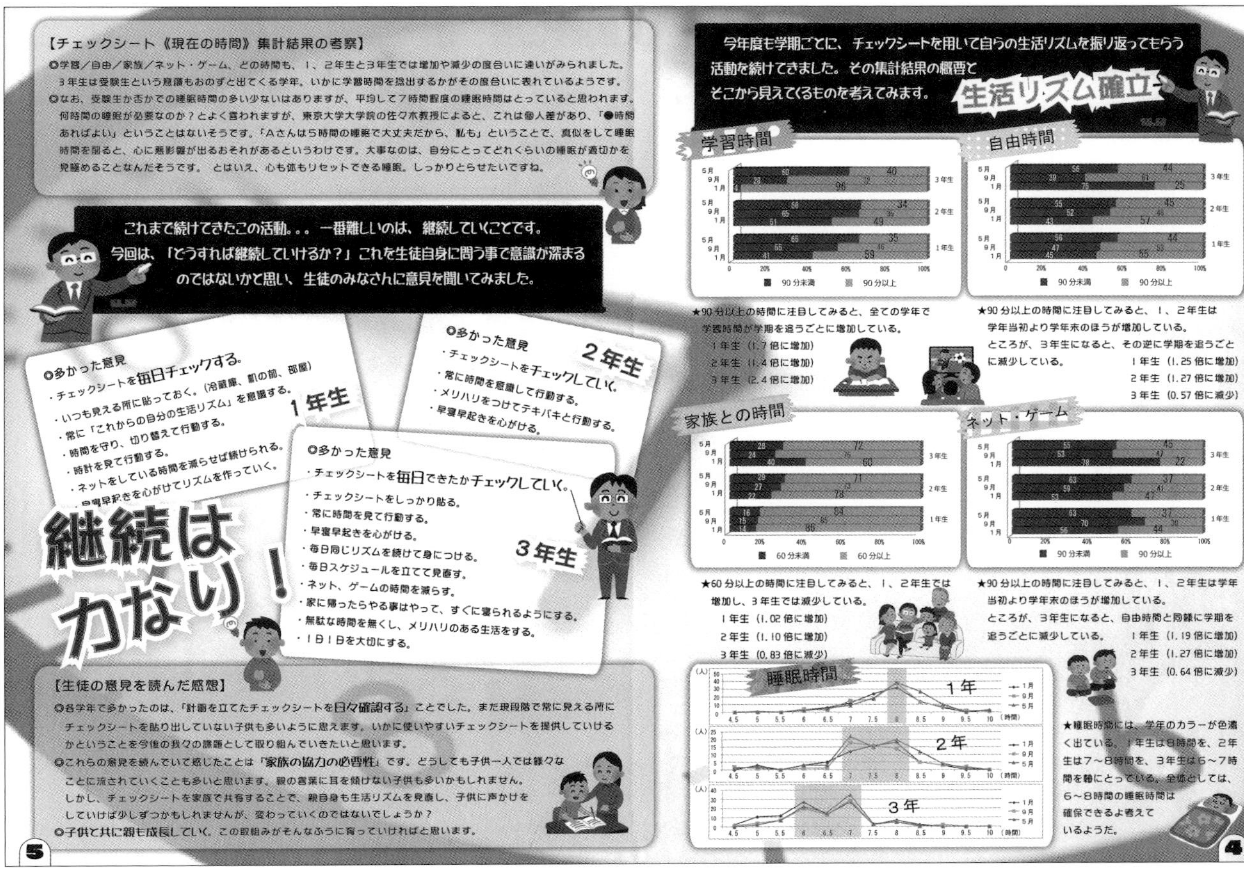

今年度も学期ごとに、チェックシートを用いて自らの生活リズムを振り返ってもらう活動を続けてきました。その集計結果の概要とそこから見えてくるものを考えてみます。

生活リズム確立

学習時間

★90分以上の時間に注目してみると、全ての学年で学習時間が学期を追うごとに増加している。
1年生（1.7倍に増加）
2年生（1.4倍に増加）
3年生（2.4倍に増加）

自由時間

★90分以上の時間に注目してみると、1、2年生は学年当初より学年末のほうが増加している。
ところが、3年生になると、その逆に学期を追うごとに減少している。
1年生（1.25倍に増加）
2年生（1.27倍に増加）
3年生（0.57倍に減少）

家族との時間

★60分以上の時間に注目してみると、1、2年生では増加し、3年生では減少している。
1年生（1.02倍に増加）
2年生（1.10倍に増加）
3年生（0.83倍に減少）

ネット・ゲーム

★90分以上の時間に注目してみると、1、2年生は学年当初より学年末のほうが増加している。
ところが、3年生になると、自由時間と同様に学期を追うごとに減少している。
1年生（1.19倍に増加）
2年生（1.27倍に増加）
3年生（0.64倍に減少）

睡眠時間

★睡眠時間には、学年のカラーが色濃く出ている。1年生は8時間を、2年生は7～8時間を、3年生は6～7時間を軸にとっている。全体としては、6～8時間の睡眠時間は確保できるよ考えているようだ。

4

【チェックシート《現在の時間》集計結果の考察】

◎学習／自由／家族／ネット・ゲーム、どの時間も、1、2年生と3年生では増加や減少の度合いに違いがみられました。3年生は受験生という意識もおのずと出てくる学年。いかに学習時間を捻出するかがその度合いに表れているようです。

◎なお、受験生か否かでの睡眠時間の多い少ないはありますが、平均して7時間程度の睡眠時間はとっていると思われます。何時間の睡眠が必要なのか？とよく言われますが、東京大学大学院の佐々木教授によると、これは個人差があり、「●時間あればよい」ということはないそうです。「Aさんは5時間の睡眠で大丈夫だから、私も」ということで、真似をして睡眠時間を削ると、心に悪影響が出るおそれがあるというわけです。大事なのは、自分にとってどれくらいの睡眠が適切かを見極めることなんだそうです。とはいえ、心も体もリセットできる睡眠。しっかりとらせたいですね。

これまで続けてきたこの活動。。。一番難しいのは、継続していくことです。
今回は、「どうすれば継続していけるか？」これを生徒自身に問う事で意識が深まるのではないかと思い、生徒のみなさんに意見を聞いてみました。

1年生

◎多かった意見
・チェックシートを毎日チェックする。
・いつも見える所に貼っておく。（冷蔵庫、机の前、部屋）
・常に「これからの自分の生活リズム」を意識する。
・時間を守り、切り替えて行動する。
・時計を見て行動する。
・ネットをしている時間を減らせば続けられる。
・早寝早起きを心がけてリズムを作っていく。

2年生

◎多かった意見
・チェックシートをチェックしていく。
・常に時間を意識して行動する。
・メリハリをつけてテキパキと行動する。
・早寝早起きを心がける。

3年生

◎多かった意見
・チェックシートを毎日できたかチェックしていく。
・チェックシートをしっかり貼る。
・常に時間を見て行動する。
・早寝早起きを心がける。
・毎日同じリズムを続けて身につける。
・毎日スケジュールを立てて見直す。
・ネット、ゲームの時間を減らす。
・家に帰ったらやる事はやって、すぐに寝られるようにする。
・無駄な時間を無くし、メリハリのある生活をする。
・1日1日を大切にする。

継続はかなり！

【生徒の意見を読んだ感想】

◎各学年で多かったのは、「計画を立てたチェックシートを日々確認する」ことでした。まだ現段階で常に見える所にチェックシートを貼り出していない子供も多いように思えます。いかに使いやすいチェックシートを提供していけるかということを今後の我々の課題として取り組んでいきたいと思います。

◎これらの意見を読んでいて感じたことは「家族の協力の必要性」です。どうしても子供一人では様々なことに流されていくことも多いと思います。親の言葉に耳を傾けない子供も多いかもしれません。しかし、チェックシートを家族で共有することで、親自身も生活リズムを見直し、子供に声かけをしていけば少しずつかもしれませんが、変わっていくのではないでしょうか？

◎子供と共に親も成長していく。この取組みがそんなふうに育っていければと思います。

5

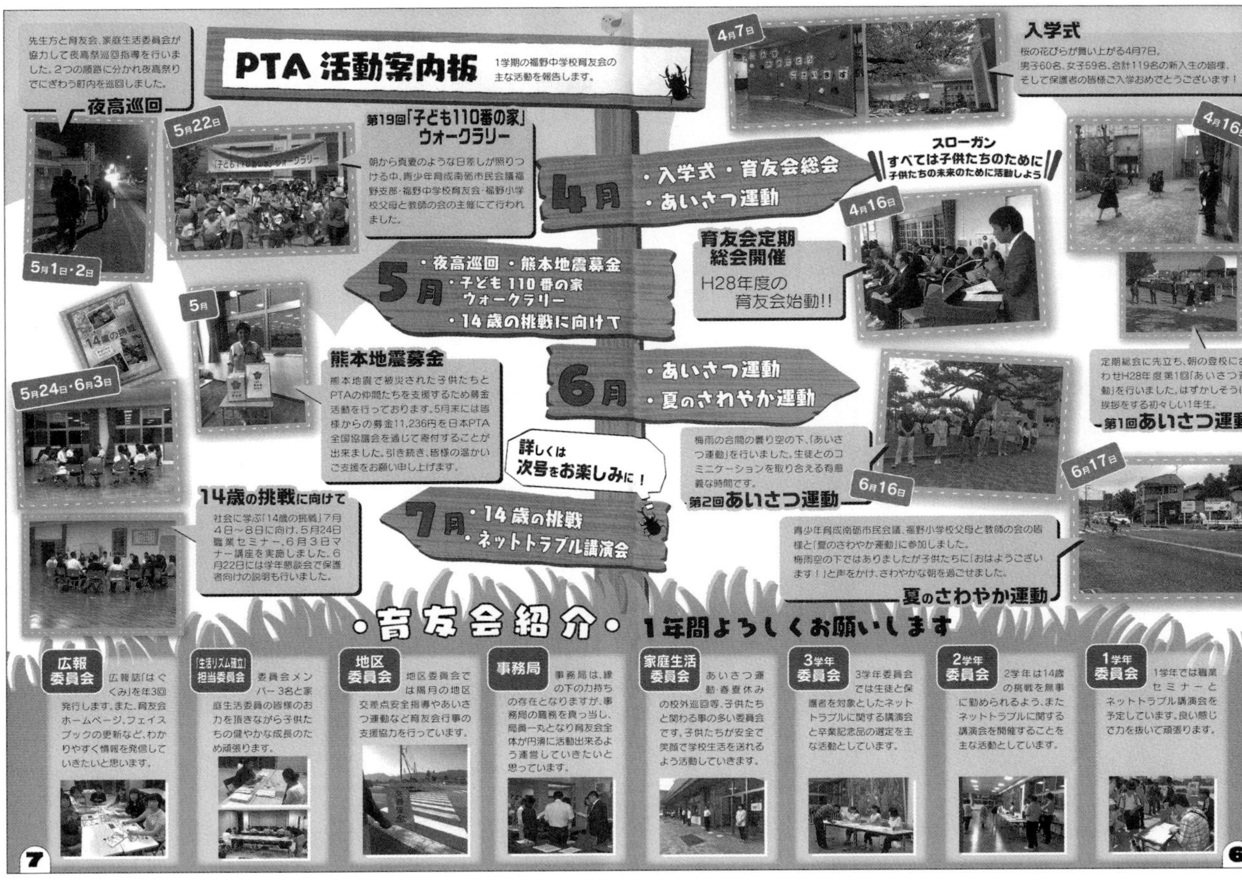

PTA活動案内板

1学期の福野中学校育友会の主な活動を報告します。

4月
・入学式・育友会総会
・あいさつ運動

5月
・夜高巡回・熊本地震募金
・子ども110番の家ウォークラリー
・14歳の挑戦に向けて

6月
・あいさつ運動
・夏のさわやか運動

7月
・14歳の挑戦
・ネットトラブル講演会

詳しくは次号をお楽しみに！

スローガン
すべては子供たちのために
子供たちの未来のために活動しよう

入学式（4月7日）

桜の花びらが舞い上がる4月7日。
男子60名、女子59名、合計119名の新入生の皆様、そして保護者の皆様ご入学おめでとうございます！

育友会定期総会開催（4月16日）

H28年度の育友会始動!!

第1回あいさつ運動（4月16日）

定期総会に先立ち、朝の登校に合わせH28年度第1回「あいさつ運動」を行いました。はずかしそうに挨拶をする初々しい1年生。

夜高巡回（5月1日・2日）

先生方と育友会、家庭生活委員会が協力して夜高祭巡回指導を行いました。2つの順路に分かれ夜高祭りでにぎわう町内を巡回しました。

第19回「子ども110番の家」ウォークラリー（5月22日）

朝から真夏のような日差しが照りつける中、青少年育成南砺市民会議福野支部・福野中学校育友会・福野小学校父母と教師の会の主催にて行われました。

熊本地震募金（5月）

熊本地震で被災された子供たちとPTAの仲間たちを支援するため募金活動を行っております。5月末には皆様からの募金11,236円を日本PTA全国協議会を通じて寄付することが出来ました。引き続き、皆様の温かいご支援をお願い申し上げます。

14歳の挑戦に向けて（5月24日・6月3日）

社会に学ぶ「14歳の挑戦」7月4日～8日に向け、5月24日職業セミナー、6月3日マナー講座を実施しました。6月22日には学年懇談会で保護者向けの説明も行いました。

第2回あいさつ運動（6月16日）

梅雨の合間の曇り空の下、「あいさつ運動」を行いました。生徒とのコミニケーションを取り合える有意義な時間です。

夏のさわやか運動（6月17日）

青少年育成南砺市民会議、福野小学校父母と教師の会の皆様と「夏のさわやか運動」に参加しました。
梅雨空の下ではありましたが子供たちに「おはようございます！」と声をかけ、さわやかな朝を過ごせました。

・育友会紹介・ 1年間よろしくお願いします

広報委員会
広報誌「はぐくみ」を年3回発行します。また、育友会ホームページ、フェイスブックの更新など、わかりやすく情報を発信していきたいと思います。

「生活リズム確立」担当委員会
委員会メンバー3名と家庭生活委員の皆様のお力を頂きながら子供たちの健やかな成長のため頑張ります。

地区委員会
地区委員会では隔月の地区交差点安全指導やあいさつ運動など育友会行事の支援協力を行っています。

事務局
事務局は、縁の下の力持ちの存在となりますが、事務局の職務を真っ当し、局員一丸となり育友会全体が円滑に活動出来るよう運営していきたいと思っています。

家庭生活委員会
あいさつ運動・春夏休みの校外巡回等、子供たちと関わる事の多い委員会です。子供たちが安全で笑顔で学校生活を送れるよう活動していきます。

3学年委員会
3学年委員会では生徒と保護者を対象としたネットトラブルに関する講演会と卒業記念品の選定を主な活動としています。

2学年委員会
2学年は14歳の挑戦を無事に勤められるよう、またネットトラブルに関する講演会を開催することを主な活動としています。

1学年委員会
1学年では職業セミナーとネットトラブル講演会を予定しています。良い感じで力を抜いて頑張ります。

7

6

佳作　広島県尾道市立高西中学校

審査総評　写真を効果的に使い、見て楽しい紙面作りをしています。特集記事は保護者にも有用なテーマを設定して、ストレートにメッセージを伝えています。

鶴羽ヶ丘

P T A 新 聞
第68号
尾道市立高西中学校
教養委員会
平成28年7月19日

次につながるPTA活動

PTA会長
井上　由理

今年度、引き続き会長を務めます井上です。今年で三年目、最後の年となりました。

先日の体育大会のPTA種目大縄跳びでは、70名以上というたくさんの保護者の方に参加して頂き、ありがとうございました。大縄跳びのアナウンスの後、たくさんの方が入場門に歩いて行かれているのを見て、高西中の会長で良かったと、胸が熱くなりました。

今年度に入り、PTA総会、高西ブロック球技大会、体育大会等の行事に積極的に参加される保護者の方が増え、高西中をそして子ども達を盛り上げって下さっている力を感じています。

7月3日は、全校一斉PTCバレーボール大会もありました。応援したりされたりと、熱い時間を共有し、普段は出会えないたくさんの方と触れ合うことができました。私も、今年出会えた保護者の方々や先生方と共に、一つずつの行事を大切にやり切っていき、次につながるPTA活動にしていきたいと思っています。今後とも、PTA活動にご協力をよろしくお願いします。

進化する高西中学校を目指して

校長
西田　俊徳

新たな出会いの春から三ヶ月が過ぎた今、改めてパワーあふれる高西中の生徒の力を実感しているところです。

赴任以来、本校の伝統を土台とし新たな目標として『凛とした「元気」「感動」「温もり」のある高西中学校』を掲げ、さらなる進化、発展をめざし全教職員が一丸となって取り組んでいるところです。

ギリシャの哲学者アリストテレスの言葉に「青年を見れば、その国の将来を推測することができる。」というのがあります。それを学校に置き換えてみると「生徒を見れば、その学校の将来を推測することができる」ということになります。

学校や国の将来を背負う子どもの教育がいかに大切であるかということです。

子どもたちの個性や能力はいつ開花するかわかりません。子どもたちの潜在的な力を信じ、良いことは褒め、励まし、良くないことは、見て見ぬふりをしない。決して甘やかすことなく、しかし、愛情をもって、一人ひとりを見守り育ててきたいと思っています。

保護者の皆様のご理解、ご協力をよろしくお願いいたします。

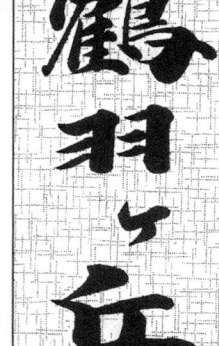

校長先生とPTA会長に質問

❶趣味は?
〈校長〉音楽・スポーツ・落語鑑賞
〈会長〉読書・スポーツ観戦&スポーツを楽しむ事

❷特技は?
〈校長〉料理
〈会長〉料理(めっちゃ好き)

❸尊敬する人は?
〈校長〉吉田松陰
〈会長〉イチロー選手

❹至福の時は?
〈校長〉温泉
〈会長〉
●家族団らん
●美味しい料理とお酒を頂きながら仲間と一緒に過ごす時間

❺今後の夢は?
〈校長〉ウィーン・ベルリン旅行
〈会長〉
●いつも誰かの為に働ける人でいられる事
●自分の焼いた器と自家製野菜で小料理屋を開く事
●60歳になったらグランドゴルフを始める事

❻座右の銘
〈校長〉至誠
〈会長〉意志あるところに道はある

チーム高西!

広島県PTA広報誌コンクール　2015年度『鶴羽ヶ丘』

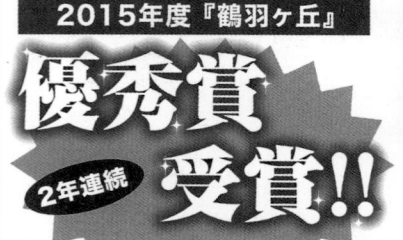

優秀賞　2年連続　受賞!!

6月2日(木)、広島ガーデンパレスにて授賞式がありました。
制作にあたり、ご協力いただきました全ての皆様に感謝申し上げます。
ありがとうございました!

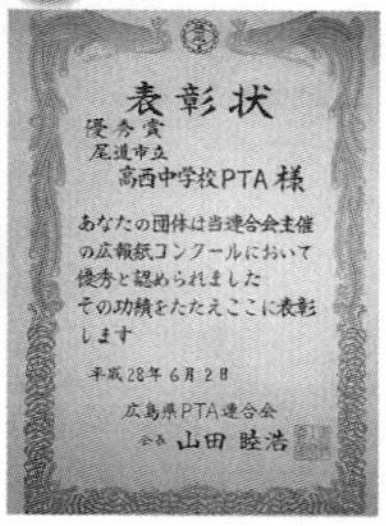

表彰状
優秀賞
尾道市立
高西中学校PTA様
あなたの団体は当連合会主催の広報紙コンクールにおいて優秀と認められました
その功績をたたえここに表彰します
平成28年6月2日
広島県PTA連合会
会長 山田 睦浩

目次

PTA総会

●開催日/4月15日(金)
●会員数/394名　●出席者/116名
●委任状/204通
平成28年度の行事計画及び、会計予算が総会にて承認されました。

第1回実行委員会

●開催日/4月26日(火)

"チーム高西"
一丸となって
ガンバロー!!

合同委員会

●開催日/5月2日(月)
1年間の行事計画及び活動内容について、各委員会で話し合い確認しました。

各委員会に分かれ、熱心に話し合われました。

あいさつ運動はじまる

●5月12日(木)より

全保護者の方に朝のあいさつ運動に参加していただくようになって今年で6年目になります。子どもたちの登校する様子やあいさつの様子などをみる貴重な機会です。ぜひご参加ください。ご都合がつかないときは別の開催日にお越し頂いても構いません。ご協力お願いいたします。

☆まだお済みでない方は当番表で確認を!!
[時間]7:45~8:10頃　[場所]正門

特集 子どもと一緒に考える

ケータイ・スマートフォン・インターネットの世界

2月5日(金)、尾道市公会堂にて、尾道市PTA連合会主催による電子メディアに関する「親の道徳教育講演会」が開催されました。市P連有志による問題提起の寸劇と、講演会は、聞くだけでなく参加者全員が意思表示できるロールプレイングディベート(模擬討論会)形式で初めておこなわれました。

参加者は、子どもにケータイ・スマホを持たせることに、賛成派か反対派か無作為に決められ、それぞれの意見を出し合い参加者で盛り上げながら考えていきました。たとえ反対派であっても賛成派になれば賛成派の意見を出したり、応援するといったユニークな討論会でした。その中で親としてどう電子メディアと向き合い子どもにスマホ等を持たせる・持たせない選択をするのか、持たせるならば「持たせる覚悟」ができるのかなど、新たに考えるきっかけになりました。

[講師] 下田 真理子(NPO青少年メディア研究協会 講師)　山中 千枝子(高知ネット見守り会議 代表)

携帯電話を… **持たせる覚悟**　子どもと一緒に考える　携帯電話を… **持たせない選択**

- いじめ(コミュニケーショントラブル)
- 個人情報流出
- 依存症
- 有害サイト高額請求

インターネットは自己責任の世界。親がリスクを学び、子どもに教え、注意・見守り・指導する。

便利なことも多いが、危険も多く潜む

子どもにとって、本当に必要かどうか、いま一度考えてみましょう。

高西中生徒へのアンケート調査(平成28年6月実施)

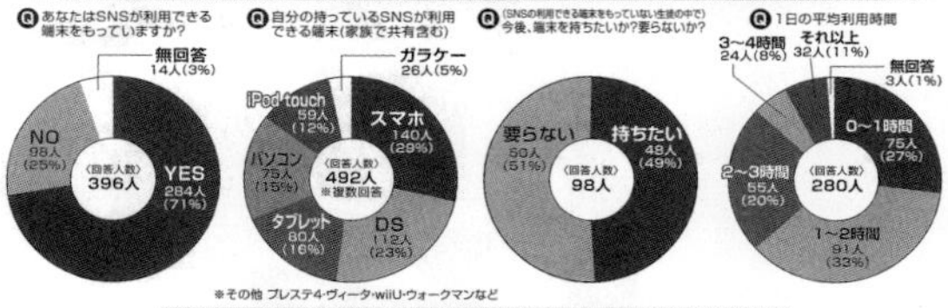

※その他 プレステ4・ヴィータ・wiiU・ウォークマンなど

スマホ・携帯電話を子どもに持たせる親の8つの誓い

~子どもたちの大切な時間を守り、安心して生活できる環境をつくるために~

❶スマホや携帯電話を学校に持って行かせません。
❷夜9:00から朝7:00まで預かり、自分の時間を過ごさせます。
❸食事中、人と話している最中、勉強中、自転車に乗っていると時にスマホや携帯電話を使用することはいけない事だと教えます。
❹スマホや携帯電話を使って嘘をつき、人を傷つけるような会話に参加することは絶対にいけない事だと教えます。
❺人に面と向かって言えないことを、スマホや携帯電話を使ってメールすることは卑怯な事だと教えます。
❻有害サイトの閲覧を制限する「フィルタリング」のサービスを子どものスマホや携帯電話には必ず設定します。
❼パスワードは必ず親が管理し、通信内容はいつでも確認できるようにします。
❽ルールが守れていない時は、ただちに預かり、違反したことについて子どもと話し合います。

平成26年9月　尾道市PTA連合会　中学校会長会

[第2回]

全校PTC

クラス対抗 学年別 ソフトバレーボール大会

開催日/7月3日(日)
場　所/高西中グラウンド
参加者/保護者:205名
　　　　O　B:　7名
　　　　生徒・教職員

〈学級委員会他〉

昨年に引き続き、全校あげてのPTCが開催されました。
今年度は生徒チームVS保護者チームVS教員チームの熱い本気の戦いが繰り広げられました!!
そして、今年もまた、PTA OBの方が、PTCを盛り上げるために、お忙しい中かけつけてくださり、"恒例"のかき氷をふるまってくださいました。
当日は梅雨とは思えない真夏のような快晴となり、炎天下、参加者全員思いっきり楽しみ、天気に負けないくらい熱く、素晴らしい思い出の一ページとなりました。感謝感謝です!!

結果

[Aクラス]		[Bクラス]	
優　勝	1-A(保護者)	優　勝	3-A(保護者)
準優勝	3-D(保護者)	準優勝	3-B(生　徒)

保護者の感想
- 楽しかった
- 保護者同士の交流がはかれて良かった
- もう少し涼しい時期に出来ればよかった

先生の感想
- 生徒のいい笑顔がたくさん見られ、後半は徐々に応援も盛り上がってとても楽しそうでした。

生徒の感想
- 楽しかった
- みんなで力を合わせて点が取れてよかった
- もう少し練習をしてやりたかった
- もう1回やりたい

特集 食でサポート!!

~勉強・部活など、毎日頑張っている成長期の子ども達を"食"で支えよう~

毎日欠かすことのできない食生活。
大切な家族のために、健康でおいしいごはんを作ることは楽しみ(?)でもあり、大変なことも多くあると思います。成長期には欠かせない栄養バランスの整った食事を心がけなるべく作ってあげたいですね。中学生のみなさんも自分や家族のために食事を作っている人もいると思います。身体や脳の働きにとても良いとされる栄養素を知り、またそれが含まれる食材を使って、簡単で美味しい食事をつくってみませんか?

実際に教養委員数名で、つくってみました!

記憶力編　有効な栄養素

- DHA……青魚類(さば、さけ、ブリ等)・αリノレン酸(植物油等)など
- EPA……青魚類・あんきも・すじこ・いくらなど
- チロシン…大豆・しらす・鰹節・脱脂粉乳など
- ハーブ……イチョウ葉・ヒカゲノカズラ・セージ・ローズマリーなど

さばのサラダ

記憶力アップに繋がるDHAを多く含むサバと、野菜を刻んで混ぜるだけの、簡単レシピ。彩りもきれいで、栄養もあり、美味しくいただきました。

さばのサラダ(2人前程度)

さば缶(水煮)	1缶	マヨネーズ	大さじ1
大根	1/2個	だしの素	小さじ1
水菜	半束	かつお節	適量
		ごま	適量

集中力編　有効な栄養素

- 炭水化物……うどん・米・パンなど
- ビタミンB1……うなぎ・豚肉・生ハムなどの肉類・魚類・納豆
- ナイアシン……ピーナッツ・鰹節・明太子など
- アリシン……おろしにんにくなど
- カフェイン……コーヒー・緑茶など
- カカオポリフェノール……チョコレート・カカオ豆など
- カルシウム……小魚・牛乳・チーズなど

タラコ豆腐オムレツ

豆腐の水気を充分に切らないとひっくり返すのが難しかったです。味は、出来立てを食べると豆腐が入っているからフワッフワで、バターのこくとタラコの塩と卵の味が絶妙でした。とっても簡単だし、卵&たまごなのでいっぱいは食べれんわあと言われましたが、これはいいです。

タラコ豆腐オムレツ(材料1人前)

(タラコマヨネーズ)		(オムレツ)	
生タラコ	1本	卵	2.5個
マヨネーズ	大さじ1	豆腐	半丁
塩・こしょう	少々	ねぎ	少々
		その他	20g

疲労回復編　有効な栄養素

- ビタミンC……赤ピーマン・ブロッコリー・芽キャベツ・柑橘類・かぶ・じゃがいもなど
- クエン酸……レモン・梅・りんごなど
- パントテン酸…牛乳・卵・レバー・アボカド・納豆・たらこ・うなぎなど
- はちみつ

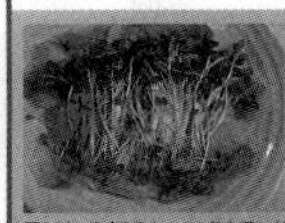

豚とジャガイモのキャベツ包み蒸し

耐熱皿に材料を切って盛り付け、電子レンジで加熱するだけの簡単メニューです。洗い物が少なく楽です。梅と豚肉の取り合わせはさっぱりしていて夏には特にぴったりのメニューです。

豚とジャガイモのキャベツ包み蒸し(材料2人前)

豚ヒレ肉	150g	梅肉	大さじ1
ジャガイモ	1個	しょうゆ	小さじ1
ねぎ	5cm	こしょう	少々
しょうが	1欠片	かいわれ大根	適量

体調管理編　有効な栄養素

- オレイン酸……オリーブ油・ピーナッツなど
- ビタミンA……レバー・にんじん・セロリなど
- カリウム……牛乳・りんご・杏などの果物類・豆類・山芋などの野菜類
- 亜鉛……ごま・卵・チーズ・豚ロース肉など
- カプサイシン……たかのつめなど
- クルクミン……ウコン・ターメリック
- 乳酸菌……ヨーグルト・牛乳・カルピスなど
- セサミン……ごま　●リコピン……トマト

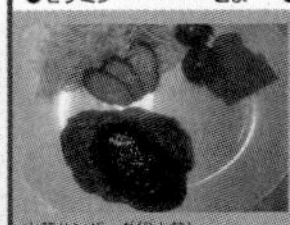

山芋ハンバーグ

食感がふわふわで、油っぽさがなくヘルシーで、子供からお年寄りまで、美味しく頂けると思います。

山芋ハンバーグ(2人前)

(ハンバーグのたね)		(赤ソース)		(その他)	
玉ねぎ・挽き肉	各120g	杏ジャム	大さじ2	赤ワイン	適量
山芋	150g	ケチャップ	大さじ2	バター	20g
パン粉	大さじ2	ウスターソース	大さじ1		
片栗粉	大さじ2	塩	少々		
塩・こしょう	適量				
オリーブオイル	大さじ1				

※参考資料/東大料理愛好会『頭がよくなるレシピ 第2版』

2学年 職場体験

平成28年9月6日(火)~9日(金)

職場体験学習 体験先

- 医療・福祉(介護施設・病院等)
- 園芸(生花販売(花屋))
- 建設(家屋リフォーム)
- 公的機関(消防署・海上保安部)
- サービス(飲食店・理美容業)
- 食品製造(パン製造販売・食品製造販売等)
- 販売(スーパー・雑貨等)
- 学校関係(幼稚園・保育所等)
- 運輸(バス)

杉原学園 松永幼稚園

2年D組 生徒

この体験を通して働くことの楽しさや、苦しさを知ることができました。園児たちを楽しませるにはどうしたらいいのか、どうしたら注意を聞いてくれるのか、先生方を見て色々なことを学ばせていただきました。体験に行く前より行ってからの方が保育士になりたいと思う気持ちが大きくなりました。お忙しい中私達に多くのことを教えて下さりありがとうございました。私が質問した時に丁寧に優しく答えて下さったのでとてもうれしかったです。職場体験で学んだことを生かして保育士になるという夢を叶えたいと思います。

2年B組 生徒

この体験を通して学んだことは、人のことを考えるということと、仕事をてきぱき行うことです。食品は人が口にするものなので、食べる人のことも考えて、衛生的に気を付けなければならないことが分かりました。ラベル貼りなどの仕事は、たくさんの量の商品に貼るので、ていねいに、きれいに、でも素早く行わなければいけません。早く終われば、余った時間が他の仕事に使えるので、素早く行うことはとても大切だということが分かりました。この職場体験で、人のことを考えることと、てきぱき行動する事を学んだので、これからもそれを生かせるように頑張りたいと思います。

洋菓子工房 ナチューレ東尾道店

(有)まさ泉

2年A組 生徒

この体験を通して、積極的にテキパキと行動できるようになりました。初日は注文の料理を出すのにとても緊張していました。しかし優しく丁寧に指導してくださったおかげでだんだん仕事にも慣れ自信を持って積極的にできるようになりました。そして自分を成長させることができました。嬉しかったことはお店の方やお客様が「ありがとう」と言ってくださったことです。お店の方に『ありがとう、明日もよろしくね。』や、お客様に『ありがとう、頑張ってね。』と言ってもらえて、お店の役に立っているんだと嬉しい気持ちになりました。そして働くことの楽しさや喜びが感じられました。職場体験学習でたくさんのことを学びました。これからは勉強にも部活動にも積極的に取り組んでいきたいです。

2年C組 生徒

この体験を通して学んだことは、「笑顔」と「聞くこと」の大切さです。世界には120の言葉があると言われています。でも、笑顔には言葉はいらないということを教えていただきました。いつも笑顔でいること、笑顔で対応することが、クルーとして働く最初の、そして一番大切な仕事であることが分かりました。マクドナルド東尾道店で働いていたクルーのみなさんは、人の良いところを見習ってみんなで協力して一つの家族みたいに働いていることが印象に残りました。これからの生活で、誰にでも笑顔で対応することと、店長・クルーのみなさんからもらったアドバイスを生かしていきたいと思います。

マクドナルド東尾道店

佳作

山口県防府市立華陽中学校

審査総評

一つ一つの記事に工夫があります。子どもたちが活動する様子を伝えるとともに、「子どものネット利用」など、一緒に考えてもらいたいことへの課題意識も紙面化しています。

＊PTA広報紙
〜KAYO－REPORT〜

第88号（通算182号）
平成28年7月15日
発行＝華陽中学校PTA
印刷＝大村印刷株式会社

＊華 KA ＊陽 YO＊

真剣なまなざしに感動
華陽中生頑張ってます！

5月7日（土）今年度初めての授業参観がありました。たくさんの保護者が参観に来られました。

目　次

《華陽中保護者&生徒100人に聞きました。》

顔の見えないコミュニケーションについて考えてみませんか？

平成28年度　年間テーマ
子どものネット利用について ～SNSの使い方～

今の中学生は家族や友達との連絡に携帯電話やスマートフォンの利用がとても多くなっています。
しかし、便利な反面使い方を一つ間違えば大変なことになることを子どもたちは理解しているでしょうか。
通信機器の発達、子どもたちへの情報量の多さ、それに対して保護者も不安に思っていることもあると思います。
そこで、今年度の広報では子どものネット利用、とくにラインとの関わり方について華陽中役員の保護者とその子ども100人にアンケートを実施し、その結果をまとめました。
また、防府市教育委員会、防府市消費者センターから中学生のネット利用についてお伺いしました。

Q1 あなたが使用しているものでインターネットにつながるものは何がありますか。(複数回答可)

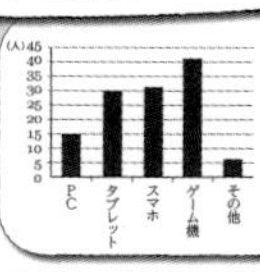

Q2 SNSはしていますか？

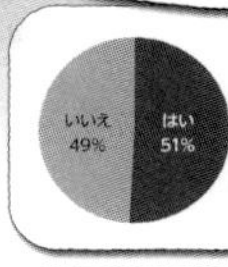

Q3 Q2で「はい」と答えた人に具体的に教えてください。(複数回答可)

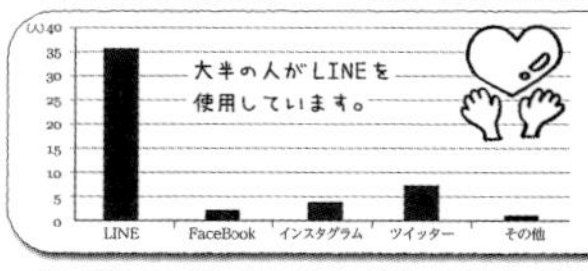

Q4 LINEをしている人にお聞きします。友達の人数は？

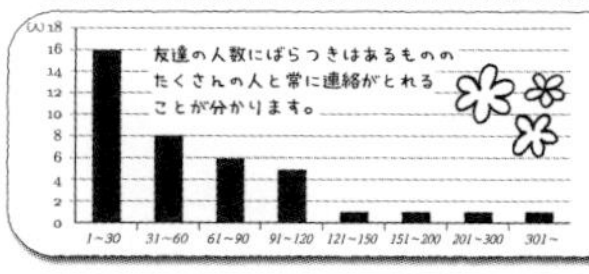

Q5 それはどこで知り合った人ですか？

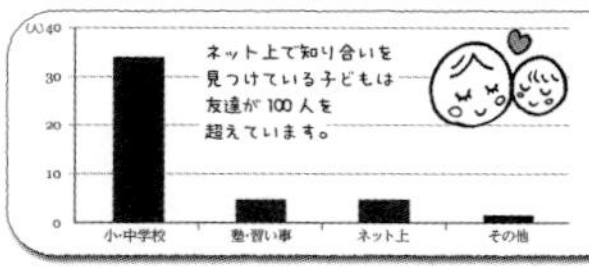

※生徒アンケートより

SNSの関するトラブル

SNS(ソーシャルネットワーキングサービス)とは…インターネット上の会員制交流サイト。会員同士でメッセージを交換したり、趣味仲間(サークルメンバー)を募集したりすることができます。入会時に会員の紹介が必要な場合もあります。

ポイント 「会いたい・悩みを聞いて・お金をあげる」は信用しない！

■**事　例**

SNSサイトで好きなタレントのページにリンクをはっていた。すると、そのマネージャーを名乗る人物からメールがあり、「タレントが精神的に疲れているので相談にのってほしい。」という内容だった。メールを受信すると、別サイトに誘導された。有料メールで使った費用はマネージャーが負担すると言われ、数十万円分のポイントを購入し、タレントとのやりとりを続けた。しかし、結局は料金はもらえず、高額な請求だけがきた。

■**アドバイス**

知らない相手を安易に信用しない

SNSを通してこのようなメールを受け取ったという情報が多く寄せられています。同情心や興味本位で連絡を取ってしまいがちですが、多くの場合、相手の言っていることが本当かどうかの確認は困難です。**インターネットで知り合った顔の見えない相手を安易に信用するのはやめましょう。**

相談を受け付けています。　防府市消費生活センター　☎0835-25-2129

SNSは楽しくて便利！だけど たまにつかれたり 危険な目に合うことも

- ●個人情報の漏えい
- ●知らない人とつながる可能性
- ●コミュニケーション能力の低下
- ●犯罪に巻き込まれる可能性
- ●課金トラブル
- ●人間関係のトラブル
- ●健康被害／長時間の使用は厳禁！
- ●スマホ依存

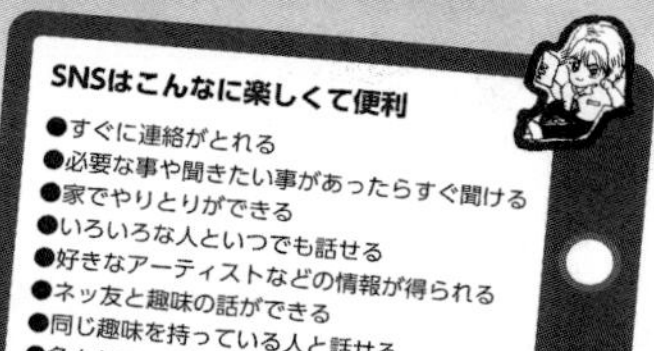

防府市「児童生徒の携帯電話等に関する指針」

保護者の方へ

必要のない携帯電話やスマホ等は、持たせない！

①持たせる際は、家庭で使用に関する約束を決め、保護者の責任において使用させる。
(例)・食事中は扱わない。
・会話中は扱わない。
・勉強中は電源を切る。
②契約時には、有害サイトの閲覧を制限する「フィルタリング」を必ず設定する。
③小・中学生ともに、午後9時以降は、保護者が預かる。

保護者の監督責任のもと、トラブルを防ぎましょう。

児童生徒の皆さんへ

携帯電話・スマホの使い方を間違えると、危険がいっぱい！

①情報モラルを守る
(例)・ネット上の仲間はずしをしない
・人の悪口やうわさ、個人情報を流さない。
②歩行中や自転車の運転中は、絶対に使用しない。
③学校へは持込まない。
④小・中学生ともに、午後9時以降は使用しない。【保護者に預ける】

【**携帯電話等**】とは、携帯電話、PHS端末、スマートフォン、パソコン、ゲーム機、音楽プレーヤー等、「**インターネットに接続可能な情報通信機器**」を指します。

♥保護者の方のアンケート結果は2学期号に掲載します。

華陽中吹奏楽部 全国大会出場記念特集

このたび、華陽中吹奏楽部は、7月22日に行われた山口県学校合奏コンクールにおいて金賞を獲得し、10月23日に福島県郡山市で行われた全国大会に、山口県代表として出場しました。華陽中吹奏楽部の全国大会出場は、創部37年目の快挙です。
放課後や土日と、気持ちを一つにして日々練習に取り組む部員の様子を、定期演奏会等の活躍も含めて紹介します。

私達吹奏楽部は、10月23日に福島県で行われた全日本合奏コンクールグランドコンテストに出場し、銀賞をいただきました。
「心の金賞」&「音楽の金賞」を目標に頑張ってきた自分たちの中で、今できる精一杯の演奏だったと思います。
このような賞をいただけたのも家族、学校の先生方そして、地域の皆様のご支援とご声援のおかげです。本当にありがとうございました。

部長　3年　松村 芽依

定期演奏会 in アスピラート
9月22日(木)

秋の演奏会 in イオンタウン
9月24日(土)

全国大会出場記念演奏会 in 華陽中
10月10日(祝)

募金活動を支えていただいた多くの皆さまへ

日本学校合奏コンクール2016全国大会グランドコンテスト出場に際しまして、多くの方々のご理解とご支援、ご協力により、体育祭、定期演奏会、文化祭等でたくさんの募金をお寄せいただきました。これらのご厚意に対し、深く感謝申し上げます。この浄財は、大切に使わせていただきます。
全国大会出場というなかなか体験することのできない大舞台で堂々と演奏することができ、銀賞という成績を残せたことは、子どもたちにとってひとつの財産となったことと思いますし、私たち、保護者としてもこれ以上ない喜びとなりました。
ご支援に応えるべく精進してまいりたいと思いますので、温かいご支援、ご指導賜りますようよろしくお願い申し上げます。

吹奏楽部保護者の会
会長　足立 弘子

日本学校合奏コンクール2016 in 福島
10月23日(日)

smile PTA　KA✻YO Parent-Teacher Association

平成28年度 学校保健研修会
10月27日(木)防府市文化福祉会館にて行われました。

授業支援うけおいます。上手に使って、学校薬剤師

講師：寿町薬局 薬剤師　松浦 泰子 先生

■**学校薬剤師とは**…薬剤師の資格を持ち、普段は薬局や病院で働いているが、必要に応じて学校に出向く。
何をするの？…主にプールの水質検査、教室の照度・換気、理科薬品の点検、給食室の検査(食器洗浄度・大腸菌検査など)健康相談、保険指導、授業支援などを行う。

■**授業支援とは？**…薬物乱用防止、たばこの害、アルコールの害、くすり教育、手洗いなどをテーマにして行う。

【**感想**】今まであまり知る機会のなかった学校薬剤師さんの取り組みについてたいへん詳しく説明して頂きました。学校の授業参観でも来られることがあると思うので機会があったらぜひ授業を受けたいと思いました。

子どもたちとの上手な関わり方 ～応用行動分析の立場から～

講師：山口大学教育学部 教授　松岡 勝彦 先生

■相手のやる気を出させるには自分の対応次第。
対応次第で人は変わるので、そこに罰や皮肉をもってこない。
■大人の目線として相手が気に入らない行動をすると、それを過大評価してしまいがち。
■実際には「適切な行動」と「困った行動」が50%ずつ存在するのに「適切な行動」10%と「困った行動」90%のように見えることがある。
■子どもの立場に立つと、大人の評価はあまりにも厳しい。子どものできている点をいかに見つけるか。
■上手なほめ方…子どもがやった甲斐があったなぁと心から感じてくれるほめ方が大切。行動の直後にほめる。(60秒以内)
■上手なしかり方…コンパクトに。感情的にならずに。

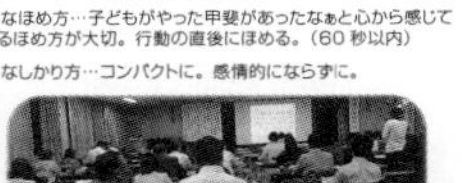

本の時間
学校司書 中原先生おすすめの本

「獣の奏者」　著:上橋 菜穂子(青い鳥文庫)

あなたは、「闘蛇(とうだ)」「王獣(おうじゅう)」という生きものをどんな風に想像するでしょうか？
この物語は、エリンが決して人にはなれない、またならせてはいけないといわれた獣「闘蛇」「王獣」とともに生き、王国の運命まで背負っていく壮大なファンタジーです。
とにかくおもしろい本です！

文化祭バザーのようす

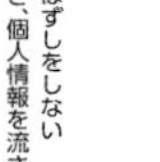

文化祭ではPTA役員さんにご協力頂き大盛況でした。役員のみなさまお疲れさまでした！

- ✻総　務　部 … パン、飲み物、シュークリーム
- ✻生活指導部 … うどん、肉まん、ピザまん
- ✻厚　生　部 … 鶏のからあげ串、ジャンボ魚ロッケ
- ✻広　報　部 … おむすび

8/17 教育のつどい

8月17日(水)防府市公会堂にて教育のつどいが行われました。講師としてイチロー選手の専属打撃投手をかつて勤められた奥村浩治先生をお迎えし、「イチローに学ぶ 奥村流!個々の能力の引き出し方」という演題で話されました。淡々と一文一文手短に面白く語られました。
イチロー選手や、マー君の日頃から習慣とする内容も興味深いものでしたが、奥村先生が歩んでこられた夢への挑戦や挫折、一流となる選手は何を考え何をしているかを学ばれ自分のものにされたことに感動しました。身をのりだすほど楽しい講演でしたので、帰りがけに先生の本を購入しました。

みなさまのご協力に感謝いたします。

文化祭バザー収益金 **264,580円**

体育祭バザー収益金 **51,564円**

資源回収　厚生部
12月4日(日)実施
みなさまのご協力に感謝いたします。

あいさつ運動生活指導部

2学期…9/14、10/12、11/9、12/14
※3学期は 1/11、2/8 です。

editor's note

編集後記 ～編集長のひとりごと

早いもので2学期もあっという間に終わりに近づきました。
体育祭から始まりたくさんの行事がある中で子どもたちが成長していくのをひしひしと感じます。
2学期は涙涙の行事ばかりでした。体育祭では優勝した白組副団長さんのうれし涙にもらい泣きし、吹奏楽部の定期演奏会では素晴らしい演奏に涙し、合唱コンクールでは3年生の感情溢れる歌声にも涙しました。
一つ一つの行事に生徒が一致団結し盛り上げることのできる華陽中学生、これからの成長が楽しみです。
勉強も頑張れ！

次回は、3月8日(水)発行 卒業記念特大号 ～ありがとう華陽中～ です。お楽しみに!!

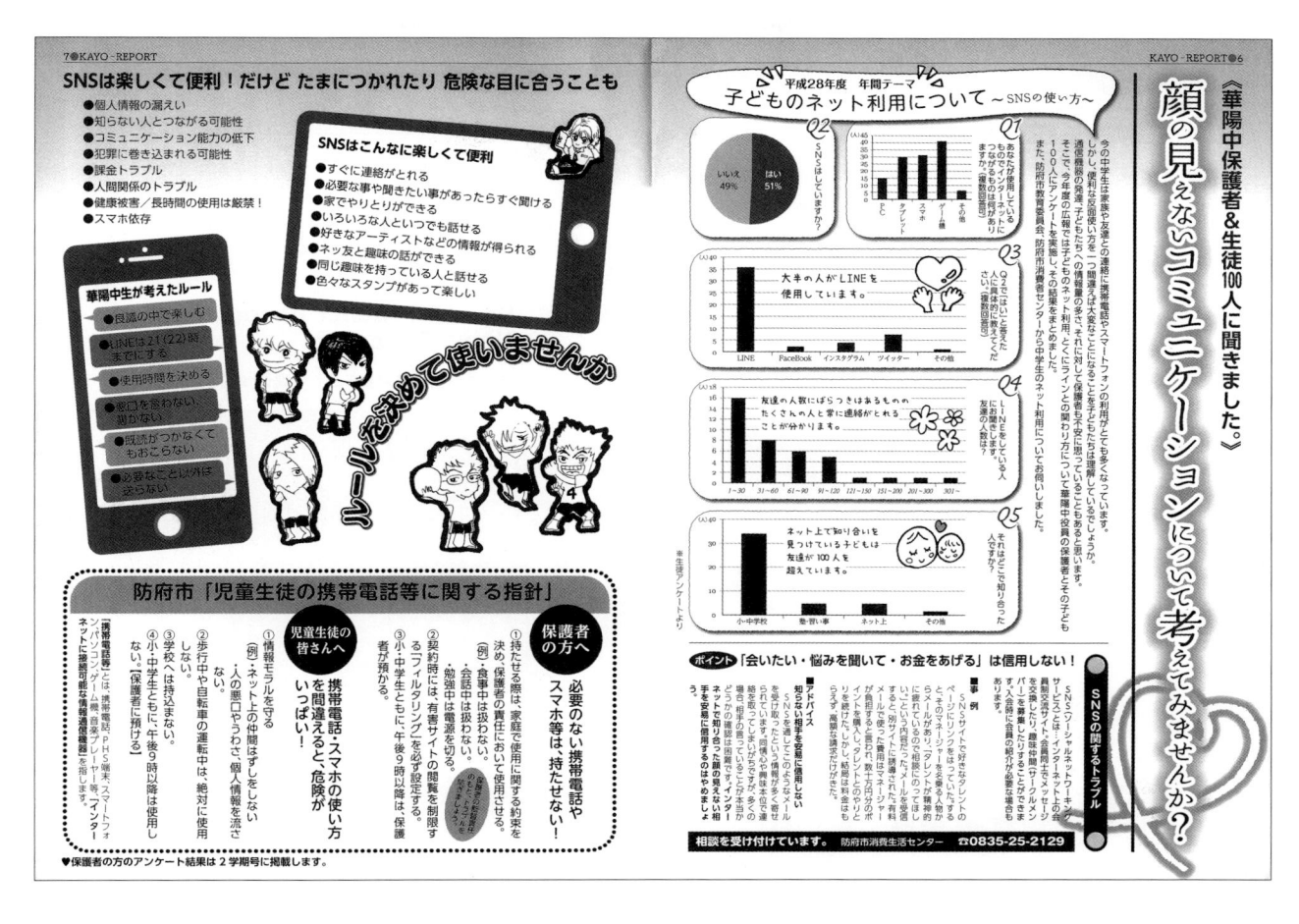

華のように優しく✻陽だまりのようにあたたかく見守る

佳作

宮崎県えびの市立真幸中学校

審査総評

行事で生き生きとする生徒の姿を写真で紙面化する一方、家庭での過ごし方や地震対策なども取り上げ、関心を喚起しています。地域の行事や人を取り上げ、紙面に奥行きがありました。

ハピネス

夏号 NO.84

MASAKI
Parent Teacher Association
News Paper

世帯数：100 戸／生徒数：111 人（男子 54 名 女子 57 名）／発行：真幸中学校 PTA 広報記録部／発行日：平成 28 年 9 月 9 日

特集 家庭内のルールや子どもたちの生活を検証 P3・4
そこが気になる実態調査

備えは万全ですか？ 予測のつかない災害時対応は？ P7
えびの地震を振り返り、今に学ぶ。

info

そこが気になる！家庭内の実態

広報部の編集会議の中で、部員メンバーが口にしたことは「子ども達との接し方」や「勉強の仕方」など他の家庭ではどのように取り組まれているかが知りたい！ということでした。保護者の方を対象にアンケートを募集した結果を集計してみましたので、ご家庭で参考にしてください。

Q1. 帰宅後、子どもたちの時間の使い方は？

1年生編（14名回答）

	18時	19時	20時	21時	22時	23時	0時
夕食の時間	1人	9人	3人	1人			
勉強の時間	2人		4人	8人			
就寝の時間					9人	5人	

2年生編（17名回答）

	18時	19時	20時	21時	22時	23時	0時
夕食の時間	3人	10人	4人				
勉強の時間	2人	5人	5人	5人			
就寝の時間					7人	8人	2人

3年生編（34名回答）

	18時	19時	20時	21時	22時	23時	0時
夕食の時間	8人	19人	6人		1人		
勉強の時間	2人	4人	13人	11人	4人		
就寝の時間					4人	21人	9人

アンケートで気づいたこと

集計してみると、家庭により夕食時間はまちまちで、勉強時間は学年に関係なく大半の子どもたちが、約2～3時間位しているようです。中には、帰宅後すぐに食事と入浴を済ませ、就寝して翌朝早くから勉強に取り組ませている家庭もありました。

また、就寝時間は学年別にみると、1年生のうちは規則正しく、2～3年生になると遅くまで、就寝していない傾向にあるようです。特に3年生は、受検（受験）も間近なので体調管理には十分気をつけて、目標の高校進学を目指してもらいたいと思います。

Q2. 勉強の取り組ませ方や工夫している点は？

もっとも多かった回答

1 本人のやりたいようにさせている（自主性にまかせている）

その他の回答

早く就寝させて、朝早くさせる／テストでできなかったところを理解するまでさせている／リビングで勉強させる／自分で計画を立てさせて時間を有効に使えるように一緒に考えている／教材を探して買う労力を惜しまない／到達度をたまにチェックしている／長時間ダラダラするより集中できる時間をこまめにとらせている

Q3. 親子のコミュニケーションはどうやってとっていますか？

もっとも多かった回答

1 食事中やお風呂などで学校や日常の会話をしている

その他の回答

親子でゲームをする／子どもの興味があることを聞いている／子どもから話してくれる／思春期なのであまり会話がないが機嫌をみて話しかけるようにしている／自分の体験談・失敗談を話す／一緒に買い物をするようにしている／なるべく同じ部屋にいる／共通の趣味を持つようにしている／特に意識をしていない

Q4. 子どものやる気をのばす工夫していますか？

もっとも多かった回答

1 とにかくほめるようにしている！

その他の回答

楽しくプラスの声かけ／ライバルを超えるように意識させている／できるだけ話を聞いてあげる／しかる時、ほめる時のメリハリをつける／好きな時間に勉強させる／やる気スイッチを探しています／自分の体験談を話しながら「やればできる！」と洗脳する／興味や関心があることに対して努力すればご褒美をあげる

Q5. 家族のルールや決まり事はありますか？

もっとも多かった回答

1 あいさつをしっかりする・ウソをつかない

その他の回答

自分の行動に責任をもつ／他人の家に子供だけで泊まらせない／手伝いをする／ゲームは土日だけ／勉強と部活の両立をしっかりさせる／ペットの世話をする／家族内でできる人が動き皆で協力する／今やる・すぐやる・できるまでやる／臨機応変に対応／自分のことは自分でする／約束を守る／自分のことだけでなく助け合う気持ちを持つ

親から子どもたちへ伝えたいメッセージ

- 善悪の区別のできる人になってほしい
- 夢をもって欲しい
- 何事にも一生懸命取り組んでほしい
- 自分らしく、自分のペースで
- とにかく楽しく
- 何事にも恐れずチャレンジしてほしい
- やさしい気持ちを忘れずにいてほしい
- 多くの人と交流をもってください
- きっとうまくいくよ～
- 充実した学校生活を送ってほしい
- 学校であったことは話してほしい
- あまり怒らないでください
- 何事も悔いのないように
- いつでも子どものことを考えています
- 親より長生きしてほしい
- 素直に成長してほしい
- たくましく生きろ！
- 簡単にあきらめない人になってほしい
- 自分で考え行動できる人になってほしい
- もっと勉強をして！
- 学校でできることが、世界のすべてだと思わず視野を広く持ってほしい

保護者川柳コンテスト結果発表

普段から子どもたちに対して思っていることを川柳で募集しました。力作揃いの作品をご紹介いたします。

最優秀作品

その他の川柳作品

- 怒鳴る声　かなり私に　そっくりだ
- お願いよ　いいから早く　勉強してよ
- お願いは　猫と一緒の　我が娘
- 寝顔見て　ごめんと詫びる　ここと母
- あぁいやだ　部活終わって　反抗期
- 朝ご飯　さっさと起きて　食べなさい
- この寝顔　よく似たもんだ　同じ顔

真幸中卒業生の進学校一覧（平成28年3月卒業生）

	学校名	学科	男	女	計	合計
県立	飯野高校	普通科	3	2	5	8
		生活情報科	0	3	3	
	小林高校	普通科	2	2	4	5
		探求科学科	1	0	1	
	小林秀峰高校	農業科	1	0	1	10
		機械科	1	0	1	
		経営情報科	3	2	5	
		商業科	1	2	3	
	宮崎西高校	理数科	1	0	1	1
私立	宮崎日大高校	特別進学科	1	1	2	4
		総合進学科	1	1	2	
	小林西高校	調理科	1	0	1	1
	宮崎第一高校	文理科	0	1	1	1
国立	都城工業高等専門学校	機械工学科	1	0	1	1
企業	トヨタ工業学園	高等部	1	0	1	1

いつ起こるか分からない地震の対策は万全ですか？

地震について考えよう!!

今年の4月に発生した熊本・大分地震。九州では、過去に例を見ない程の災害に見舞われました。この地震で、家屋や道路などは倒壊し、多くの方が被災されました。今も災害時のままの状態になっているところもあるようです。今から48年前（昭和43年2月）、わが町（えびの市真幸地区）でも震度6の直下型地震が発生しました。

当時の状況を知る人に、話を聞くことができました。「地震が起きた時、私は中学3年生だったが、朝礼の直後に『ドーン』という地響きと同時に大きな揺れが起こりました。すぐに全校生徒が校庭に集められ、臨時下校になりました。帰宅中、町の中を通るとほとんどの家屋が倒壊していて、凄まじい地震の影響を目の当たりにしたのを、今でも鮮明に覚えています。家に帰り着くと、また2回目の地震が発生し、立っていられない程の揺れを感じました。その時、初めて地震の恐怖を思い知らされました。また、2～3ヶ月間は倒壊した自宅の近くに仮設テントを張り、そこで生活をしていました。」左の写真は、地震発生直後の様子です。

地震に備える...

家の中の安全対策は大丈夫か再確認！

1. 家の中に逃げ場として安全な空間をつくる
2. 寝室や子どもがいる部屋には家具を置かない
3. 家具は倒れにくいように処置をしておく
4. 出入り口や通路に荷物は置かない

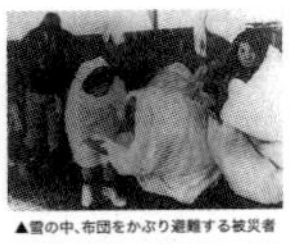

▲雪の中、布団をかぶり避難する被災者

地震が起きたら...

その時どう行動するのか、みんなで話し合おう！

1. 自分の身の安全を確保する
2. 揺れが収まったらすばやく火の始末をする
3. 非常出口を確保する
4. 外へ出るときは状況を見ながら慌てずに

▲店舗が崩れ落ちたタクシー会社

えびの地震の被災状況

- ○死者……3名
- ○負傷者……44名
- ○全壊家屋……498戸
- ○半壊家屋……1278戸
- ○一部損壊家屋……4866戸

震災で役に立った防災グッズ BEST10

- 1位……懐中電灯
- 2位……食料品・飲料品
- 3位……サランラップ
- 4位……ビニール袋類
- 5位……小型ラジオ
- 6位……トイレットペーパー
- 7位……乾電池
- 8位……ブルーシート
- 9位……手袋・軍手
- 10位……カセットコンロ

『熊本地震』被災者のための募金に取り組みました！

4月14日に、熊本を震源地として、震度7の大地震が起こりました。私達も何か出来ることをしようと考えたところ、熊本県に実際に行きボランテイアをすることは出来ないので、中学生にも出来ることをしようということになりました。

私たち真幸中生徒会は、青少年赤十字（JRC）に加盟しています。「気づき」「考え」「行動する」という目標にそって、今回の募金活動に取り組むことになりました。4月25日から28日の間に、校内での募金活動を行い、48,880円を集めることが出来ました。ご協力ありがとうございました。

真幸中学校生徒会

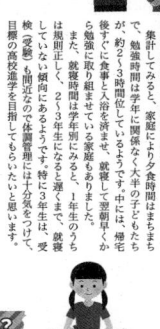

郷土の宝を守る　馬頭観音祭（ばとうかんのんさい）

えびの市中浦地区

今年で、一〇九回目を迎える中浦地区の馬頭観音祭を取材しました。この祭りは、同地区に古くから継承されており、それぞれの家で飼っている家畜（養豚・和牛）を供養するためのものだということです。現在、中浦地区の自治会長を務められている末原正毅（すえはらまさたけ）さんにお話を伺いました。

「毎年、4月の中旬頃に行う中浦地区の馬頭観音祭は、畜産農家が主なこの地区で、家畜の供養と農家の方の日頃の労をねぎらう意味を込めて始まったと言い伝えられています。同時に、豚や牛たちは私たちの食生活には欠かせない食材となっていますので、命の尊さを敬う感謝の気持ちも込められています。祭りは、手づくりの飾り馬で会場を沸かせ、地区住民で踊ったり、郷土料理を堪能したりと、とにかく一年間の苦労や災いを取り払う楽しいお祭りです。手づくりの飾り馬は、竹で骨格を作りシュロの木の皮や枝を用いて、馬の身体を表現しています。6年前に口蹄疫が発生した時に、みんなで力を合わせて製作しました。」

末原さんは、この祭りを誇らしく語り、郷土の宝だという思いを熱心に話してくださいました。現在は、当地区も高齢化が進み畜産農家も激減してしまいましたが、毎年この祭りが開催できるのも、世代間交流がしっかりできている証だと感じました。

▲シュロの枝木から作った昔ながらの手づくりハエたたき

▲飾り馬を覆うシュロの木

▲自治会長の末原正毅さん

Message

真幸中OBに聞く！　先輩から後輩たちへ伝えたいこと

えびの市消防団　団長　原田芳和さん

Q消防団員になろうと思ったきっかけは？

昭和44年（当時17歳）の頃、先輩の勧めもあり、いろんな人を知ることも大事だと思って入団しました。入団して、他の団員との交流や活動を深めていくうちに、いつしか「自分たちの地域は自分たちで守る」という責任感が湧いてきました。

Q消防団員としてのやりがいと地域における役割を教えてください。

えびの市の消防団員は、ほとんどが自営業や会社員など、本業の仕事をしながら、地域防災のため日々活動しています。えびの市では大きく3つの分団に分かれており、真幸地区は第3分団となります。その中でも、各地区に管轄部があり、各部の団員は約10名前後で形成されています。また、各団員は普段から防災意識を高めるため、訓練や安全点検などを仕事の合間をみながら行っています。現在私は、えびの市の消防団員約三五〇名の命を預かる団長を任されています。

私がまだ、若い消防団員だった頃を思い出すと、火災現場での消火活動や地域ボランティア活動などの取組みが、今の私を形成しているように感じます。その小さな積み重ねが、自然とやりがいへと変わってきたのでしょうね。地域においても、私たちの迅速な対応が、初期消火に繋がっています。日頃から市民の生命と、身体および財産を守るという使命感をもち、消防団員でいることに誇りをもって活動しています。

「危機管理能力」を身に付けて災害時に活動できる人になろう！

Q後輩たちに何か伝えたいことは？

危機管理が最も進んでいる国はアメリカですが、これは「自分の命は自分で守れ」という教えから身に付いたものだと思います。日本ではまだ、危機管理の教育は徹底されておらず年々、子どもたちの危機管理能力の低下に不安を感じています。

万が一、目の前で災害が起きたらどうしようか？自分には何ができるのか？その時に落ち着いて行動できるのか？など、今のうちにシュミレーションしながら、危機を安全に回避できるようになってもらいたいと思います。今や災害や事故などは、身の回りでいつ起こるか分かりません。是非、危機管理能力を身に付け、災害時でも活動できる人になってください。

▲毎年開催のえびの市消防団の出初め式

▲えびの市消防団による一斉放水

佳作　宮崎県宮崎市立赤江東中学校

審査総評　社会で活躍する先輩たちの声も合わせて掲載する「将来の夢・進学のこと」や、アンケートを通して考える「ＳＮＳ事情」など、ひと手間かけて、充実した記事に仕上げています。

宮崎市立赤江東中学校・PTA広報紙
Akaehigashi Junior high school
Parent-Teacher Association

ピロティ

NO.69

発行/ 赤江東中学校・PTA広報委員会
発行日/平成28年6月20日(月)
所在地/宮崎市大字田吉1031番地
TEL/(0985)54-2233
http://www.mcnet.ed.jp/akae-higashi-c/
生徒数/男子142名・女子150名　総数292名

保護者、職員が子供を通わせたくなる学校に。

教えて！校長先生

Q赤江東中の印象をお聞かせください。

校長　澁谷 武範先生（以下校長）　集会時生徒の正座での礼が、大変深く長くそろっていることにびっくりしました。感動を覚えました。校舎が新しい造りで、余裕をもってそれぞれの教室が配置されていると感じました。職員室が２階にあることも珍しかったです。

Q赤江東中に赴任されて他校とはここが違うと感じられたことがありましたらお願いします。

校長　設立28年の割には、縦看板や記念碑が多いなと思いました。中庭が自由に歩けるようになっていて、昼休みベンチに座って生徒が談笑する様子がおおらかで大変好ましく他校では見られない光景です。多目的ホールの下がピロティになっており雨天時でも部活が出来ていいなと思いました。グラウンドの夜間照明施設も本格的なもので、中学校も使えるのかなと驚きました。

Q赤江東中の生徒を伸ばすために何が必要とお考えですか。

校長　生徒が喜んで通ってくる学校であることが大事だと思います。そのために職員は、生徒を見つめ・認め・励まし・見届けることに力を注ぐことです。分かる授業で、生徒ができるようになったことが見える教育を行い、生徒の立場に立ったきめ細かな質の高い教育を行うことが寛容です。そうすれば、保護者が通わせたくなる学校になると思います。更に、職員が自分の子どもを通わせたい中学校になれば生徒はすくすく伸びていくでしょう。

Q今年度の目標をお願いします。

校長　安心して登校し、学校での学習により分からなかったことが分かるようになり、出来なかったことが出来るようになることを生徒が喜びとする学校づくり。

①基礎・基本の確実な定着を図る具体的な教科指導の実践
②豊かな人間性や社会性の育成を図る教育の推進
③ねばり強い心と体を培うためのたくましい実践力の育成

校長 澁谷 武範 先生
昭和33年1月、日向市財光寺生まれ。
妻、長女、長男、二女（大学4年）の5人家族
趣味はゴルフ、読書、音楽鑑賞
大学卒業後、民間会社で大型コンピューターの開発業務に2年間携わる。
1年間教職の勉強を経て、昭和59年檍中学校理科教諭として採用される。
平成12年四家小学校教頭に任用、平成２５年北川中学校校長に任用となる。
本年度赤江東中学校に赴任する。

CONTENTS

建学の精神■フロンティア精神で活気にあふれ充実した校風の樹立

将来の夢・進学のこと 聞いてみました。

保護者には、とても気になる将来のこと、進学のこと。就きたい職業が見つかっている割合は、どれくらいなのでしょうか。
赤江東中全校生徒291人(男子142人、女子149人)にアンケートをお願いしました。
そろそろ進学先を決めないといけない3年生には志望校まで聞きました!

将来、就きたい職業はありますか?の質問に1年生の男子は6割、女子では8割を超える生徒が『はい』と答えていますが、2、3年生になると男女ともにその割合が減っているのが判ります。(表1)

学年が上がるとより具体的に進路のことを考える様になり、現実的になってくることが原因でしょうか。

(表1) 将来、就きたい職業はありますか?

回答数：男子137人、女子144人

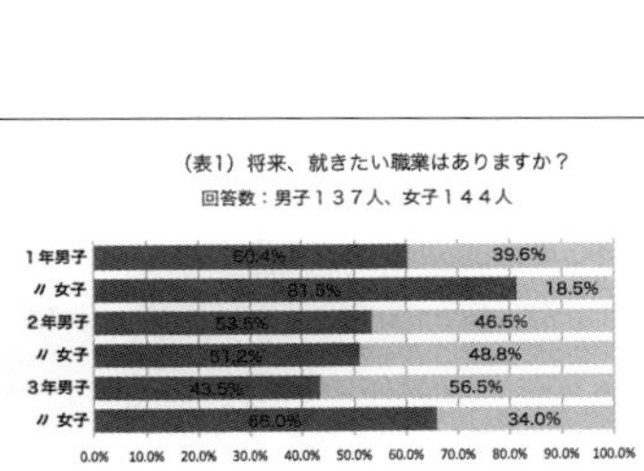

『いいえ』と回答した子どもに理由を尋ねると「迷っている」「自分に向いているのか分からない」「どんな仕事が良いのか分からない」と答えた生徒が大半でした。

具体的な職業は浮かばなくても何となくこんな感じと漠然とは考えているものの果たしてその選択で良いのかと自問自答している様子をうかがい知る事が出来ました。

どうすればその職業に就けるのかわかりますか?との質問には、4割の生徒が『はい』と答えている反面『いいえ』が6割弱おり、就きたい職業はあるものの具体的にどうすればその職業に就けるのかまでは分からないといった状況でした。(表2)

職業選択に迷っている状況とも併せて、この機会に親子で考えてみることも必要ではないでしょうか。

『はい』と答えた子どもに**その職業に就くためにどんな努力をしていますか?**と質問したところ、

(表2) どうすればその職業に就けるのかわかりますか?

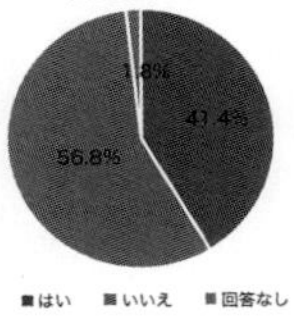

「勉強を頑張っている」「部活を頑張っている」「小さい子のお世話をしている」「基礎練習・トレーニングをしている」との答えが多く返ってきました。

子どもたちなりに考え、夢の実現に向け頑張っている姿が想像でき頼もしさを感じました。

子どもの意志を尊重します!

今回は、保護者のみなさんにもアンケートにご協力頂きました。**お子さんのなりたい職業を知っていますか?**の質問には、7割近い保護者が『はい』と答えています。就きたい職業が決まっていると答えた子どもたちの回答平均は6割ですので、若干開きが見られます。もしかすると親の思い込みがあるのかもしれません。

子どもに就いてもらいたい職業を尋ねたところ、公務員が2番目に多く、看護師、保育士、教師、薬剤師、国家資格を必要とする職業と続きました。

公務員を抜いてトップになったのは、『本人が就きたい職業』という回答でした。子どもたちが夢を実現させるためならば、全力で後押しするという保護者の気持ちが表れた結果となりました。

(表3) お子さんのなりたい職業を知っていますか?

回答数：PTA戸数263戸中、208戸

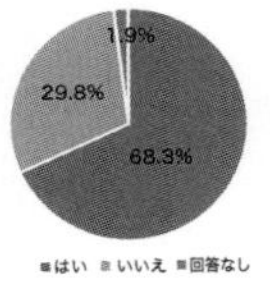

学校では?!

職業選択の一助になればと毎年、様々な職種の方を講師に招き『職業講話』を実施しています。

今年は、テレビ宮崎の高橋巨典アナウンサーがアナウンサーを目指したきっかけや職業選択の心構えなどについて話されました。普段はテレビを通して見ている高橋アナウンサーを目の前に、子どもたちは真剣な表情で聞き入っていました。

赤東生が選ぶ 就いてみたい職業ランキング

男子 1年	男子 2年	男子 3年		女子 1年	女子 2年	女子 3年
プロ野球選手	建築関係	プロ野球選手	第1位	保育士 幼稚園教諭	保育士 幼稚園教諭	保育士 幼稚園教諭
公務員 サッカー選手	公務員	電力会社 ゲーム関係 パソコン関係	第2位	看護師	教師 動物関係	看護師
ユーチューバー 自衛官	サッカー選手 教師 農業関係	多くて書き切れません	第3位	芸能人	多くて書き切れません	芸能人

(2)

教えて!職業のこと!! 人生の先輩に聞きました

Q1. 子どもの頃の夢は何でしたか?
Q2. その職業に就こうと思ったきっかけは?
Q3. それはいつ頃ですか?
Q4. その職業に就くために努力したことは?
Q5. 将来の夢の実現に向けて頑張る子どもたちにひとことお願いします。

アナウンサー 答えて頂いた方：高橋巨典さん

A1. アナウンサーです。
A2. TBSテレビの夕方のニュースでキャスターをされていた古谷綱正さんに憧れたからです。
A3. 小学4年生の時です。
A4. 大学に通いながらアナウンスの専門学校にも週1、2回通っていました。
A5. 憧れと尊敬する気持ちを持ち続けて下さい。

教師を目指してます 答えて頂いた方：秀島右子さん

秀島さんは、本校出身 教育実習生として母校へ

A1. バレーボールをしていたので、バレーボール選手になりたかったです。
A2. 中学校で出会った先生の影響を受け、教師を目指そうと思いました。
A3. 中学1年生の時です。
A4. まずは、大学に行くためにも、先生になるためにも、とにかく勉強を頑張りました。
A5. 勉強や部活、習い事など、毎日を全力で頑張って下さい!応援してます!!

プロゴルファー 答えて頂いた方：大山志保さん

大山プロは、本校出身 多忙な中、アンケートに答えて頂きました

A1. 小学校4年頃までは、プロゴルファーかピアノの先生でした。
A2. テレビドラマ「プロゴルファー祈子」の主人公に憧れ、10歳くらいにゴルフを始めたのがきっかけです。
A3. 本格的にプロゴルファーを目指そうと決めたのは中学校3年生になってからです。
A4. 人と違った練習方法を独自でしていましたね。あと、練習においては人の2倍・3倍練習をする努力はしてきましたね。
※もちろん今もそのスタンスは変わっていません。ただ、その練習が後に自信となり、自信を持てたからこそ今までも結果を残せてきたんだと思います。
A5. まず、「夢」を持つ事が大切だと思います。それに向かって努力することが大切だと思いますし、夢に向かって頑張れば必ず道は開けてくると思うので目標に向かって何事も諦めず頑張って下さい。

【大山プロへの特別な質問!】
Q.オリンピック種目にゴルフが112年ぶりに復活し、そのオリンピックに出場されました。どんな思いで臨まれましたか。
A.日本代表でリオに行く。自信と自覚を持って戦いたい。今までの4年間の思いをぶつけたい。どんな試合でも出るからには1番を目指すので、リオでも1番を目指したい。

保育士 答えて頂いた方：広報委員・Tさん

A1. 保育士です。
A2. 保育士さんが読んでくれる紙芝居が好きで憧れました。
A3. 保育園年長組の時です。
A4. 勉強とピアノです。
A5. 感謝の気持ちを忘れず、毎日を楽しく過ごしてください。

3年生に聞いた 進学したい高校ランキング

進路選択が間近に迫ってきた3年生に志望高校と理由を聞きました。

	第1位	第2位	第3位		
第1志望	宮崎工業高校	宮崎商業高校	宮崎大宮高校	宮崎南高校	宮崎海洋高校
理由	・専門の事が学べる ・就職のため ・部活のため	・自分のやりたい事と合っている ・雰囲気がある ・近い	・楽しそう ・自分に合っている	・近い ・進学のため	・専門の事が学べる
第2志望	宮崎南高校	宮崎工業高校	日南学園 宮崎西高校 宮崎学園 日章学園 第一高校		

	第1位	第2位	第3位	
第1志望	宮崎農業高校	宮崎南高校	宮崎商業高校	宮崎海洋高校
理由	・専門の事が学べる ・就職のため ・勧められた	・進学のため ・行きたい学科がある ・行ってみたい	・将来のため ・進学のため ・資格が取れる	・興味のある学科がある ・専門の事が学べる
第2志望	宮崎南高校 宮崎工業高校	宮崎農業高校 宮崎商業高校 日大高校		高鍋農業高校

～上が男子、下が女子です。第2志望の理由は省略～

学校では?!

2年生

実際に様々な職場で仕事をします。

2・3年生
各校の先生をお招きし、学校の特色等を聞く高校説明会が開かれます。

3年生
進学先を決めるにあたり、オープンスクールを利用し、各校を訪問します。(主に、夏休みと秋に実施)

先輩に聞いた生の声

宮崎工業高校・機械科 1年男子
工業高校に進学したのは、将来の仕事のため、色々な資格が取りたかったからです。
実際、進学してみて、思っていたより大変ですが、勉強も部活のサッカーも頑張り、充実した日々を過ごしています。

宮崎農業高校・生産流通科 1年女子
私が宮崎農業高校を選んだのは、座学だけでなく、実際に体験して学ぶことができる専門学習に興味があったからです。
入学してみての学校生活は、普通教科に加えて栽培や販売などの実習の授業も入ってくるので、毎日が新鮮で楽しいです。これから農業のことが一からわかります。これから専門学習を通していろんな分野の知識を深め、資格を取得して職業選択の幅を広げていきたいと思っています。

宮崎南高校・フロンティア科 1年男子
小学生の頃から続けてきた野球と勉強を両立させたかったので、「文武両道」を掲げている所に魅力を感じました。実は英語は苦手ですが、好きな科目にしてみたいと思いフロンティア科を受験しました。
部活は楽しいです。勉強は思っていたより大変!!ですが、先輩方も乗り越えてきた道なので両立させたいです。南高は、先生方も良い方達ばかりで生徒も皆明るく元気で楽しい学校です!皆さんもぜひ南高へ!!

宮崎日大高校・総合進学科 2年男子
映画を作りたいという夢があり、日本大学芸術学部で学ぶには日大高校が一番の近道だと知り選びました。
実際、高校に入ってみると毎日の遠距離通学、朝夕課外やテストも多く大変です。
でも、いろんな目標を持った最高の仲間がたくさんいて、とても楽しく充実した日々を過ごせています。

(3)

赤東 \利用/ SNS事情

保護者 アンケート回答数 総数 209/267戸 1年 79/88戸 2年 62/82戸 3年 68/97戸

Q あなたはSNSを利用していますか?

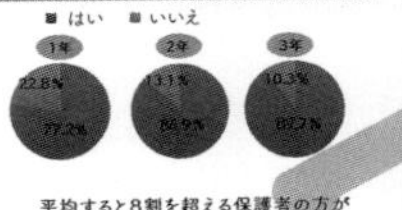

Q お子さんはSNSを利用していますか?

平均すると8割を超える保護者の方がSNSを利用していることが判ります。

便利な機能もあり、今やなくてはならないものになっています。マナーやルール、危険性などもきちんと理解して利用していきたいものです。

Q お子さんの利用状況を把握していますか?

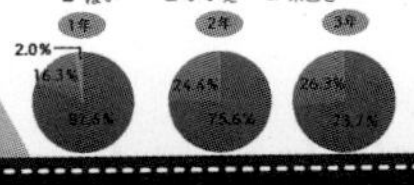

わが子の利用実態について、ほとんどの保護者が把握しているようですが、約2割ほどはわからない状況のようです。

知らないうちにトラブルに巻き込まれたりすることも考えられます。わが子を危険な目に遭わせないためにも、最低限のことは把握しておきたいものです。

生徒 アンケート回答数 総数 279/291人 1年 男子 48/49人 1年 女子 54/56人 2年 男子 42/44人 2年 女子 43/45人 3年 男子 46/49人 3年 女子 46/48人

Q あなたはSNSを利用していますか?

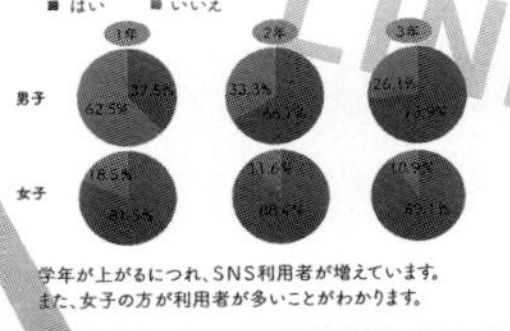

学年が上がるにつれ、SNS利用者が増えています。
また、女子の方が利用者が多いことがわかります。

Q 利用しているSNSを教えてください

男子で1番多かったのは「LINE」、次に「Twitter」「Facebook」の順。女子は1位「LINE」、次に学年によって順位は変わりますが「Twitter」や「MixChannel」でした。

少数意見として、「Instagram」や「ツイキャス」など、ほとんどのSNSを利用しているという生徒もいました。

Q どのくらい使用していますか?

全学年、平日の平均利用時間は1～3時間が多く、最高で9時間しているという生徒も!休日になると1～5時間の利用が多いようです。中には最高13時間という生徒も･･･。

平均利用日数は、全学年男女ともほとんどの生徒が毎日利用していました。平日、休日とも30分だけと制限して利用できている生徒もいました。

SNSって知ってますか?

SNSとは、Social Networking Service(ソーシャル・ネットワーキング・サービス)の略で、友人・知人間のコミュニケーションを円滑にする手段や場を提供したりする会員制のサービスで、Webサイトや専用のスマートフォンアプリなどで閲覧・利用することができます。代表的なものに「Facebook(フェイスブック)」や「Twitter(ツイッター)」「LINE(ライン)」などがあります。

文部科学省が発表した『2015年度児童生徒の問題行動等生徒指導上の諸問題に関する調査(国公私立の小中高、特別支援学校)』によると、宮崎県の公立(国立を除く)小中高、特別支援学校で把握された"いじめ"は6,007件(前年比2,556件減)、うち中学校1,289件(同78件増)となっています。

内容は、「冷やかしやからかい、悪口や脅し文句、嫌なことを言われる」が半数近くを占め、「パソコンや携帯電話等で、ひぼう・中傷や嫌なことをされる」は、全体で154件、約2.6%との結果になっています。

最近では、中学生でもSNSの利用が多くなってきているといわれています。親としては子どもにスマホやネットを使える環境を与えていはいるものの、ネットやSNSでのトラブルやいじめも気になるところ･･･。他の家庭はどんな状況なの?子どもたちの意識は?の疑問に応えるべく、赤東生徒と保護者にSNS利用状況を聞いてみました。

Q 利用についてお子さんに相談を受けたことがありますか?

・夜遅くでもLINEがくる ・友達にいきなりブロックされた
・変なサイトにいってしまい「OK」と出てきて怖くなって消したけど大丈夫か
・タイムラインで平気で自分や許可なく友達の写真を載せている
・友達のLINEステータスメッセージを見て傷ついた

利用に関して、何気なくしたことでも見た側や受け取る側が不快に思うこともあります。ちょっとしたことでいじめに発展したり、トラブルに巻き込まれる可能性も･･･

親子共通質問 Q (お子さんが)利用する際にルールがありますか?

・時間制限
・宿題を終わらせてから使う
・成績が下がったら取り上げる
・親のいるところで使う
・変なサイトに入らない
・課金しない
・個人情報や写真をアップしない
・知らない人と友達にならない
・人が傷つくこと(悪口など)は書き込まない

親子共に同じ質問をした所、親子でしっかり話し合ってルールを決めていることがわかりました。いちばん多かったのが「時間制限」でした。時間を忘れて利用することが多くなりがちなので、時間を制限したり時間帯を決めるなど、家庭や子どもに合ったルールを決めているようです。そして、ほとんどの家庭が個人情報に気をつけて利用していました。作ったルールをしっかり守れるよう自主性に任せたいところですが、なかなか難しい面もあるようです。

Q 誰としていますか?

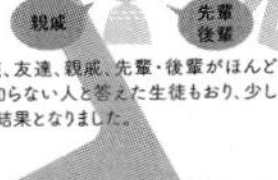

家族、友達、親戚、先輩・後輩がほんどでした。知らない人と答えた生徒もおり、少し気になる結果となりました。

Q 使用している機器は?

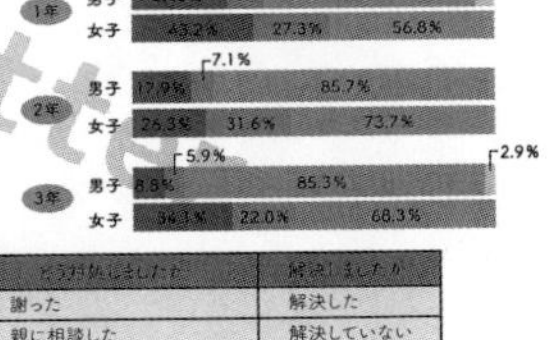

Q SNSを利用していて困ったことはありますか?(保護者)

困ったこと	どう対処しましたか	解決しましたか
知らない人から知り合いを装って友達追加のラインがくる	削除する	解決した
LINEのタイムラインに友達がいいねを押したもので大量になる	対処法が分からない	解決していない
誹謗中傷	ブロック、フォロワーへの相談、協力依頼	サポートに凍結してもらい解決
伝えたいことがうまく伝わらないときがある	大事なことは直接もしくは電話で伝える	うまくコミュニケーションが取れる
友達が写真に自分(私)をタグ付けして、顔写真を公開された	対処出来ない	解決していない

Q SNSを利用していて困ったことはありますか?(生徒)

困ったこと	どう対処しましたか	解決しましたか
LINEの内容が友達に伝わってケンカをした	謝った	解決した
限定公開にした動画を消したいけど友達に言えない	親に相談した	解決していない
知らない人からメッセージがきた	無視して、そのSNSをやめた	わかりません
なりすましにあった	通報した	わかりません
ネットで知り合った人に関係をせまられた	ブロックした	解決した

アンケートを通して

2015年総務省調べ(※1)のSNSの利用状況(利用の一番多かったLINEで20代以下62.8%、30代47.0%、40代41.8%)と比べると本校での利用状況は、生徒・保護者共に多いことが判りました。

スマートフォンの普及やLINEなどの急激な流行により、利用者は今後も増えていく事が予想されます。便利な反面、トラブルやSNS依存も心配されるところです。

また、今回はスマートフォンやタブレットなどの機器で調べましたが、現在はゲーム機でもインターネットを介してコミュニケーションが取れる機能が付いています。「うちはスマホを持たせていないから」と安心するのは危険です。

まずは、メリット・デメリットについて親子で学び、利用に関してのルールを設けるなどしていくことが重要だと感じました。

(※1)総務省「社会課題解決のための新たなICTサービス・技術への人々の意識に関する調査研究」

みんなで守ろう!3つの約束

載せたらダメ!
★個人情報(写真、プロフィール等)は安易に載せない
★他人の情報は絶対に載せない
★誹謗中傷はしない
★位置情報はOFFに

応えたらダメ!
★知らない人からの誘いには警戒を
★知り合った人に直接会わない
★他人の投稿に踊らされない

信じたらダメ!
★情報を簡単に信じない
★情報を鵜呑みにせず、正しい判断を
★なりすましに注意

(5)

親子共通質問 Q SNSを利用するにあたって気をつけていることがありますか?

・人の悪口を書かない
・うわさ話などはよく考えてから信じる
・送る前に文章を確認する
・写真をアップする時に気をつける
・個人情報が流出しないように気をつける
・位置情報をわからないようにする
・知らない人とは関わらない
・変なサイトを開かない
・課金しない
・言葉や言い回しに気を付ける

親も子も快適に利用するために様々なことに気を配り利用していることが判ります。しかし、中には「トラブルに見舞われない様、気を付けることは解っていても実際どうしたら良いのか分からない」という方もいました。

トラブルには、"ちょっと気になる"程度のものから、友人関係を壊してしまうもの、金銭問題や犯罪被害に発展してしまうものなど重大な事態を招くものもあります。

これから利用したいという方はもちろん、すでに利用している方も正しい操作方法やトラブルの対処方法等について、改めて親子で学んでみるのも良いかもしれません。

学校では?!

スマホ・ケータイ安全教室 開催

10月21日、NTTドコモ スマホ・ケータイ教室インストラクターを講師に、携帯安全教室が開かれました。

スマホを使うことは、インターネットを使うことと題して、スマートフォンは小さなパソコンであり、間違った使い方をすると危険であることを様々な事例をあげて話されました。

当日配布資料

(4)

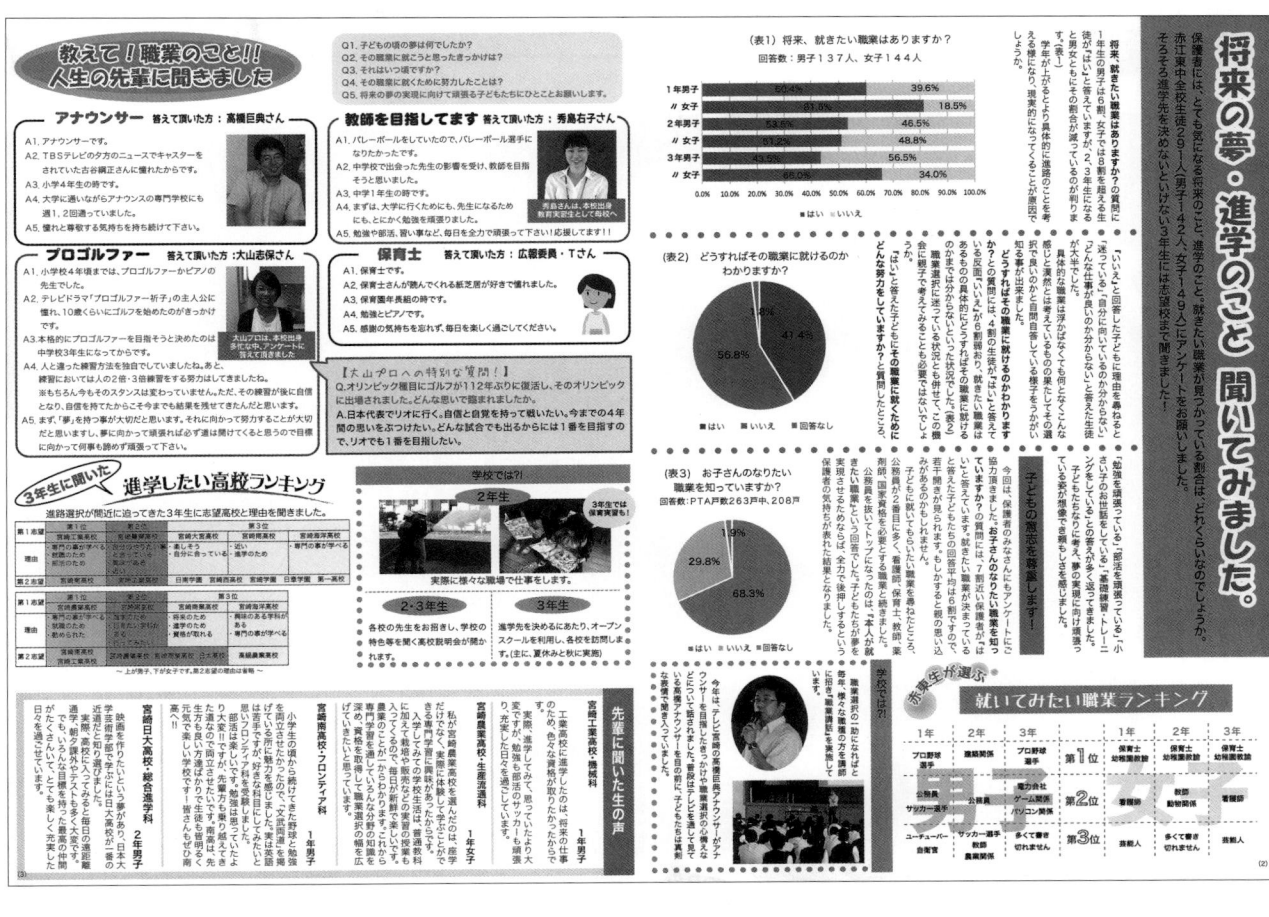

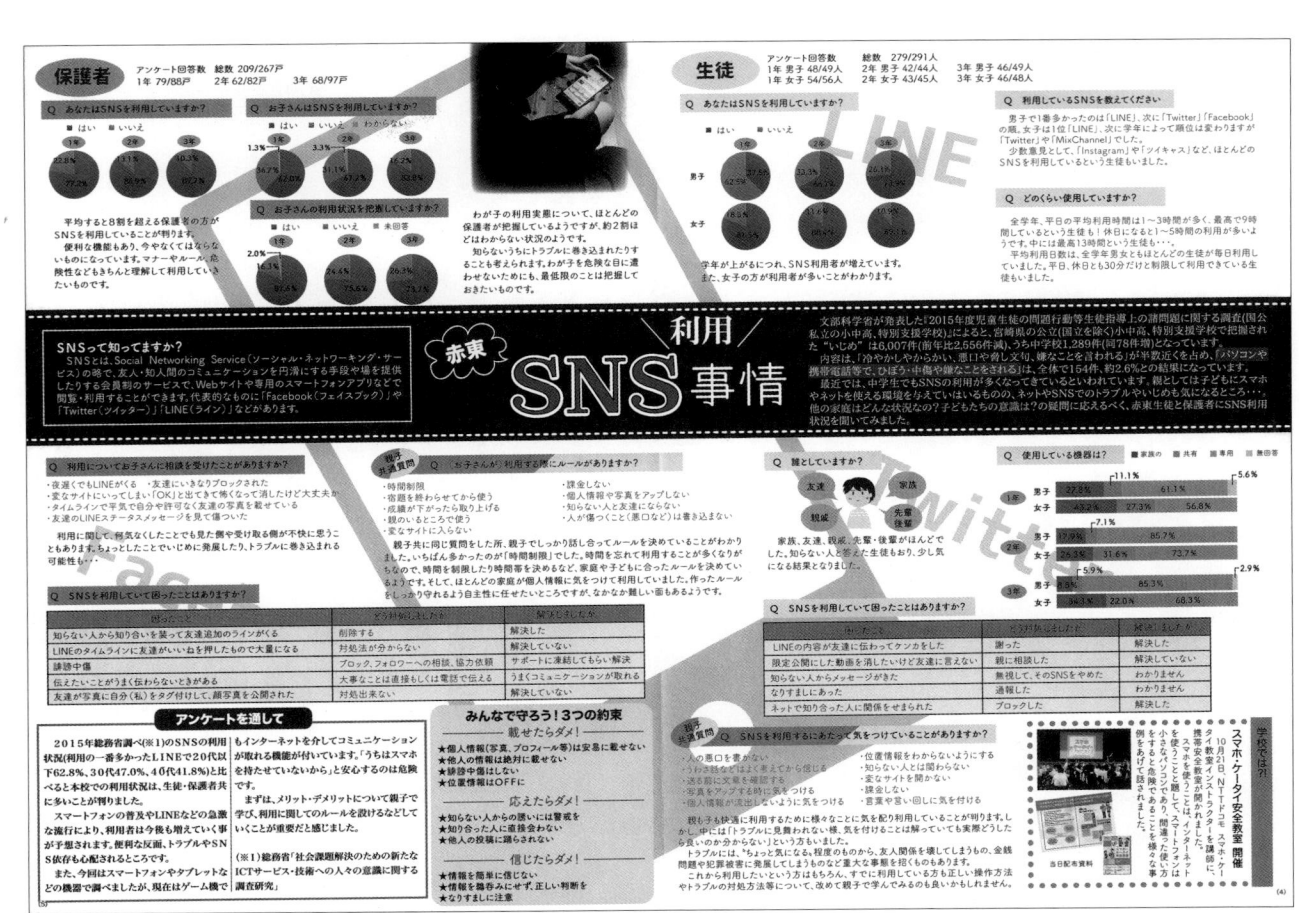

佳作　宮崎県日向市立財光寺中学校

審査総評　熊本地震やリオオリンピックなどをテーマに、特集記事で意識を啓発するなど適時性があります。学校を応援してくれる人、先輩、地域の人など、「人」が紙面に多く登場するのも、紙面の大きな特色になっています。

大樹
2016 December
財光寺中学校PTA広報紙
No. 98
目次
Contents
■リオオリンピック 感動をありがとう
■第36回体育大会
■PTA Topics
■この人に会いたい
■点滅信号について
財光寺中 体育大会

熊本地震

その後、何を思い、どのように防災意識が変わりましたか？

▼本震…四月十六日 午前一時二十五分… マグニチュード7.3… から三ヶ月…

この度、熊本地震で被害に遭われた皆様に心よりお見舞い申し上げます。

テレビなどのメディアで被害のニュースをみて その規模の大きさにとても驚いています。子どもを学校に通わせている保護者として、この地震をきっかけにアンケートを行ってみました。

◎アンケート実施日
5/13～19

◎回収率
1年生148人/85%
2年生160人/97%
3年生135人/95%
保護者422人/69%

Q1 日向市近郊でも、今後数年以内に大きな地震が発生する可能性があると考えますか？

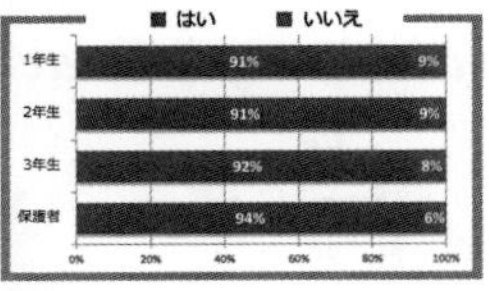

Q2 もし地震が起きた時、自分の身を守るためにどう行動するかを、ご家族で話し合っていますか？

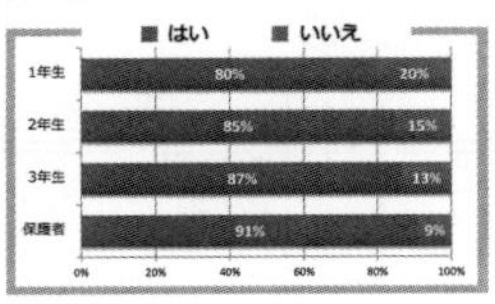

Q3 ご家庭に避難用のグッズは備えていますか？

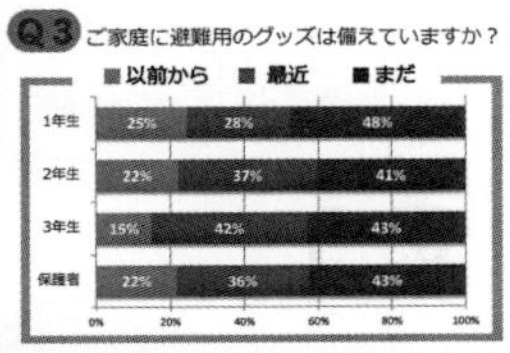

Q4 避難する際、自分の生活を守るために特に必要だと考えているモノは何ですか？

◆1、2、3年生及び保護者全体の結果です◆

1位：水 2位：食料 3位：懐中電灯 4位：ラジオ 5位：着替え

注目!! 第3位に懐中電灯がランクインしました。これは、熊本地震が暗い時間帯に起こり、逃げる時に現実的にあってほしいモノが「明かり」であるということを強く感じたからではないでしょうか。

実際に今自分に災害が起こったら？時間帯や天気、場所（職場・学校・家 etc…）の TPO を変えたシチュエーションで考えてみると、また異なった「必要なモノ」が見えてくるのではないでしょうか。

目のつけどころGOOD!!
- ＊簡易トイレ やはり、あると安心です。
- ＊テレフォンカード 最低限の連絡先をメモして一緒に持っておくと更に良い etc…
- ＊テント 車中泊や、エコノミー症候群を避けたい！
- ＊家族・命 まずは自分の命、家族の命が1番!! その他は命があってからのモノなので、自分と家族の身の安全確保が第一です！
- ＊ラップ 食器に巻いておくと食後に食器を洗わずにすむ…ケガの止血…防寒着代わりにも!!

Q5 熊本地震後に、ご家族で話し合われた事柄がありましたら教えてください。

- Ⓐ その時々に応じた避難場所と避難方法の（再）確認をしました。（その時は、どこへ、どうやって避難するのか!?）
- Ⓐ 家の中でのこと…家具の位置や安全性、安全な場所を確認しました。
- Ⓐ 避難グッズに必要なモノ…日頃からの準備、備えをしました。
- Ⓐ 被災された方々へ、今、自分たちに何ができるのかを一緒に考えました。
- Ⓐ ペットをどう保護するか（ペット同行）について考えました。
- Ⓐ エコノミー症候群について、どのようなことなのか一緒に学びました。
- Ⓐ 今回の地震以来、小学生の子は、お風呂・トイレ・寝るときも一人では不安がり、留守番もできなくなりました。

私たち保護者は、子どもの安心・安全が第一です。今回のアンケートの実施や結果が、家族での話し合いや意見の向上につながれば幸いです。

～アンケートご協力、誠にありがとうございました。～

2年保護者の黒木美和子さん家の「非常持ち出し袋」です。

①リュック ②乾電池 ③ラジオ ④常備薬 ⑤飲料水 ⑥ビニール袋 ⑦缶詰 ⑧マスク ⑨ティッシュ ⑩懐中電灯 ⑪割りばし ⑫靴下、衣類 ⑬軍手 ⑭タオル ⑮食料 ⑯ウエットティッシュ ⑰使い捨てカイロ

リュックを何個かに分けて、1番重要な持ち出し袋を親が持ち出します。残りを小分けし、家族で分担し、持ち出します。（家族同時に避難する場合）この方法が困難な時は、1番重要なリュックを最優先で持ち出します。（黒木家はリュックを3個用意しています。）

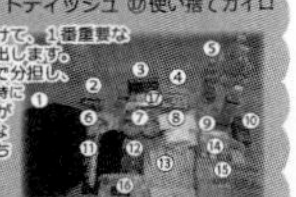

ポイント：自治体などの支援が届くまでの「3日分」を用意すること。水は4リットルは必要。持病の薬、保健証のコピーをお忘れなく。

～届け、財中生の想い～

生徒会役員の提案により募金活動を行いました。

（5月16日～20日まで）登校時、給食室コンテナの前で、生徒のみなさんに呼びかけました。

私たち生徒会役員は、熊本の震災の報道を受け、今、自分たちに何ができるのかを考え、募金活動を行うことにしました。この活動を通して、被災者の方々の力になりたいという財中生の気持ちを感じました。また、生徒一人一人の自然災害の備えに対する意識というものを高めることができたと思います。この活動によって集まった募金が被災者に届くことを嬉しく思います。ご協力いただいたみなさん、ありがとうございました。

生徒会長 東隼人

募金総額
¥31,811
ご協力ありがとうございました。

「あの日、あの時」 熊本地震被災者に聞きました。

■被災された方 熊本市北区在住 26歳 男性 鬼塚研志さん （歯科医師）
実家が熊本で、週の半分は日向市の歯科医院で研修医として宮崎で過ごし、週末は実家へ帰る、という生活をされていました。（現在も同様）

問1 今回このような地震が起こると思っていましたか？
Ⓐ 全然考えていませんでした。

問2 地震が起きた時はどこに居ましたか？
Ⓐ 前震の時は宮崎に居ました。実家に帰って片付けようと熊本へ帰った時に本震に遭いました。念のため玄関近くの部屋で寝ていました。（すぐに外へ出られるように）本震は、まず地響きがしました。揺れ始めたら動けませんでした。外に出ようとしたら、瓦が落ちてくるので出られませんでした。落ち着いてから外にでました。

問3 何か持ち出しましたか？
Ⓐ 頭に座布団を乗せるので精一杯でした。スマートフォンを持って出ました。

問4 地震後、家はどのような状態でしたか？
Ⓐ 壁にひびが入って、瓦も落ちていました。家の中もめちゃくちゃで住める状態ではありませんでした。

熊本地震被災の写真

問5 直後の生活はどうされましたか？
Ⓐ 「また来るかも」という不安があり、公園の車の中で4日間過ごしました。近所の人たちと、家の食料を持ち寄り 食いつなぎました。数日すると、スーパーなどで買い物ができるようになり、その後は姉のアパートに身を寄せることができました。

問6 直後は何が必要でしたか？また、準備しておいた方が良いと思ったものは何ですか？
Ⓐ 情報確認ができるスマートフォンは役に立ちました。充電はしっかりしていた方がいいです。水が必要でした。水道は1週間止まっていました。前震の後にタンクに水を用意していたので、飲用水は大丈夫でしたが、トイレ用の水が必要でした。トイレは、1回流すのに1リットルは必要です。電気は通っていたので、ご飯は炊けました。
災害保険は かけていた方がいいと思います。

問7 精神状態はどうでしたか？
Ⓐ 始めは みな助け合っていましたが、1週間くらいすると、家族間でも ちょっとしたことでイライラする事が多くなりました。

先生は、この時期、実家が大変な中でも、研修医として宮崎に通い続けていました。（熊本から宮崎周りで高速を使っての通い）つらい時期だったと思いますが、明るく振舞っておられました。私たちは、はれ物にさわるような態度ではなく、励ましの言葉も掛けましたが、いつも通りに笑顔で過ごしていらっしゃいました。「ここに来て、みなの笑顔を見ると、気持ちを持ち直して帰ることができる。」と感謝の言葉をいただきました。

先生は現在、実家で生活しておられます。ごみの量がとても多いとのことです。また、このような地震はお年寄りには負担が大きいと思う。とも話されていました。

今回のインタビューで、被災された方にしか分からない話を聞くことができました。時間の経過と共に熊本地震が忘れられないように伝えていきたいです。「もし地震が起きたらどうするのか？」を考え、財中保護者の防災意識が高まることを願い、記事にまとめました。

二年保護者 森田千栄

～財光寺地区で取り組む避難訓練～

机の下に隠れる高齢者

避難する保育園児

南海トラフ巨大地震に備えた津波避難訓練が行われました。その時の様子をNPO法人 あったかほーむ愛あいはらぺこあおむし保育園スタッフさんに聞きました。

5月20日（金）高齢者施設利用者・保育園児・スタッフ合わせて70名が参加しました。

「午前10時に日向灘で震度7の地震が発生」と想定。地震を知らせる警報が鳴ると、一時的にテーブルの下へ隠れ、避難場所になっている施設の屋上（海岸から15km・標高13m）に、高齢者はスタッフに背負われたり、タンカで運ばれるなどして避難しました。

県の想定では15mの津波が17分で到達するとしていましたが、当日は12分で全員が避難出来ました。

反省点としては「指示するスタッフの声掛けが必要」などがありました。

昨年7月発行の広報紙で速報をお知らせした津波避難タワーが完成しました。

▼財光寺北住宅 避難階段
設置場所点：市営財光寺北住宅
施設高：14.55m（海抜 17.45m）
収容人数：約 670 人
避難有効面積：約 340 ㎡

▼長江避難タワー
設置場所点：長江街区公園内
施設高：1層目 4.6m（海抜 8.3m）
2層目 7.6m（海抜 11.3m）
収容人数：約 670 人
避難有効面積：約 340 ㎡
（各層約 170 ㎡）

速報!! 往還地区に！「津波避難タワー」建設へ
- 地盤高：4.5m
- 避難対象人数：920 人（平日昼間）
- 施設規模：460 ㎡ 2層式（各層 230 ㎡）
- 平成 28 年度整備予定

PTA Topics 2学期

給食センターに視察に行きました

保健部 10月6日（木）

まず驚いたのは、きれいに磨き上げられた施設内と徹底した衛生管理でした。施設の造りは、各工程でそれぞれの担当職員が交わることがないものでした。

子どもたちから寄せられた要望などを、様々な工夫をして叶えようとする姿勢は素晴らしいものでした（例・中学3年生は最後の給食となるので、給食に対する理解を深めてもらうためもあり、揚げパンを提供された日もありました）

今日も子どもたちのもとに安心、安全でそして美味しい給食が届けられていることに感謝する一日でした。

保健部長 椎葉美穂

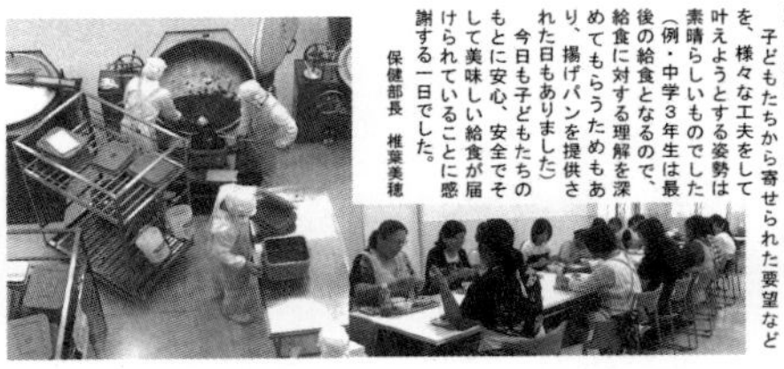

体育大会で駐車場整理をしました

体育部 9月11日（日）

先生方のご指導のおかげで、とても感動的な体育大会でした。体育部は体育大会当日の駐車場整理を担当しました。運営委員会のみなさんの手助けもあり、スムーズに車の誘導ができたのではないかと感じています。しかし、一番混雑している時間帯に、校門前に一時駐車をする方がいたり、路上駐車をする方がいたりと残念な点も多々ありました。反省を来年に活かしたいです。担当されたみなさんありがとうございました。

体育部長 六角航三

吹奏楽部が大活躍！

全国地域安全運動「日向地区推進運動」 10月9日（日）

地域社会における安全と平穏を確保するための地域安全運動促進の目的に沿って、防犯協会より、日向地区推進運動への参加依頼をいただきました。

財中吹奏楽部は警察音楽隊と日向高校との演奏コラボレーション参加で、総勢70数名の大演奏会となりました。朝早くから合同での準備、練習でみんなの心をひとつにして素晴らしい演奏となりました。演奏会の中で先輩方の優しさにふれ感動し、充実した一日を過ごせました。

吹奏楽部後援会会長 奈須和代

十五夜祭りで巡回をしました

生活指導交通安全部

10月8日（土）18時30分から、生活指導交通安全委員と教職員で祭り区間を巡回しました。当日は雨が降るあいにくの空模様でしたが、多数の人でにぎわい盛大な祭りでした。2グループに分かれ見守りを行ってもらいました。

保護者の方にお願いがあります。日向市生徒指導連絡協議会では、この時期の子どもたちだけでの外出による帰宅時間を次のように定めています。10月までは18時30分、11月～3月は17時30分、冬季休業中は17時00分です。各家庭でのご指導をよろしくお願いします。

生活指導交通安全部長 谷岡真一

ちょこっとメモ
日向十五夜祭り
日向市をあげての舞踊隊が繰り出します。県北三大祭りの一つです。

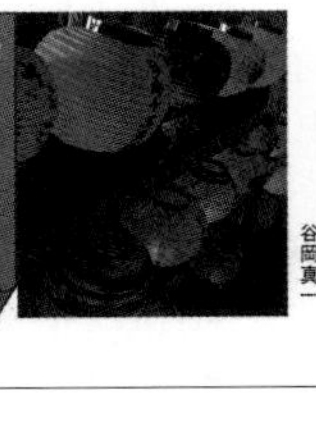

PTAバザー大盛況！

バザー実行委員会 PTAバザー

11月13日（日）快晴の中、PTAバザーを開催しました。バザー委員や部活動の保護者のみなさんが、早朝から準備を行い、肉まんやカレー、フランクフルトなどを販売しました。どのお店も行列が出来ていました。今年も農業小学校から大根や焼き芋などを出店していただき、焼き芋の甘く香ばしい匂いに、みんな笑顔になりました。体育館の中ではみなさんから寄贈していただいた品物を販売し、大盛況でした。今年も無事にPTAバザーを行うことが出来てホッとしております。

バザー実行委員長 平池奈々絵

宮崎大学・看護大学に視察に行きました

家庭教育学級 11月1日（火）

宮大はとても広く、歩くのに大変でした。農業博物館や図書室などを見学して、学食で昼食をいただきました。安くて、美味しかったです。

看護大は一時間ほど構内を案内してもらい、助産士課程の教室では、リアルな分娩室があり、自分たちの出産の時を思い出しました。

看護大に行き、命の尊さを感じました。学級生の絆が深まった一日でした。

家庭教育学級長 木代真理

お帰りなさい！ 淵田先生

アメリカから帰国される！

今年7月までの1年間、フルブライト交流事業として、アメリカ・ペンシルベニア州のアーサイナス大学で、大学生に日本語を教える語学アシスタントとして働き、学生としても授業を受けました。フルブライト事業とは、アメリカと相手国の人々との間に相互理解を促進するために設立された教育交流プログラムで、世界的な評価を得ている事業です。世界中から人が集まり、全米の各大学に振り分けられ活動をします。これに受かるために猛勉強しました。

この交流事業で50カ国以上の人と関わる機会がありました。日本からの参加は10名しかおらず、50名の事前研修グループの中には日本人は私1人という状況でした。母国語なまりの様々な英語に囲まれて、言葉一つで超えられる壁も、また、作られる壁もあることを体感しました。

大学では、1年～4年生の日本語授業を担当し、英語より日本語の方がはるかに言葉として難しいと感じました。この大学には、日本語の教授、私、留学生2名の計4名しか日本人はおらず、学生たちは私から「日本」を学ぶのだと思うととても緊張しました。アメリカの学生たちはアニメや漫画など、日本の文化が大好きで、誇らしく思いました。その反面、一歩大学を出ると（滅多にないことですが）アジア人として差別的な扱いを受けたこともありました。日本にいたら絶対に体験しないことなので、とても考えさせられました。

学生としては、教育心理学、英語構造学、アメリカ文化論、スペイン語の授業を受けました。ネイティブの人と対等に課題が出て、成績も出されました。次の日までに100ページ近くを読んでレポートを出す、といった課題が出され、ほとんど寝ずに授業に向かう日もありました。久々に生徒の気持ちが心から分かりました。

学生時代の留学とは違い、社会に一度出てから、このような機会をいただいたことで、より深く英語を学べました。財中の先生方や生徒、保護者のみなさまには、ご迷惑をおかけし本当に申し訳ない思いでした。しかし、温かく送り出してくださり、また、温かく迎え入れてくださり、本当に感謝しております。微力ではありますが、1年間の経験を子どもたちに還元することで、恩返しができたらと考えています。今後ともよろしくお願いします。

日本語の1年生クラスの学生と一緒に

フルブライトメンバーとの研修記念写真

文化交流会で盆踊りの披露の様子

審査総評　思春期•反抗期、いじめ、進路、戦争と平和など多彩なテーマで企画記事を掲載し、課題意識の高さがうかがわれる紙面です。

Asahi Parent-Teacher Association Newspaper

朝日

発行日／平成 28 年 7 月 20 日（水）
発　行／奄美市立朝日中学校 PTA 文化部
所在地／奄美市名瀬朝日町29-1
生徒数／男子 185 名　女子 176 名
総数 361 名

平成28年度 文化部テーマ　WA→和 輪 話 ～今私にできること～

<イラスト>
2年3組　原　和花

PTA会長あいさつ

PTA 会長　橋口　義仁

平成 28 年度朝日中学校 PTA 会長の橋口です。

今年度の朝日中学校 PTA スローガンとして『小さな島国の小さな学校でも，周りからダイヤモンドのように輝いて見える学校は，まぎれもなく日本一の学校』・・・・学校・家庭・地域が一丸となって子供たちを磨きましょう・・・・

『元気・やる気・勇気・そして根気』の４つの木（気）を心に植え，大きく花咲くよう見守り，子供と一緒に『共感』できる PTA を展開していきたいと思っています。

私自身この朝日校区で生まれ育ち，長男・長女の二人の子育て以来，母校である朝日中で 14 年ぶり 2 度目の PTA 会長をやることになりました。

「PTA 会長って大変なのになんで？」と尋ねられたら「そんなことないよ！」とは決して言えませんが（笑）・・・（ ´∀｀ ）

子供にいろいろなことを学ばせてもらい，地域や人を知ることができ，多くの経験をさせてもらったり，子供と一緒に共感できたことに感謝しています。

私自身の礎を築かせてもらった朝日中学校に，卒業生として，保護者として恩返しをさせていただくとともに，何より『朝日中の子供たちの応援団』として頑張ります。

最後に，PTA とは A・T・M です。

『**A：明るく　T：楽しく　M：前向きに**』を合言葉に，1 年間よろしくお願いします。

考えてみよう「いじめ」について

学校生活の中では，なかなか子どもたちがどのように過ごし，何を考えているかの分かりません。子ども同士，相手を傷つけているか分からずに発している(ことば)などアンケート調査の結果をもとに，親として何をすべきか子どもたちと一緒に考えていきましょう。

調査の結果朝日中生徒達は男子と女子ではこのような結果になりました。

対象：生徒357名　解答率：95%（男子184人　女子153人）

Q1

A君は何もしていないのに「ムカツク」と言われています。何か失敗してもA君だけが文句を言われます。あなたはどう思いますか？

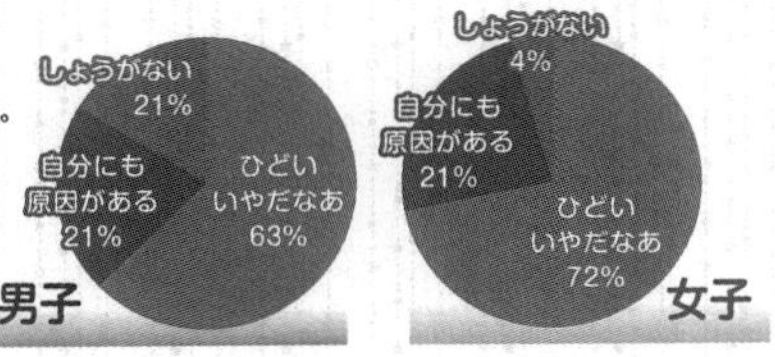

Q2

CさんがDさんを呼んでいます。聞こえているはずなのにDさんは返事をしません。でもEさんが呼んだらすぐに返事をしました。あなたはどう思いますか？

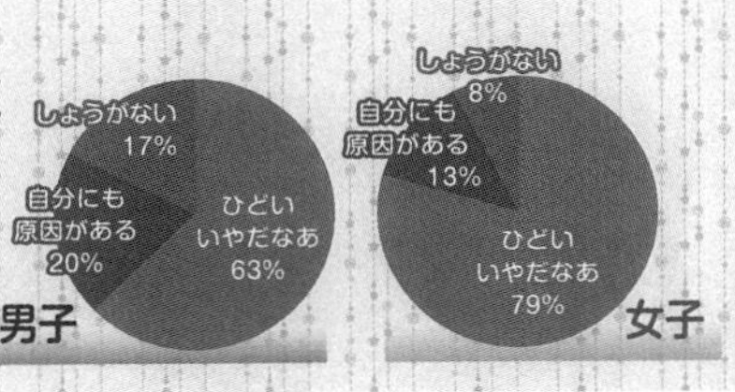

Q3

KさんとLさんがケンカをしました。KさんはLさんを無視することにしました。Kさんの友達もKさんに同情してLさんを無視しています。あなたはどう思いますか？

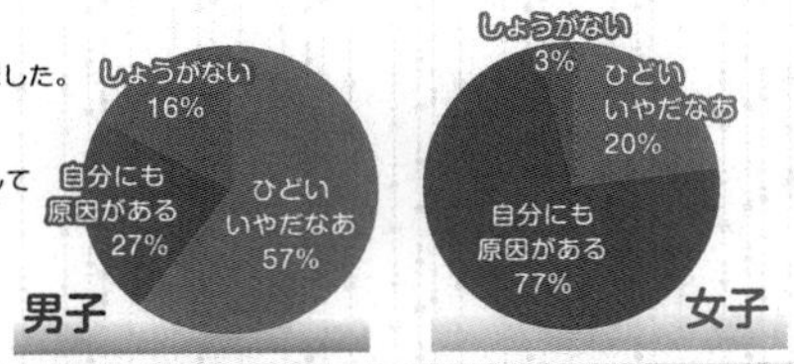

2

Q4

昼休憩に遊ぶことになりました。M君も一緒に遊ぼうとして寄っていくと，「何でおまえまで来るの」と言われました。あなたはどう思いますか？

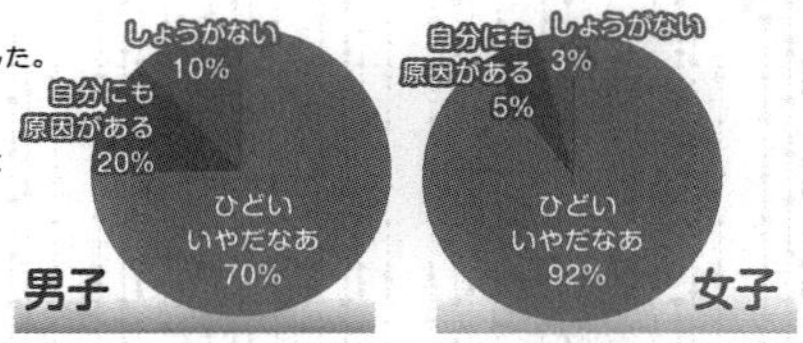

Q5

AさんはBさんをいじめています。Cさんはそれを知っています。いじめには加わらないけれど止めたりもしません。あなたはどう思いますか？

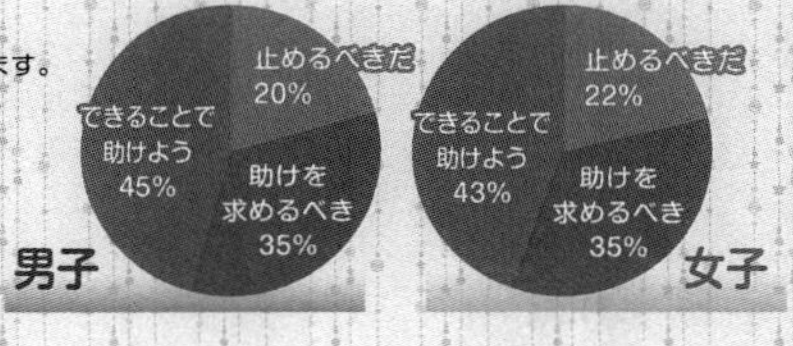

Q6 あなたはいじめをなくすためにはどうしたらいいと思いますか？の問いかけに…

男子
- ○ 親・友達と話し合う。
- ○ 「やめて！」とはっきり言う。

女子
- ○ みんなで仲良くする。
- ○ 良いところを見つけてあげる。
- ○ 自分がされて嫌なことはしない。

保護者の感想

アンケート結果をみて，いじめについて子どもたちがひどい・いやだなあと感じていることに親として安心しました，しかし自分にも原因があると考えている子も多いので，親や先生，友だちにも相談する勇気をもってほしいと感じました。

子どもの日々の変化や生活態度に気を配り，家庭でも子どもが話せる雰囲気作りをしながら積極的にコミュニケーションを取っていこうと思いました。

例えば親や先生にも相談出来ないときにはこんな所に相談してみてください↓↓↓

3

平和と戦争について考える
～夏休みの宿題「平和新聞」から～

中学2年生は7/4～7/11にかけて九州へ修学旅行に行きました。

長崎の原爆資料館を訪れ，戦争について学びました。

その体験をもとに，夏休みの宿題として平和新聞を作成したのでご紹介したいと思います。

【長崎平和祈念像】

右手は原爆の脅威を，水平に伸ばした左手は平和を示し，閉じた目は原爆犠牲者の冥福を祈る姿

感想

【平和新聞】

戦争についてもう一度，深く考えることができたからとてもよかった。

【特攻新聞】

特攻隊について調べて，たくさんの人が特攻隊として突撃して亡くなったんだなと思いました。小学生の修学旅行の時，知覧特攻平和館に行った時もたくさんの人が亡くなったんだなと思ったけど，改めてそう思いました。死ぬ覚悟をして国のために飛んでいったのですごいと思いました。特攻以外でもたくさんの人が戦争で亡くなったので戦争のない平和な世界になってほしいです。

【対馬丸の撃沈】

いつも楽しく遊んでいるあのきれいな奄美の海で戦争があり，人の命が失われていたんだという事がわかった。

この平和な時代をのびのび生きられる事に感謝して生活していきたいと思った。

【原子爆弾】

原爆を何故作ったのかを調べても理解できなくて，世界から核がなくなればいいなと本当に思います。人の命より大切なものはないと改めて思いました。終戦71年目をむかえて，二度と戦争はしないようにしようと思った。

平和新聞

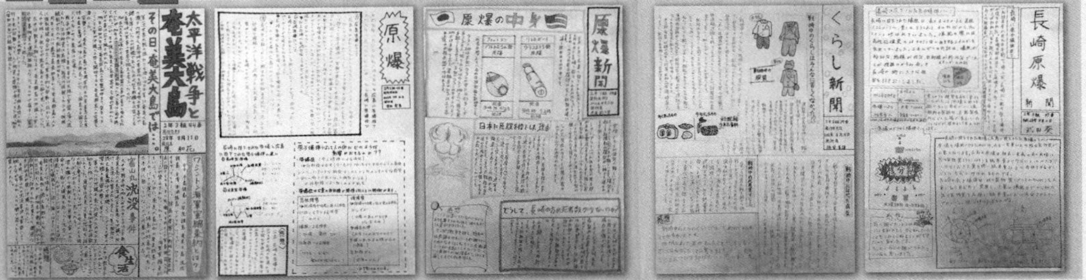

【鹿児島大空襲】

昔，鹿児島でもこんなことがあったと思うと怖かった。平和であり続けることがどれだけ幸せなことかよくわかって平和が一番だなと改めて思った。

【平和新聞】

今も戦争は続いているので，今ここにある環境に感謝したいです。毎日が普通に過ごせていることに幸せを感じました。"あたりまえ"の毎日を大切にすごしたいです。

学習発表会（平成28年11月2日）

2

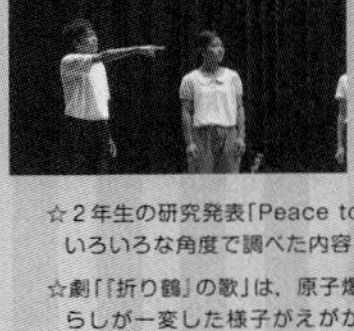

現在の生活が，平和で幸せだということを，冬休みに親子で話してみてはいかがでしょうか？

☆2年生の研究発表「Peace to the world」は，平和についていろいろな角度で調べた内容を発表していました。

☆劇「『折り鶴』の歌」は，原子爆弾が落とされたことで平和な暮らしが一変した様子がえがかれた劇でした。被爆し急性リンパ性白血病で亡くなった女の子が，折り鶴に病気が治るよう願いを込めた様子を，真剣に伝えたすばらしい演技でした！

劇を見た保護者の感想

親子ともに戦争を知らない世代ですが，そんな私達の心の奥底にズドンと響く素晴らしい出来映えの劇でした。

この劇を創りあげていく過程で平和と真剣に向き合えたことは得がたい，とても貴重な経験になったことと思います。

3

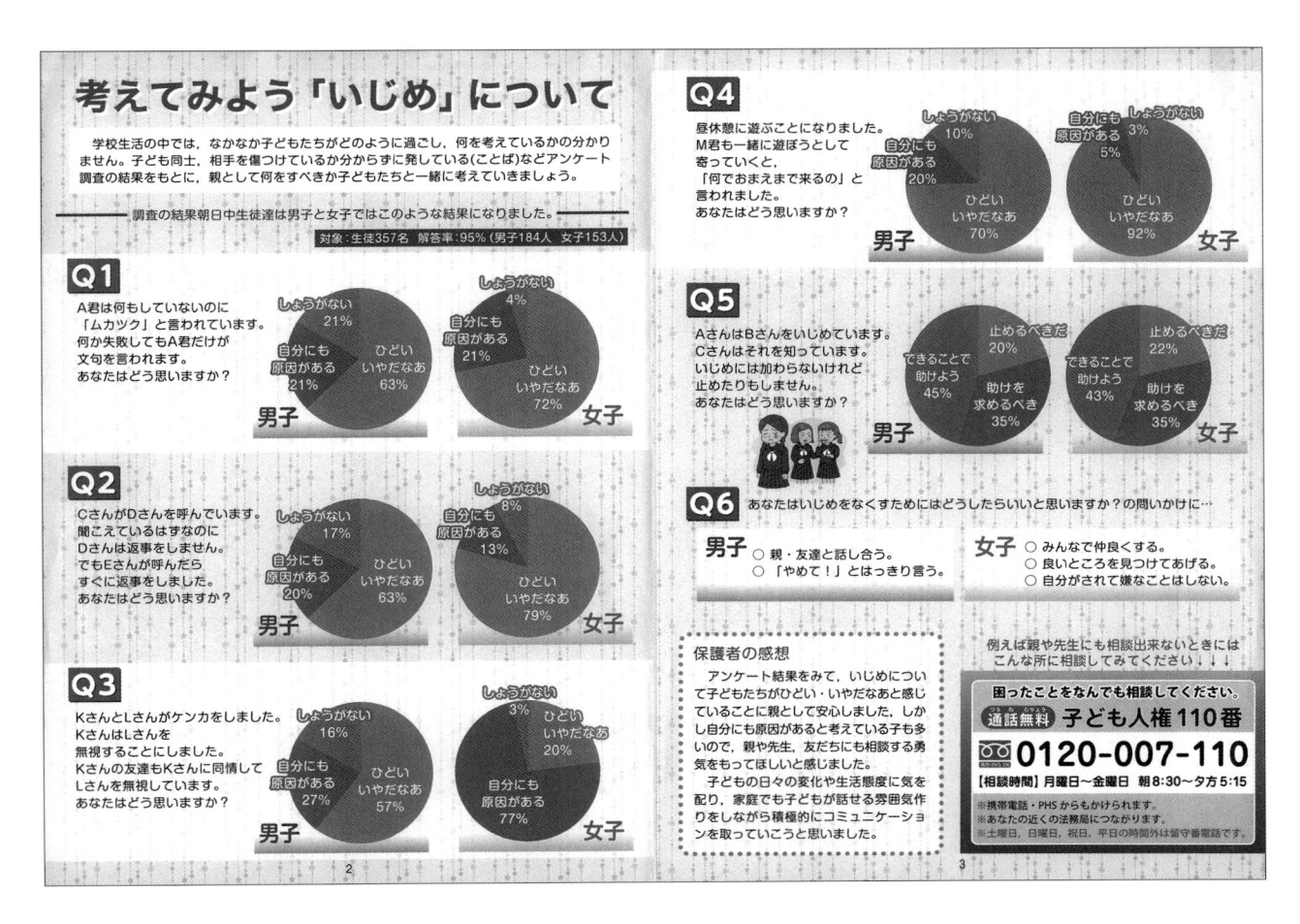

第39回全国小・中学校PTA広報紙コンクールを終えて

PTA広報紙コンクール審査委員会

第39回全国小・中学校広報紙コンクールで文部科学大臣賞を受賞されました宮崎県日南市立油津小学校PTA、福島県福島市立飯野中学校父母と教師の会をはじめ日本PTA全国協議会会長賞、日本教育新聞社社長賞、教育家庭新聞社社長賞、企画賞・写真賞・レイアウト賞など各賞、佳作などを受賞されました小学校PTA、中学校PTAのみなさま、おめでとうございました。

心からお慶びを申し上げますとともに、日ごろからの皆様方のご尽力とご苦労に衷心から敬意を表します。

今後ともより一層、心温まる充実した広報紙・誌（以下、広報紙）づくりに取り組まれ、充実したPTA活動を展開することを期待いたします。

◇　◇

今回の広報紙コンクールは「日本PTA全国協議会傘下の公立小・中学校で発行するPTA広報紙作品を広く募集し、優秀作品を表彰、公開することにより、PTA広報活動の活発化を促進し、PTA活動の一助とすることを目的とする」ことが狙いです。

全国から小学校3440校、中学校1701校の合計5141校からの応募がありました。

各県の審査を経て、日Pへの第2次審査の対象となったのは、小学校367校、中学校234校の合計601校の広報紙作品です。

その後、第3次、最終審査の厳正な審査を経て、小学校22校、中学校22校の合計44校の広報紙作品が受賞の栄誉に輝きました。

◇　◇

審査に当たっては、日常のPTA活動の実態を掲載しているか、会員が関心を持って読む内容になっているか、会員の生の声がより多く反映されているか、積極的な企画性、アイデアが紙面に打ち出されているか、社会教育の一環として地域との連帯感があるか、記事を生かす写真が利用されているか—など、内容面での審査に加えて読みやすさ、見やすさ、印刷技術の良否、全体の仕上がりといったレイアウト、印刷内容の面からも、審査していきました。

審査委員会では、例年のことですが、応募作品は多様で、紙面もカラーや白黒での印刷、発行回数も異なり、紙面に表れる活動内容もさまざまな中で甲乙が付けがたく、第2次から第3次、最終審査へと絞り込むことに苦労しました。

◇　◇

今回の審査対象となった作品の特徴を見てみます。

PTA組織の在り方を問う動きがあることを反映してか、PTAそのものをテーマにする紙面作りが目立ちました。例えば、「PTAってい る？」と真正面から取り上げているものもあります。各会員の意見、要望、批判にPTA会長が一つ一つ丁寧に答える形で、紙面化している広報紙がありました。お金の使い方をめぐっても、PTA会費の支出の細目が紙面に登場していました。

これらは、より説明責任を果たすことで、PTA組織の意義と役割を会員の方たちにあらためて知ってもらおうという強い思いを感じさせます。

個別に見ると、小学校の場合、放課後の過ごし方、親子のコミュニケーション、お小遣い、習い事、スマホ、インターネット、我が家のルール、学校の周辺を含めた安全、食育、家庭学習、読書など、子どもを中心に隣の家庭はどうしているのか、学校や地域の姿はどうなっているのかと、保護者に身近な問題がより多く取り上げられています。

防災についてもよく取り上げられるところですが、学校の備蓄庫の中身をリポートするなど、より自分たちの問題として捉える意識が反映したものもありました。

学校内での素材では、学校給食のレシピから給食室、学校図書館の働きなど、身近な関心事などにもスポットが当てられ、進学先の中学校の給食事情を紙面化しているところもありました。

教職員の紹介号や、最終号の卒業記念をクローズアップした紙面の場合でも、その見せ方はそれぞれに工夫しています。教職員の人となりを紙面化するもの、卒業していく一人一人の子どもにむけての先生方の思いを付加した紙面もあります。教職員紹介を号外として位置付けているところもありました。

優れた広報紙の一つの条件に、PTAの課題や、組織の活性化を真正面から取り上げているかといったPTAを考える紙面の提供の問題があります。

前述したように、PTA組織の意義だけでなく、年間のPTA活動の流れや、委員会活動の詳細を紹介したり、PTAのボランティ

3次審査の様子

ア制度を取り入れたりと、紙面の上で会員の参加意識を高める工夫を取り入れて活性化につなげています。

　また、小中一貫教育、あるいは小中連携教育などが学校現場で活発になっているのを受け、広報紙の紙面にも小学校・中学校それぞれの様子が一つの紙面に反映しているものがあります。これらの傾向は、今後も進みそうです。

　中学校の場合、やや学校便りに傾いている印象を与える広報紙が少なくありません。

最終審査の様子

　紙面の上では、修学旅行、体育祭・文化祭、職場体験、宿泊行事など学校行事に大きなスペースが与えられています。これに、中学校特有の受験関連の情報や進路にかかわるものなどが目に付きます。進学先の高校紹介も、各校の制服や、入学費用の比較など紹介の仕方が詳細になる傾向があります。今回は、入試の出題内容と必要な学習方法まで言及する内容のものまでありました。ケータイやインターネット、SNS（ソーシャルネットワーキングサービス）の問題も変わらず、取り上げられていますが、生徒のスマホ事情だけでなく、保護者のスマホ事情などを調べ、課題などについて提起していたものもあり、徐々に取り上げ方が深化しています。

　「いじめ・不登校」問題でも、例えば「いじめはなくせるか」などのように、保護者らが自分たちの問題として話し合った内容を紙面化した広報紙などはとても参考になります。また、学力向上の問題や、小学生に比べて少ない読書の問題、思春期特有の課題、防災との関わり―などを特集するところもありました。

　多くはありませんが、紙面の合間に、地域にある教育資源や、地域から学校を支えてくれる人々、校内で支えているスクールカウンセラーやALTなどを登場させ、会員がインタビューしたり、取材したりするような紙面作りによって紙面の厚みを出すものもあります。

◇　◇

　全体として、レイアウトの面では、写真を多用し、見やすさを優先したようなビジュアル化の波に変化はありません。

　メールやLINEなどでのコミュニケーションが増えているせいか、横書きの作品も少なからずありました。しかし、レイアウトデザインの面では、十分に成功していると言えるようなものは、今のところ少数のようです。

　横組みでも、きちんと二段組みをベースにしながら、読みやすさを追求する作品もありました。

◇　◇

　PTA広報紙づくりは、いうまでもなくPTA組織を活性化するための重要な活動の一つです。また、広報紙作りを通して、仲間づくりやPTA活動を学ぶ学習の場でもあります。

　紙面作りには苦労もありますが、創意工夫し、完成した時の喜びもまた大きなものです。

　また、製作した紙面を通して家庭と地域社会、家庭と学校などをつなぐ〝橋渡し〟役としての役割は、重要です。

　学力低下問題が心配される中で、家庭での学習時間の少なさや、学習習慣のある子ない子、読書をする子しない子などの二極化から、友人関係や生活指導上の課題、保護者の意識の変化を自分たちの問題としてどう捉えていくかなど、子どもの問題、家庭教育の振興などもPTAに課せられた課題です。

　経済問題に端を発して、家庭の経済的格差などが教育面にもさまざまな部分に、負の影響なども生じるようになっています。

　さまざまな課題を意識しながら、PTA活動の改善点を認識し、会員一人一人が何を目指すべきか、今後保護者として子どもたちにどう向き合っていくべきかの方向を指し示すことのできる、コミュニケーションの場にしていきましょう。

　情報公開の必要性も指摘されているなかで、PTA広報紙を、例えば一般の会員だけでなく、地域の人々にも提供することで、家庭・学校・地域社会が一体となる、よりよい教育環境づくりにつながります。PTCAや地域と学校をつなぐなどのキーワード、視点は、定着しつつあります。

◇　◇

　個々のPTAを振り返れば、PTA役員のなり手が少ない、活動への参加者が固定化している、PTA活動をなかなか理解してもらえない、などの悩みが山積していることでしょう。

　広報委員になって、紙面をどう作ったらよいのか分からないと悩んでいる人も多くいると思います。初めての広報紙づくりの苦労は、作った人でないと、なかなか分かってもらいにくい面もあります。

　しかし、広報紙づくりにかかわることでこれまで知らなかった人々と知り合い、仲間づくりができ、足元にある地域を知り、学校の外側でも新たな人間関係を築ける機会と前向きに受け止め、「やってよかった」「作ってよかった」という実感を得て、よき伝統を次代の委員たちに継承していっていただきたいと思います。

◇　◇

　広報紙コンクールのために大変お忙しいところ、文部科学省をはじめご協力いただいた関係団体の方々に心から感謝申し上げます。

　学校教育や家庭教育、地域での教育の在り方を含め、子育てのあり方が改めて見直されていく中では、広報紙の果たす役割はますます大切になります。広報の仕事はやりがいのあるものだと思います。保護者、先生方ばかりでなく地域の方々にも広く読まれる広報紙づくりに一層のご尽力を賜りますようお願い申し上げます。

こう作る

読みたくなる広報紙
読ませる広報紙

多くのＰＴＡ広報紙をみる中で、「読みたくなる広報紙」にはいくつかの条件がありました。
そこには「読ませる広報紙」作りのエッセンスが詰まっています。

POINT ①

企画特集　その紙面にありますか

ＰＴＡ広報紙の発行は、年3回程度が一般的です。中には、月刊、週刊、旬刊、あるいは速報性を重視しているのか、通常号に加えて、わら半紙のペラ一枚で発行頻度を多くして、出来事情報などを会員に伝えているものもあります。

年3回の発行であれば、パターンは固定化する傾向があります（次ページ参照）。

手軽に広報紙を作成しようと思えば、このパターンを踏襲すれば、よいわけです。

それでは少しさびしいので、広報紙によっては、この3回の発行に対しても、その中でいろいろな工夫や遊びが見られます。

年3回パターン化紙面でもアイデア次第

1号目には、新しくやってきた先生方の紹介が紙面の大半を占めます。顔写真に名前が入って、どんな先生の顔ぶれになっているかをお知らせしているわけです。

ここでひと工夫

単に顔と名前がわかればよいのではなく、もう少し先生の人となりが知りたいという要望もあるでしょう。

小学校なら先生の小学生時代の写真（中学校での発行なら中学生時代の写真）を合わせたり、どんなふうに育ってきたのかなどのひと言も添えているものなどもあります。

各学年の教室が分かる校舎の風景に、担任の先生の顔などをはめ込んで紹介する広報紙もあります。

紹介の仕方に決まり事はありませんから、いろいろなアイデアにのせて、紙面化すれば、喜ばれることでしょう。

広報紙によっては、最初の号でもさまざまな情報を提供しようとして、教職員の紹介の部分を「号外」として扱って、発行しているところもあります。

2号目に多いのは、学校行事に参加する子どもたちの紹介です。

運動会や修学旅行、社会科見学や、中学校ではキャリア教育で取り入れられている職場体験などの様子を取り上げることが多いようです。

この時には、どうしても写真が中心となった紙面で、まるで「アルバム」のようなものが圧倒的に多く見られます。

ここでひと工夫

学校行事に参加できない会員向けにどうしても写真によって、臨場感を味わってもらおうという意図はよくわかります。

一方で、ＰＴＡ広報紙としての役割も少し意識したいものです。

例えば、学校行事を紹介する場合には、子どもたちの活躍する姿とともに、行事を裏側で支えている保護者や先生方の活躍や苦労話をまとめて紹介するような広報紙があります。

特に、父親の会などの出番でもあり、その奮闘ぶりについて紙面を通して伝えようとしています。

また、同じ行事でも、ＰＴＡ主催のチャリティーバザーなどを紙面の前面に出し、子どもたちが活躍

PTA広報紙はなぜ必要か

ＰＴＡの目的は、児童・生徒の健全な成長のために、学校や家庭、地域社会がそれぞれの役割を担いながら、協力していき、健全な成長を実現することにあるといってよいでしょう。

その際には、保護者や地域住民などによる学校の教育活動への協力や、保護者・教員らによる学習・研修、教育環境の改善・整備などが求められています。

本来ならば、Ｐａｒｅｎｔ（親）Ｔｅａｃｈｅｒ（先生）のＡｓｓｏ-ｃｉａｔｉｏｎ（会）という社会教育関係団体になります。そこで取り組まれるＰＴＡ活動は、学校の教育活動への協力にとどまらず、そこに集う人々自身の「学び」もまた活動として存在するものです。

広報紙・誌（以下、広報紙）は、児童・生徒の姿を活写するだけでなく、児童・生徒の健全な成長に資するＰＴＡとしての活動の様子を伝え情報を共有したり、紙面を通してＰＴＡ関係者への子育てに関する意識の啓発、自身のさらなる「学び」を誘発するものであってほしいと思います。

保護者や地域住民と学校組織との距離はかつてなく、縮まった関係になっています。学校運営協議会制度に基づく「コミュニティ・スクール」に指定されている学校も増えてきました。

また、学校支援本部から、近年では地域学校協働本部と、学校組織の活性化だけでなく、地域の活性化にも目配りがされるようになっています。

こうした組織の要の一つとしてＰＴＡの存在感が増し、活動を知らせる必要性も高まっています。

する行事と、紙面化する上でのバランスを取っている広報紙があることも参考になるのではないでしょうか。

3号目はいわゆる最終号に当たります。これは大半の広報紙が「卒業記念号」「卒業おめでとう特集」になっています。

大規模校から極小規模校まで、卒業していく子どもの数はさまざまです。各学級の子どもの顔写真が何ページかを占める広報紙、全校で10人にも満たない子どもが一堂に顔をそろえる広報紙があります。

一般的なところでは、漢字1字でこれからの思い、あるいは小学校時代を振り返ったひと言などを掲載するところが目立ちます。

ここでひと工夫

卒業していく子どもたちの声だけでなく、卒業するわが子への保護者のひと言や、子どもたちに対する先生のはなむけの言葉などを合わせて掲載している広報紙もあり、子どもたちの成長の記録としてはより充実したものになります。

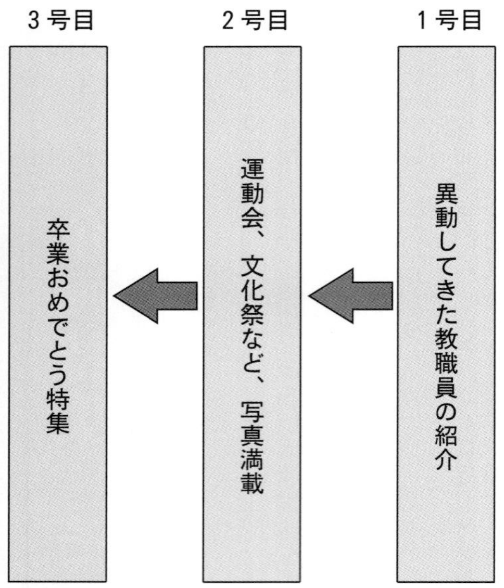

また、この時期は、子どもたちが卒業していくだけでなく、PTA組織としても、次年度へのバトンタッチを意識した「振り返り」も必要です。

PTAの学年、あるいは専門の委員会ごとにその活動を振り返っている広報紙も少なくありません。できるだけ多くの会員の声が反映できる広報紙作りを心がけたいものです。

知りたいことを「テーマ」に取り上げる

より読まれる広報紙にするためには、年3回の定番の内容を取り上げるにしても、ひと工夫することが魅力的な広報紙につながることを紹介してきました。

ここからは、さらに読まれる広報紙につながる紙面作りのヒントを紹介したいと思います。

その最大のポイントは、独自に企画した特集紙面が、その広報紙に載っているかどうかにあります。

お手にしているこの「優秀広報紙集」にも、その一部を紙面化していますが、優れた広報紙と評価されているものは、独自の視点で企画テーマを設定し、会員にさまざまな問題提起をしているものが多い傾向にあります。

年間3回発行しているうちの1回は充実した特集記事を組んでいるものから、年間テーマを設定して、テーマに迫る切り口を変えながら、毎号特集記事を掲載している労作もあります。

中には、一つの号で、二つの特集記事を掲載するような、読み応えのある広報紙もあるのです。

そのテーマは、発達段階の異なる小学校と中学校によって違います。

ここ数年の全国の広報紙で取り上げられてきたテーマの一部を表にして紹介しておきます。ぜひ自分たちで特集する際のテーマ探しの参考にしてみてください。

なかなかテーマが思い浮かばないと考える広報紙チームもあるかと思いますが、PTA広報紙の強みは、作り手と読み手の多くが重なるという点にあります。

つまり、自分で興味のあることならば、もしかすると多くの会員も興味を示してくれる可能性が高いということです。

例えば、テーマとして「給食」はよく取り上げられています。自分たちの頃とは違うということで、関心が高いのかもしれません。一般的な試食会の様

小学校で目立つテーマ				
しつけ	こづかい	生活習慣の確立	食育	安全・安心
放課後の過ごし方		お稽古ごと事情	親子のコミュニケーション	
家庭での読書習慣		携帯電話とのつきあい方		
我が家のルール		オリンピック	東日本大震災や熊本地震	

中学校で目立つテーマ		
親子のコミュニケーション	こころの問題	いじめ問題
不登校の問題	ＳＮＳとのつきあい方	
スマホ・インターネット事情	正しい自転車の乗り方	部活動
体力	家庭での学習習慣	弁当のレシピ
ダイエットの問題	周辺の高校事情	職場体験
ソーシャルスキルトレーニング	東日本大震災や熊本地震	

子にとどまらず、給食の調理員などにスポットを当てて、給食作りに着手するところから、子どもたちの手元に届くまでを写真付きのドキュメンタリータッチで詳細に紹介しているような広報紙もあります。

例えば、国際化なども自分たちの子どもの頃と違った側面の教育が進行しているということで、授業の様子やＡＬＴ（外国人指導助手）の人柄などを紙面化しているものもあります。

企画テーマが決まったならば、それをどう表現するかも大切です。

人に焦点を当ててインタビュー形式にするのか、会員意識をアンケート調査などで知るのがよいのか、対談や座談会形式にするのか、読ませるための記事とするのか、テーマに合ったものを選ぶようにしましょう。

新しい「テーマ」にチャレンジしよう

優れた広報紙の特徴として、企画力があります。一般的なテーマを取り上げ、掘り下げるだけでなく、時宜に応じてテーマ設定しているところが目を引きます。

例えば、東日本大震災や熊本地震などは典型的なテーマですが、これは今も風化させないための取り組み、今後の防災に備えるための教訓として、今も取り上げられています。

また、その時を捉えてのテーマアップもあります。金環日食。覚えている方もいるかもしれませんが、平成24年5月の出来事でした。子どもたちの観察ぶりなどを伝えた広報紙がありました。ロンドンオリンピック（平成24年）、リオオリンピック（平成28年）などの応援紙面などもありました。

今後は、平成32年の東京オリンピックに向けた活動なども紙面に登場することが多くなっていくかもしれません。さらに、問題意識の高いテーマを取り上げて、特集記事を掲載する広報紙も珍しくはありません。例えば、少子化の進行を受けた「学校統廃合」をテーマアップしている広報紙もありました。会員間でも賛否があり、果敢なチャレンジです。

「いじめ問題」や、子どもたちの「性」の問題を真正面から取り上げ、会員間で考えようとする広報紙や、最近では、「ＰＴＡ」組織の見直しの声を反映した課題意識のあるテーマ設定をする広報紙も少なくありません。自分の学校の子どもたちの実態を捉えながら、独自のテーマ設定にも、ぜひチャレンジしてみましょう。

POINT②

ＰＴＡ活動の様子　その紙面にありますか

ＰＴＡ広報紙といいながら、紙面にはＰＴＡ活動の様子はわずかしか掲載せず、学校行事を中心とした「学校便り」と区別の付きにくいものがあります。ＰＴＡ広報紙はＰＴＡ活動のバロメーターとも言われます。

紙面を作成する上で、一つの目安にしたいのが、例えば、広報紙づくりを奨励しているコンクールなどの審査基準です。

もちろん日頃の広報紙づくりは、コンクールなどを目的に発行しているものではありませんが、作成の目安として活用できるものです。

例えば、ある自治体では、こんな基準を設けています。

①全体の編集やレイアウトおよび見出し
②ＰＴＡ活動に役立つ記事が盛り込まれているか
③学校と地域社会との親密な連携がみられるか
④学校を取り巻く教育課題に取組みがみられるか
⑤積極的な企画性、アイデアが見られるか

などです。

これらの諸条件を満たせば、ＰＴＡ広報紙としては言うことがないでしょう。

また、本優秀広報紙作品集に掲載されているものは、日本ＰＴＡ全国協議会が設定した、次のような基準で審査をパスしたものばかりです。

①ＰＴＡ活動の実態を掲載しているか
②会員が関心をもって読む内容か
③会員の生の声が反映されているか
④積極的な企画性、アイデアがみられるか
⑤社会教育の一環として地域との連帯感があるか
⑥記事を生かす写真の利用がされているか
⑦発行回数は適当か

これらに加えて、印刷内容として、

①読みやすさ、見やすさ（編集、レイアウト）
②印刷技術の良否（文字・写真）
③全体の仕上がり

などと、ハードルはかなり高くなっています。

では、こうした諸条件を満たすために、具体的に広報紙という器に何を盛っているのでしょうか。

「学校便り」にならない作り方

ＰＴＡ組織に位置付く、学年ＰＴＡや、専門委員会などの活動の様子をコンパクトに掲載したり、ＰＴＡ全体で取り組むチャリティーバザー、地域行事の模様、親父の会などの活躍などをリポートするなどの紙面が比較的目に付くところです。参加できない会員などへの情報提供、参加を促すための情報提供の場として、広報紙は位置付くものであってほしいと思います。

また、組織上の問題として、役員のなり手不足が共通の悩みの種としてあります。そのために、それぞれの役割に応じて年間、どんな活動に取り組んでいるのかを「見える化」した紙面や、適性を判断できるように質問にイエス・ノーで答えていくことで、どんな役職にたどり着けるかを図示したものも、よく見かけるところです。

新任のＰＴＡ会長が誕生した際には、本人のイン

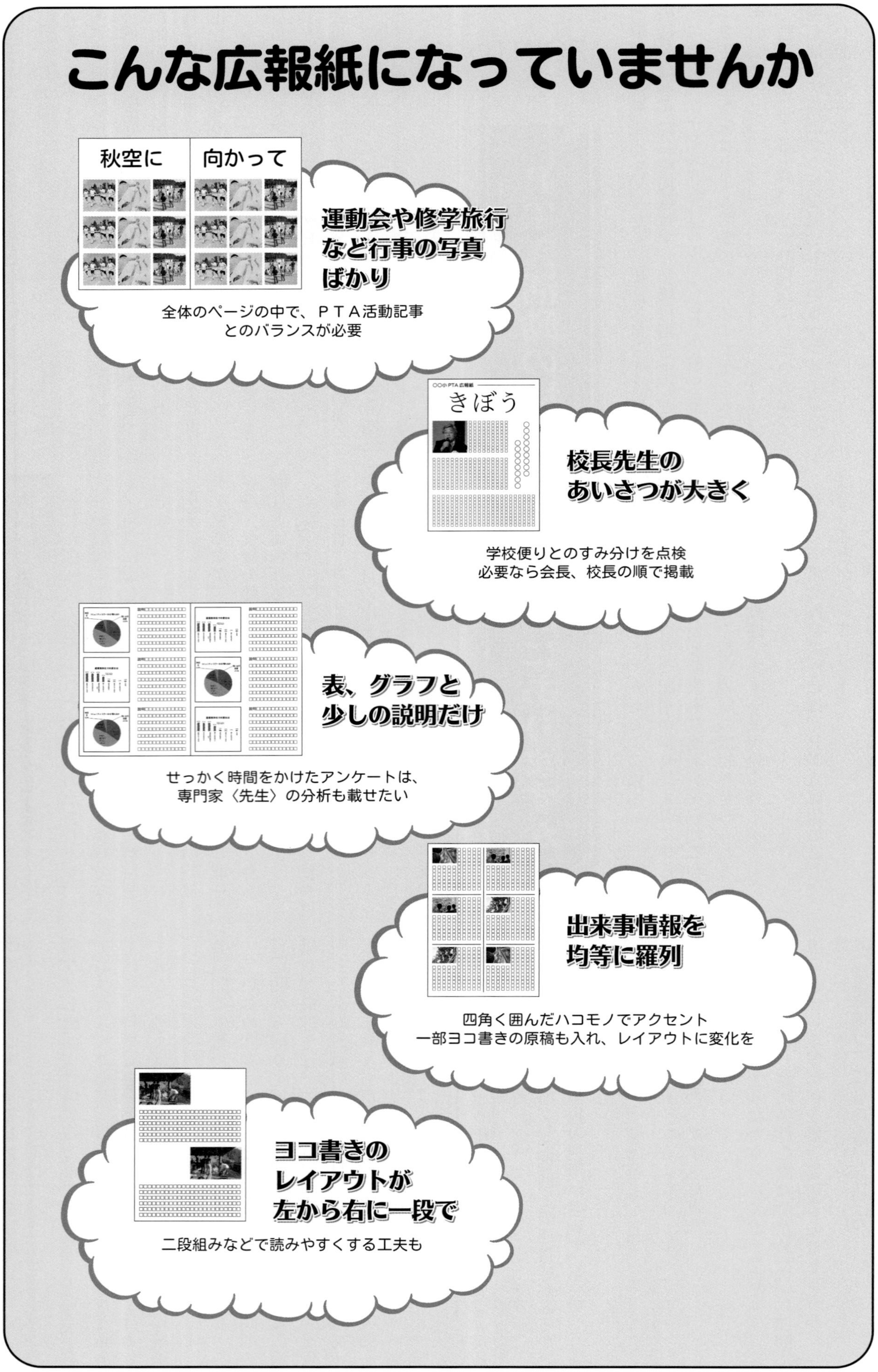

タビューや、あるいは校長先生との対談、あるいはPTA役員との座談会などで、組織の活性化や、学校との良好な関係作りに寄与しようという企画も目立ちます。
最近では、一部にPTA不要論のような風潮があることを受け止めて、「PTAは必要ですか?」と問題提起をするような形で、組織の在り方の議論を深めるような企画特集も生まれるようになっています。
PTA活動の実態を映すことが、PTA広報紙の生命線であることを肝に銘じたいものです。

作り手の関心は会員の関心事

年3回程度でも、発行の大変さは、経験した方でないとわかりにくいものかもしれません。
しかし、多くの会員に読んでもらえることで、苦しみが喜びに変わることもあります。
広報委員が自分で読みたいテーマ、知りたい事柄などを記事の素材において紙面づくりに取り組むことが大切です。PTA広報紙は、作り手と読者の多くが同じ属性にあるという点に大きな特徴があるからです。
他の家庭でどうしているかも関心事となり、子どもの「お稽古事」は? 「お小遣い」は幾らくらい? 放課後の「お稽古事」は? スマートフォンやインターネットの利用は?、その時の「お約束ごと」は?…などの企画特集記事は、作り手自身の疑問から発した内容と言ってよいでしょう。
こうした疑問は、1日の子どもの生活、1年間の子どもの生活などを思い浮かべてみれば、いくらでも出てくるでしょう。こうした身近な疑問をもとに、テーマアップしていけば、読者の関心を集めることができるのではないでしょうか。
広報紙によっては、読者のニーズを少し幅広く捉えて、短い時間で簡単にできる朝食レシピ集、地域で遊べる施設特集など、タウン誌顔負けのような企画記事が掲載されることがあります。
また、子どもたちの実態、学校の実態などを踏まえて、いっしょに考えてほしい課題などをテーマアップしていけば、より課題意識の高い広報紙になっていきます。

会員の声のフィードバックの方法

先生方が作る「学級通信」などでは、「感想」や「意見」を書くことのできる「メモ欄」のような工夫がありますが、PTA広報紙の場合、発行間隔があきすぎているせいか、こうした工夫は見かけたことがありません。
できれば、PTA室の前に意見箱を置く、専用の部屋がなければ職員室の前にでも置かせてもらうなどして、日常的に会員の声を吸い上げる方法も検討に値します。
広報紙の紙面の上でも、テーマを決めて寄稿してもらう、座談会の形式にして意見を反映する、アンケート調査などに自由記述欄を設けて、その意見を紙面に掲載する…など、さまざまな反映方法があります。
多くの会員の声を集めるのが大変ということであれば、役員間での声、学級懇談会などの場を活用しての声の収集など、人が集まる場を捉えて協力してもらうという方法も検討してみましょう。

POINT ③ 大きな見出しや写真　その紙面にありますか

魅力的な広報紙作りには、レイアウトも大切な要素の一つになります。
せっかく一生懸命に取材をして、苦心して記事を書き上げても、見出しが分かりにくく、かつ小さかったり、インパクトのない記事のように見えては、もったいない限りです。
苦労した分、紙面の上で、アピールできるようなレイアウトの工夫をしましょう。

印象を決める　1面の作り方

下の紙面を見てください。
どちらも広報紙の表紙となる1面（フロント面）のレイアウトです。
上の紙面は、写真を中心にしたフロント面で、割合多く見られます。
中のページの内容が分かるように、下部には「コンテンツ」とネーミングした目次を載せています。
下の紙面は、いきなり大事な出来事の情報を記事として扱い、下の部分に「PTA会長」のあいさつを掲載しています。
いずれの紙面にしましても、学校名、題字となる「広報紙名」、在籍児童・生徒数、世帯数なども表記されていると分かりやすいものになります。

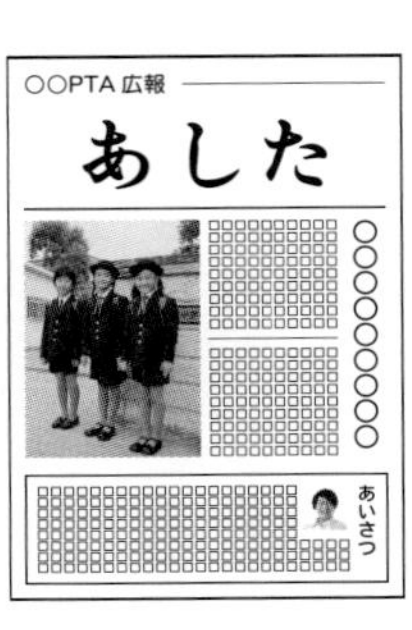

見出しで読ませよう

「見出し」は読まれるPTA広報紙づくりのためには、大切な要素です。

ただ、見出しの大きさ、付け方などにいま1歩の工夫があれば、もっと魅力的な紙面になるのにと感じることが少なくありません。

見出しは「主見出し」と「そで見出し」から構成されるものです。通常、主見出しを右側に置き、そで見出しは左側に置きます。

このほかには「一本見出し」、「三本見出し」などもあります。

ここでは基本となる二本見出しについて、説明します。

まず見出しの文字数です。標準になっているのは主見出し十字程度、そで見出し八字程度、といったところです。

文字数が少なくなればそれだけ大きな活字を使え、見た目にインパクトのあるものになりますし、文字数が増えるほど活字(見出し)は小さくなってしまいます。

実際に見出しを付ける際には、原稿を読んで5W1H【いつ(When)、どこで(Where)、だれが(Who)、なにを(What)、なぜ(Why)、どのように(How)】の要素を書き出し、一番重要だと思われるものを短く書き出してみます。

日時が大切であれば「○月○日午後に」などの見出しを付けてみます。どのように、が大事であれば、「全員参加で」などのように付けていくことで、興味・関心を喚起できます。

また、見出しの注目度を高めるために工夫してみましょう。

例えば、ベタ黒白ヌキ(黒い地に白く文字を染め出したもの)などは最近の新聞では、珍しくなくなりました。こうした工夫をすることで、より一層見出しや紙面に対する視覚的効果を生むことができます。

ここに注意

写真を大きく扱う際には、少なくともピントの合っていないもの、説明をしないとわからないようなスナップ写真の類いは、使わないようにしましょう。

フロント面にいきなり記事を掲載する場合、こまごました記事を幾つも掲載するよりは、この号で伝えたい出来事などを大きな見出しを1本ぐらい入れて載せるようにしましょう。

フロント面は、その号の印象を決める大事なページと心得ましょう。

「あいさつ」原稿をフロントに配する場合、PTA広報紙と言うことで「会長あいさつ」を優先させましょう。

特集記事は特集記事らしく魅せよう

みんなで知恵を絞って企画し、手間ひまをかけて創り上げた特集記事は、その号の花形です。

思い切ったレイアウトで、アピールしましょう。

できれば、見開きのページで展開することで、印象が深まります。その際、両ページにわたるような見出しを付けるなど、見開き感を演出したいものです。

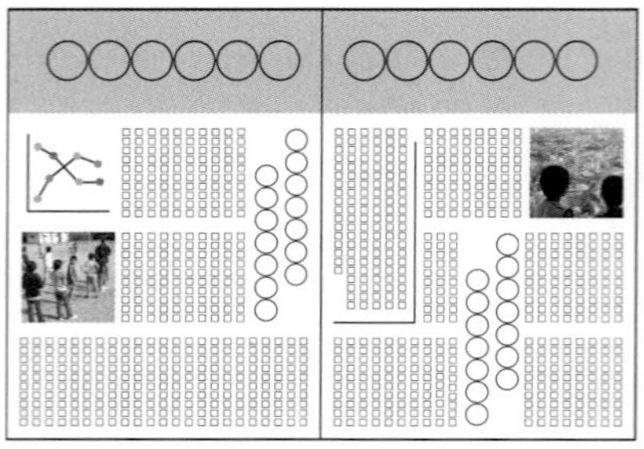

ここに注意

もったいないのは、せっかくの労作にもかかわらず、1ページずつで紙面を完結してしまっている広報紙です。結果的に2ページというボリュームになっているのですから、インパクトが弱まらないようなレイアウトが必要です。

見出しだけでなく、一枚くらいは、少し大きめの写真を配置することで、さらに記事が引き立つ場合がありますので、みなさんで相談しながら記事、写真、見出しの配置、大きさを考えるようにしたいものです。

紙面に変化を持たせるには

年3回、あるいは年2回の発行の場合、どうしても年間行事をカバーしていくだけで、紙面が記事と写真で一杯になってしまいがちです。

できれば、この中に、前述したような「企画特集記事」を入れることができれば理想型ですが、そこまでなかなか手が回らないということであれば、「人」を登場させることで、紙面に変化を持たせることができます。

①

②

③④

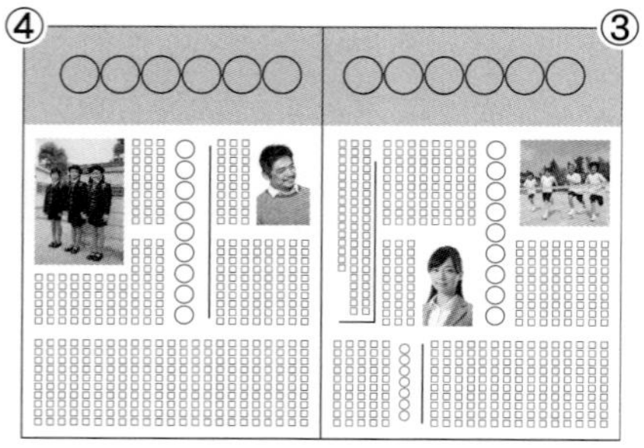

①と②は、テーマを設定した上での「インタビュー記事」です。写真を大きくしている点と、見出しの1本を大きくしている点に力強さを感じると思います。

「対談」した場合にも、①と②を見開きにして、配置すれば、十分に紙面のアクセントになります。

③と④は、「座談会」としてまとめたものです。

人数が多くなると、録音した内容をまとめることが大変になりますので、3人から4人程度が良いのではないでしょうか。

ここに注意

「対談」「座談会」などの記事を掲載する際に、どうしても記事の分量が多くなってしまい、それを全て掲載しようとすると、スペースがなくなり、見出しや写真の大きさが小さくなるような紙面が少なくありません。

まず見出しの大きさ、写真の大きさなどを決めてから、収容できる行数を割り出して、文章を書くようにしましょう。レイアウトありきの紙面作りが、こんな時には便利です。

ヨコ書きレイアウトはここに注意

携帯メールを駆使する「携帯」世代、スマートフォンが当たり前のツールとなって、ＰＴＡ広報紙にも横書きの波が押し寄せています。その背景には、一定の記事を読ませるのではなく、なるべく簡潔に伝えたいという思いが横書きを選択させているようです。

ただ、横書きのレイアウトは、縦書きよりもデザイン感覚がより求められます。Ａ４版の端から端へと文字が１行で続くのは、あまり読みやすいとは言えません。せめてヨコ２段組などを基本にして、割り付けるといいでしょう。

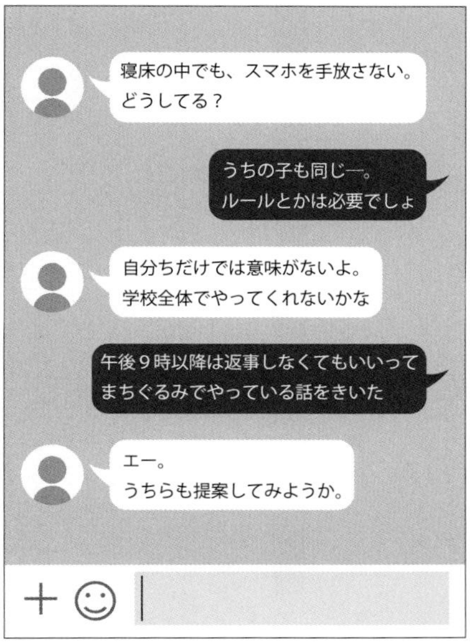

また、優れた広報紙、あるいは市販の雑誌などから、お手本になりそうなレイアウトを収集するなどに努め、自分独自のデザインを磨いてみてください。

ＰＴＣＡ時代　反映した紙面に

保護者や地域住民などの声を学校運営に反映する「学校評議員」から、学校運営の方針を承認などする「学校運営協議会」制度（コミュニティ・スクール）や、従来の「学校支援本部」から「地域学校協働本部」などと、保護者、地域住民と学校との関わり方が大きく変わってきました。

また、小中一貫教育、中高一貫教育、小中連携などが推進されて、学校種の壁も低くなり、合同ＰＴＡなどの情報交換の場も生まれているようです。新たな学校種として義務教育学校も生まれています。

こうした環境の変化はＰＴＡ広報紙にも現れています。

コミュニティ・スクールや、地域学校協働本部などの仕組みや活動などの報告、特集記事も、紙面を飾るようになってきました。

また、地域ぐるみの子育て、教育の重要性が叫ばれるようになり、コミュニティ（Ｃｏｍｍｕｎｉｔｙ）を加えた「ＰＴＣＡ」といった言葉もＰＴＡ広報紙にとっては、珍しいものではありません。

紙面には、地域から子どもたちを見守る人、学校を支える人たちの活躍が紹介されています。これは「社会教育の一環として地域との連帯感があるか」などの視点が、紙面に反映した結果でもあります。

「開かれた学校」の必要性が叫ばれる前の学校は、「おらが学校」という、地域の人々から身近な存在から、いつのまにか敷居の高い教育機関に変わってしまいました。それが、校内暴力やいじめ問題などが社会問題化するにつれ、学校だけで完結していては、子どもたちの問題は解決できないことに学校の内側からの気付きも生まれてきました。

また、「総合的な学習の時間」が誕生したことによって、地域での学習活動に大きく道を開き、その安全性の担保には保護者や、地域の人々の協力も不可欠だったのです。学校ボランティアという活動もこうした流れの中で、位置付いていきました。

学校を襲った不幸な事件で、物理的に学校の門扉は閉じられてしまいましたが、地域の人々の支えがあることや、学校に出入りする保護者、住民の姿はより活発なものになっています。

いま小学校、中学校は次期学習指導要領に向け、準備の真っ最中です。

全面実施は小学校が平成32年度、中学校が33年度からになります。小学校では高学年で教科としての外国語科が誕生し、授業時数も、現行の学習指導要領よりも増えていきます。

新しい学習指導要領は、「何を理解しているか。何ができるか」（知識・理解）、「理解していること、できることをどう使うか」（思考力・判断力、表現力など）、「どのように社会・世界と関わり、より良い人生を送るか」（学びに向かう力、人間性など）などが大事にされています。そのための手だてとして「主体的・対話的で深い学び」を追究しようとしています。

こうした新たな考え方の理解の一助に、ＰＴＡ広報紙の力が必要になるかもしれません。

全面実施にスムーズにつないでいくために、30年度からは「移行措置」期間といって、準備期間に突入していきます。特に、次期学習指導要領は「社会に開かれた教育課程」を目指してもいますので、こうした変化の波がいずれＰＴＡ広報紙の企画記事として、紙面に登場してくることでしょう。

教育改革の過渡期としてのＰＴＡ広報紙のさらなる躍進を期待しています。

（日本教育新聞社編集局長　矢吹正徳）

第39回 全国小・中学校PTA広報紙コンクール地方協議会入賞校一覧

学校名のあとに続く「PTA」「父母と先生の会」などの名称は省略しております。

小学校の部

協議会名	広報紙名	団体名
北海道	こんにちは。	帯広市立啓北小学校
	いずみ	北見市立小泉小学校
	からふる	北見市立南小学校
	HOUSEI	帯広市立豊成小学校
	かっこう東山	函館市立東山小学校
	日章新聞	旭川市立日章小学校
札幌市	かけはし	札幌市立厚別西小学校
	しなの樹	札幌市立山鼻南小学校
	ひまわり	札幌市立屯田南小学校
	豊小PTA通信	札幌市立豊平小学校
	若木	札幌市立開成小学校
青森県	ふれあい	階上町立石鉢小学校
	おやしお	三沢市立三沢小学校
	いずみかわ	青森市立泉川小学校
	広報「HAMADA」	青森市立浜田小学校
	水目沢	八戸市立桔梗野小学校
	広報かなざわ	青森市立金沢小学校
岩手県	Jump!!	滝沢市立滝沢第二小学校
	東風（こち）	北上市立黒沢尻東小学校
	さくらぎ	盛岡市立桜城小学校
	ひろば	花巻市立石鳥谷小学校
	ひまわり	遠野市立遠野北小学校
	家庭と学校	遠野市立上郷小学校
宮城県	あさかぜ	岩沼市立岩沼西小学校
	ひだまり	富谷市立日吉台小学校
	いずみ	塩竈市立第一小学校
	ふた杉	亘理町立亘理小学校
	あぶくま	岩沼市立岩沼南小学校
	広報かたくり	名取市立ゆりが丘小学校
仙台市	かたひら	仙台市立片平丁小学校
	だいのはら	仙台市立台原小学校
	てらおか	仙台市立寺岡小学校
	木もれび	仙台市立栗生小学校
秋田県	kyokuhoku	秋田市立旭北小学校
	おざき	由利本荘市立尾崎小学校
	ひろば	男鹿市立船越小学校
	明徳	秋田市立明徳小学校
	すくらむ	横手市立朝倉小学校
	渟城西	能代市立渟城西小学校
山形県	ぬまた	新庄市立沼田小学校
	しおねがわ	真室川町立真室川小学校
	あかまつ	最上町立東法田小学校
	朝光	鶴岡市立朝陽第三小学校
	まつばら	酒田市立松原小学校
	ひなづる	酒田市立亀ケ崎小学校
福島県	和多里	福島市立渡利小学校
	大久保	福島市立大久保小学校
	薫だより	郡山市立薫小学校
	あげつち	いわき市立平第一小学校
	せいめい	福島市立清明小学校
	ささや	福島市立笹谷小学校
東京都	はないち	足立区立花畑第一小学校
	誠之	文京区立誠之小学校
	しかいち	足立区立鹿浜第一小学校
	たけのづか	足立区立竹の塚小学校
	KITAMI VOICE	世田谷区立喜多見小学校
	まつがおか	世田谷区立松丘小学校
新潟県	あさがお	胎内市立胎内小学校
	あお空	糸魚川市立糸魚川小学校
	ふたば松	五泉市立村松小学校
	みつばだより	長岡市立阪之上小学校
	ふたば	見附市立今町小学校
	和み（なごみ）	長岡市立和島小学校
新潟市	希望	新潟市立松浜小学校
	翔	新潟市立万代長嶺小学校
	白山	新潟市立白山小学校
	にいがた	新潟市立新潟小学校
	かけはし	新潟市立大形小学校
	しののめ	新潟市立葛塚東小学校
茨城県	さんのまる	水戸市立三の丸小学校
	いしかわ	水戸市立石川小学校
	おおくぼ	日立市立大久保小学校
	くしがた	日立市立櫛形小学校
	学校と家庭	茨城大学教育学部附属小学校
	かしわ	笠間市立笠間小学校
栃木県	かみとしょう ふれあい	宇都宮市立上戸祭小学校
	ひがし	宇都宮市立横川東小学校
	とよさと	宇都宮市立豊郷中央小学校
	とびやま	宇都宮市立清原中央小学校
	ようなん	宇都宮市立陽南小学校
	しんりゅう	宇都宮市立新田小学校
群馬県	天神	前橋市立天神小学校
	あらこ	前橋市立荒子小学校
	ひろせ	伊勢崎市立広瀬小学校
	PTA本部だより	高崎市立京ケ島小学校
	トライアングル	藤岡市立小野小学校
	さわ風	太田市立沢野中央小学校
埼玉県	さくら草	戸田市立戸田第一小学校
	ゆずりは	上尾市立中央小学校
	みどり	北本市立石戸小学校
	やぎさき	春日部市立八木崎小学校
	みなみかぜ	春日部市立武里南小学校
	おおぜ	八潮市立大瀬小学校
さいたま市	つなぐーなかじまPTA	さいたま市立中島小学校
	おおさと	さいたま市立浦和大里小学校
	ときわ	さいたま市立常盤小学校
	ウィング美翔	さいたま市立美園小学校
	諏訪	さいたま市立東岩槻小学校
	なかもと	さいたま市立仲本小学校
千葉県	ニッセとモニカ	八千代市立萱田小学校
	藤ごころ	柏市立藤心小学校
	公津小PTAだより	成田市立公津小学校
	広報さんりづか	成田市立三里塚小学校
	なかはら	柏市立中原小学校
	PTAたいとう	いすみ市立太東小学校
千葉市	なぎさ	千葉市立寒川小学校
	院内小PTA會報	千葉市立院内小学校
	そが	千葉市立蘇我小学校
	みどり	千葉市立緑町小学校
	絆	千葉市立真砂西小学校
	扇（ファン）レター	千葉市立扇田小学校
神奈川県	あらさき	横須賀市立長井小学校
	山びこ	横須賀市立鴨居小学校
	田戸っこ	横須賀市立田戸小学校
	望洋	横須賀市立望洋小学校
	おおい	大井町立大井小学校
	あいこう	厚木市立愛甲小学校
川崎市	たいら	川崎市立平小学校
	ひがしかきお	川崎市立東柿生小学校
	けやき	川崎市立宮前小学校
	かたひら	川崎市立片平小学校
	ひろば	川崎市立住吉小学校
	栗木台	川崎市立栗木台小学校
横浜市	やまた	横浜市立山田小学校
	港北	横浜市立港北小学校
	なかまる	横浜市立中丸小学校

横浜市	えのき	横浜市立榎が丘小学校
	なかだ	横浜市立中田小学校
	たちばな	横浜市立子安小学校
相模原市	smile	相模原市立富士見小学校
	こうよう	相模原市立向陽小学校
	PTAだより	相模原市立大野小学校
	みなみ風	相模原市立藤野南小学校
山梨県	北辰	甲州市立塩山北小学校
	もみじ	北杜市立高根北小学校
	四つ葉	上野原市立上野原西小学校
	こころ	北杜市立白州小学校
	きよさと	北杜市立高根清里小学校
長野県	たまがわ	茅野市立玉川小学校
	伊小PTA	飯田市立伊賀良小学校
	かまだ	松本市立鎌田小学校
	あさひまち	松本市立旭町小学校
	おかだ	松本市立岡田小学校
	ねんりん	長野市立湯谷小学校
静岡県	marico	静岡市立長田西小学校
	やまびこ	浜松市立可美小学校
	かたはま	沼津市立片浜小学校
	いりえの里	静岡市立清水入江小学校
	さなる台	浜松市立佐鳴台小学校
	あしなみ	熱海市立多賀小学校
愛知県	がまなん	蒲郡市立蒲郡南部小学校
	南部スポーツ新聞「みなみ」	みよし市立南部小学校
	ふれあい	豊田市立本城小学校
	しろやま	尾張旭市立城山小学校
	くすのき	大府市立吉田小学校
	いちがほら	長久手市立市が洞小学校
名古屋市	はたや	名古屋市立旗屋小学校
	Pら☆いふ こめの	名古屋市立米野小学校
	PTAやなぎ	名古屋市立柳小学校
	日吉小学校PTA広報紙	名古屋市立日吉小学校
	東山小PTA新聞	名古屋市立東山小学校
	いなにし	名古屋市立稲西小学校
三重県	あがた	四日市市立県小学校
	わかぎ	四日市市立常磐西小学校
	PTAだよりこうせい	伊勢市立厚生小学校
	大谷台	四日市市立大谷台小学校
	くろぼく	亀山市立川崎小学校
	つむぎ通信	亀山市立加太小学校
岐阜県	白山	岐阜市立白山小学校
	いちはし	岐阜市立市橋小学校
	きのもと	岐阜市立徹明さくら小学校
	くわのみ	岐阜市立長森西小学校
	にしかぜ	岐阜市立長良西小学校
	そうでん	岐阜市立早田小学校
富山県	トライアングル	南砺市立福野小学校
	ひろば	射水市立大島小学校
	博労	高岡市立博労小学校
	矢流	小矢部市立石動小学校
	でまち	砺波市立出町小学校
富山県	なんぶ	滑川市立南部小学校
石川県	おしの	金沢市立押野小学校
	千代野	白山市立千代野小学校
	長坂台	金沢市立長坂台小学校
	杜の里・もりのなかから	金沢市立杜の里小学校
	日和が丘	七尾市立田鶴浜小学校
	うみなり	珠洲市立大谷小中学校
福井県	えんざん	福井市円山小学校
	めいしん	福井市明新小学校
	高台	勝山市立平泉寺小学校
	西苑	越前市武生西小学校
	とばっこ	鯖江市鳥羽小学校
	ひので	福井市日之出小学校
滋賀県	はこだて	高島市立今津北小学校
	山むらさき	大津市立木戸小学校
	心と心	東近江市立湖東第二小学校
	ひよしだい	大津市立日吉台小学校
	SEKISYO夕照	大津市立瀬田小学校
	沖島ありがとう新聞	近江八幡市立沖島小学校
京都府	みむろど	宇治市立三室戸小学校
	こはた	宇治市立木幡小学校
	おくら山っ子	宇治市立御蔵山小学校
	2向広報	向日市立第2向陽小学校
	6向小PTA	向日市立第6向陽小学校
	とぅぎゃざ~	南丹市立八木西小学校
京都市	ときわ木	京都市立楽只小学校
	こすもす	京都市立静原小学校
	山階	京都市立山階小学校
	りょうがおか	京都市立陵ヶ岡小学校
	かわおか	京都市立川岡小学校
	すながわ	京都市立砂川小学校
大阪府	PiTAttoしんぶん	吹田市立千里第三小学校
	せんりおか	摂津市立千里丘小学校
	なんよこひろば	和泉市立南横山小学校
	花通信	東大阪市立花園北小学校
	さいの水	吹田市立佐井寺小学校
	あおば	堺市立三原台小学校
大阪市	PTAひがみや	大阪市立東都島小学校
	クローバー通信	大阪市立三国小学校
	宝栄PTAだよりとんぼEXPRESS	大阪市立宝栄小学校
	TOKIWA COMMUNITY press/ P.T.A	大阪市立常盤小学校
	Yamanouchi	大阪市立山之内小学校
	南百済PTA新聞	大阪市立南百済小学校
兵庫県	夢すーさん	洲本市立第三小学校
	双葉会だより	西宮市立東山台小学校
	七曜の光	三田市立三田小学校
	円塔	加古川市立川西小学校
	はまかぜ	加古川市立浜の宮小学校
	しののめ	姫路市立旭陽小学校
神戸市	SUZURAN	神戸市立鈴蘭台小学校
	しらうめ	神戸市立本山第二小学校
	会下山	神戸市立会下山小学校
	いずみ	神戸市立泉台小学校
神戸市	ひよどり台	神戸市立ひよどり台小学校
	たまいち	神戸市立玉津第一小学校
奈良県	PTAだよりたいま	葛城市立當麻小学校
	ちから	広陵町立広陵東小学校
	育友会だより	生駒市立生駒小学校
	あおぞら	十津川村立十津川第一小学校
	ふしみ	奈良市立伏見小学校
	かわい	河合町立河合第一小学校
和歌山県	広報四季	和歌山市立楠見西小学校
	あや小新聞	橋本市立あやの台小学校
	しかごう北	和歌山市立四箇郷北小学校
	みやまえ	和歌山市立宮前小学校
	ひかた	海南市立日方小学校
鳥取県	カラス天狗	大山町立大山小学校
	茶臼山プレス	北栄町立北条小学校
	みどりの広場	大山町立中山小学校
	なんだかんだプレス	八頭町立船岡小学校
	くずも	米子市立車尾小学校
	醇JUNPU風	鳥取市立醇風小学校
島根県	学鐘	安来市立十神小学校
	いぶや	松江市立揖屋小学校
	ふきんと	奥出雲町立三成小学校
	ふれあいおおつ	出雲市立大津小学校
	PTAのあゆみ	浜田市立周布小学校
	ななお	益田市立益田小学校
岡山県	虹のつばさ	備前市立日生西小学校
	やよい	津山市立弥生小学校
	はばたき	笠岡市立笠岡小学校
	こせっ子	高梁市立巨瀬小学校
	木之子小・幼PTAだより	井原市立木之子小・幼稚園
	ふたごやま	玉野市立八浜小学校
広島県	たかむら	東広島市立入野小学校
	会報誌 Ti-PRESS	尾道市立土堂小学校
	渦潮の団結	呉市立警固屋小学校
	広報たじめ つなぐ	福山市立多治米小学校
	育て!ゆめの木	呉市立呉中央小学校
	やまびこ	東広島市立郷田小学校
広島市	ポプラ	広島市立福木小学校
	せんだん	広島市立緑井小学校
	なかすじ	広島市立中筋小学校
	やすPTA新聞	広島市立安小学校
	春日野小PTAだより かすがの	広島市立春日野小学校
	ひだまり	広島市立石内小学校
山口県	まつさき	防府市立松崎小学校
	やまなみ	下松市立久保小学校
	みち	光市立三井小学校
	ぷらたなす	山口市立大内小学校
	ほほえみ	宇部市立上宇部小学校
	くまの	下関市立熊野小学校
徳島県	すからぶ通信	つるぎ町立半田小学校
	いさわ	阿波市立伊沢小学校
香川県	はまかぜ	宇多津町立宇多津北小学校
	広報「にじ」	宇多津町立宇多津小学校

香川県	第一っ子タイムズ	高松市立高松第一小学校
	はやし	高松市立林小学校
	かめおか	高松市立亀阜小学校
	木太っ子新聞	高松市立木太小学校
愛媛県	たかつき	鬼北町立近永小学校
	ふきあげ	今治市立吹揚小学校
	さくら	松山市立さくら小学校
	はぐくみ	西予市立宇和町小学校
	ときわ	今治市立常盤小学校
	いぬび	宇和島市立吉田小学校
高知県	くれよん	高知市立一宮小学校
	しおさい	香南市立吉川小学校
	せんだん	香南市立野市小学校
	もとやま	本山町立本山小学校
	しょうわ新聞	高知市立昭和小学校
	いぶき	高知市立潮江小学校
福岡県	さくらばる	宇美町立桜原小学校
	Wave~はたえ~	糸島市立波多江小学校
	きぼう	飯塚市立飯塚東小学校
	しろうずっこだより	春日市立白水小学校
	くす	朝倉市立甘木小学校
	いいの山	飯塚市立飯塚小学校
北九州市	足原つうしん	北九州市立足原小学校
	広報だより	北九州市立花尾小学校
	PTA　こうとく	北九州市立広徳小学校
	わかぞの	北九州市立若園小学校
	いぼり	北九州市立井堀小学校
	PTA新聞　じょうのっ子	北九州市立城野小学校
福岡市	ありずみ	福岡市立有住小学校
	ななくま	福岡市立七隈小学校
	ひらおPTA新聞	福岡市立平尾小学校
	ささおか	福岡市立笹丘小学校
	たたら	福岡市立多々良小学校
	まつしま	福岡市立松島小学校
佐賀県	まつなみ	伊万里市立松浦小学校
	なかばる	みやき町立中原小学校
	しいの実	有田町立有田中部小学校
	鼓岳	伊万里市立大川小学校
	ときわ	武雄市立橘小学校
	古城	鹿島市立北鹿島小学校
長崎県	ぜんざ	長崎市立銭座小学校
	ほくよう	長崎市立北陽小学校
	ヒーローだより　Hero☆dayori	佐世保市立広田小学校
	さんじょう	大村市立三城小学校
	まつばら	大村市立松原小学校
	道しるべ	南島原市立口之津小学校
熊本県	きのくら	御船町立木倉小学校
	至心	合志市立西合志中央小学校
	やまびこ	玉名市立八嘉小学校
	かわはら	西原村立河原小学校
	あゆみ	山鹿市立山鹿小学校
	千丁小PTAだより	八代市立千丁小学校
熊本市	広報くろかみ	熊本市立黒髪小学校
	なでしこ新聞	熊本市立碩台小学校
	たくまばる	熊本市立託麻原小学校
	ふたば	熊本大学教育学部附属小学校
	みずうみ	熊本市立画図小学校
	たばるっこ	熊本市立田原小学校
大分県	ほうふ	大分市立豊府小学校
	広報つるおか	佐伯市立鶴岡小学校
	はつせ	大分市立南大分小学校
	新風	大分市立賀来小中学校
	ささむた	大分市立寒田小学校
	おおやま	日田市立大山小学校
宮崎県	財風	日向市立財光寺小学校
	Tsunomine　津の峯	日南市立油津小学校
	きよたけ	宮崎市立清武小学校
	広報　あかえ	宮崎市立赤江小学校
	ももちぐさ	延岡市立延岡小学校
	みどり	宮崎市立住吉南小学校
鹿児島県	すぎな	鹿児島市立紫原小学校
	木の家	日置市立伊集院北小学校
	大いちょう	曽於市立末吉小学校
	あさひ	奄美市立朝日小学校
	ひろき	鹿児島市立広木小学校
	みやうち	霧島市立宮内小学校
沖縄県	まかんちゅ	那覇市立真嘉比小学校
	綱（つな）	与那原町立与那原小学校
	とよみ	豊見城市立とよみ小学校・幼稚園
	オレンジちこタイムス	那覇市立那覇小学校
	PTA新聞きたおか	南風原町立北丘小学校
	つかざん	南風原町立津嘉山小学校

中学校の部

北海道	こだま	北見市立小泉中学校
	Step by Step	北見市立南中学校
	Kitamikita	北見市立北中学校
	しらかば	北見市立高栄中学校
札幌市	啓明	札幌市立啓明中学校
青森県	広報ふるかわ	青森市立古川中学校
	大銀杏	八戸市立根城中学校
	しらかば	青森市立新城中学校
	飛翔	弘前市立第三中学校
岩手県	メタセコイア	矢巾町立矢巾北中学校
	日高見	北上市立東陵中学校
	東風（こち）	一関市立一関東中学校
	東中の風	遠野市立遠野東中学校
宮城県	けやき	岩沼市立岩沼西中学校
	丸森中学校PTA会報	丸森町立丸森中学校
	ひびき	名取市立みどり台中学校
	成せば成る	富谷市立成田中学校
仙台市	飛翔	仙台市立北仙台中学校
秋田県	将軍野	秋田市立将軍野中学校
	松籟	秋田市立勝平中学校
	飛翔	能代市立能代東中学校
	JOTO	秋田市立城東中学校
山形県	もくめ	河北町立河北中学校
	東部	酒田市立東部中学校
	雄飛	酒田市立第四中学校
	陵東新聞	寒河江市立陵東中学校
福島県	こもれび	福島市立飯野中学校
	みくわば	福島市立渡利中学校
	絆	郡山ザベリオ学園
	鈴石	会津美里町立本郷中学校
東京都	1↓9Times HONMACHI	渋谷区立渋谷本町学園
	さくらそう	荒川区立原中学校
	トライアングル	文京区立第三中学校
	ちとせ	世田谷区立千歳中学校
新潟県	かしわ	長岡市立東北中学校
	笑顔	糸魚川市立糸魚川中学校
	たより　やひこ中	弥彦村立弥彦中学校
	PTAタイムス	燕市立分水中学校
新潟市	横中PTA新聞	新潟市立横越中学校
	寄居会報	新潟市立寄居中学校
	鳳尾松	新潟市立味方中学校
	PTAだより	新潟市立潟東中学校
茨城県	かがやき	守谷市立御所ケ丘中学校
	水戸二中	水戸市立第二中学校
	いばら	茨城大学教育学部附属中学校
	波紋	ひたちなか市立那珂湊中学校
栃木県	豊郷	宇都宮市立豊郷中学校
	青葉	宇都宮市立陽南中学校
	よこかわ	宇都宮市立横川中学校
	まつかぜ	宇都宮市立姿川中学校
群馬県	五中PTA新聞	前橋市立第五中学校
	梅檀	前橋市立大胡中学校
	学校通信	高崎市立新町中学校
	南の風	太田市立南中学校
埼玉県	道	北本市立西中学校
	ぶこう	横瀬町立横瀬中学校
	みずほ	三郷市立瑞穂中学校
	大地	蓮田市立黒浜西中学校
さいたま市	もとぶと	さいたま市立本太中学校
	ときわ	さいたま市立常盤中学校
	つどい	さいたま市立土合中学校
	東風（こち）	さいたま市立与野東中学校
千葉県	けやき	佐倉市立佐倉東中学校
	ときわ	松戸市立常盤平中学校
	希望色の風	成田市立公津の杜中学校
	KIKARI	印西市立木刈中学校
千葉市	幕張	千葉市立幕張中学校
	さくら	千葉市立緑町中学校
	稲毛中	千葉市立稲毛中学校
	いちょう	千葉市立蘇我中学校
神奈川県	たかとり	横須賀市立鷹取中学校
	あすなろ	横須賀市立衣笠中学校
	丹沢の風	秦野市立本町中学校
	まがたま	厚木市立玉川中学校
川崎市	おおとり	川崎市立長沢中学校

川崎市	井田中Letter	川崎市立井田中学校
	はるひの	川崎市立はるひ野小中学校
	川中島中PTAだより	川崎市立川中島中学校
横浜市	西谷中	横浜市立西谷中学校
	領家	横浜市立領家中学校
	EDAMINAMI	横浜市立荏田南中学校
	Hama	横浜市立浜中学校
山梨県	桐の実	山梨大学教育学部附属中学校
	みなみ風	甲府市立南中学校
	北陽樹	甲府市立北中学校
長野県	絆	長野市立西部中学校
	塩田中PTA新聞	上田市立塩田中学校
	ちくま野	松本市立筑摩野中学校
静岡県	SUBAKO	静岡市立西奈中学校
	広報 うえの	富士宮市立上野中学校
	OZATO PRESS	静岡市立大里中学校
	いほはらの里	静岡市立清水庵原中学校
愛知県	諸輪中学校PTAだより	東郷町立諸輪中学校
	みなせ	瀬戸市立水無瀬中学校
	保中だより	豊田市立保見中学校
	Umedai（梅台）	豊田市立梅坪台中学校
名古屋市	田光	名古屋市立田光中学校
	大江	名古屋市立大江中学校
	伊勢山	名古屋市立伊勢山中学校
	北陵	名古屋市立北陵中学校
三重県	きずな	三重大学教育学部附属中学校
	城東の風	伊賀市立城東中学校
	かわごえ通信	川越町立川越中学校
	三本杉	菰野町立八風中学校
岐阜県	瑞穂	瑞穂市立穂積中学校
	森	岐阜市立長森中学校
	岐南	岐南町立岐南中学校
	ぎほく	岐阜市立岐北中学校
富山県	はぐくみ	南砺市立福野中学校
	東風	魚津市立東部中学校
	といで	高岡市立戸出中学校
	たがえし	富山大学人間発達科学部附属中学校
石川県	ひびき	加賀市立山代中学校
	鶴中	白山市立鶴来中学校
	大徳中	金沢市立大徳中学校
	西南部	金沢市立西南部中学校
福井県	イキルチカラ	坂井市立丸岡中学校
	南風	坂井市立丸岡南中学校
	南越	越前市南越中学校
	なわて	福井大学教育学部附属中学校
滋賀県	きずな	甲賀市立城山中学校
	紫明	高島市立朽木中学校
	PTA通信fromしっこうぶ	大津市立皇子山中学校
	きずな	愛荘町立秦荘中学校
京都府	広野	宇治市立広野中学校
	木はた路	宇治市立木幡中学校
	かたらい	宇治黄檗学園（黄檗中学校）
	かつやま	向日市立勝山中学校

京都市	せせらぎ	京都市立加茂川中学校
	京都おいけだより	京都市立京都御池中学校
	梅津	京都市立梅津中学校
	大枝中NEWS	京都市立大枝中学校
大阪府	枚二中Nichuに夢中	枚方市立第二中学校
	ふれあい	堺市立百舌鳥中学校
	絆	忠岡町立忠岡中学校
	つなぐ	東大阪市立布施中学校
大阪市	高倉PTA通信	大阪市立高倉中学校
	堀中だより	大阪市立堀江中学校
	大阪市立大正西中PTA新聞	大阪市立大正西中学校
	阿倍野中PTA	大阪市立阿倍野中学校
兵庫県	桐	姫路市立東光中学校
	甲陵	西宮市立甲陵中学校
	かたらい	小野市立小野中学校
	しゃくなげ	篠山市立西紀中学校
	飛翔	神戸市立湊翔楠中学校
神戸市	兵庫	神戸市立兵庫中学校
	OHARA	神戸市立大原中学校
	青葉の笛	神戸市立鷹取中学校
奈良県	瑞雲	川西町三宅町式下中学校組合立式下中学校
	青葉	大和高田市立片塩中学校
	葛ナイン	御所市立葛小中学校
	八木中PTA	橿原市立八木中学校
和歌山県	かめがわ	海南市立亀川中学校
	おおぞら	和歌山市立紀之川中学校
	Kishi	和歌山市立貴志中学校
	育友会報	有田市立箕島中学校
鳥取県	PTA会報	北栄町立北条中学校
	桜ヶ丘	鳥取市立桜ヶ丘中学校
	かじか	三朝町立三朝中学校
	KAHOKU	倉吉市立河北中学校
島根県	清流	安来市立第一中学校
	ひろばこなん	松江市立湖南中学校
	星雲	松江市立八雲中学校
岡山県	東雲	総社市立総社東中学校
	I LOVE TAKACHU	高梁市立高梁中学校
	高徳	津山市立久米中学校
	Dream	新見市立新見第一中学校
広島県	会報 栗中	尾道市立栗原中学校
	鶴羽ヶ丘	尾道市立高西中学校
	あゆみ	福山市立福山中・高等学校
	若あゆ	東広島市立河内中学校
広島市	段原中学PTA新聞	広島市立段原中学校
	UJINA JUNIOR HIGHSCHOOL PTA新聞	広島市立宇品中学校
	白木中学校PTA新聞	広島市立白木中学校
	かけはし	広島市立船越中学校
山口県	耕心	下関市立勝山中学校
	国府	防府市立国府中学校
	華陽	防府市立華陽中学校
	花尾嶺	長門市立深川中学校
香川県	高松第一	高松市立高松第一中学校
	北稜かわらばん	香川県立高松北中学校

香川県	山水	高松市立山田中学校
	南中PTAだより	丸亀市立南中学校
愛媛県	ひがし	松山市立東中学校
	ひよし	今治市立日吉中学校
	かけはし	久万高原町立美川中学校
	むつみ	西予市立宇和中学校
高知県	野市	香南市立野市中学校
	みなみ	いの町立伊野南中学校
	はばたき	高知市立城北中学校
福岡県	PTA くぬぎ	大牟田市立歴木中学校
	かしのは	飯塚市立鎮西中学校
	学業院	太宰府市立学業院中学校
	すいらん	飯塚市立穂波西中学校
北九州市	ウェーブ	北九州市立小倉南特別支援学校
	菅生中PTA	北九州市立菅生中学校
	企救中PTA	北九州市立企救中学校
	思永	北九州市立思永中学校
福岡市	ゆうせん	福岡市立友泉中学校
	梅林	福岡市立梅林中学校
	ながお	福岡市立長尾中学校
	ながら火	福岡市立花畑中学校
佐賀県	ふじ	嬉野市立嬉野中学校
	かささぎ	江北町立江北中学校
	やまなみ	鳥栖市立田代中学校
	くにみ	伊万里市立国見中学校
長崎県	みのも	長崎市立戸町中学校
	あじさい	長崎市立滑石中学校
	赤とんぼ	松浦市立御厨中学校
	SONOKI-NEそのきね	東彼杵町立彼杵中学校
熊本県	しぶき煌き	天草市立本渡中学校
	府陽原	菊池市立菊池南中学校
	石垣	八代市立第一中学校
	かけはし	山鹿市立鶴城中学校
熊本市	湖東だより	熊本市立湖東中学校
	広報京陵	熊本市立京陵中学校
	親交会だより	熊本市立下益城城南中学校
大分県	夢つるや	佐伯市立鶴谷中学校
	わさだにし	大分市立稙田西中学校
	よしの	大分市立吉野中学校
	さいき城南	佐伯市立佐伯城南中学校
宮崎県	ハピネス	えびの市立真幸中学校
	ピロティ	宮崎市立赤江東中学校
	大樹	日向市立財光寺中学校
	すみよし	宮崎市立住吉中学校
鹿児島県	朝日	奄美市立朝日中学校
	紫原	鹿児島市立紫原中学校
	和田	鹿児島市立和田中学校
	かしわば	指宿市立南指宿中学校
沖縄県	いちまん	糸満市立糸満中学校
	みいはま	北谷町立桑江中学校
	てぃんがーら	恩納村立山田幼小中学校
	ぼんみかさぁ	座間味村立座間味幼小中学校

●ＰＴＡ広報紙は2016年（平成28年）４月〜2017年（平成29年）３月までに発行されたものを対象に審査したものです。

◆平成29年度版（第39回）

全国小・中学校ＰＴＡ広報紙コンクール

優秀広報紙作品集

2017年９月29日発行

編　集　公益社団法人 日本PTA全国協議会
〒107-0052　東京都港区赤坂７-５-38
TEL 03(5545)7151　FAX 03(5545)7152

発行者　小　林　幹　長

発行所　日本教育新聞社
〒105-8436　東京都港区虎ノ門１-２-８
TEL 03(5510)7820　FAX 03(5510)7822
郵便振替口座00150-6-126636

印刷所　株式会社 創新社

ISBN978-4-89055-323-5 C3037 ¥1200E